DIREITO DO TRABALHO

TEORIA E PRÁTICA PARA O EXAME DA ORDEM

2ª FASE

RENATO SARAIVA

ROGÉRIO RENZETTI

DIREITO DO TRABALHO

TEORIA E PRÁTICA PARA O EXAME DA ORDEM

2ª FASE

6ª edição revista atualizada ampliada

2025

EDITORA JusPODIVM

www.editorajuspodivm.com.br

EDITORA *Jus*PODIVM
www.editorajuspodivm.com.br

Rua Canuto Saraiva, 131 – Mooca – CEP: 03113-010 – São Paulo – São Paulo
Tel: (11) 3582.5757
• Contato: https://www.editorajuspodivm.com.br/central-de-relacionamento

Diagramação: Equipe *Jus*PODIVM

Capa: Maitê Coelho *(maitescoelho@yahoo.com.br)*

S243d Saraiva, Renato
Direito do Trabalho - Teoria e Prática para o Exame de Ordem 2ª Fase / Renato Saraiva e Rogério Renzetti – 6.ed., rev., atual. e ampl. – São Paulo: Editora JusPodivm, 2025.
472 p.

ISBN: 978-85-442-5942-9.

1. Direito do Trabalho. I. Saraiva, Renato. II. Renzetti, Rogério. III. Título.

CDD 342.6

Bibliotecária responsável:
Ana Carolina Ribeiro Mois – CRB7 – RJ 007348/0

"Saiba que são suas decisões, e não suas condições, que determinam seu destino."

(Tony Robbins)

AGRADECIMENTO

Aos nossos alunos, colegas professores,
familiares e todos que, de alguma forma,
contribuíram para a realização do nosso livro.

NOTA DOS AUTORES

Elaboramos este livro com muito carinho e cuidado para que os nossos alunos possam entender, de forma simples e bem detalhada, o conteúdo de peças processuais e das questões discursivas que podem ser cobradas no Exame de Ordem.

O objetivo é exatamente fazer com que o aluno, e também aqueles que adquiram a obra para estudo ou para seu dia a dia, saibam as hipóteses e os momentos processuais de cada peça que incluímos no nosso livro.

Esperamos, de coração, e torcemos bastante para que possamos auxiliar a todos e dar muita sorte, tanto no Exame de Ordem quanto na vida profissional.

Vamos juntos!

Renato Saraiva e Rogério Renzetti

PREFÁCIO

O livro "Direito do Trabalho – Teoria e Prática para o Exame de Ordem", de Rogério Renzetti e Renato Saraiva, da editora Juspodivm, explora de forma resumida, sistematizada e prática os principais pontos de direito do trabalho e processo do trabalho para preparar o aluno para a segunda fase do exame de ordem.

O livro contém grande variedade de modelos de peças processuais, como a ação de consignação em pagamento, a reclamação trabalhista, a contestação, todos os recursos trabalhistas, os agravos, o inquérito para apuração de falta grave, a ação rescisória, peças processuais da execução, mandado de segurança etc. Antes de cada peça processual os autores tecem comentários teóricos e práticos sobre o assunto, exemplificando e apontando os fundamentos jurídicos. Após cada peça processual há exercícios, para ajudar o aluno na fixação do conteúdo.

Há, também, resumos e questões discursivas de provas anteriores com as respostas e a forma de avaliação feita pelo examinador da OAB.

A obra foi escrita de forma didática, objetiva, simples, direta, clara e ilustrativa, com muitos exemplos e exercícios, além de questões de provas retiradas de concursos públicos anteriores.

Aponta as Súmulas pertinentes a cada assunto, bem como os dispositivos de lei. Todas as peças relevantes e assuntos importantes foram abordados, com conteúdo atualizado abarcando, inclusive, as recentes mudanças legislativas.

O visual gráfico está muito bem apresentado e destacado, facilitando a leitura.

O livro tem o objetivo de contribuir com o conhecimento do direito do trabalho e do processo do trabalho e é voltado principalmente aos candidatos ao exame de ordem, mas também para advogados e operadores da área trabalhista.

Apesar de resumido, o livro engloba variados temas e explora assuntos de maior incidência nas provas de concursos públicos. Por isso, a obra é ferramenta indispensável também para aqueles que pretendem passar na segunda fase do exame de ordem.

Vólia Bomfim

Foi Desembargadora do Trabalho no TRT da 1ª Região,
participou da Comissão de Reforma Trabalhista da Câmara dos Deputados. Mestra e Doutora em Direito.
Hoje atua como advogada e consultora jurídica.

SUMÁRIO

1

DICAS DOS AUTORES PARA A REALIZAÇÃO DA PROVA DA 2ª FASE DO EXAME DE ORDEM

A prova da 2ª fase do exame de ordem é composta por uma peça prático-profissional, que exige a redação de uma peça profissional e quatro questões discursivas, no formato de situações-problema.

A redação da peça profissional, vale 5,00 (cinco) pontos e cada questão discursiva é composta por item "A" e "B", valendo no máximo 1,25 (um e vinte e cinco pontos) cada.

Para que o examinando seja aprovado precisa ter nota equivalente a 6,0 (seis).

É muito importante destacar que, tradicionalmente, vem sendo cobradas nos exames três peças trabalhistas pela Fundação Getúlio Vargas (FGV): reclamação trabalhista, contestação e recurso ordinário. É óbvio que outras peças podem ser cobradas, e já aconteceu de a banca explorar a elaboração de embargos à execução, ação de consignação em pagamento e contrarrazões.

Por isso, recomendamos aos nossos alunos e leitores o foco especial nas três peças principais. Porém, o nosso compromisso é trabalhar com vocês todas as peças processuais, auxiliando na identificação de cada uma e na sua estrutura.

As provas prático-profissionais deverão ser manuscritas, em letra legível, com caneta esferográfica de tinta azul ou preta. Na redação das respostas das questões discursivas, o examinando deverá indicar, obrigatoriamente, a qual item do enunciado se refere cada parte de sua resposta ("A") ou ("B"), sob pena de receber nota zero.

Jamais se esqueça! Você terá 150 linhas para a sua peça processual e 30 linhas para cada uma das quatro questões discursivas. O treino antecipado será essencial.

Preparamos um *checklist* que irá orientá-lo e prepará-lo melhor para a sua prova. Vamos lá!

1 – Leia as questões com atenção, identificando as palavras-chave que o próprio enunciado lhe mostra;

2 – Você deve ler até o final de cada enunciado antes de começar a resolver a questão, pois a FGV pode mencionar pontos importantes, que fazem a diferença, no finalzinho do texto, como localidade, data, número do processo, dentre outros;

3 – Sempre que você for treinar questões e peças, faça na folha que é disponibilizada no site da FGV, pois é essa que você vai utilizar no dia do exame. Assim, já se familiariza com espaço e o número de linhas que terá na prova;

4 – Importante você saber o tempo que está levando para responder cada questão ou elaborar cada peça processual, por isso, deve cronometrar sempre cada uma, para identificar se o seu tempo é o ideal para o dia da prova;

5 – Após identificar o instituto contido na questão, você deve procurar no índice alfabético remissivo da legislação que levou para a prova (esta legislação deve ser a que você utilizou durante toda a sua preparação). Identificou? Encontrou tudo? Ótimo! Não identificou? Não se desespere! Respire fundo e consulte a CRFB/88, que garante os direitos dos trabalhadores, a CLT que regula os direitos, e a jurisprudência, que interpreta e vai destacando no rascunho o que for necessário para responder a questão;

6 – Não precisa usar números por extenso, e sim em numeral. Ex: art. 59 da CLT, admitido em 01/02/2015, etc.;

7 – CPC, CLT, TST, art., etc., podem ser abreviados;

8 – Quando a questão contiver pergunta cuja resposta seja "sim" ou "não" e obviamente a fundamentação, não tenha receio de iniciar pelo "sim" ou "não", sabe porque? É muito comum o examinando fazer toda a fundamentação de forma brilhante e não responder a questão;

9 – A FGV não pontua questão respondida de forma excessivamente objetiva, como por exemplo, – Sim, conforme artigo 59-A da CLT. Devemos

ser objetivos, mas desenvolver a fundamentação de forma satisfatória, faça um pequeno resumo do artigo ou da jurisprudência;

10 – Não se pontua também o artigo que tenha inciso, parágrafo ou alínea, se estes não estiverem identificados claramente. Ex: artigo 872, parágrafo único da CLT, Súmula 331, I do TST, artigo 4º, parágrafo 2º, inciso II da CLT;

11 – Evitar rasuras, setinhas, dentre outros, eis que pode identificar sua prova e você será reprovado. Use sempre a palavra "digo" e/ou faça uma linha em cima da palavra ou frase que pretende que seja desconsiderada;

12 – Levar um *vade mecum* dos mais atualizados e completos, pois as CLT's disponíveis no mercado, em geral, não possuem a legislação completa;

13 – Na peça profissional, você deve fazer subtítulos e colocar o número do artigo pertinente ao assunto ao lado. Ex: DAS FÉRIAS – art. 134, *caput* da CLT, DO AVISO PRÉVIO – art. 487, 1º da CLT. MAS ATENÇÃO, porque isso não isenta da obrigatoriedade de você colocar na fundamentação (artigos e jurisprudências), cada um que mencionou no subtítulo;

14 – Não faça rascunho. Você tem pouco tempo para a realização da prova e não pode perder nenhum segundo. O que deve ser feito, na verdade, é um tipo de roteiro com artigos e/ou jurisprudência que vai utilizar para responder as questões e elaborar a peça profissional;

15 – Não invente nenhum dado que a questão não mencionou. É preciso controlar a criatividade nesse momento, porque você pode correr o risco de ter sua prova identificada por isso;

16 – São várias formas de se elaborar uma peça processual. O que você precisa, é ter atenção aos requisitos que são cobrados nos gabaritos oficiais da banca examinadora, por isso, nós colocamos em cada peça desse livro. Assim, se você, da sua forma, atende a todas as exigências contidas nos gabaritos, pode continuar da sua forma;

17 – Não assine ou coloque seu nome na peça, isso identifica a sua prova.

Pronto! Siga essas instruções iniciais que assim já será um bom começo para a sua vitória!

Bons estudos, boa prova e VAMOS JUNTOS!

Renato Saraiva e Rogério Renzetti.

2

RECLAMAÇÃO TRABALHISTA

1. CABIMENTO

A Reclamação Trabalhista é a principal das ações que tramitam na Justiça do Trabalho. É o "pontapé inicial". Por ela, o trabalhador pode reclamar os seus direitos trabalhistas não cumpridos pelo empregador. Ela irá definir os limites da lide, pois é nela que o reclamante apresenta os fatos que dão origem a ação e a sua pretensão.

A Reclamação Trabalhista pode ser ajuizada na forma escrita ou verbal, pessoalmente, pelo exercício do *jus postulandi*, por seus representantes, ou ainda pelo sindicato de classe.

⚠ Existem, duas exceções, em que a petição inicial deve ser obrigatoriamente escrita: a ação de inquérito para apuração de falta grave (art. 853 da CLT) e a ação de dissídio coletivo (art. 856 da CLT).

<u>A causa de pedir</u> – pode ser próxima ou remota:

→ Próxima: o fundamento dos pedidos.

→ Remota: os fatos, a história que se conta na petição inicial.

<u>O pedido</u> – pode ser imediato ou mediato:

→ Imediato: o provimento jurisdicional.

→ Mediato: o bem da vida.

PROCEDIMENTOS:

Ordinário – causas acima de 40 salários-mínimos

Sumaríssimo – causas acima de 2 e até 40 salários-mínimos – art. 852-A CLT

Sumário – causas até 2 salários mínimos – Lei nº 5.584/70

REQUISITOS: Art. 840, *caput* e § 1º da CLT

1 – Designação do juízo; 2 – Qualificação das partes, incluindo o endereço do advogado; 3 – Breve exposição dos fatos de que resulte o dissídio; 4 – Pedido certo, determinado e com indicação de seu valor; 5 – Valor da causa; 6 – Data e 7 – Assinatura.

2. PROCEDIMENTO

Sequência da Reclamação Trabalhista

1 – endereçamento atentando para o local da prestação dos serviços ou da contratação, conforme artigo 651, *caput*, e §3º da CLT.

Para nossa prova, se aparecer as duas opções, vamos eleger sempre o **juízo do local da prestação dos serviços.**

Exemplo:

AO DOUTO JUÍZO DA___VARA DO TRABALHO DE___

2 – precisamos agora passar para a indicação do nome, qualificação e endereço completos do reclamante, aquele que inicia o processo, devendo constar também o seu advogado e o endereço completo deste para recebimento de intimações e notificações, sempre utilizando o dispositivo legal que vai fundamentar nossa petição inicial, observando as informações que a questão nos fornece.

Qual o conteúdo da qualificação e endereço completos? *Nome completo, nacionalidade, estado civil, profissão, filiação, data de nascimento, número da CTPS, número do CPF, número do RG, número do PIS, endereço (rua, bairro, cidade, estado e CEP).*

OBS: quando a questão não indicar os tópicos acima, como o nome, estado civil, profissão, dentre outros, coloque: **NOME DO RECLAMANTE, qualificação endereço completos.**

Exemplo:

NOME DO RECLAMANTE, qualificação e endereço completos, vem, à presença de Vossa Excelência, por intermédio de seu advogado abaixo assinado (procuração anexa), com indicação de endereço profissional, onde recebe as intimações e notificações, com fulcro no **art. 840, *caput* e parágrafo 1º, da CLT, PROPOR:**

RECLAMAÇÃO TRABALHISTA, pelo rito ...

Se tiver pedido de tutela ou liminar, colocar aqui também, da seguinte forma: **RECLAMAÇÃO TRABALHISTA pelo rito ..., com pedido de ...**

3 – em seguida, indicação do reclamado com qualificação e endereço completos, também observando as informações da questão.

Qual o conteúdo da qualificação e endereço completos quando se trata de empregador pessoa jurídica? *Nome completo, número do CNPJ, e endereço completo (rua, bairro, cidade, estado e CEP).*

OBS: quando a questão não indicar os tópicos acima, coloque: **NOME DO RECLAMADO, qualificação e endereço completos.**

Exemplo:

em face de **NOME DO RECLAMADO**, qualificação e endereço completos, pelas razões de fato e de direito a seguir expostas:

ATENÇÃO!

a – se na prova, você não tiver como identificar o valor, e o examinador não quer que você faça cálculos (as provas anteriores deixam muito clara essa intenção) destaque apenas "pelo rito ou procedimento...".

b - se o reclamado estiver em local inserto e não sabido, o processo será ajuizado pelo procedimento/rito ordinário, eis que o artigo 852-B, II da CLT, dispõe que não se fará citação por edital no procedimento sumaríssimo;

c – se os valores forem informados e você perceber que o procedimento é o sumaríssimo, sendo a ação em face de Administração Pública direta, autárquica e fundacional, deve ser ajuizado pelo rito ordinário, tendo em vista o que consta no artigo 852-A, parágrafo único CLT;

d – se tiver terceirização, a empresa tomadora e a prestadora devem estar no polo passivo, justificando-se pelo que consta na Súmula 331, IV do TST;

e – se a hipótese for de grupo econômico, artigo 2º, § 2º da CLT, poderão ser chamadas as empresas participantes do grupo, eis que, respondem de forma solidária pelos créditos trabalhistas.

A seguir, vamos memorizar a estrutura da Reclamação Trabalhista:

I – Preliminar;

II – Mérito;

III – Pedidos;

IV – Requerimentos Finais.

É preciso analisar, no caso concreto, se há preliminares. Os tópicos do mérito, pedidos e requerimentos finais sempre estarão presentes em todas as reclamações trabalhistas,

Vamos iniciar a análise detalhada da estrutura:

4 – tratar dos assuntos **preliminares**, tais como:

Tramitação preferencial do feito:

– prioridades, pessoa idosa (art. 71 da Lei nº 10.741/2003 e art. 1.048, I, do CPC);

- pessoa com deficiência (artigos 2º e 9º, VII, da Lei nº 13.146/2015);

- pessoas com doenças graves (art. 1.048, I, do CPC e art. 6º, XIV, da Lei nº 7.713/88);

- falência do empregador (art. 652, parágrafo único, da CLT);

- a ação versar exclusivamente sobre pagamento de salários (artigo. 652, parágrafo único, da CLT);

- adolescente, art. 1.048, II CPC, 4º, parágrafo único, "b" da Lei nº 8.069/90;

Além da tramitação preferencial do feito, utilizaremos no tópico de preliminares:

- justiça gratuita (art. 790, § 3º, da CLT);

– tutela provisória ou liminar (artigos. 294 ao 311 do CPC, no processo do trabalho, geralmente artigo 300) ou liminar (artigo. 659, IX ou X da CLT) este último, no caso de dirigente sindical demitido no curso da estabilidade ou tornar sem efeito transferência de empregado, nos termos do artigo 469, *caput* da CLT;

- comissão de conciliação prévia, caso tenha sido realizado acordo particular (art. 625-E, CLT).

5 – então iniciaremos os **fundamentos** de cada ponto que vamos requerer/pleitear, colocando sempre em tópicos com o artigo ou jurisprudência ao lado, não esquecendo que, se o artigo tiver parágrafo ou inciso, é necessário mencionar de forma completa e correta, bem como as jurisprudências.

Não esqueça de colocar os artigos também na sua fundamentação.

Atente-se para não ultrapassar 5/6 linhas por tópico, porque a prova não oferece tanto espaço para discorrer sobre os fundamentos e também não há tempo para muita explanação. Você deve ser o mais objetivo possível. Por isso nunca esqueça do nosso lema: "arroz com feijão bem feito, carteira da OAB na mão".

Como fazer a redação dos fundamentos?

No mérito, iremos formular vários tópicos para cada um dos pedidos (teses) trazidas pela proposta da prova, que serão elaborados na peça processual, expondo os fatos, os fundamentos e os pedidos.

- Fatos, uma pequena exposição do caso que a questão (proposta da prova) nos informa;
- Fundamento, utilizando a legislação e a jurisprudência;
- Pedido.

Exemplo:

MÉRITO

1. Horas extras

O reclamante trabalhava das 8h às 20h, com intervalo de 1 hora para almoço e descanso.

Os artigos 7º, XIII e XVI da CF/88 e 58 da CLT, dispõem que a jornada de trabalho não excede a 8 horas diárias e 44 semanais.

Pelo exposto, requer, a condenação da reclamada ao pagamento das horas excedentes a 8ª hora diária, com acréscimo de 50% e, por serem habituais, requer a integração destas no salário para todos os efeitos legais, com reflexos nas verbas próprias do contrato de emprego, bem como as rescisórias.

⚠ **Atenção máxima para o pedido de REFLEXOS! Para tanto, você precisa considerar:**

- **se a parcela pleiteada tem natureza SALARIAL e se ela é fornecida de forma HABITUAL. Exemplo: o adicional de insalubridade tem natureza salarial e é fornecido de forma habitual para o empregado (todos os meses), logo, deve ser pedido reflexos em verbas contratuais e rescisórias. Agora! Se o pedido for de dano moral, não há natureza salarial (e sim indenizatória) e tão pouco o recebimento habitual. Logo, não pediremos reflexos neste tópico.**

6 – pedidos são simplesmente tudo que você fundamentou, indicando o valor, e se a questão não informar, deverá colocar R$ ....

Exemplo:

PEDIDOS

Pelo exposto, requer:

a) a condenação da reclamada ao pagamento de diferença salarial por equiparação salarial, além dos reflexos em verbas contratuais e rescisórias, no valor de R$...;

b) a condenação da reclamada ao pagamento do adicional de periculosidade no percentual de 30% sobre o salário, com os reflexos em verbas contratuais e rescisórias, no valor de R$ ...;

c) a condenação da reclamada no pagamento de honorários advocatícios, no importe de 15%, sobre o valor que resultar da liquidação.

Não podemos esquecer como requisito da petição inicial no Processo do Trabalho, a indicação do valor de cada pedido em "reais". Contudo, na prova da segunda fase da OAB, você certamente não irá fazer cálculos.

A Instrução Normativa nº 41 do TST dispõe que o valor atribuído a causa será estimado.

Art. 12, §2º, IN 41, TST. Para fim do que dispõe o art. 840, §§ 1º e 2º, da CLT, o valor da causa será estimado, observando-se, no que couber, o disposto nos arts. 291 a 293 do Código de Processo Civil.

7 – requerimentos finais ou conclusão, onde você vai requerer a notificação da reclamada para oferecer contestação, sob os efeitos da revelia e da confissão,

a produção de provas, indicando as que pretende produzir e, por fim, a procedência dos pedidos com a condenação da reclamada ao pagamento das verbas pleiteadas, com juros e correção monetária.

Exemplo:

REQUERIMENTOS FINAIS

Por todo exposto, requer:

a) a notificação da reclamada para comparecer à audiência e, querendo, apresentar defesa sobre os fatos arguidos, sob pena de reconhecimento de revelia e confissão ficta;

b) a produção de todos os meios de prova em direito admitidos, especialmente pelo depoimento pessoal, prova documental, pericial e testemunhal;

c) a procedência de todos os pedidos, com a condenação da reclamada ao pagamento das verbas pleiteadas, acrescidas de juros e correção monetária.

Dá-se à causa o valor de R$.... *(somatório dos valores dos pedidos, se a questão indicar valores).*

8 – fechamento da peça, termos em que, pede deferimento, ou nestes termos, pede deferimento, local e data, advogado e nº da OAB.

Exemplo:

Termos em que,

pede deferimento

Local e data

Advogado (a)

OAB n.º

ATENÇÃO!

1 – se houver pedido de tutela provisória ou liminar, deve ser feito tanto nas questões preliminares, quanto no mérito e nos pedidos, Tutelas Provisórias, artigos 294 ao 311 do CPC (observar, geralmente tutela de urgência, artigo 300 do CPC), para baixa na CTPS, reintegração de gestante, cipeiro, e outros. As Liminares estão no artigo 659, IX ou X CLT, para sustar transferência abusiva e reintegração de dirigente sindical;

2 – quando pedir responsabilidade subsidiária deve mencionar tanto na parte da indicação da qualificação dos reclamados (tomadora e prestadora), fundamentando e não esquecer de colocar também nos pedidos;

3 – cuidado para não assinar a prova para que não seja anulada por identificação.

3. ESTRUTURA

Como identificar que a peça é uma Reclamação Trabalhista? Será o primeiro ato processual, o cliente será um trabalhador e a proposta da prova narrará apenas fatos ocorridos durante o contrato do trabalho e dirá que o trabalhador o procurou como advogado(a).

Veja a estrutura:

AO DOUTO JUÍZO DA___VARA DO TRABALHO DE___

NOME DO RECLAMANTE ..., qualificação e endereço completos, vem, à presença de Vossa Excelência, por intermédio de seu advogado abaixo assinado (procuração anexa), com indicação de endereço profissional, onde recebe as intimações e notificações, com fulcro no **art. 840, *caput* e parágrafo 1º, da CLT, PROPOR:**

RECLAMAÇÃO TRABALHISTA, pelo rito ...

em face de **NOME DO RECLAMADO**, qualificação e endereço completos, pelas razões de fato e de direito a seguir expostas:

I - PRELIMINARMENTE

1. Tramitação preferencial do feito

DA PRIORIDADE DA PESSOA IDOSA

(Art. 71 da Lei 10.741/03 e Art. 1.048, I do CPC)

DA PRIORIDADE DE PESSOA COM DOENÇA GRAVE

(Art. 1.048, I do CPC e art. 6º, XIV, da Lei nº 7.713/88)

DA PRIORIDADE DE PESSOA COM DEFICIÊNCIA

(arts 2º e 9º, VII, da Lei nº 13.146/2015).

ADOLESCENTE

(art. 1.048, II CPC, 4º, parágrafo único, b da lei 8.069/90)

DA GRATUIDADE DE JUSTIÇA

(Artigo 790, § 3º da CLT)

DA TUTELA PROVISÓRIA OU LIMINAR

(Arts. 294 ao 311, art. 15 do CPC, c/c art. 769 da CLT) (Art. 659, IX ou X da CLT)

II - MÉRITO

1. Horas extras

FATO, FUNDAMENTO e PEDIDO

(cada fundamento será um tópico, com artigo e ou súmula ao lado)

III - PEDIDOS

(colocar em tópicos)

(elencando os pedidos e colocando ao lado os valores de cada um deles)

Pelo exposto, com base na fundamentação supra, é a presente para requerer:

(Exemplos)

a – deferimento da gratuidade de justiça;

b – deferimento da(s) prioridade(s);

c – deferimento da liminar ou da tutela provisória e sua manutenção;

d – manutenção da tutela ou liminar concedida com a declaração da nulidade da dispensa *(por exemplo)* e consequente reintegração do empregado;

e – horas extras, valor R$ ...;

f – condenação da reclamada em pagamento de honorários advocatícios, na base de 15% sobre o valor da condenação, nos termos do artigo 791-A CLT.

IV - REQUERIMENTOS FINAIS

Por todo exposto, requer:

a) a notificação da reclamada para comparecer à audiência e, querendo, apresentar defesa sobre os fatos arguidos, sob pena de reconhecimento de revelia e confissão ficta;

b) a produção de todos os meios de prova em direito admitidos, especialmente pelo depoimento pessoal, prova documental, pericial e testemunhal;

c) a procedência de todos os pedidos, com a condenação da reclamada ao pagamento das verbas pleiteadas, acrescidas de juros e correção monetária.

Dá-se à causa o valor de R$............ *(somatório dos valores dos pedidos, se houver).*

Termos em que,
pede deferimento
Local e data
Advogado(a)
OAB n.º ...

4. EXERCÍCIOS

EXERCÍCIO 1 – PEÇA AUTORAL

Gabriela Cravo e Canela, brasileira, casada, portadora da CTPS nº 8888, série 099, RG 77777, CPF nº 7878, filha de Marina, residente e domiciliada na Rua Árvore Grande, nº 12, em Jubileu, no município de São Thomé, no Estado de Mirabolas, lhe procurou em seu escritório para relatar problemas que passou durante relação de emprego.

Na entrevista, Grabriela relatou que foi admitida em 01/05/2017 para exercer a função de secretária, na Empresa Seu Nassib Ltda, no horário das 9 às 18 horas, com 1 hora de intervalo, de 2º à 6º feira, mas que em 2 dias na semana, seu horário era das 17 até 02:00 horas, com 10 minutos de intervalo, sem nunca ter recebido adicional noturno.

Relatou que, a partir do momento em que foi eleita dirigente sindical, em 01/07/2019, sua superior iniciou processo de cobrança excessiva e, por diversas vezes, era chamada de incompetente, lenta e relaxada na frente dos colegas e dos clientes da empresa.

Concluiu afirmando que foi demitida por justa causa, quando num determinado dia, foi ofendida por sua superior na frente de colegas e clientes, revidou dizendo que devia ser respeitada e que não ia mais submeter-se a tamanha humilhação.

Analisando a situação acima descrita, elabore a peça para defesa dos direitos de sua cliente Gabriela Cravo e Canela, levando-se em consideração que as verbas rescisórias foram pagas de acordo com a demissão por justa causa, que foi em 20/09/20, no curso de sua estabilidade sindical, e passa por necessidades financeiras, tendo trabalhado sempre no mesmo município onde mora.

Checklist:

→ Quem é o cliente? A empregada, Gabriela Cravo e Canela.

→ Qual o último momento processual? Não temos. Este será o primeiro momento.

→ O que a cliente deseja? Receber os seus direitos trabalhistas.

→ Caráter urgente? Sim. Empregada dispensada no curso da estabilidade.

→ Algum ponto relevante? Sim. A empregada passa por necessidades financeiras

→ Qual é a peça processual? Reclamação Trabalhista.

→ Fundamento legal: art. 840, *caput* e §1º, da CLT.

Hora de resolver!

AO DOUTO JUÍZO DA___VARA DO TRABALHO DE SÃO THOMÉ, ESTADO DE MIRABOLAS

Gabriela Cravo e Canela, brasileira, casada, secretária, filha de Marina, CTPS nº 8888 séria 099, RG 77777, do CPF nº 7878, residente e domiciliada na Rua Árvore Grande, nº 12, em Jubileu, no município de São Thomé, no Estado de Mirabolas, CEP:..., vem, à presença de Vossa Excelência, por intermédio de seu advogado abaixo assinado (procuração anexa), com indicação de endereço profissional, onde recebe as intimações e notificações, com fulcro no **art. 840, *caput* e parágrafo 1º, da CLT, PROPOR:**

RECLAMAÇÃO TRABALHISTA, com pedido de tutela antecipada, pelo rito ordinário

em face de Empresa Seu Nassib Ltda, qualificação e endereço completos, pelas razões de fato e de direito a seguir expostas:

I - PRELIMINAR

1. Da gratuidade de Justiça

A reclamante encontra-se com dificuldades financeiras, de modo que, nos termos do art. 790, §3º, da CLT, preenche os requisitos para a concessão da justiça gratuita, o que requer.

2. Reintegração – Tutela antecipada/liminar

A reclamante foi eleita dirigente sindical em 01/07/2019, passando a gozar de estabilidade, tendo sido demitida em 02/09/2020, por justa causa, ainda no curso de seu mandato sindical.

Segundo o artigo 853 da CLT e as súmulas 197 do STF e 379 do TST, é necessário o prévio ajuizamento do inquérito para apuração de falta grave, quando se pretende demitir, por justa causa, empregados que gozam de estabilidade sindical, conforme artigos 543, §3º da CLT e 8º, VIII, da CF/88.

Assim, sua demissão é considerada nula, por tratar-se de dirigente sindical eleita e ter sido demitida no curso de sua estabilidade, motivo pelo qual deve ser liminarmente reintegrada, nos termos do artigo 659, X da CLT.

II - MÉRITO

1. Reintegração

A reclamante foi admitida em 01/05/2017, eleita diretora do seu sindicato de classe em 01/07/2019, quando passou a gozar de estabilidade sindical, tendo sido demitida na data de 02/09/2020, por justa causa.

Ocorre que, ao ser eleita dirigente sindical, a reclamante passou a gozar da estabilidade prevista nos artigos 8º, VIII, da CF/88 e 543, §3º da CLT, e quando foi demitida por justa causa, sem o prévio ajuizamento do processo de inquérito para apuração de falta grave, previsto no artigo 853 da CLT, e na Súmula 379 do TST, o reclamado deixou de observar exigências legais e jurisprudenciais aplicáveis situação.

Por tais motivos, requer seja considerada nula sua demissão, e confirmada a reintegração liminar, no mérito da presente.

2. Adicional noturno

A reclamante trabalhava dois dias na semana, no horário compreendido das 17 às 02:00 horas, sem receber o respectivo adicional noturno.

O artigo 73, *caput* e §2º da CLT, dispõe que o trabalho prestado após às 22 horas de um dia até as 5 horas do dia seguinte, deve ser remunerado na base de 20% sobre a hora diurna.

Por todo o exposto, deve o reclamado ser condenado ao pagamento do respectivo adicional noturno, bem como de seus reflexos em verbas contratuais e rescisórias.

3. Horas extras

A reclamante trabalhava duas vezes por semana no horário compreendido entre 17 às 02:00 horas, com apenas 10 minutos de intervalo, ou seja, seu labor era de 8 horas e 50 minutos.

Nos termos do art. 7º, XIII, da CF, a duração normal do trabalho, não excederá a 8 horas diárias e 44 semanais.

Pelo exposto, requer, a condenação do reclamado ao pagamento de horas extras, assim consideradas as que excedam às 8 horas diárias, acrescidas do adicional de 50%, nos termos do art. 7º, XVI, da CF, bem como de seus reflexos em verbas contratuais e rescisórias.

4. Intervalo intrajornada

A reclamante trabalhava duas vezes por semana no horário compreendido entre 17 às 02:00 horas, com apenas 10 minutos de intervalo.

No entanto, o artigo 71, §4º da CLT, dispõe que a concessão parcial do intervalo intrajornada mínimo, para repouso e alimentação, implica no pagamento de natureza indenizatória apenas do período suprimido, com acréscimo de 50% sobre a hora normal.

Pelo exposto, requer a condenação do reclamado ao pagamento dos 50 minutos por dois dias semanais, relativas a intrajornada, acrescidos do adicional de 50%.

5. Dano moral

A reclamante, após ter sido eleita dirigente sindical, começou a ser tratada com cobrança excessiva e, por diversas vezes, era chamada por sua chefe de incompetente, lenta e relaxada, na frente dos colegas e dos clientes da empresa.

Tal atitude lhe causava situação vexatória e abalo psicológico, ultrapassando a situação de simples reprimenda de superior à subordinada, ferindo de forma pontiaguda a moral e a imagem profissional da reclamante perante seus colegas e clientes da empresa reclamada.

Os artigos 223-B, 223-C e 223-E, todos da CLT, indicam que aquele que por ação ou omissão ofender a esfera moral do trabalhador deve indenizá-lo.

O artigo 186 do CC dispõe sobre o ato ilícito praticado.

Assim, deve o reclamado ser condenado a pagar a reclamante, indenização por dano moral, na base de 50 vezes o último salário da reclamante, nos termos do artigo 223-G, 1º, IV da CLT.

6. Honorários advocatícios

Requer a condenação do reclamado ao pagamento de honorários advocatícios, nos termos do art. 791-A da CLT, no importe de 15%, sobre o valor que resultar da liquidação.

III - PEDIDOS

Pelo exposto, requer:

a) a concessão do benefício da justiça gratuita;

b) a concessão da liminar para a imediata reintegração da empregada ao trabalho;

c) a reintegração da reclamante por ser detentora de estabilidade;

d) a condenação do reclamado ao pagamento do adicional noturno, bem como de seus reflexos em verbas contratuais e rescisórias, no valor de R$...;

e) a condenação do reclamado ao pagamento de horas extras, assim consideradas as que excedam às 8 horas diárias, acrescidas do adicional de 50%, bem como de seus reflexos em verbas contratuais e rescisórias, no valor de R$...;

f) a condenação do reclamado ao pagamento dos 50 minutos faltantes do intervalo intrajornada, acrescido do adicional de 50%, no valor de R$...;

g) a condenação do reclamado ao pagamento de indenização a título de danos morais, no valor de R$...;

h) a condenação do reclamado ao pagamento de honorários advocatícios, no importe de 15%, sobre o valor da liquidação.

IV - REQUERIMENTOS FINAIS

Por todo exposto, requer:

a) a notificação do reclamado para comparecer à audiência e, querendo apresentar defesa sobre os tatos arguidos, sob pena de reconhecimento de revelia e confissão ficta;

b) a produção de todos os meios de prova em direito admitidos, especialmente pelo depoimento pessoal, prova documental e testemunhal;

c) a procedência de todos os pedidos, com a condenação do reclamado ao pagamento das verbas pleiteadas, acrescidas de juros e correção monetária.

Dá-se à causa o valor de R$ ....

Termos em que,

pede deferimento

Local e data

Advogado(a)

OAB n.º

EXERCÍCIO 2 – PEÇA AUTORAL

Leandro Rabino trabalhou no restaurante Viva Verde Ltda., na cidade de Natal/RN, exercendo a função de ajudante de cozinha, mediante salário de R$ 2.500,00 mensais.

Relata que o grande sucesso do restaurante era a salada "silvestre potiguar", que chegava a ter saída diária de mais de duzentos pratos.

O empregado afirma que foi contratado no mesmo dia que Pedro Zom para exercer a mesma função, na mesma filial. O trabalho de ambos era realizado com a mesma perfeição técnica e produtividade, porém, fato curioso e que o intrigava muito, era que Pedro Zom recebia salário fixo de R$ 3.500,00 por mês.

Leandro Rabino conta que no mês de março do ano da extinção do contrato de trabalho, faltou ao trabalho por um dia para comparecer em juízo como parte no processo em que litigava contra o seu antigo empregador. Embora tenha entregue ao setor de Recursos Humanos a ressalva da Justiça do Trabalho, confirmando a sua alegação, o dia foi descontado do seu salário.

O empregado afirma ainda, que laborava 8 horas diárias de segunda a sexta-feira e gozava de apenas 30 minutos de intervalo para repouso e alimentação.

No curso do contrato de trabalho, o empregador depositava apenas 2% do valor da remuneração a título de Fundo de Garantia por Tempo de Serviço, pois havia acordo coletivo de trabalho autorizando o recolhimento a menor.

Na qualidade de advogado(a) de Leandro Rabino, apresente a medida processual cabível para a defesa de seus direitos.

Nos casos em que a legislação exigir a liquidação de valores, não se faz necessária a sua apresentação pelo examinando, pois admite-se que o escritório tenha setor contábil próprio para tal fim.

Checklist:

→ Quem é o cliente? O empregado, Leandro Rabino.

→ Qual o último momento processual? Não temos. Este será o primeiro momento.

→ O que o cliente deseja? Receber os seus direitos trabalhistas.

→ Caráter urgente? Não.

→ Algum pressuposto específico? Sim. O sindicato será chamado como litisconsórcio necessário.

→ Qual é a peça processual? Reclamação Trabalhista.

→ Fundamento legal: art. 840, *caput* e §1º, da CLT.

Hora de resolver!

AO DOUTO JUÍZO DA___VARA DO TRABALHO DE NATAL/RN

Leandro Rabino, ajudante de cozinha, qualificação e endereço completos, vem, à presença de Vossa Excelência, por intermédio de seu advogado abaixo assinado (procuração anexa), com indicação de endereço profissional, onde recebe as intimações e notificações, **com fulcro no art. 840, *caput* e parágrafo 1º, da CLT, PROPOR:**

RECLAMAÇÃO TRABALHISTA, pelo rito ...

em face de **Viva Verde LTDA.**, (1ª RECLAMADA), qualificação e endereço completos, e **Sindicado dos empregados** (2ª RECLAMADA), qualificação e endereço completos, pelas razões de fato e de direito a seguir expostas:

I – MÉRITO

1. Equiparação salarial

O reclamante foi contratado pela 1ª Reclamada no mesmo dia em que Pedro Zom para exercer a mesma função, na mesma filial, com a mesma produtividade e perfeição técnica, porém, enquanto recebia R$ 2.5000,00, Pedro Zom fazia jus a salário fixo de R$ 3.500,00.

Nos termos do art. 461, *caput* e parágrafo 1º, da CLT, é devido o mesmo salário aos empregados do mesmo empregador que exerçam a mesma função, no mesmo estabelecimento, com a mesma produtividade e perfeição técnica e cuja diferença de tempo de serviço para o mesmo empregador não seja superior a quatro anos e de tempo de função não seja superior a dois anos.

Pelo exposto, requer a condenação da 1ª Reclamada ao pagamento das diferenças salariais, com os reflexos em verbas contratuais e rescisórias.

Por fim, requer ainda, a retificação da CTPS do reclamante para constar o seu real salário, nos termos do art. 29, parágrafo 1º, da CLT.

2. Desconto salarial

A 1ª Reclamada descontou do salário do reclamante um dia de trabalho no mês de março do ano da extinção do contrato de trabalho, em razão de o reclamante ter faltado ao trabalho para comparecer em juízo como parte no processo em que litigava contra o seu antigo empregador, muito embora tivesse apresentado a ressalva da Justiça do Trabalho confirmando suas alegações.

Nos termos do art. 473, VIII, da CLT e súmula 155, TST, o empregado poderá deixar de comparecer ao serviço para comparecimento como parte na Justiça do Trabalho.

Pelo exposto, requer, a condenação da 1ª Reclamada à devolução do dia de trabalho descontado do seu salário.

3. Horas extras

O reclamante trabalhava 8 horas diárias de segunda a sexta-feira e usufruía de apenas 30 minutos de intervalo intrajornada, ou seja, seu labor era de 8 horas e 30 minutos.

Nos termos do art. 7º, XIII, da CF, a duração normal do trabalho, não excederá a 8 horas diárias e 44 semanais.

Pelo exposto, requer, a condenação da 1ª reclamada ao pagamento de horas extras, assim consideradas as que excedam às 8 horas diárias, acrescidas do adicional de 50%, nos termos do art. 7º, XVI, da CF, bem como de seus reflexos em verbas contratuais e rescisórias.

4. Intervalo intrajornada

O reclamante trabalhava 8 horas diárias de segunda a sexta-feira e usufruía de apenas 30 minutos de intervalo intrajornada.

Nos termos do art. 71, *caput*, da CLT, aqueles que laboram mais de 6 horas diárias fazem jus a um intervalo intrajornada de, no mínimo, 1 hora, o qual não era observado pela 1ª Reclamada.

Pelo exposto, requer, a condenação da 1ª Reclamada ao pagamento do período suprimido, ou seja, de 30 minutos diários, acrescido de 50%, à luz do art. 71, parágrafo 4º, da CLT.

5. Diferenças de FGTS

A 1º Reclamada depositava, no curso do contrato de trabalho, apenas 2% do valor da remuneração do reclamante a título de FGTS, pois havia acordo coletivo de trabalho autorizando a redução do percentual.

Nos termos do art. 611-B, III, da CLT, é ilícita e, portanto, nula a cláusula de acordo coletivo de trabalho que implique redução do valor dos depósitos mensais do FGTS. Destaca-se que, o art. 15 da Lei 8.036/90 determina que os depósitos fundiários devem ser de 8% da remuneração paga ou devida ao trabalhador no mês anterior.

Pelo exposto, requer, a declaração de nulidade da cláusula do acordo coletivo de trabalho que estabelece a redução dos depósitos do FGTS e a condenação da 1ª Reclamada ao pagamento das diferenças.

6. Honorários advocatícios

Requer a condenação da 1ª Reclamada ao pagamento de honorários advocatícios, nos termos do art. 791-A da CLT, no importe de 15%, sobre o valor que resultar da liquidação.

II – PEDIDOS

Pelo exposto, requer:

a) a condenação da 1ª Reclamada ao pagamento das diferenças salariais por equiparação salarial, além dos reflexos em verbas contratuais e rescisórias, no valor de R$..., bem como a retificação da CTPS do reclamante para constar o seu real salário;

b) a condenação da 1ª Reclamada à devolução do dia de trabalho descontado de seu salário, no valor de R$...;

c) a condenação da 1ª reclamada ao pagamento de horas extras, assim consideradas as que excedam às 8 horas diárias, acrescidas do adicional de 50%, e seus reflexos nas verbas contratuais e rescisórias, no valor de R$...;

d) a condenação da 1ª Reclamada ao pagamento do período suprimido no intervalo, ou seja, 30 minutos diários, acrescidos de 50%, no valor de R$...;

e) a declaração de nulidade da cláusula do acordo coletivo de trabalho que instituiu a redução dos depósitos do FGTS e condenação da 1ª Reclamada ao pagamento das diferenças, no valor de R$...;

f) a condenação da 1ª Reclamada no pagamento de honorários advocatícios, no importe de 15%, sobre o valor que resultar da liquidação.

III - REQUERIMENTOS FINAIS

Por todo exposto, requer:

a) a notificação das reclamadas para comparecerem à audiência e, querendo, apresentar defesa sobre os fatos arguidos, sob pena de reconhecimento de revelia e confissão ficta;

b) a produção de todos os meios de prova em direito admitidos, especialmente pelo depoimento pessoal, prova documental e testemunhal;

c) a procedência de todos os pedidos, com a condenação da 1ª Reclamada ao pagamento das verbas pleiteadas, acrescidas de juros e correção monetária.

Dá-se à causa o valor de R$...

Termos em que,

pede deferimento.

Local e data.

Advogado(a)

OAB nº

EXERCÍCIO 3 – EXAME DE ORDEM XXII

Marina Ribeiro, brasileira, casada, desempregada, filha de Laura Santos, portadora da identidade 855, CPF 909, residente e domiciliada na Rua Coronel Saturnino, casa 28 – São Paulo - SP – CEP 4444, trabalhou para a sociedade empresária Malharia Fina Ltda., localizada na capital paulista, como auxiliar de produção, de 10/12/2017 a 30/12/2018, quando foi dispensada sem justa causa, recebendo as verbas da ruptura contratual.

Atualmente Marina está desempregada, mas, na época em que atuava na Malharia Fina, ganhava 1 salário mínimo mensal.

Marina é presidente do seu sindicato de classe, ao qual está filiada desde a admissão, tendo sido eleita e empossada no dia 20/06/2018 para um mandato de 2 anos, bem como cientificada a empregadora do fato por e-mail, exibido ao advogado.

Marina recebeu uniforme e EPI da empresa, jamais sofrendo descontos no seu salário em razão disso.

Recebia, também, R$ 250,00 de alimentação, em dinheiro, e trabalhava de 2ª a 6ª feira das 13.30h às 22.30h, com intervalo de 1 hora, e aos sábados, das 8.00h às 12.00h, sem intervalo.

Após o horário informado, de segunda a sexta-feira, gastava 20 minutos no vestiário para tirar o uniforme, pois era uma imposição da empresa.

Marina recebeu a participação proporcional nos lucros dos anos de 2017 e 2018.

Marina tem três filhos saudáveis, com idades de 12, 10 e 8 anos, conforme certidões de nascimento que apresentou.

No ano de 2018, comprovadamente, doou sangue em duas ocasiões, faltou ao emprego em ambas e foi descontada a título de falta.

Em 2018, foi descontada em três dias, quando se ausentou para viajar para o Nordeste e comparecer ao enterro de um primo, que falecera em acidente de trânsito.

Hugo, o superior imediato de Marina, era chefe do setor de produção. Duas vezes na semana, no mínimo, dizia que ela tinha um belo sorriso. Por educação, Marina agradecia o elogio.

Em 2018, em razão de doença, Hugo ficou afastado do serviço por 90 dias e ela o substituiu até o seu retorno, sem receber nada a mais por isso.

Por ocasião do exame demissional, o setor médico da empresa informou que Marina estava apta para a dispensa.

Nos seus contracheques, em todos os meses desde a admissão, havia o lançamento de crédito de um salário mínimo e de duas cotas de salário-família, além de descontos de INSS e do vale-transporte.

Marina ainda informou que tinha ajuizado uma ação anteriormente e que, como perdera a confiança no antigo advogado, não compareceu à audiência para a qual fora intimada. Essa ação havia sido distribuída à 250ª Vara do Trabalho de São Paulo e, em consulta pela Internet, foi verificado o seu arquivamento.

Com base nos dados apresentados, formule a peça (rito ordinário) de defesa dos interesses de Marina em juízo.

Obs.: a peça deve abranger todos os fundamentos de Direito que possam ser utilizados para dar respaldo à pretensão. A simples menção ou transcrição do dispositivo legal não confere pontuação.

Checklist:

→ Quem é o cliente? A empregada, Marina Ribeiro.

→ Qual o último momento processual? Não temos. Este será o primeiro momento.

→ O que o cliente deseja? Receber os seus direitos trabalhistas.

→ Caráter urgente? Sim. Pedido de reintegração ao emprego.

→ Algum pressuposto específico? Sim. A distribuição por dependência à 250ª Vara do Trabalho de São Paulo e o fato da empregada encontra-se desempregada.

→ Qual é a peça processual? Reclamação Trabalhista.

→ Fundamento legal: art. 840, *caput* e §1º, da CLT.

Hora de resolver!

AO DOUTO JUÍZO DA 250° VARA DO TRABALHO DE SÃO PAULO/SP

Distribuição por dependência à 250ª Vara do Trabalho

Processo nº

Marina Ribeiro, brasileira, casada, desempregada, filha de Laura Santos, portadora da identidade nº 855, CPF: 909, residente e domiciliada na Rua Coronel Saturnino, casa 28 – São Paulo - SP – CEP: 4444, vem, à presença de Vossa Excelência, por intermédio de seu advogado abaixo assinado (procuração anexa), com indicação de endereço profissional, onde recebe as intimações e notificações, com fulcro no **art. 840, *caput* e parágrafo 1°, da CLT, art. 300, do CPC e art. 659, X, da CLT, PROPOR**:

RECLAMAÇÃO TRABALHISTA, com pedido de tutela antecipada/liminar, pelo rito ordinário

em face de **Malharia Fina Ltda.**, qualificação e endereço completos, pelas razões de fato e de direito a seguir expostas:

I – PRELIMINAR

1. Justiça gratuita

A reclamante encontra-se desempregada, de modo que, nos termos do art. 790, parágrafo 3º, da CLT, preenche os requisitos para a concessão do benefício da justiça gratuita, o que requer.

2. Reintegração - Tutela antecipada/ Liminar

A reclamante é presidente do seu sindicato de classe, ao qual está filiada desde a admissão, tendo sido eleita e empossada no dia 20/06/2018 para um mandato de 2 anos e dispensada em 30/12/2018, ou seja, no curso do mandato.

Nos termos do art. 8º, VIII, da CF/88 e do art. 543, parágrafo 3º, da CLT, a reclamante tem estabilidade provisória no emprego desde o registro da candidatura até 1 ano após o término do mandato, sendo, portanto, devida a sua reintegração.

Ressalta-se que a reclamante se encontra desempregada, e a situação é urgente, pois traz dano de difícil reparação, devendo, pois, a tutela ser concedida de forma antecipada, nos termos do art. 300 do CPC e 659, X, da CLT.

Pelo exposto, requer a concessão da liminar para a imediata reintegração da reclamante ao trabalho.

II – MÉRITO

1. Alimentação

A reclamante recebia R$ 250,00, em dinheiro, de alimentação do reclamado.

Nos termos do art. 457, parágrafo 2º, da CLT, a alimentação paga em dinheiro, caracteriza salário.

Pelo exposto, requer a integração do valor da alimentação ao salário da reclamante para gerar reflexos em verbas contratuais e rescisórias. Requer ainda a retificação da CTPS da reclamante para constar o seu real salário, nos termos do art. 29, parágrafo 1º, da CLT.

2. Horas extras

A reclamante trabalhava de segunda a sexta-feira, das 13h30 às 22h30, com intervalo de 1 hora, e, aos sábados, das 8h às 12h, sem intervalo. Após o horário informado, de segunda a sexta-feira, gastava 20 minutos para trocar o uniforme, pois era obrigada a fazê-lo na empresa.

Nos termos do art. 4º, parágrafo 2º, VIII, da CLT, é considerado tempo à disposição do empregador o destinado à troca de roupa ou uniforme, quando há obrigatoriedade de realizar a troca na empresa.

Pelo exposto, requer a condenação da reclamada ao pagamento dos 20 minutos extras diários, acrescidos do adicional de 50% nos moldes dos arts. 7º, XVI, da CF e 59, parágrafo 1º, da CLT, bem como de seus reflexos em verbas contratuais e rescisórias.

3. Intervalo interjornadas

A reclamante terminava o labor na sexta-feira às 22h30 e permanecia à disposição do empregador por mais 20 minutos, para trocar o uniforme. Aos sábados, iniciava o trabalho às 8h. Assim, verifica-se que não era respeitado o intervalo mínimo entre a jornada de sexta-feira e sábado.

Nos termos do art. 66 da CLT e da OJ 355 do SDI-I, TST, entre 2 jornadas de trabalho haverá um período mínimo de 11 horas consecutivas para descanso, sendo devidas as horas subtraídas do intervalo, acrescidas do adicional de 50%.

Pelo exposto, requer a condenação da reclamada ao pagamento das horas faltantes do intervalo interjornadas, acrescidas do adicional de 50%.

4. Adicional noturno

A reclamante trabalhava de segunda a sexta-feira, das 13:30 às 22:30, e ficava mais 20 minutos à disposição do reclamado.

Nos termos do art. 73, *caput* e parágrafo 2º, da CLT, as horas trabalhadas das 22h às 5h devem ser remuneradas com o acréscimo de 20%.

Pelo exposto, requer a condenação da reclamada ao pagamento do adicional noturno, no importe de 20% do valor da hora diurna, quanto às horas em que a reclamante ficava à disposição do empregador após as 22h, bem como de seus reflexos em verbas contratuais e rescisórias.

5. Salário-família

A reclamante tem três filhos saudáveis, com idades de 12, 10 e 8 anos, conforme certidões de nascimento que apresentou; entretanto, recebia apenas duas cotas do salário-família.

Nos termos dos arts. 2º da Lei nº 4.266/63, 66 da Lei nº 8.213/91 e 83 do Decreto nº 3.048/99, é devida ao trabalhador de baixa renda uma cota de salário-família por filho com idade de até 14 anos.

Pelo exposto, requer a condenação da reclamada ao pagamento de uma cota do salário-família.

6. Desconto

A reclamante no ano de 2018, comprovadamente doou sangue em duas ocasiões, nas quais faltou ao emprego e, em ambas, foi descontada a título de falta.

Nos termos do art. 473, IV, da CLT, o empregado poderá deixar de comparecer ao serviço sem prejuízo do salário por um dia, em cada 12 meses de trabalho, em caso de doação voluntária de sangue devidamente comprovada.

Pelo exposto, requer a devolução de um dia de trabalho que foi descontado do salário da reclamante.

7. Diferença salarial

Hugo, o superior imediato de Marina, em 2018, em razão de doença, ficou afastado do serviço por 90 dias e a reclamante o substituiu até o seu retorno, sem receber nada a mais.

Nos termos da Súmula 159, I, do TST, enquanto perdurar a substituição que não tenha caráter meramente eventual, o empregado substituto fará jus ao salário contratual do substituído.

Pelo exposto, requer a condenação da reclamada ao pagamento das diferenças salariais, bem como de seus reflexos em verbas contratuais e rescisórias.

8. Honorários advocatícios

Requer a condenação da reclamada ao pagamento de honorários advocatícios, nos termos do art. 791-A da CLT, no importe de 15%, sobre o valor que resultar da liquidação.

III – PEDIDOS

Pelo exposto, requer:

a) a concessão do benefício da justiça gratuita;

b) a reintegração da reclamante por ser detentora de estabilidade;

c) a concessão da liminar para a imediata reintegração da empregada ao trabalho;

d) a integração do valor da alimentação ao salário da reclamante para gerar reflexos em verbas contratuais e rescisórias, no valor de R$...;

e) a condenação da reclamada no pagamento dos 20 minutos extras diários, acrescidos do adicional de 50%, bem como de seus reflexos em verbas contratuais e rescisórias, no valor de R$ ...;

f) a condenação da reclamada ao pagamento do adicional noturno, no importe de 20% do valor da hora diurna, quanto às horas em que a reclamante ficava à disposição do empregador após as 22h, bem como de seus reflexos em verbas contratuais e rescisórias, no valor de R$...;

g) condenação da reclamada ao pagamento das horas que faltaram para completar o intervalo mínimo interjornadas, acrescidas do adicional de 50%, no valor de R$...;

h) a condenação da reclamada ao pagamento de uma cota do salário-família, no valor de R$ .....;

i) requer a devolução de um dia de trabalho que foi descontado do salário da reclamante por ter faltado para doar sangue, no valor de R$...;

j) a condenação da reclamada ao pagamento das diferenças salariais, bem como de seus reflexos em verbas contratuais e rescisórias, no valor de R$...;

K) a condenação da reclamada ao pagamento de honorários advocatícios, no importe de 15%, sobre o valor da liquidação.

IV - REQUERIMENTOS FINAIS

Por todo exposto, requer:

a) a distribuição por dependência à 250ª Vara do Trabalho de São Paulo, nos termos do art. 286, II, do CPC, em razão da prevenção daquele juízo, uma vez que reclamação idêntica foi extinta sem resolução do mérito nessa vara do trabalho, tendo a reclamante recolhido as custas, nos termos do art. 844, parágrafos 2º e 3º, da CLT;

b) a concessão da liminar determinando a imediata reintegração da reclamante;

c) a notificação da reclamada para comparecer à audiência e, querendo, apresentar defesa sobre os fatos arguidos, sob pena de reconhecimento de revelia e confissão ficta;

d) a produção de todos os meios de prova em direito admitidos, especialmente pelo depoimento pessoal, prova documental e testemunhal;

e) a procedência de todos os pedidos, com a condenação da reclamada ao pagamento das verbas pleiteadas, acrescidas de juros e correção monetária.

Dá-se à causa o valor de R$...

Termos em que,

pede deferimento.

Local e data.

Advogado(a)

OAB nº

EXERCÍCIO 4 – EXAME DE ORDEM XXVII

Nelson Aviz procura você, como advogado(a), afirmando que foi empregado da sociedade empresária Alfa Ltda, na sede desta, localizada em Sete Lagoas/MG, de 17/12/2017 a 28/04/2018, tendo exercido, na prática, a função de técnico de informática.

Nelson informa que foi despedido por justa causa, apesar de não ter feito nada de errado, não recebendo qualquer indenização, mas apenas o saldo salarial do último mês; que a empresa não integrava, para fim algum, o salário-família que Nelson recebia; que trabalhava de segunda-feira a sábado, das 20h às 5h, com intervalo de 20 minutos para refeição; que o local de trabalho era de difícil acesso e não servido por transporte público regular, pelo que a empresa fornecia o transporte para ir ao trabalho e voltar dele, de forma que Nelson demorava uma hora no trajeto de ida e outra uma hora no de volta; que realizou exame médico na admissão; que Nelson tem uma irmã que trabalha na mesma sociedade empresária, exercendo a função de programadora de jogos digitais. O trabalhador exibe cópias dos contracheques, nos quais há, na parte de crédito, salário de R$ 1.200,00 e uma cota de salário-família; já na parte de descontos, há INSS, vale-transporte e FGTS.

Nelson ainda exibiu sua CTPS, na qual consta admissão em 17/12/2017 e saída em 28/04/2018, na função de auxiliar de serviços gerais; na parte de anotações gerais, há anotação de que o empregado foi dispensado por justa causa em razão de conduta inadequada.

Em pesquisa pela Internet, você localiza a convenção coletiva da categoria de Nelson, com pisos normativos para todas as funções desempenhadas na sociedade empresária Alfa, dentre elas os seguintes: auxiliar de serviços gerais: R$ 1.200,00; técnico de informática: R$ 1.800,00; programador: R$ 3.500,00; e engenheiro de computação: R$ 6.000,00.

Elabore a peça prático-profissional que melhor defenda os interesses de Nelson, sem usar dados ou informações que não estejam no enunciado, considerando que você foi procurado 10 dias após a extinção do contrato. (valor: 5,00)

Obs: a peça deve abranger todos os fundamentos de Direito que possam ser utilizados para dar respaldo à pretensão. A simples menção ou transcrição do dispositivo legal não confere pontuação.

Nos casos em que a lei exigir liquidação de valores, não será necessário que o examinando apresente, admitindo-se que o escritório possui setor próprio ou contratado especificamente para tal fim.

Checklist:

→ Quem é o cliente? O empregado, Nelson Aviz.

→ Qual o último momento processual? Não temos. Este será o primeiro momento.

→ O que o cliente deseja? Receber os seus direitos trabalhistas.

→ Caráter urgente? Não.

→ Algum pressuposto específico? Não.

→ Qual é a peça processual? Reclamação Trabalhista.

→ Fundamento legal: art. 840, *caput* e §1º, da CLT.

Hora de resolver!

AO DOUTO JUÍZO DA___VARA DO TRABALHO DE SETE LAGOAS, MINAS GERAIS

Nelson Aviz, qualificação e endereço completos, vem, à presença de Vossa Excelência, por intermédio de seu advogado abaixo assinado (procuração anexa), com indicação de endereço profissional, onde recebe as intimações e notificações, com fulcro no **art. 840, *caput* e parágrafo 1º, da CLT, PROPOR:**

RECLAMAÇÃO TRABALHISTA, pelo rito ordinário

em face da Sociedade empresária Alfa Ltda., qualificação e endereço completos, pelas razões de fato e de direito a seguir expostas.

I - MÉRITO

1. Reversão da dispensa por justa causa em sem justa causa

O reclamante foi dispensado por justa causa, apesar de não ter feito nada de errado, não recebendo qualquer indenização, mas apenas o saldo de salário do último mês.

Uma vez que não houve a prática de falta grave por parte do reclamante, é ilegal a dispensa por justa causa, razão pela qual requer a reversão da dispensa por justa causa em dispensa sem justa causa e, consequentemente, a condenação da reclamada ao pagamento das verbas rescisórias de estilo, quais sejam: aviso prévio de 30 dias, 13º salário proporcional do ano de 2017 (1/12), 13º salário proporcional do ano de 2018 (5/12), férias proporcionais, acrescidas de 1/3 (5/12) e multa de 40% do FGTS. Requer, também, o acesso ao saque do FGTS e ao seguro desemprego e a retificação da CTPS para constar como data de saída o último dia do aviso prévio indenizado, nos termos da OJ 82, SDI-I, TST.

2. Horas extras

O reclamante trabalhava de segunda-feira a sábado, das 20h às 5h, com intervalo de 20 minutos para refeição.

Nos termos do art. 7º, XIII, da CF e art. 58 da CLT, a jornada máxima de trabalho é de 8 horas diárias e 44 semanais, a qual era ultrapassada.

Pelo exposto, requer a condenação da reclamada ao pagamento das horas extras, assim consideradas as excedentes da 8ª diária e 44ª semanal, acrescidas do adicional de 50%, bem como dos seus reflexos nas verbas contratuais e rescisórias.

3. Intervalo intrajornada

O reclamante laborava de segunda-feira a sábado, das 20h às 5hm com intervalo de 20 minutos para refeição.

Nos ternos do art. 71, *caput*, da CLT, aqueles que laboram mais de 6 horas diárias fazem *jus* a um intervalo intrajornada de, no mínimo, 1 hora, o qual não era observado.

Pelo exposto, requer a condenação da reclamada ao pagamento do período suprimido, ou seja, de 40 minutos diários, acrescidos de 50%, nos termos do art. 71, parágrafo 4º, da CLT.

4. Adicional noturno

Atente-se mais uma vez, que o reclamante laborava das 20h às 5h, de segunda a sábado.

Nos termos do art. 73, *caput* e parágrafo 2º, da CLT, as horas trabalhadas das 22h às 5h devem ser remuneradas com o acréscimo de 20%.

Pelo exposto, requer a condenação da reclamada ao pagamento do adicional noturno, no importe de 20% do valor da hora diurna, quanto às horas que o reclamante ficava à disposição da reclamada após as 22h, bem como de seus reflexos em verbas contratuais e rescisórias.

5. Diferenças salariais

Embora na CTPS do reclamante conste que exercia a função de auxiliar de serviços gerais, sempre trabalhou como técnico de informática e recebeu R$ 1.200,00.

Nos termos de convenção coletiva da categoria de Nelson, o piso normativo para o empregado que exerce a função de técnico em informática é de R$ 1.800,00.

Pelo exposto, requer, a condenação da reclamada ao pagamento das diferenças salariais e de seus reflexos nas verbas contratuais e rescisórias.

Requer ainda, a retificação da CTPS do reclamante para constar sua real função de técnico de informática, com base no art. 29, §1º, da CLT, e o seu real salário, qual seja R$ 1.800,00.

6. Dano moral

A reclamada escreveu na parte de anotações gerais da CTPS do empregado que o mesmo foi dispensado por justa causa em razão de conduta inadequada.

Nos termos do art. 29, parágrafo 4º, da CLT é vedado ao empregador efetuar anotações desabonadoras à conduta do empregado em sua CTPS. O ato ilícito da reclamada ensejou ofensa à esfera extrapatrimonial do reclamante, razão pela qual é devida a reparação por danos morais, à luz dos arts. 223-B e 223-E, da CLT.

Pelo exposto, requer a condenação da reclamada ao pagamento de indenização por danos morais.

7. FGTS

A reclamada descontava do salário do empregado o valor do FGTS depositado.

Nos termos dos arts. 7º, III, da CF, 15 da Lei nº 8.036/90 e 27 do Decreto 99.684/90, é obrigação do empregador depositar 8% da remuneração paga ou devida no mês anterior ao trabalhador, sendo, portanto, indevido o desconto.

Pelo exposto, requer a condenação da reclamada à devolução dos descontos de FGTS realizados durante o contrato de trabalho.

8. Honorários advocatícios

Requer a condenação da reclamada ao pagamento de honorários advocatícios, nos termos do art. 791-A da CLT, no importe de 15%, sobre o valor que resultar da liquidação.

II – PEDIDOS

Pelo exposto, requer:

a) a reversão da dispensa por justa causa em dispensa sem justa causa e, consequentemente, a condenação da reclamada ao pagamento das verbas rescisórias de estilo, quais sejam: aviso prévio de 30 dias, 13º salário proporcional do ano de 2018 (5/12), férias proporcionais acrescidas de 1/3 (5/12) e multa de 40% do FGTS, no valor de R$...;

b) a condenação da reclamada ao pagamento das horas extras, assim consideradas os excedentes da 8ª diária e 44ª semanal, acrescidas do adicional de 50%, bem como de seus reflexos nas verbas contratuais e rescisórias, no valor de R$...;

c) a condenação da reclamada ao pagamento do período suprimido, ou seja, de 40 minutos diários do intervalo intrajornada, acrescidos de 50%, no valor de R$...;

d) a condenação da reclamada ao pagamento do adicional noturno, no importe de 20% do valor da hora diurna, quanto às horas em que o reclamante ficava à disposição do empregador após as 22h, bem como de seus reflexos em verbas contratuais e rescisórias, no valor de R$...;

e) a condenação da reclamada ao pagamento das diferenças salariais e reflexos nas verbas contratuais e rescisórias, bem como a retificação da

CTPS do reclamante para constar a sua real função de técnico de informática, no valor de R$...;

f) a condenação da reclamada ao pagamento de indenização por danos morais, no valor de R$...;

g) a condenação da reclamada à devolução dos descontos do FGTS realizados durante o contrato de trabalho, no valor de R$...;

h) a condenação da reclamada ao pagamento de honorários advocatícios, no importe de 15%, sobre o valor da liquidação;

i) retificação da CTPS para constar como data de saída o último dia do aviso prévio indenizado.

III – REQUERIMENTOS FINAIS

Por todo exposto, requer:

a) a notificação da reclamada para comparecer à audiência e, querendo, apresentar defesa sobre os fatos arguidos, sob pena de reconhecimento de revelia e confissão ficta;

b) a produção de todos os meios de prova em direito admitidos, especialmente pelo depoimento pessoal, prova documental e testemunhal;

c) a procedência de todos os pedidos, com a condenação da reclamada ao pagamento das verbas pleiteadas, acrescidas de juros e correção monetária.

Dá-se à causa o valor de R$...

Termos em que,

pede deferimento.

Local e data.

Advogado(a)

OAB nº

EXERCÍCIO 5 – EXAME DE ORDEM XXX

Após juntar durante alguns anos suas economias e auxiliado por seus familiares, Tito comprou uma motocicleta e começou a trabalhar em 15/12/2018 como motoboy na Pizzaria Gourmet Ltda., localizada no Município de Parauapebas, Estado do Pará, realizando a entrega em domicílio de pizzas e outros tipos de massas aos clientes do empregador. A carteira de trabalho de Tito foi devidamente assinada, com o valor de 1 salário mínimo mensal.

Em razão da atividade desempenhada, Tito poderia escolher diariamente um item do cardápio para se alimentar no próprio estabelecimento, sem precisar pagar pelo produto. Tito fazia em média 10 entregas em seu turno de trabalho, e normalmente recebia R$ 1,00 (um real) de bonificação espontânea de cada cliente, gerando uma média de R$ 260,00 (duzentos e sessenta reais) mensais.

Tito exercia suas funções durante seis dias na semana, com folga na 2ª feira, sendo que, uma vez por mês, a folga era em um domingo. A jornada cumprida ia das 18h às 3h30, com intervalo de 40 minutos para refeição.

No mês de agosto de 2019, Tito fez a entrega de uma pizza na casa de um cliente. Ocorre que o cozinheiro da pizzaria se confundiu no preparo e assou uma pizza de calabresa, sendo que o cliente era alérgico a esse produto (linguiça).

Ao ver a pizza errada, o cliente foi tomado de fúria incontrolável, começou a xingar e a ameaçar Tito, e terminou por soltar seus cães de guarda, dando ordem para atacar o entregador. Tito correu desesperadamente, mas foi mordido e arranhado pelos animais, sendo lesionado gravemente. Em razão disso, ele precisou se afastar por 30 dias para recuperação, recebendo o benefício previdenciário pertinente do INSS. Tito gastou R$ 30,00 na compra de vacina antirrábica, que por recomendação médica foi obrigado a tomar, porque não sabia se os cachorros eram vacinados. Em 20 de setembro de 2019, após obter alta do INSS, Tito retornou à empresa e foi dispensado, recebendo as verbas rescisórias.

Nos contracheques de Tito, constam, mensalmente, o pagamento do salário mínimo nacional na coluna de créditos e o desconto de INSS na coluna de descontos, sendo que no mês de março de 2019 houve ainda dedução de R$ 31,80 (trinta e um reais e oitenta centavos) a título de contribuição sindical, sem que tivesse autorizado o desconto. Tito foi à CEF e solicitou seu extrato analítico, onde consta depósito de FGTS durante todo o contrato de trabalho.

Considerando que, em outubro de 2019, Tito procurou você, como advogado(a), para pleitear os direitos lesados, informando que continua desempregado, elabore a peça processual pertinente. (Valor: 5,00)

Obs.: a peça deve abranger todos os fundamentos de Direito que possam ser utilizados para dar respaldo à pretensão. A simples menção ou transcrição do dispositivo legal não confere pontuação.

Nos casos em que a lei exigir liquidação de valores, não será necessário que o examinando a apresente, admitindo-se que o escritório possui setor próprio ou contratado especificamente para tal fim.

Checklist:

→ Quem é o cliente? O empregado, Tito.

→ Qual o último momento processual? Não temos. Este será o primeiro momento.

→ O que o cliente deseja? Receber os seus direitos trabalhistas.

→ Caráter urgente? Sim. Reintegração ao trabalho.

→ Algum pressuposto específico? Sim. Empregado encontra-se desempregado.

→ Qual é a peça processual? Reclamação Trabalhista.

→ Fundamento legal: art. 840, *caput* e §1º, da CLT.

Hora de resolver!

AO DOUTO JUÍZO DA___VARA DO TRABALHO DE PARAUPEBAS/PA

Tito, qualificação e endereço completos, vem, à presença de Vossa Excelência, por intermédio de seu advogado abaixo assinado (procuração anexa), com indicação de endereço profissional, onde recebe as intimações e notificações, com fulcro no **art. 840, *caput* e parágrafo 1º, da CLT e art. 300, do CPC, PROPOR:**

RECLAMAÇÃO TRABALHISTA,

com pedido de tutela antecipada, pelo rito ordinário

em face de **Pizzaria Goumert Ltda**, qualificação e endereço completos, pelas razões de fato e de direito a seguir expostas.

I – PRELIMINAR

1. Justiça gratuita

O reclamante encontra-se desempregado, de modo que, nos termos do art. 790, parágrafo 3º, da CLT, preenche os requisitos para a concessão do benefício da justiça gratuita, o que requer.

2. Tutela antecipada

O reclamante trabalhava entregando pizza para os clientes da reclamada, quando foi atacado por cães de guarda, por ordem do cliente da empresa empregadora, sendo mordido e arranhado pelos animais, apesar de correr desesperadamente.

Por conta disso, o reclamante precisou permanecer afastado por 30 dias a fim de recuperar-se recebendo benefício previdenciário do INSS, até sua alta e, em 20/09/2019, ao retornar ao trabalho, foi dispensado, recebendo a verbas rescisórias.

Conforme previsão no artigo 21, II da Lei 8.213/91, equipara-se ao acidente de trabalho o sofrido pelo trabalhador no local e no horário de trabalho, restando, portanto, 12 meses de estabilidade ao reclamante.

Assim, uma vez que o reclamante sofreu acidente de trabalho e permaneceu por mais de 15 dias afastado recebendo auxílio doença acidentário, faz *jus* a estabilidade provisória de 12 meses, após a alta do INSS, conforme artigo 118, da Lei 8.213/91 e súmula 378, I do TST, eis que demitido no curso de sua estabilidade.

Pelo exposto, requer a imediata reintegração, por tutela de urgência, com fulcro no artigo 300 do CPC, uma vez presentes os elementos que evidenciam a probabilidade do direito, e o perigo de dano ou risco do resultado útil do processo.

II – MÉRITO

1. Reintegração

Em agosto de 2019, quando o reclamante trabalhava entregando pizzas, foi atacado por cães de guarda por ordem de um cliente da reclamada, sendo mordido e arranhado pelos referidos animais, resultando em lesão grave e, por tal motivo, precisou se afastar de suas atividades por 30 dias para tratamento, recebendo benefício previdenciário INSS, obtendo alta e sendo demitido em 20/09/2019.

Ao retornar ao trabalho, o reclamante foi dispensado, recebendo as verbas rescisórias, no entanto, verifica-se a demissão ocorreu no curso da estabilidade prevista no artigo 118 da Lei 8.213/81, e na súmula 378, I do TST, eis que permaneceu por mais de 15 dias licenciado por auxílio doença acidentário, e tem direito a estabilidade de 12 meses, eis que nos termos do artigo 21, II da Lei 8.213/81, o acidente sofrido pelo trabalhador no local e no horário de trabalho, equipara-se ao acidente de trabalho.

Pelo exposto, requer, no mérito, a nulidade da demissão e a reintegração do reclamante.

2. Adicional de periculosidade

O reclamante trabalhava como motoboy, fazendo entregas de pizzas, com uso de sua motocicleta.

O artigo 193, parágrafo 4º da CLT, dispõe que são consideradas perigosas as atividades de trabalhador em motocicletas.

Pelo exposto, deve ser a reclamada condenada ao pagamento de 30% sobre o salário base do reclamante, conforme disposto no art. 193, parágrafo 1º, da CLT, com reflexos nas verbas do contratuais e rescisórias.

3. Gorjetas

O reclamante fazia 10 entregas em seu turno de trabalho e recebia R$ 1,00 de bonificação espontânea de cada cliente, o que resulta em média mensal no valor de R$ 260,00.

Nos termos do artigo 457 da CLT e da súmula 354 do TST, as gorjetas integram a remuneração do trabalhador.

Pelo exposto, requer a integração das gorjetas, para fins de reflexos nas verbas contratuais e rescisórias, retificando-se a CTPS do reclamante, para que se faça constar as gorjetas recebidas, conforme disposto no artigo 29, parágrafo 1º, da CLT.

4. Horas extras

O reclamante trabalhava das 18h às 3h30, com intervalo de 40 minutos, durante 6 dias na semana.

Nos termos dos artigos 7º, XIII da CF e 58 da CLT, a jornada de trabalho deve ser de 8 horas diárias, o que não era observado pela empresa reclamada.

Pelo exposto, requer o pagamento da jornada extraordinária ao reclamante, as que excedem a 8ª diária, com acréscimo de 50% sobre a hora normal, nos termos do artigo 7º, XVI da CF, e reflexos nas verbas contratuais e rescisórias.

5. Adicional noturno

O trabalho do reclamante era prestado das 18h às 3h30, portanto em hora noturna.

Nos termos do art. 73, *caput* e parágrafo 2º, da CLT as horas trabalhadas entre as 22h de um dia até 5h do dia seguinte devem ser remuneradas com adicional de 20%.

Pelo exposto, requer a condenação da reclamada ao pagamento do adicional noturno, no importe de 20% do valor da hora diurna, quanto as horas que o reclamante ficava à disposição do empregador após as 22h, bem como de seus reflexos e verbas contratuais e rescisórias.

6. Intervalo intrajornada

O reclamante trabalha das 18h até as 3h30, com intervalo de 40 minutos.

Nos termos do art. 71 da CLT, qualquer trabalho contínuo, cuja duração exceda a 6 horas, é obrigatório conceder-se intervalo para repouso e alimentação, de no mínimo 1 hora. Já o art. 71, parágrafo 4º da CLT, dispõe que a concessão parcial do intervalo intrajornada mínimo, dá direito ao recebimento do período suprimido, com acréscimo de 50% sobre o valor da remuneração da hora normal de trabalho.

Pelo exposto, requer a condenação da reclamada ao pagamento do intervalo de 20 minutos diários, acrescido do adicional de 50%.

7. Devolução do desconto da contribuição sindical

No mês de março de 2019 houve desconto no valor de R$ 31,80 no salário do reclamante, a título de contribuição sindical, sem, contudo, ter sido autorizado.

Os arts 578, 579 e 582 da CLT, indicam que o desconto a título de contribuição sindical está condicionado a autorização expressa do empregado, o que, à evidência, não ocorreu.

Pelo exposto, requer a condenação do reclamado ao pagamento dos valores descontados.

8. Dano moral

O reclamante sofreu acidente de trabalho, quando entregava pizzas para cliente da empresa empregadora, tendo sido atacado por cães, resultando em lesões graves, sendo tal evento equiparado a acidente de trabalho, conforme previsão no artigo 21, II da Lei 8.213/91.

Nos termos dos arts 223-B, 223-C e 223-E da CLT, aquele que por ação ou omissão ofender a esfera moral ou existencial de pessoa, deve indenizá-la, o que à evidência, ocorreu no caso em tela, sendo claro o sofrimento, constrangimento e abalo psicológico sofridos pelo reclamante.

Ademais, o artigo 186 do CC, indica como ato ilícito o dano causado a outrem, determinando o dever de reparação.

Requer, portanto, seja considerado o evento de natureza gravíssima, nos termos do artigo 223-G, parágrafo 1º, IV da CLT, ressaltando-se a possibilidade de cumulação prevista no artigo 223-F da CLT.

9. Do dano material emergente

Tendo em vista ao acidente de trabalho sofrido por Tito, este foi obrigado a adquirir vacina antirrábica, que lhe custou R$ 30,00, conforme indicação médica, eis que não tinha certeza de que os cães que lhe atacaram eram vacinados.

Os artigos 186 e 402 do CC tratam como ato ilícito o dano causado a outrem, determinando o dever de reparar.

O artigo 927, parágrafo único do CC, dispõe sobre a obrigação de reparar o dano, independentemente de culpa, que define como objetiva a responsabilidade nas atividades as quais foram expostas o reclamante.

Pelo exposto, requer a condenação da reclamada ao ressarcimento do valor de R$ 30,00, pago pelo reclamante, configurando-se, portanto, em dano emergente.

10. Honorários advocatícios

Requer a condenação da reclamada ao pagamento de honorários advocatícios, nos termos do art. 791-A da CLT, no importe de 15%, sobre o valor que resultar da liquidação.

III - PEDIDOS

Pelo exposto, requer:

a) concessão do benefício da justiça gratuita;

b) a concessão da liminar para a imediata reintegração do reclamante ao trabalho e, posteriormente, a confirmação da liminar por sentença;

c) a condenação ao pagamento do adicional de periculosidade de 30% sobre o salário do reclamante, no valor de R$...;

d) a integração das gorjetas recebidas pelo reclamante para fins de reflexos nas verbas contratuais e rescisórias, bem como a retificação da CTPS, no valor de R$...;

e) a condenação da reclamada ao pagamento de horas extras, acrescidas de 50%, bem como de seus reflexos, no valor de R$...;

f) a condenação da reclamada ao pagamento do adicional noturno, bom como de seus reflexos, no valor de R$...;

g) a condenação da reclamada ao pagamento de 20 minutos de intervalo intrajornada, no valor de R$...;

h) a condenação da reclamada ao pagamento dos valores descontados do reclamante a título de contribuição sindical, no valor de R$...;

i) a condenação da reclamada ao pagamento do dano moral, no valor de R$...;

j) a condenação da reclamada ao pagamento de dano material, no valor de R$...;

k) a condenação da reclamada ao pagamento de honorários advocatícios, no importe de 15%, sobre o valor da liquidação.

IV - REQUERIMENTOS FINAIS

Por todo exposto, requer:

a) a concessão da liminar determinando a imediata reintegração do reclamante;

b) a notificação da reclamada para comparecer à audiência e, querendo, apresentar defesa sobre os fatos arguidos, sob pena de reconhecimento de revelia e confissão ficta;

c) a produção de todos os meios de prova em direito admitidos, especialmente pelo depoimento pessoal, prova documental e testemunhal;

d) a procedência de todos os pedidos, com a condenação da reclamada ao pagamento das verbas pleiteadas, acrescidas de juros e correção monetária.

Dá-se à causa o valor de R$ ....

Termos em que,

pede deferimento

Local e data

Advogado(a)

OAB n.º

3

AÇÃO DE CONSIGNAÇÃO EM PAGAMENTO

1. CABIMENTO

A ação de consignação em pagamento traduz a ideia de que **PAGAR** não é apenas um dever, é também um **DIREITO**. Portanto, toda vez que o **DEVEDOR** se vê impossibilitado desse direito, por uma dificuldade ou uma dúvida acerca de quem é o credor, pode se valer da consignação em pagamento, com o objetivo de **EXTINGUIR** sua obrigação.

A CLT não prevê a ação de consignação em pagamento, razão pela qual aplicamos as diretrizes dos arts. 539 e seguintes do CPC, por força do art. 769 da CLT.

Assim, trata-se de uma ação de procedimento ou rito especial. Não é ordinário, sumário ou sumaríssimo destinada a **EXTINGUIR** obrigação (por meio de quitação), quando houver dúvidas sobre quem é o credor ou se este recusar a receber o que lhe é de direito.

Você nunca poderá propor uma ação de consignação em pagamento por aquele que quer receber, sempre será proposta pelo devedor.

Art. 335 CC. *A consignação tem lugar:*

I – se o credor não puder, ou, sem justa causa, recusar receber o pagamento, ou dar quitação na devida forma;

II – se o credor não for, nem mandar receber a coisa no lugar, tempo e condição devidos;

III – se o credor for incapaz de receber, for desconhecido, declarado ausente, ou residir em lugar incerto ou de acesso perigoso ou difícil;

IV – se ocorrer dúvida sobre quem deva legitimamente receber o objeto do pagamento;

V – se pender litígio sobre o objeto do pagamento.

***Art. 539 CPC.** Nos casos previstos em lei, poderá o devedor ou terceiro requerer, com efeito de pagamento, a consignação da quantia ou da coisa devida.*

§ 1º Tratando-se de obrigação em dinheiro, poderá o valor ser depositado em estabelecimento bancário, oficial onde houver, situado no lugar do pagamento, cientificando-se o credor por carta com aviso de recebimento, assinado o prazo de 10 (dez) dias para a manifestação de recusa.

§ 2º Decorrido o prazo do § 1º, contado do retorno do aviso de recebimento, sem a manifestação de recusa, considerar-se-á o devedor liberado da obrigação, ficando à disposição do credor a quantia depositada.

§ 3º Ocorrendo a recusa, manifestada por escrito ao estabelecimento bancário, poderá ser proposta, dentro de 1 (um) mês, a ação de consignação, instruindo-se a inicial com a prova do depósito e da recusa.

§ 4º Não proposta a ação no prazo do § 3º, ficará sem efeito o depósito, podendo levantá-lo o depositante.

***Art. 540 CPC.** Requerer-se-á a consignação no lugar do pagamento, cessando para o devedor, à data do depósito, os juros e os riscos, salvo se a demanda for julgada improcedente.*

***Art. 541 CPC.** Tratando-se de prestações sucessivas, consignada uma delas, pode o devedor continuar a depositar, no mesmo processo e sem mais formalidades, as que se forem vencendo, desde que o faça em até 5 (cinco) dias contados da data do respectivo vencimento.*

***Art. 542 CPC.** Na petição inicial, o autor requererá:*

I – o depósito da quantia ou da coisa devida, a ser efetivado no prazo de 5 (cinco) dias contados do deferimento, ressalvada a hipótese do art. 539, § 3º;

II – a citação do réu para levantar o depósito ou oferecer contestação.

Parágrafo único. Não realizado o depósito no prazo do inciso I, o processo será extinto sem resolução do mérito.

Art. 543 CPC. *Se o objeto da prestação for coisa indeterminada e a escolha couber ao credor, será este citado para exercer o direito dentro de 5 (cinco) dias, se outro prazo não constar de lei ou do contrato, ou para aceitar que o devedor a faça, devendo o juiz, ao despachar a petição inicial, fixar lugar, dia e hora em que se fará a entrega, sob pena de depósito.*

Art. 544 CPC. *Na contestação, o réu poderá alegar que:*

I – não houve recusa ou mora em receber a quantia ou a coisa devida;

II – foi justa a recusa;

III – o depósito não se efetuou no prazo ou no lugar do pagamento;

IV – o depósito não é integral.

Parágrafo único. No caso do inciso IV, a alegação somente será admissível se o réu indicar o montante que entende devido.

Art. 545 CPC. *Alegada a insuficiência do depósito, é lícito ao autor completá-lo, em 10 (dez) dias, salvo se corresponder a prestação cujo inadimplemento acarrete a rescisão do contrato.*

§ 1º No caso do caput, poderá o réu levantar, desde logo, a quantia ou a coisa depositada, com a consequente liberação parcial do autor, prosseguindo o processo quanto à parcela controvertida.

§ 2º A sentença que concluir pela insuficiência do depósito determinará, sempre que possível, o montante devido e valerá como título executivo, facultado ao credor promover-lhe o cumprimento nos mesmos autos, após liquidação, se necessária.

Art. 546 CPC. *Julgado procedente o pedido, o juiz declarará extinta a obrigação e condenará o réu ao pagamento de custas e honorários advocatícios.*

Parágrafo único. Proceder-se-á do mesmo modo se o credor receber e der quitação.

Art. 547 CPC. *Se ocorrer dúvida sobre quem deva legitimamente receber o pagamento, o autor requererá o depósito e a citação dos possíveis titulares do crédito para provarem o seu direito.*

Art. 548 CPC. *No caso do art. 547 :*

I – não comparecendo pretendente algum, converter-se-á o depósito em arrecadação de coisas vagas;

II – comparecendo apenas um, o juiz decidirá de plano;

III – comparecendo mais de um, o juiz declarará efetuado o depósito e extinta a obrigação, continuando o processo a correr unicamente entre os presuntivos credores, observado o procedimento comum.

***Art. 549 CPC.** Aplica-se o procedimento estabelecido neste Capítulo, no que couber, ao resgate do aforamento.*

A ação de consignação em pagamento tem como objeto o depósito de quantia ou coisa devida. Não tem como finalidade obrigações de fazer ou não fazer.

No tocante à competência para a propositura da ação de consignação em pagamento, ao Processo do Trabalho, se aplica o art. 651 da CLT, que impõe, como regra, o juízo do local da prestação dos serviços como competente.

⚠ IMPORTANTE:

1 – as partes são **CONSIGNANTE** E **CONSIGNATÁRIO**;

2 – competência da Vara do Trabalho, art. 114 CRFB/88;

3 – a ação de consignação em pagamento tem rito próprio;

4 – a petição inicial deverá mencionar os artigos 539 a 549 do CPC e constar:

a – o depósito ou entrega da quantia ou coisa devida, no prazo de 5 dias, a contar do deferimento, na forma do art. 542, I do CPC;

b – requerimento de citação do consignatário para receber/levantar o depósito/receber o bem, ou contestar a ação, na forma do art. 542, II do CPC;

c – pedido de extinção da obrigação;

d – condenação do réu nas custas e honorários advocatícios.

Se ocorrer dúvida sobre quem deva legitimamente receber o pagamento, o autor requererá o depósito e a citação dos possíveis titulares do crédito para provarem o seu direito.

Na contestação, o réu poderá alegar que:

- não houve recusa ou mora em receber a quantia ou a coisa devida;
- foi justa a recusa;
- o depósito não se efetuou no prazo ou no lugar do pagamento;
- o depósito não é integral.

A alegação da não integralidade do depósito, somente será admissível se o réu indicar o montante que entende devido.

O valor da causa será aquele a ser consignado. Se a proposta da prova não indicar o valor, basta o examinando mencionar: **R$**...

A ação de consignação em pagamento tem caráter dúplice. Assim, se o réu alegar que o depósito foi realizado a menor, poderá levantar a quantia depositada, liberando parcialmente o autor, prosseguindo o processo quanto à parte controvertida.

2. ESTRUTURA

Como identificar que a peça é uma ação de consignação em pagamento? A ação de consignação em pagamento tem natureza de petição inicial. Portanto, na proposta da prova, haverá a informação de que não existe processo em trâmite, e o advogado(a) foi consultado por cliente que deseja saber o que fazer para defender os seus direitos, como por exemplo, devolver um bem do empregado, ou consignar o pagamento das verbas rescisórias. Normalmente, o cliente será a empresa (o empregador).

Utilizaremos a chamada "**estrutura coringa**" em nossa prova na seguinte sequência:

I - Requisitos Específicos

II - Fatos

III - Liminar

IV - Mérito

V - Requerimentos Finais

Você não utilizará necessariamente a "estrutura coringa" na sua integralidade. A ação de consignação em pagamento, por exemplo, não tem um requisito específico, o que não impede de nos valermos da estrutura.

Veja a estrutura:

AO DOUTO JUÍZO DA___VARA DO TRABALHO DE___

NOME DO CONSIGNANTE, qualificação e endereço completos, vem, à presença de Vossa Excelência, por intermédio de seu advogado abaixo assinado (procuração anexa), com indicação de endereço profissional, onde recebe as intimações e notificações, **com fulcro no arts. 539 a 549, do CPC, PROPOR:**

AÇÃO DE CONSIGNAÇÃO EM PAGAMENTO

em face de **NOME DO CONSIGNATÁRIO (geralmente empregado)**, qualificação e endereço completos, pelas razões de fato e de direito a seguir expostas:

I – FATOS

O consignante trabalho na empresa "x" no período de "___", exercendo a função de atendente, com salário mensal de "___". Entretanto, após o término do contrato de trabalho, recusou-se a receber as verbas devidas/remanescem dúvidas sobre quem são os legitimados a receber as verbas/bens de sua propriedade.

II – MÉRITO

O consignante deverá afirmar qual a obrigação cujo valor pretende depositar com efeito de quitação e especificar, de forma líquida e certa, cada parcela consignada. Deve esclarecer a que corresponde o valor total e indicar os valores de cada uma das parcelas.

Nesse sentido, considerando a forma de rescisão do contrato de trabalho do consignado, são devidas as seguintes verbas rescisórias, cuja consignação, desde já, se requer:

a) saldo de salário....

b) aviso prévio....

c) ...

Outrossim, também devida a consignação dos seguintes bens: ....

III – REQUERIMENTOS FINAIS

Por todo exposto, requer:

a) o deferimento do depósito da quantia de R$ _____ no prazo de 5 dias e, se for o caso, a entrega da coisa devida;

b) a notificação do consignatário para comparecer à audiência e levantar o depósito ou, querendo, oferecer defesa, sob pena de revelia e declaração de extinção da obrigação;

c) a produção de todos os meios de prova em direito admitidos, em especial a prova documental;

d) por fim, a procedência do pedido com a declaração de extinção da obrigação e condenação do consignatário ao pagamento de custas processuais e honorários advocatícios no importante de 15%, nos termos do art. 791-A da CLT.

Dá-se à causa o valor de R$ ______.

Termos em que,

pede deferimento.

Local e data.

Advogado(a)

OAB nº

3. EXERCÍCIOS

EXERCÍCIO 1 – EXAME DE ORDEM X

Zenga Modas Ltda., CNPJ 1.1.0001/00, com sede na Rua Lopes Quintas, 10 – Maceió – AL, encontra-se na seguinte situação: Joana Firmino, brasileira, casada, costureira, residente na Rua Lopes Andrade, 20 – Maceió – AL – CEP 10.0001-00, foi contratada pela, em 12.09.2008, para exercer a função de costureira, na unidade de Maceió - AL, sendo dispensada sem justa causa em 11.10.2012, mediante aviso prévio indenizado. Naquele dia Joana entregou a CTPS à empresa para efetuar as atualizações de férias, e tal documento ainda se encontra custodiado no setor de recursos humanos.

Joana foi cientificada de que no dia 15.10.2012, às 10:00 h, deveria comparecer na empresa para receber as verbas rescisórias. Contudo, na data e hora designadas, a empregada não compareceu.

Procurado por Zenga Modas Ltda. em 17.10.2012, apresente a medida judicial adequada à defesa dos interesses empresariais, sem criar dados ou fatos não informados, ciente de que a empregada fruiu férias dos períodos 2008/2009 e 2009/2010 e de que, no armário dela, foi encontrado um telefone celular de sua propriedade, que se encontra guardado no almoxarifado da empresa.

É desnecessária a indicação de valores.

Checklist:

→ Quem é o cliente? A empregadora, Zenga Modas Ltda.

→ Qual o último momento processual? Não temos. Este será o primeiro momento.

→ O que o cliente deseja? Devolver bens e pagar verbas rescisórias da empregada.

→ Caráter urgente? Não.

→ Algum pressuposto específico? A empregada não foi encontrada para o pagamento das verbas rescisórias.

→ Qual é a peça processual? Ação de consignação em pagamento.

→ Fundamento legal: arts. 539 a 549 do CPC.

Hora de resolver!

AO DOUTO JUÍZO DA___VARA DO TRABALHO DE MACEIÓ/AL

Zenga Modas Ltda., pessoa jurídica de direito privado, inscrita no CNPJ sob o no 1.1.0001/00, com sede na Rua Lopes Quintas, 10, Maceió/AL, vem, à presença de Vossa Excelência, por intermédio de seu advogado abaixo assinado (procuração anexa), com indicação de endereço profissional, onde recebe as intimações e notificações, **com fulcro nos arts. 539 a 549 do CPC, PROPOR:**

AÇÃO DE CONSIGNAÇÃO EM PAGAMENTO

Em face de **JOANA FIRMINO**, brasileira, casada, costureira, residente na rua Lopes Andrade, 20, Maceió/AL, cep: 10.0001-00, Pelas razões de fato e de direito a seguir expostas.

I – FATOS

A consignatária foi contratada pela empresa em 12/09/2008, para exercer a função de costureira, na unidade de Maceió/AL, sendo dispensada sem justa causa em 11/10/2012, mediante aviso prévio indenizado. Naquele dia, entregou a CTPS à empresa para efetuar as atualizações de férias, e tal documento ainda se encontra em posse da empresa.

Joana foi cientificada de que no dia 15/10/12 às 10h deveria comparecer na empresa para receber suas verbas rescisórias. Contudo, na data e hora designadas, a empregada não compareceu.

A empregada usufruiu de férias nos períodos 2008/2009 e 2009/2010, e no armário foi encontrado um telefone celular de sua propriedade.

II – MÉRITO

Considerando a recusa da consignatária em receber as verbas devidas pela ruptura contratual e a recuperação dos seus bens pessoais que ficaram sob a custódia, não restou à consignante outra alternativa.

Nesse sentido, considerando-se que a consignatária foi dispensada sem justa causa, são devidas as seguintes verbas rescisórias, cuja consignação, desde já, se requer:

a) Saldo de salário (11 dias), no valor de R$...

b) Aviso-prévio (42 dias), no valor de R$...

c) 13º salário proporcional (11/12), no valor de R$...

d) Férias em dobro – 2010/2011 + 1/3, no valor de R$...

e) Férias simples + 1/3 (2011/2012), no valor de R$...

f) Férias proporcionais (2/12) + 1/3, no valor de R$...

g) Multa de 40% do FGTS, no valor de R$...

TOTAL DEVIDO R$ ....

Outrossim, também devida a consignação dos documentos necessários ao saque dos depósitos do FGTS e do seguro-desemprego, nos termos do art. 477, parágrafo 10º, da CLT.

Encontram-se em posse da empresa a CTPS da consignatária e o seu telefone celular, razão pela qual requer realizar o depósito de ambos objetos em juízo.

III – REQUERIMENTOS FINAIS

Por todo exposto, requer:

a) o deferimento do depósito dos valores referidos, do aparelho celular e da CTPS no prazo de 5 dias;

b) a notificação da consignatária para levantar os valores, o aparelho celular e a CTPS depositados com efeito de quitação ou, querendo, oferecer resposta em audiência, sob pena de revelia e declaração da extinção da obrigação;

c) a produção de todos os meios de prova em direito admitidos;

d) a procedência do pedido com a declaração de extinção da obrigação;

e) a condenação da consignatária ao pagamento de custas processuais e honorários advocatícios no importe 15%, com base no art. 791-A da CLT.

Dá-se à causa o valor de R$...

Termos em que,

pede deferimento.

Local e data.

Advogado(a)

OAB nº

EXERCÍCIO 2 – EXAME DE ORDEM XXIX

A sociedade empresária Ômega S.A., estabelecida em Campinas, dedica-se à construção civil. Ela contratou o empregado João da Silva, em 05/01/2018, para exercer a função de pedreiro. Contudo, diante da necessidade de redução do seu quadro de pessoal, concedeu-lhe aviso prévio, em 10/10/2018, na forma indenizada. João ficou muito triste com a situação e ainda tentou apelar junto à direção da sociedade empresária para que não fosse dispensado, pois tinha esposa e dois filhos menores para criar. Porém, não só motivado pela crise, mas também porque o trabalho de João não se mostrava de boa qualidade, a sociedade empresária manteve a extinção, tal qual havia manifestado originalmente. Foi marcado, então, o dia 15/10/2018 para o pagamento das verbas rescisórias devidas e a entrega dos documentos hábeis para o requerimento de outros direitos, no próprio local de trabalho, oportunidade na qual o trabalhador faria, também, a retirada dos seus pertences pessoais. Ocorre que, nesse dia, a sociedade empresária não tinha em caixa o dinheiro suficiente para realizar a quitação do devido e, por isso, pediu desculpas a João, anotou a dispensa na sua CTPS e solicitou que ele retornasse 60 dias após, para que fossem feitos o pagamento e a retirada dos pertences. No dia marcado, João não compareceu. A sociedade empresária tentou contato telefônico e foram enviados dois telegramas para o endereço informado por ele na ficha de registro de empregados, mas tudo em vão. Até mesmo os ex-colegas de trabalho enviaram mensagens para o Facebook de João, na tentativa de fazê-lo ir à sociedade empresária para o acerto de contas, mas igualmente não houve sucesso. Sabe-se, contudo, que João continua desempregado. No vestiário da sociedade empresária, no armário anteriormente usado por João, foram encontradas algumas fotografias dele com a esposa e uma camisa do seu time de futebol. Diante disso, a sociedade empresária procura você para, na condição de advogado(a), adotar as medidas judiciais cabíveis para a espécie.

Observando o tempo já decorrido, elabore a peça necessária à defesa dos interesses da sociedade empresária, considerando todos os direitos previstos na legislação trabalhista. (Valor: 5,00)

Obs.: a peça deve abranger todos os fundamentos de Direito que possam ser utilizados para dar respaldo à pretensão.

Nos casos em que a lei exigir liquidação de valores, não será necessário que o examinando a apresente, admitindo-se que o escritório possui setor próprio ou contratado especificamente para tal fim.

Checklist:

→ Quem é o cliente? A empregadora, Ômega S.A.

→ Qual o último momento processual? Não temos. Este será o primeiro momento.

→ O que o cliente deseja? Devolver bens e pagar verbas rescisórias da empregada.

→ Caráter urgente? Não.

→ Algum pressuposto específico? O empregado não compareceu para o pagamento das verbas rescisórias.

→ Qual é a peça processual? Ação de consignação em pagamento.

→ Fundamento legal: arts. 539 a 549 do CPC.

Hora de resolver!

AO DOUTO JUÍZO DA___VARA DO TRABALHO DE CAMPINAS/SP

Ômega S.A, qualificação e endereço completos, vem, à presença de Vossa Excelência, por intermédio de seu advogado abaixo assinado (procuração anexa), com indicação de endereço profissional, onde recebe as intimações e notificações, **com fulcro nos arts. 539 a 549 do CPC, PROPOR:**

AÇÃO DE CONSIGNAÇÃO EM PAGAMENTO

em face de **João da Silva**, qualificação e endereço completos, pelas razões de fato e de direito a seguir expostas.

I – FATOS

O consignatário foi contratado pela sociedade Ômega S.A., em 05/01/2018, para exercer a função de pedreiro, sendo dispensado de forma imotivada em 10/10/2018, mediante aviso prévio indenizado. Em seu armário foram encontradas algumas fotografias dele com a esposa e uma camisa do seu time de futebol. Foi marcado o dia 15/10/2018 para o pagamento das verbas rescisórias devidas, no próprio local de trabalho, oportunidade na qual o trabalhador faria, também, a retirada dos seus pertences pessoais. Ocorre que, nesse dia, a sociedade empresária não tinha em caixa o dinheiro suficiente para realizar a quitação do devido e, por isso, pediu desculpas a João, anotou a dispensa na sua CTPS e solicitou que ele retornasse 60 dias após, para que fossem feitos o pagamento e a retirada dos pertences, João não compareceu.

II – MÉRITO

Considerando a recusa do consignatário em receber as verbas devidas pela ruptura contratual e a recuperação dos seus bens pessoais que ficaram sob a custódia, não restou à consignante outra alternativa.

Nesse sentido, considerando-se que o consignatário foi dispensado sem justa causa, são devidas as seguintes verbas rescisórias, cuja consignação, desde já, se requer:

a) Saldo de salário (10 dias), no valor de R$...

b) Aviso-prévio (30 dias), no valor de R$...

c) 13º salário proporcional (10/12), no valor de R$...

d) Férias proporcionais (10/12) + 1/3, no valor de R$...

e) Multa de 40% do FGTS, no valor de R$...

f) Multa do art. 477, §8º, da CLT (1 salário), no valor de R$...

Total devido R$ ....

Outrossim, também devida a consignação dos documentos necessários ao saque dos depósitos do FGTS e do seguro-desemprego, nos termos do art. 477, parágrafo 10º, da CLT.

Encontram-se em posse da empresa as fotografias do consignatário com a esposa e uma camisa do seu time de futebol, razão pela qual requer realizar o depósito de ambos os objetos em juízo.

III – REQUERIMENTOS FINAIS

Por todos exposto, requer:

a) o deferimento do depósito dos valores referidos, das fotografias e da camisa do time de futebol no prazo de 5 dias;

b) a notificação do consignatário para levantar os valores, as fotografias e a camisa do time depositados com efeito de quitação ou, querendo, oferecer resposta em audiência, sob pena de revelia e declaração da extinção da obrigação;

c) a produção de todos os meios de prova em direito admitidos;

d) a procedência do pedido com a declaração de extinção da obrigação;

e) a condenação do consignatário ao pagamento de custas processuais e honorários advocatícios no importe 15%, com base no art. 791-A da CLT.

Dá-se à causa o valor de R$....

Termos em que,
pede deferimento
Local e data
Advogado(a)
OAB n.º

4

DISSÍDIO COLETIVO

1. CABIMENTO

É uma demanda que tem por objetivo tutelar interesses gerais e abstratos das categorias profissionais e econômicas envolvidas. O dissídio coletivo é ajuizado por meio de petição inicial escrita, elaborada pela entidade sindical da categoria profissional ou da categoria econômica. Admite-se o *jus postulandi*.

No dissídio coletivo, temos interesses abstratos de um grupo social ou categoria, tendo, como regra, o objetivo de criar e modificar normas e condições gerais de trabalho. Não se está diante, portanto, de normas preexistentes. Já na reclamação plúrima são interesses concretos e individualizados que são submetidos ao Judiciário, aplicando-se as normas já previstas no ordenamento. Miessa. *Élisson*, Processo do Trabalho, 7ª edição, Editora Juspodivm. São Paulo, pág. 1490.

O dissídio coletivo somente poderá ser suscitado uma vez esgotada ou frustrada, total ou parcialmente, a negociação coletiva implementada diretamente pelos entes interessados, ou intermediada pelo Ministério Público do Trabalho.

2. CLASSIFICAÇÃO

- Econômico – cria normas e condições de trabalho;
- Jurídico – interpreta as normas jurídicas;

- Revisional – rever normas e condições estabelecidas (arts. 873 ao 875 CLT);
- De greve – declaração de abusividade ou não da paralisação/greve;
- Originário – quando não existem normas coletivas em vigor.

A Constituição Federal estabeleceu o comum acordo como requisito específico para os dissídios coletivos de natureza econômica.

Art. 114, §2º, CF. Recusando-se qualquer das partes à negociação coletiva ou à arbitragem, é facultado às mesmas, de comum acordo, ajuizar dissídio coletivo de natureza econômica, podendo a Justiça do Trabalho decidir o conflito, respeitadas as disposições mínimas legais de proteção ao trabalho, bem como as convencionadas anteriormente.

O Ministério Público do Trabalho (MPT) pode suscitar dissídio coletivo de greve em atividade essencial, com possibilidade de lesão do interesse público.

Art. 114, §3º, CF. Em caso de greve em atividade essencial, com possibilidade de lesão do interesse público, o Ministério Público do Trabalho poderá ajuizar dissídio coletivo, competindo à Justiça do Trabalho decidir o conflito.

IMPORTANTE:

1 – as partes são **SUSCITANTE E SUSCITADO**;

2 – a competência é originária dos **TRIBUNAIS**, ou seja, **TRT** quando restringir-se à jurisdição de um Tribunal, **TST** quando extrapolar a jurisdição de um Tribunal Regional, arts 114, 1º, 2º e 3º da CF, 678, da CLT e Lei nº 7.701/88;

3 – a legitimidade é dos sindicatos, via de regra, art. 857, parágrafo único da CLT e art. 8º III CF, mas também das federações e confederações, Ministério Púbico do Trabalho art. 114, 3º CF;

4 – necessidade de autorização da assembleia, art. 859 da CLT, esgotamento das vias conciliatórias, época própria, fundamentação das cláusulas, cumprimento do estatuto e comum acordo, art. 114, 2º CF;

5 – observar a Lei nº 7.783/89.

3. ESTRUTURA

Como identificar que a peça é um Dissídio Coletivo? A proposta da prova narrará os fatos tratando de direito coletivo, indicando que houve o esgotamento ou a frustração de uma negociação coletiva.

Utilizaremos a chamada "**estrutura coringa**" em nossa prova na seguinte sequência:

I - Requisitos Específicos

II - Fatos

III - Liminar

IV - Mérito

V - Requerimentos Finais

Veja a estrutura:

EXCELENTÍSISMO SENHOR DOUTOR DESEMBARGADOR PRESIDENTE DO EGRÉGIO TRIBUNAL REGIONAL DO TRABALHO DA ___REGIÃO

SUSCITANTE, qualificação e endereço completos, vem, à presença de Vossa Excelência, por intermédio de seu advogado abaixo assinado (procuração anexa), com indicação de endereço profissional, onde recebe as intimações e notificações, **com fulcro nos arts. 114, parágrafo 2º, da CF, 856 e seguintes da CLT, PROPOR:**

DISSÍDIO COLETIVO DE NATUREZA ECONÔMICA

em face de **SUSCITADO,** qualificação e endereço completos, pelas razões de fato e de direito a seguir expostas.

I – REQUISITOS ESPECÍFICOS

O sindicato suscitante está registrado sob o nº..., fls..., no Ministério do Trabalho e Previdência, legitimando-o ao ajuizamento do presente feito, nos termos da OJ nº 15 da SDC, do TST.

Foram devidamente publicados os editais de convocação da categoria econômica para a assembleia geral visando a deliberação sobre a instauração do dissídio coletivo, tendo sido lavrado e assinadas as respectivas atas assembleares que deliberaram no sentido da instauração, por determinação do art. 859 da CLT e OJ nº 29 da SDC do TST.

Após várias tentativas de negociações, restauram infrutíferas todas as tentativas de conciliação para fechar os termos da Convenção Coletiva de Trabalho, diante do insucesso nas negociações, impõe-se a intervenção do Poder Normativo da Justiça do Trabalho.

II – FATOS

Após uma série de entendimentos mantidos com o presidente do sindicato suscitado, não foi possível se chegar a uma composição, em razão, basicamente, da exagerada pretensão de reajuste salarial. Tal pretensão do suscitado implica um aumento real de salário que é absolutamente inviável para as empresas.

III – MÉRITO

Os salários não podem estar dissociados dos índices de produtividade, sob pena de se comprometer a própria existência das empresas e dos postos de trabalho.

Destacar a crise econômica no país...demissões, fechamento de empresas.

Ademais, as empresas atuam em uma área em que os produtos têm custos elevadíssimos.

Portanto, tanto a negociação como a própria decisão que venha a ser tomada pelos Ilustres Julgadores devem levar em conta as possibilidades da média das empresas.

O sindicato suscitante pode apresentar a proposta que entende adequada....

IV – REQUERIMENTOS FINAIS

Por todo exposto, requer:

a) em caráter de urgência, a designação de audiência conciliatória, notificando-se o suscitado, para comparecer à audiência inaugural e, querendo, apresentar defesa;

b) A prevalência das bases propostas pelo suscitante, por meio da respectiva sentença normativa;

c) a produção de todos os meios de provas em direito admitidos.

Dá-se à causa o valor de R$ ....

Termos em que,

pede deferimento.

Local e data.

Advogado(a)

OAB nº

4. EXERCÍCIO

EXERCÍCIO – PEÇA AUTORAL

O Sindicato dos Empregados em Distribuição de Combustíveis deflagrou greve a fim de obter aumento de verba denominada auxílio alimentação, tendo em vista o aumento dos produtos alimentícios, sob argumento de que o valor defasado.

Em reunião de assembleia que contou com número inferior de empregados, foi aprovada a deflagração da greve pelos que ali estavam em descumprimento ao próprio estatuto e das regras previstas em legislação aplicável à hipótese.

Diante da aprovação em assembleia, o sindicato procedeu a comunicação com antecedência de 24 horas, sobre a paralisação e seguiu com o movimento grevista, determinando a todos os trabalhadores que não comparecessem para o trabalho.

Você foi contratado para advogar para o Sindicato das Empresas de Distribuição de Combustíveis, para apresentar a medida processual pertinente e assim buscar a defesa dos interesses do sindicato patronal, sendo certo que não houve nenhuma tentativa conciliatória prévia entre os sindicatos profissional e patronal e que a adesão ao movimento paredista está em aproximadamente 100% dos trabalhadores.

→ Quem é o cliente? Sindicato das Empresas de Distribuição de Combustíveis

→ Qual é a fase processual? Fase de conhecimento.

→ O que a cliente deseja? Declarar a abusividade e ilegalidade da greve.

→ Caráter urgente? Sim, pois atingiu atividade essencial

→ Algum ponto relevante? Sim. A abusividade, principalmente pela reunião da assembleia não atender o número de trabalhadores necessário.

→ Qual é a peça processual? Dissídio coletivo de greve.

→ Fundamento legal: art. 114, §3º da CF, arts. 856 e seguintes da CLT e Lei nº 7.783/89.

Hora de resolver!

EXCELENTÍSISMO SENHOR DOUTOR DESEMBARGADOR PRESIDENTE DO EGRÉGIO TRIBUNAL REGIONAL DO TRABALHO DA ___REGIÃO

Sindicato das Empresas de Distribuição de Combustíveis, qualificação e endereço completos, vem, à presença de Vossa Excelência, por intermédio de seu advogado abaixo assinado (procuração anexa), com indicação de endereço profissional, onde recebe as intimações e notificações, com fulcro nos artigos 114, 2º CF, 856 e seguintes da CLT e Lei nº 7.783/89, propor o presente

DISSÍDIO COLETIVO DE GREVE

em face de **Sindicato dos Empregados em Distribuição de Combustíveis**, qualificação e endereço completos, pelas razões de fato e de direito a seguir expostas.

I – REQUISITOS ESPECÍFICOS

Informa que o suscitante é parte legítima para figurar no presente feito, eis que representante da categoria econômica, conforme disposto nos artigos 8º, III da CF e 857 da CLT. Informa ainda que não houve tentativa conciliatória prévia.

II - FATOS

O sindicato suscitante deflagrou greve para obter aumento de verba denominada auxílio alimentação, sob argumento de que os produtos alimentícios estão com preço elevado e o valor do benefício encontra-se defasado.

No entanto, a reunião de assembleia convocada para a votação do movimento grevista, não atendeu ao número de trabalhadores necessário, não atingindo o quórum estabelecido no estatuto da entidade sindical, muito menos o previsto em legislação trabalhista, conforme disposto no artigo 4º, 1º da Lei 7.783/89 e artigo 859 da CLT.

Como se não bastasse, o sindicato procedeu a comunicação com antecedência de 24 horas, sobre a paralisação e seguiu com o movimento grevista, determinando a todos os trabalhadores que não comparecessem para o trabalho, contra o que dispõe os artigos 9º, 10, I e 11 da Lei 7.783/89, que regulam os procedimentos para a deflagração de greve.

III - MÉRITO

A atividade desenvolvida pelo suscitante é essencial, e por isso a comunicação deve ser realizada com antecedência mínima de 72 horas, nos termos do art. 13 da Lei 7.783/89.

Aduz-se ainda, que não foi cumprida determinação de tentativa conciliatória prévia, prevista no artigo 114, parágrafos 1º e 2º da CRFB/88, bem como pelo estabelecido na OJ SDC, TST n 11, "É abusiva a greve levada a efeito sem que as partes hajam tentado, direta e pacificamente, solucionar o conflito que lhe constitui o objeto".

Assim, é o presente para pleitear seja considerada abusiva a greve em curso, eis que com 100% da categoria em adesão, resultando em graves transtornos para a sociedade.

IV - REQUERIMENTOS FINAIS

Por todo exposto, requer:

a) em caráter de urgência, a designação de audiência conciliatória, notificando-se o suscitado, para comparecer à audiência inaugural e, querendo, apresentar defesa;

b) seja julgado procedente o pedido para declarar abusiva e ilegal o movimento grevista deflagrado pelo sindicato suscitado, sendo os dias de paralisação descontados dos salários dos trabalhadores que aderiram;

c) a intimação do Ministério Público do Trabalho;

d) protesta por todos os meios de prova em direito admitidos, especialmente testemunhal, documental, pericial e depoimento pessoal do suscitado, sob os efeitos da confissão.

Dá-se à causa o valor de R$ .....

Termos em que,
pede deferimento
Local e data
Advogado(a)
OAB n.º

5

INQUÉRITO PARA APURAÇÃO DE FALTA GRAVE

1. CABIMENTO

O nosso ordenamento jurídico permite que o empregador dispense o empregado por justa causa, sem que haja necessidade de intervenção do Poder Judiciário. No entanto, alguns empregados, para que possam ser dispensados, dependem da demonstração de falta grave, a ser apurada e declarada pelo Judiciário, por meio de uma ação, denominada inquérito para apuração de falta grave.

Trata-se de ação ajuizada pelo empregador em face do empregado estável que tenha praticado falta grave, na qual se busca autorização do Poder Judiciário Trabalhista para efetivação da demissão por justa causa, conforme previsão nos arts. 493 ao 495 e 853 ao 855 da CLT.

Em suma: o inquérito para apuração de falta grave é a ação pela qual a justa causa poderá ser aplicada a alguns empregados com estabilidade ou garantia provisória no emprego.

> ***Art. 493 CLT** – Constitui falta grave a prática de qualquer dos fatos a que se refere o **art. 482**, quando por sua repetição ou natureza representem séria violação dos deveres e obrigações do empregado.*
>
> ***Art. 494 CLT** – O empregado acusado de falta grave poderá ser suspenso de suas funções, mas a sua despedida só se tornará efetiva após o inquérito e que se verifique a procedência da acusação.*
>
> *Parágrafo único – A suspensão, no caso deste artigo, perdurará até a decisão final do processo.*

Art. 495 CLT *– Reconhecida a inexistência de falta grave praticada pelo empregado, fica o empregador obrigado a readmiti-lo no serviço e a pagar-lhe os salários a que teria direito no período da suspensão.*

Art. 853 CLT *– Para a instauração do inquérito para apuração de falta grave contra empregado garantido com estabilidade, o empregador apresentará reclamação por escrito à Junta ou Juízo de Direito, dentro de 30 (trinta) dias, contados da data da suspensão do empregado.*

Art. 854 CLT *– O processo do inquérito perante a Junta ou Juízo obedecerá às normas estabelecidas no presente Capítulo, observadas as disposições desta Seção.*

Art. 855 CLT *– Se tiver havido prévio reconhecimento da estabilidade do empregado, o julgamento do inquérito pela Junta ou Juízo não prejudicará a execução para pagamento dos salários devidos ao empregado, até a data da instauração do mesmo inquérito.*

Jurisprudência:

Súmula 403 do STF *– É de decadência o prazo de trinta dias para instauração do inquérito judicial, a contar da suspensão, por falta grave, de empregado estável.*

Súmula nº 62 do TST *– ABANDONO DE EMPREGO – O prazo de decadência do direito do empregador de ajuizar inquérito em face do empregado que incorre em abandono de emprego é contado a partir do momento em que o empregado pretendeu seu retorno ao serviço.*

⚠ ***Não são todos os casos de estabilidade provisória que ficam sujeitos ao inquérito judicial.***

• EMPREGADOS CUJA DEMISSÃO POR JUSTA CAUSA EXIGE PRÉVIO AJUIZAMENTO DO INQUÉRITO PARA APURAÇÃO DE FALTA GRAVE:

- **Estável decenal** – artigo 492 da CLT;

- **Dirigente sindical** – artigo 8º, VIII da CF, artigo 543 parágrafo 3º CLT e Súmulas 197 STF e 379 do TST;

- **Empregados membros do Conselho Nacional de Previdência Social** – Lei nº 8.213/91, artigo 3º parágrafo 7º;

- **Empregados eleitos diretores de Sociedades Cooperativas** – artigo 55 da Lei nº 5.764/71.

• **EXEMPLOS DE FALTA GRAVE**

- normas de segurança do trabalho, art. 158 CLT;
- motorista, art. 235-B, VII e parágrafo único da CLT;
- serviço ferroviário, art. 240, parágrafo único da CLT;
- aprendiz, art. 433 da CLT;
- as previstas no art. 482 da CLT; e
- vale transporte, art. 112, parágrafo 3º, Decreto nº 10.854/2021.

IMPORTANTE:

1 - as partes são **REQUERENTE** (empregador) **REQUERIDO** (empregado);

2 - competência da Vara do Trabalho;

3 - o empregado deve ser detentor de garantia de emprego *(vide item anterior)*;

4 - deve ter praticado de falta grave;

5 - deve haver exigência de prévio ajuizamento do inquérito para a demissão por justa causa;

6 - deve ser ajuizado somente por escrito pelo empregador, art. 853 da CLT;

7 - havendo suspensão do empregado, esta perdurará até a data da decisão final do processo, art. 493 da CLT;

8 - o prazo decadencial para o ajuizamento é de 30 dias, art. 853 da CLT e Súmulas 62 TST e 403 STF;

9 - o empregador tem a faculdade de suspender o empregado, art. 494 da CLT;

10 - sendo julgado improcedente o inquérito, o empregador fica obrigado a reintegrar o empregado estável e pagar-lhe os salários e demais verbas, que teria direito durante o período em que esteve suspenso, arts 495 da CLT;

11 - sendo julgado procedente considera-se a demissão por justa causa;

12 - são apresentadas até 6 testemunhas para cada parte, art. 821 da CLT.

2. ESTRUTURA

Como identificar que a peça é um inquérito para apuração de falta grave? Será o primeiro ato processual, o cliente é a empresa e a proposta da prova dirá que o trabalhador é estável e praticou falta grave.

Utilizaremos a chamada "**estrutura coringa**" em nossa prova na seguinte sequência:

I - Requisitos Específicos

II – Fatos

III – Liminar

IV – Mérito

V – Requerimentos Finais

Veja a estrutura:

AO DOUTO JUÍZO DA___VARA DO TRABALHO DE ___

NOME DO EMPREGADOR, qualificação e endereço completos, vem, à presença de Vossa Excelência, por intermédio de seu advogado abaixo assinado (procuração anexa), com indicação de endereço profissional, onde recebe as intimações e notificações, com fulcro nos **arts. 494 e 853, da CLT, PROPOR:**

INQUÉRITO JUDICIAL PARA APURAÇÃO DE FALTA GRAVE

em face de **NOME DO EMPREGADO**, qualificação e endereço completos, pelas razões de fato e de direito a seguir expostas:

I – REQUISITOS ESPECÍFICOS

Encontram-se presentes os requisitos específicos do inquérito judicial, dente os quais destacam-se:

a) **cabimento**: apontar os dispositivos legais ou jurisprudenciais (súmulas e OJs) que indiquem que o empregado estável somente pode ser dispensado por justa causa mediante inquérito judicial para apuração de falta grave;

b) **prazo**: o inquérito foi proposto dentro do prazo decadencial de 30 dias, contados da suspensão do empregado estável.

II – FATOS

Relatar o caso que está na proposta da prova sem criar dados ou informações.

III – MÉRITO

Fato, fundamento e pedidos.

- mencionar a estabilidade e a falta grave;
- indicar o dispositivo em que a falta é descrita como grave;
- pedir a extinção do contrato de trabalho por justa causa do empregado, com data retroativa à suspensão contratual.

IV – REQUERIMENTOS FINAIS

Pelo exposto, requer:

a) a notificação do requerido para, querendo, oferecer resposta em audiência a ser designada por este juízo sob pena de revelia e confissão;

b) a produção de todos os meios de prova em direito admitidos, em especial, a prova documental e testemunhal; e

c) por fim, o julgamento procedente dos pedidos e, consequentemente, a rescisão do contrato de trabalho por justa causa do requerido, retroagindo à data de sua suspensão e a condenação do empregado ao pagamento de custas e honorários advocatícios, no importe de 15%, com base no art. 791-A da CLT.

Dá-se à causa o valor de R$...

Termos em que,

pede deferimento.

Local e data.

Advogado(a)

OAB nº

3. EXERCÍCIO

EXERCÍCIO – PEÇA AUTORAL

Anete Barbosa Lima é empregada da empresa Só Luxo Ltda. localizada na cidade do Rio de Janeiro e foi admitida em 15/03/2018, exercendo a função de contadora. Em 10/5/2019 foi eleita dirigente sindical. O diretor geral da empresa, Sr. Firmino Bastos descobriu no dia 20/04/2020 que Anete desviou uma quantia expressiva da empresa e depositou na sua conta bancária. Na mesma data o Sr. Firmino Bastos suspendeu Anete e registrou ocorrência na delegacia de polícia para instauração de inquérito policial.

Em 25/04/2020, a empresa Só Luxo Ltda. pretende dispensar a empregada.

Para tanto, elabore a medida judicial cabível.

Checklist:

→ Quem é o cliente? A empregadora, Só Luxo Ltda.

→ Qual o último momento processual? Não temos. Este será o primeiro momento.

→ O que o cliente deseja? Aplicar a falta grave na empregada.

→ Caráter urgente? Sim, ante a imediatidade e a suspensão.

→ Algum pressuposto relevante? A empregada é dirigente sindical, com estabilidade.

→ Qual é a peça processual? Inquérito judicial para apuração da falta grave.

→ Fundamento legal: art. 853 da CLT.

Hora de resolver!

AO DOUTO JUÍZO DA___VARA DO TRABALHO DO RIO DE JANEIRO

Só Luxo Ltda., qualificação e endereço completos, vem, à presença de Vossa Excelência, por intermédio de seu advogado abaixo assinado (procuração anexa), com indicação de endereço profissional, onde recebe as intimações e notificações, com fulcro nos **arts. 494 e 853 da CLT, PROPOR**:

INQUÉRITO PARA APURAÇÃO DE FALTA GRAVE

em face de **Anete Barbosa Lima**, qualificação e endereço completos, pelas razões de fato e de direito a seguir expostas.

I – REQUISITOS ESPCÍFICOS

Encontram-se presentes os requisitos específicos do inquérito judicial, dentre os quais destacam-se:

a) **cabimento**: nos termos das súmulas 197 do STF e 379 do TST, o dirigente sindical somente pode ser dispensado por justa causa mediante inquérito judicial para apuração de falta grave, sendo essa, portanto, a medida cabível.

b) **prazo**: o inquérito está sendo proposto dentro do prazo decadencial de 30 dias, contados da suspensão da empregada estável, a qual ocorreu em 20/04/2020.

II – FATOS

Anete é empregada da empresa Só Luxo Ltda. desde 15/03/18, exercendo, no Rio de Janeiro, a função de contadora. Em 10/05/19 foi eleita dirigente sindical. Ocorre que, em 20/04/20, o diretor geral da empresa, Sr. Firmino Bastos descobriu que Anete desviou uma quantia expressiva da empresa e depositou na sua conta bancária. No mesmo dia, o Sr. Firmino

Bastos suspendeu Anete e registrou a ocorrência na delegacia de polícia, com a instauração de inquérito policial.

III - MÉRITO

A empregada é dirigente sindical e, por isso, possui estabilidade provisória no emprego desde o registro da candidatura e, se eleita, até um ano após o término do mandato, nos termos dos arts. 8º, VIII, da CF e 543, parágrafo 3º, da CLT.

Evidencia-se que a requerida praticou ato de improbidade ao desviar quantia expressiva da requerente e depositar na sua conta corrente. Tal conduta caracteriza falta grave, à luz do art. 482, "a", da CLT, justificando a suspensão da dirigente-empregada (art. 494 da CLT) e a extinção de seu contrato de trabalho por justa causa.

Pelo exposto, requer a procedência do pedido para que seja reconhecida a falta grave praticada, com a aplicação da justa causa à parte requerida com data retroativa à suspensão.

IV - REQUERIMENTOS FINAIS

Pelo posto, requer:

a) a notificação da requerida para comparecer à audiência e, querendo, apresentar defesa, sob pena de revelia e confissão;

b) a produção de todos os meios de prova em direito admitidos;

c) a procedência do pedido e, consequentemente, a rescisão do contrato de trabalho por justa causa da requerida, retroagindo à data de sua suspensão e a condenação ao pagamento de custas processuais e honorários advocatícios, no importe de 15%, nos moldes do art. 791-A da CLT.

Dá-se à causa o valor de R$ ....

Termos em que,
pede deferimento.
Local e data.
Advogado(a)
OAB nº

6

AÇÃO RESCISÓRIA

1. CABIMENTO

A ação rescisória tem por objetivo reparar injustiças da sentença com trânsito em julgado. Ela tem o corpo de uma ação, mas alma de um recurso.

A verdade, porém, é que a ação rescisória não se confunde com o recurso. Trata-se de uma ação, pois o recurso constitui um meio de impugnação de decisão judicial na mesma relação jurídica, isto é, dentro do mesmo processo. Ao passo, que a ação rescisória, embora também seja o meio de impugnação de decisão judicial, só se preza a fazê-lo, em outra relação processual, ou seja, fora do processo que se deu a decisão impugnada.

É ação judicial proposta utilizada para rescindir sentença transitada em julgado, prevista no artigo 836 da CLT e nos arts 966 ao 975 do CPC, devendo atentar ao que consta do artigo 966, 2º, I e II do CPC, quanto as decisões que não analisam o mérito.

> ***Art. 836 CLT.*** *É vedado aos órgãos da Justiça do Trabalho conhecer de questões já decididas, excetuados os casos expressamente previstos neste Título e a ação rescisória, que será admitida na forma do disposto no Capítulo IV do Título IX da Lei nº* 5.869, de 11 de janeiro de 1973 – Código de Processo Civil, ***sujeita ao depósito prévio de 20% (vinte por cento) do valor da causa, salvo prova de miserabilidade jurídica do autor.*** *(...)*
>
> ***Art. 966 CPC.*** *A decisão de mérito, transitada em julgado, pode ser rescindida quando:*

I – se verificar que foi proferida por força de prevaricação, concussão ou corrupção do juiz;

II – for proferida por juiz impedido ou por juízo absolutamente incompetente;

III – resultar de dolo ou coação da parte vencedora em detrimento da parte vencida ou, ainda, de simulação ou colusão entre as partes, a fim de fraudar a lei;

IV – ofender a coisa julgada;

V – violar manifestamente norma jurídica;

VI – for fundada em prova cuja falsidade tenha sido apurada em processo criminal ou venha a ser demonstrada na própria ação rescisória;

VII – obtiver o autor, posteriormente ao trânsito em julgado, prova nova cuja existência ignorava ou de que não pôde fazer uso, capaz, por si só, de lhe assegurar pronunciamento favorável;

VIII – for fundada em erro de fato verificável do exame dos autos.

§ 1º Há erro de fato quando a decisão rescindenda admitir fato inexistente ou quando considerar inexistente fato efetivamente ocorrido, sendo indispensável, em ambos os casos, que o fato não represente ponto controvertido sobre o qual o juiz deveria ter se pronunciado.

§ 2º Nas hipóteses previstas nos incisos do *caput, será rescindível a decisão transitada em julgado que, embora* ***não*** *seja de mérito, impeça:*

I – nova propositura da demanda; ou

II – admissibilidade do recurso correspondente.

§ 3º A ação rescisória pode ter por objeto apenas 1 (um) capítulo da decisão.

§ 4º Os atos de disposição de direitos, praticados pelas partes ou por outros participantes do processo e homologados pelo juízo, bem como os atos homologatórios praticados no curso da execução, estão sujeitos à anulação, nos termos da lei.

§ 5º Cabe ação rescisória, com fundamento no inciso V do ***caput*** *deste artigo, contra decisão baseada em enunciado de súmula ou acórdão proferido em julgamento de casos repetitivos que não tenha considerado a existência de distinção entre a questão discutida no processo e o padrão decisório que lhe deu fundamento.*

§ 6º Quando a ação rescisória fundar-se na hipótese do § 5º deste artigo, caberá ao autor, sob pena de inépcia, demonstrar, fundamentadamente, tratar-se de situação particularizada por hipótese fática distinta ou de questão jurídica não examinada, a impor outra solução jurídica.

(grifamos e negritamos)

A ação rescisória no Processo Civil, de acordo com o art. 968, II, do CPC, está sujeita a um depósito prévio de 5% sobre o valor da causa. No entanto, no Processo do Trabalho, o depósito prévio é de 20% sobre o valor da causa, salvo prova de miserabilidade.

IMPORTANTE:

1 – as partes são **AUTOR E RÉU**;

2 – competência originária dos **TRIBUNAIS**: **TRT**, no caso de pretender rescindir sentença da Vara do Trabalho ou do TRT e, do **TST**, no caso de pretender rescindir decisão do TST;

3 – prazo é de 2 anos a contar do trânsito em julgado da última decisão de mérito no processo, art. 975 do CPC, e súmula 100, I e V, do TST;

4 – é necessário pagamento do depósito prévio, conforme art. 836 da CLT;

5 – pedido expresso de rescisão do julgado e, se for o caso, novo julgamento, art. 968, I CPC;

6 – a propositura da ação rescisória não impede o cumprimento da decisão rescindenda, ressalvada a concessão da tutela provisória, art. 969 do CPC;

7 – decisões que não analisam o mérito, art. 966, 2º CPC;

8 – citação nos termos do artigo 970 CPC.

COMPETÊNCIA

Decisão da Vara do Trabalho – competência do TRT

Decisão do TRT – competência do TRT

Decisão do TST – competência do TST

Art. 486 CPC. *O pronunciamento judicial que não resolve o mérito não obsta a que a parte proponha de novo a ação.*

§ 1º No caso de extinção em razão de litispendência e nos casos dos *incisos I, IV, VI e VII do art. 485 , a propositura da nova ação depende da correção do vício que levou à sentença sem resolução do mérito.*

§ 2º A petição inicial, todavia, não será despachada sem a prova do pagamento ou do depósito das custas e dos honorários de advogado.

§ 3º Se o autor der causa, por 3 (três) vezes, a sentença fundada em abandono da causa, não poderá propor nova ação contra o réu com o mesmo objeto, ficando-lhe ressalvada, entretanto, a possibilidade de alegar em defesa o seu direito.

***Art. 970 CPC.** O relator ordenará a citação do réu, designando-lhe prazo nunca inferior a 15 (quinze) dias nem superior a 30 (trinta) dias para, querendo, apresentar resposta, ao fim do qual, com ou sem contestação, observar-se-á, no que couber, o procedimento comum.*

...

***Art. 972 CPC.** Se os fatos alegados pelas partes dependerem de prova, o relator poderá delegar a competência ao órgão que proferiu a decisão rescindenda, fixando prazo de 1 (um) a 3 (três) meses para a devolução dos autos.*

...

***Art. 975 CPC.** O direito à rescisão se extingue em 2 (dois) anos contados do trânsito em julgado da última decisão proferida no processo.*

...

***Art. 968 CPC.** A petição inicial será elaborada com observância dos requisitos essenciais do art. 319 , devendo o autor:*

I – cumular ao pedido de rescisão, se for o caso, o de novo julgamento do processo;

***Art. 969 CPC.** A propositura da ação rescisória não impede o cumprimento da decisão rescindenda, ressalvada a concessão de tutela provisória.*

...

***Art. 1.008 CPC.** O julgamento proferido pelo tribunal substituirá a decisão impugnada no que tiver sido objeto de recurso.*

Jurisprudência:

Súmula nº 100 do TST-AÇÃO RESCISÓRIA. DECADÊNCIA – I** – O prazo de decadência, na ação rescisória, conta-se do dia imediatamente subseqüente ao trânsito em julgado da última decisão proferida na causa, seja de mérito ou não. **II** – Havendo recurso parcial no processo principal, o trânsito em julgado dá-se em momentos e em tribunais diferentes, contando-se o prazo decadencial para a ação rescisória do trânsito em julgado de cada decisão, salvo se o recurso tratar de preliminar ou prejudicial que possa tornar insubsistente a decisão recorrida, hipótese em que flui a decadência a partir do trânsito em julgado da decisão que julgar o recurso parcial. **III** – Salvo se houver dúvida razoável, a interposição de recurso intempestivo ou a interposição de recurso incabível não protrai o termo inicial do prazo decadencial. **IV** –* O juízo rescindente não está adstrito à certidão de trânsito em julgado juntada com a ação rescisória, podendo formar sua convicção através de outros elementos dos autos quanto à antecipação ou postergação do «dies a quo» do prazo decadencial. ***V** – O acordo homologado judicialmente tem força de decisão irrecorrível, na forma do art. 831* *da CLT. Assim sendo, o termo conciliatório transita em julgado na data da sua homologação judicial.* ***VI *– Na hipótese de colusão das partes, o prazo decadencial da ação rescisória somente começa a fluir para o Ministério Público, que não interveio no processo principal, a partir do momento em que tem ciência da fraude.* ***VII*** – Não ofende o princípio do duplo grau de jurisdição a decisão do TST que, após afastar a decadência em sede de recurso ordinário, aprecia desde logo a lide, se a causa versar questão exclusivamente de direito e estiver em condições de imediato julgamento. ***VIII*** *– A exceção de incompetência, ainda que oposta no prazo recursal, sem ter sido aviado o recurso próprio, não tem o condão de afastar a consumação da coisa julgada e, assim, postergar o termo inicial do prazo decadencial para a ação rescisória.* ***IX*** *– Prorroga-se até o primeiro dia útil, imediatamente subseqüente, o prazo decadencial para ajuizamento de ação rescisória quando expira em férias forenses, feriados, finais de semana ou em dia em que não houver expediente forense. Aplicação do art. 775 da CLT.* ***X*** *– Conta-se o prazo decadencial da ação rescisória, após o decurso do prazo legal previsto para a interposição do recurso extraordinário, apenas quando esgotadas todas as vias recursais ordinárias.*

Súmula nº 99 do TST *– AÇÃO RESCISÓRIA. DESERÇÃO. PRAZO- Havendo recurso ordinário em sede de rescisória, o depósito recursal só é exigível quando for julgado procedente o pedido e imposta condenação em pecúnia, devendo este ser efetuado no prazo recursal, no limite e nos termos da legislação vigente, sob pena de deserção.*

2. ESTRUTURA

Como identificar que a peça é uma ação rescisória? Será o primeiro ato do processo, a proposta da prova narrará fatos e o último ato do processo será o trânsito em julgado e provavelmente o caso abordará a violação à lei.

Utilizaremos a chamada "**estrutura coringa**" em nossa prova na seguinte sequência:

I - Requisitos Específicos

II - Fatos

III - Liminar

IV - Mérito

V - Requerimentos Finais

Veja a estrutura:

EXCELENTÍSSIMO SENHOR DOUTOR DESEMBARGADOR PRESIDENTE DO TRIBUNAL REGIONAL DO TRABALHO DA ___REGIÃO

EXCELENTÍSSSIMO SENHOR MINISTRO PRESIDENTE DO TRIBUNAL SUPERIOR DO TRABALHO

AUTOR, qualificação e endereço completos, vem, à presença de Vossa Excelência, por intermédio de seu advogado abaixo assinado (procuração anexa), com indicação de endereço profissional, onde recebe as intimações e notificações, com fulcro no **art. 836 da CLT e arts. 966 e seguintes do CPC, PROPOR:**

AÇÃO RESCISÓRIA

em face de **RÉU**, qualificação e endereço completos, pelas razões de fato e de direito a seguir expostas.

I – REQUISITOS ESPECÍFICOS

Destacar a LEGITIMIDADE, TEMPESTIVIDADE e o DEPÓSITO PRÉVIO.

II – FATOS

Relatar de forma resumida, o que ocorreu no processo.

III – LIMINAR

Verificar a possibilidade – art. 969 do CPC.

IV – MÉRITO

Fatos, fundamentos e pedidos.
Ex: violação da norma jurídica (CLT).

V – REQUERIMENTOS FINAIS

Por todo exposto, requer:

a) a citação do réu...

b) a produção de todos os meios de prova...

c) seja julgada procedente a ação para rescindir a decisão transitada em jugado (podendo de ter ou não o pedido de um novo julgamento).

Dá-se à causa o valor de R$ ______.

Termos em que,
pede deferimento.

Local e data.

Advogado(a)

OAB nº

3. EXERCÍCIO

EXERCÍCIO – PEÇA AUTORAL

Aparecida Apareceu ajuizou reclamação trabalhista em face da empresa Faz Tudo Ltda., postulando indenização por dano moral, por ter sido submetida a revista íntima todos os dias ao final do expediente, além do pagamento de férias, pois a empresa a teria coagido a vender a totalidade dos seus 30 dias de férias do último ano trabalhado. Ao sentenciar, o juiz da 25ª Vara do Trabalho de Florianópolis julgou os pedidos improcedentes. Quanto à indenização por dano moral, apontou que a lei trabalhista permite que seja feita a revista íntima em mulheres para que haja a proteção aos bens do empregador contra possíveis furtos cometidos pelos empregados. No tocante as férias, a CLT permite expressamente a venda da totalidade do período de férias, a requerimento do empregador.

O juiz concedeu à reclamante os benefícios da justiça gratuita. A sentença foi prolatada e não houve recurso. O trânsito em julgado ocorreu em 05/10/2020.

Como advogado(a) procurado por Aparecida Apareceu, maneje a medida processual pertinente para a defesa de seus interesses.

Checklist:

→ Quem é o cliente? A empregada, Aparecida Apareceu.

→ Qual é a fase processual? Fase de conhecimento.

→ O que o cliente deseja? Rescindir a coisa julgada.

→ Caráter urgente? Não.

→ Algum ponto relevante? Não há depósito prévio.

→ Qual é a peça processual? Ação rescisória.

→ Fundamento legal: art. 836 da CLT c/c arts. 966 e seguintes do CPC.

Hora de resolver!

EXCELENTÍSISMO SENHOR DESEMBARGADOR PRESIDENTE DO TRIBUNAL REGIONAL DO TRABALHO DA 12ª REGIÃO

Aparecida Apareceu, qualificação e endereço completos, vem, à presença de Vossa Excelência, por intermédio de seu advogado abaixo assinado (procuração anexa), com indicação de endereço profissional, onde recebe as intimações e notificações, **com fulcro no art. 836 da CLT e art. 966, V, do CPC, PROPOR:**

AÇÃO RESCISÒRIA

em face de **Faz Tudo Ltda.**, qualificação e endereço completos, pelas razões de fato e de direito a seguir expostas.

I – REQUISITOS ESPECÍFICOS

A presente ação preenche todos os requisitos de admissibilidade, dentre os quais destacam-se:

a) **legitimidade**: a autora foi parte na ação cuja decisão se pretende desconstituir, sendo, portanto, parte legítima a propor a presente ação rescisória, com base no art. 967, I, do CPC.

b) **tempestividade**: como o trânsito em julgado ocorreu no dia 05/10/2020, a presente ação é tempestiva, tendo sido observado o prazo decadencial de 2 anos para a sua propositura, previsto no art. 975 do CPC e na Súmula 100, I, do TST.

c) **depósito prévio**: a autora deixa de juntar comprovante de recolhimento do depósito de 20% sobre o valor da causa, conforme determina o art. 836 da CLT, em razão de ter sebo beneficiaria da justiça gratuita na ação original.

II – FATOS

As partes litigaram em reclamação trabalhista que, ao final foi julgada improcedente. A sentença transitou em julgado em 05/10/2020, há menos de 2 anos.

III – MÉRITO

1. Revista íntima

A sentença rejeitou o pedido indenizatório, pois a lei permitiria a revista íntima nas mulheres.

A sentença viola o art. 373-A, VI, da CLT, uma vez que referido dispositivo, ao contrário, veda expressamente a prática adotada pela empresa.

Ficando assim, demonstrada violação manifesta de norma jurídica, nos termos do art. 966, V, do CPC.

Pelo exposto, requer a desconstituição da sentença.

2. Abono de férias

O pedido referente às férias também foi julgado improcedente, por supostamente haver permissivo legal.

A sentença viola o art. 143 da CLT que permite expressamente a "venda" apenas de 1/3 do período de férias do empregado e, anda assim, a requerimento deste. Ficando assim, demonstrada violação manifesta de norma jurídica, nos termos do art. 966, V, do CPC.

Pelo exposto, requer a desconstituição da sentença.

3. Honorários advocatícios

Nos termos do art. 791-A da CLT, requer a condenação da ré ao pagamento de honorários advocatícios à razão de 15%.

IV – REQUERIMENTOS FINAIS

Por todo exposto, requer:

a) a citação do réu para, querendo, apresentar defesa sobre os fatos arguidos, no prazo a ser assinalado, conforme art. 970, do CPC;

b) a produção de todos os meios de prova em direito admitidos, nos termos do art. 972 do CPC;

c) a condenação em honorários advocatícios à razão de 15%;

d) por fim, o julgamento procedente da ação rescisória, a fim de rescindir a decisão transitada em julgado e um novo julgamento do pedido pelo Tribunal, nos termos do art. 968, I, do CPC.

Dá-se à causa o valor de R$ ______.

Termos em que,

pede deferimento.

Local e data.

Advogado(a)

OAB nº

7

MANDADO DE SEGURANÇA

1. CABIMENTO

É remédio constitucional cuja fundamentação legal encontra-se no art. 5º, LXIX e LXX, da CF, este último na hipótese de ser coletivo, e Lei nº 12.016/09, que trata de proteger direito líquido e certo, que não seja amparado por *habeas corpus* ou *habeas data*, conforme artigo 1º da referida lei.

> ***Art.*** 5º CF
>
> ...
>
> ***LXIX***- *Conceder-se-á mandado de segurança para proteger direito líquido e certo, não amparado por* ***habeas corpus*** *ou* ***habeas data****, sempre que, ilegalmente ou com abuso de poder, qualquer pessoa física ou jurídica sofrer violação ou houver justo receio de sofrê-la por parte de autoridade, seja de que categoria for e sejam quais forem as funções que exerça.*
>
> ***LXX*** *– o mandado de segurança coletivo pode ser impetrado por:*
>
> *a) partido político com representação no Congresso Nacional;*
>
> *b) organização sindical, entidade de classe ou associação legalmente constituída e em funcionamento há pelo menos um ano, em defesa dos interesses de seus membros ou associados;*
>
> **Lei 12.016/09**
>
> ***Art. 1º*** Conceder-*se-á mandado de segurança para proteger direito líquido e certo, não amparado por* ***habeas corpus*** *ou* ***habeas data****, sempre que,*

ilegalmente ou com abuso de poder, qualquer pessoa física ou jurídica sofrer violação ou houver justo receio de sofrê-la por parte de autoridade, seja de que categoria for e sejam quais forem as funções que exerça.

§ 1º Equiparam-*se às autoridades, para os efeitos desta Lei, os representantes ou órgãos de partidos políticos e os administradores de entidades autárquicas, bem como os dirigentes de pessoas jurídicas ou as pessoas naturais no exercício de atribuições do poder público, somente no que disser respeito a essas atribuições.*

§ 2º Não *cabe mandado de segurança contra os atos de gestão comercial praticados pelos administradores de empresas públicas, de sociedade de economia mista e de concessionárias de serviço público.*

§ 3º Quando *o direito ameaçado ou violado couber a várias pessoas, qualquer delas poderá requerer o mandado de segurança.*

...

Art. 5º Não *se concederá mandado de segurança quando se tratar:*

I – de ato do qual caiba recurso administrativo com efeito suspensivo, independentemente de caução;

II – de decisão judicial da qual caiba recurso com efeito suspensivo;

III – de decisão judicial transitada em julgado.

...

Art. 7º Ao despachar a inicial, o juiz ordenará: **I** – que se notifique o coator do conteúdo da petição inicial, enviando-lhe a segunda via apresentada com as cópias dos documentos, a fim de que, no prazo de 10 (dez) dias, preste as informações; **II** – que se dê ciência do feito ao órgão de representação judicial da pessoa jurídica interessada, enviando-lhe cópia da inicial sem documentos, para que, querendo, ingresse no feito; ***III*** *– que se suspenda o ato que deu motivo ao pedido, quando houver fundamento relevante e do ato impugnado puder resultar a ineficácia da medida, caso seja finalmente deferida, sendo facultado exigir do impetrante caução, fiança ou depósito, com o objetivo de assegurar o ressarcimento à pessoa jurídica.*

...

Art. 12. Findo o prazo a que se refere o inciso I do ***caput*** *do art. 7º* desta Lei, o juiz ouvirá o representante do Ministério Público, que opinará, dentro do prazo improrrogável de 10 (dez) dias.

...

Art. 23. O direito de requerer mandado de segurança extinguir-se-á decorridos 120 (cento e vinte) dias, contados da ciência, pelo interessado, do ato impugnado.

...

Art. 25. Não cabem, no processo de mandado de segurança, a interposição de embargos infringentes e a condenação ao pagamento dos honorários advocatícios, sem prejuízo da aplicação de sanções no caso de litigância de má-fé. (grifamos)

Merece destaque no Processo do Trabalho, as seguintes hipóteses de cabimento:

- Exigência de depósito prévio de honorários periciais - art. 790-B, § 3º, da CLT e OJ SDI-2 TST nº 98;
- Tutela provisória concedida ou indeferida antes da sentença - Súmula nº 414, II do TST.

IMPORTANTE:

1 - as partes são **IMPETRANTE E IMPETRADO**, pode ser pessoa física ou jurídica, art. 1º, Lei nº 12.016/09;

2 - competência da Justiça do Trabalho, art. 114, IV da CF;

Art. 114 CF. Compete à Justiça do Trabalho processar e julgar:

...

IV os mandados de segurança, habeas corpus e habeas data, quando o ato questionado envolver matéria sujeita à sua jurisdição;

AUTORIDADES COATORAS / COMPETÊNCIA

a) auditor fiscal do trabalho, superintendente regional do trabalho ou membro do Ministério Público do Trabalho - a competência é do Juiz da Vara do Trabalho;

b) juiz de Vara ou desembargador do TRT - a competência é do TRT;

c) ministro do TST - a competência é do TST.

3 - não há requerimento de provas no Mandado de Segurança, mas se houver necessidade, mencionar a juntada de alguma eventual, que possa esclarecer o pedido. *Por exemplo: Por oportuno, salienta que as provas pré-constituídas nos autos, sobre os fatos alegados pelo impetrante, para assegurar seu direito líquido e certo, se encontram nos autos, em anexo.*

4 - obrigatória a manifestação do Ministério Público do Trabalho;

5 – o prazo para impetração é de 120 dias, contados da ciência do ato a ser impugnado, art. 23, Lei 12.016/09;

6 – imprescindível demonstração do direito líquido e certo;

7 – pode ser individual ou coletivo;

8 – não há honorários em mandado de segurança, art. 25, Lei nº 12.016/09.

Jurisprudência

Súmula 512 STF *– Não cabe condenação em honorários de advogado na ação de mandado de segurança.*

Súmula 632 STF *– É constitucional lei que fixa o prazo de decadência para a impetração de mandado de segurança.*

Súmula 105 STJ *– Na ação de mandado de segurança não se admite condenação em honorários advocatícios.*

Súmula nº 33 do TST *– MANDADO DE SEGURANÇA. DECISÃO JUDICIAL TRANSITADA EM JULGADO – Não cabe mandado de segurança de decisão judicial transitada em julgado.*

Súmula nº 397 do TST *– AÇÃO RESCISÓRIA. ART. 966, IV, DO CPC DE 2015. ART. 485, IV, DO CPC DE 1973. AÇÃO DE CUMPRIMENTO. OFENSA À COISA JULGADA EMANADA DE SENTENÇA NORMATIVA MODIFICADA EM GRAU DE RECURSO. INVIABILIDADE. CABIMENTO DE MANDADO DE SEGURANÇA – Não procede ação rescisória calcada em ofensa à coisa julgada perpetrada por decisão proferida em ação de cumprimento, em face de a sentença normativa, na qual se louvava, ter sido modificada em grau de recurso, porque em dissídio coletivo somente se consubstancia coisa julgada formal. Assim, os meios processuais aptos a atacarem a execução da cláusula reformada são a exceção de pré-executividade e o mandado de segurança, no caso de descumprimento do art. 514 do CPC de 2015 (art. 572 do CPC de 1973). (ex-OJ* **nº 116 da SBDI-2 – DJ 11.08.2003)**

Súmula nº 414 do TST *– MANDADO DE SEGURANÇA. TUTELA PROVISÓRIA CONCEDIDA ANTES OU NA SENTENÇA –* ***I*** *– A tutela provisória concedida na sentença não comporta impugnação pela via do mandado de segurança, por ser impugnável mediante recurso ordinário. É admissível a obtenção de efeito suspensivo ao recurso ordinário mediante requerimento dirigido ao tribunal, ao relator ou ao presidente ou ao vice-presidente do tribunal recorrido, por aplicação subsidiária ao processo do trabalho do artigo 1.029, § 5º, do CPC de 2015.n* ***II*** *– No caso de a tutela provisória haver sido concedida ou indeferida antes da sentença, cabe mandado de segurança, em face da inexistência de recurso próprio.* ***III*** *– A superveniência da sentença,* *nos autos originários, faz perder o objeto do mandado de segurança que impugnava a concessão ou o indeferimento da tutela provisória.*

***Súmula nº 417 do TST** – MANDADO DE SEGURANÇA. PENHORA EM DINHEIRO - I – Não fere direito líquido e certo do impetrante o ato judicial que determina penhora em dinheiro do executado para garantir crédito exequendo, pois é prioritária e obedece à gradação prevista no art. 835 do CPC de 2015 (art. 655 do CPC de 1973). II – Havendo discordância do credor, em execução definitiva, não tem o executado direito líquido e certo a que os valores penhorados em dinheiro fiquem depositados no próprio banco, ainda que atenda aos requisitos do art. 840, I, do CPC de 2015 (art. 666, I, do CPC de 1973). (ex-OJ nº 61 da SBDI-2 – inserida em 20.09.2000).*

Súmula nº 418 do TST - MANDADO DE SEGURANÇA VISANDO À HOMOLOGAÇÃO DE ACORDO (nova redação em decorrência do CPC de 2015) - Res. 217/2017 - DEJT divulgado em 20, 24 e 25.04.2017 - A homologação de acordo constitui faculdade do juiz, inexistindo direito líquido e certo tutelável pela via do mandado de segurança.

OJ, SDI2 – 57 TST – MANDADO DE SEGURANÇA. INSS. TEMPO DE SERVIÇO. AVERBAÇÃO E/OU RECONHECIMENTO -Conceder-se-á mandado de segurança para impugnar ato que determina ao INSS o reconhecimento e/ou averbação de tempo de serviço.

OJ, SDI2 – 98 TST – MANDADO DE SEGURANÇA. CABÍVEL PARA ATACAR EXIGÊNCIA DE DEPÓSITO PRÉVIO DE HONORÁRIOS PERICIAIS -É ilegal a exigência de depósito prévio para custeio dos honorários periciais, dada a incompatibilidade com o processo do trabalho, sendo cabível o mandado de segurança visando à realização da perícia, independentemente do depósito.

Súmula nº 201 do TST - RECURSO ORDINÁRIO EM MANDADO DE SEGURANÇA (mantida) - Res. 121/2003, DJ 19, 20 e 21.11.2003 - Da decisão de Tribunal Regional do Trabalho em mandado de segurança cabe recurso ordinário, no prazo de 8 (oito) dias, para o Tribunal Superior do Trabalho, e igual dilação para o recorrido e interessados apresentarem razões de contrariedade.

2. ESTRUTURA

Como identificar que a peça é um mandado de segurança? Duas situações importantes devem ser observadas com atenção para a prova da OAB: 1º - haverá a concessão ou indeferimento de tutela provisória antes da sentença, dessa forma caberá a impetração de mandado de segurança no TRT; 2º - Haverá um ato abusivo de autoridade de órgão de fiscalização do trabalho, por exemplo, um auditor fiscal do trabalho, dessa forma, caberá a impetração de mandado de segurança na Vara do Trabalho.

Utilizaremos a chamada "**estrutura coringa**" em nossa prova na seguinte sequência:

I - Requisitos Específicos

II - Fatos

III - Liminar

IV - Mérito

V - Requerimentos Finais

Veja a estrutura:

EXCELENTÍSSIMO SENHOR DOUTOR DESEMBARGADOR PRESIDENTE DO TRIBUNAL REGIONAL DO TRABALHO DA ___REGIÃO

IMPETRANTE, qualificação e endereço completos, vem, à presença de Vossa Excelência, por intermédio de seu advogado abaixo assinado (procuração anexa), com indicação de endereço profissional, onde recebe as intimações e notificações, **com fulcro nos arts. 5º, LXIX e 114, IV, da CF e 1º da Lei nº 12.016/2009, IMPETRAR:**

MANDADO DE SEGURANÇA COM PEDIDO LIMINAR

contra o ato do Juiz do Trabalho de___, proferido nos autos da Reclamação Trabalhista nº___, em que figura no polo passivo ___, qualificação e endereço completos, pelas razões de fato e de direito a seguir expostas.

I – REQUISITOS ESPECÍFICOS

Destacar o CABIMENTO e a TEMPESTIVIDADE.

II – FATOS

Relatar de forma resumida, o que ocorreu no processo.

III – LIMINAR

Verificar a possibilidade – art. 7º, III, da Lei nº 12.016/2009.

IV – MÉRITO

Fatos, fundamentos e pedidos.

Ex: violação da norma jurídica (CLT).

V – REQUERIMENTOS FINAIS

Por todo exposto, requer:

a) a concessão da segurança em caráter liminar, nos termos do art. 7º, III, da Lei nº 12.016/2009, sem prévia oitiva da parte impetrada, para suspender o ato...

b) a notificação da autoridade coatora para prestar informações, no prazo de 10 dias, nos termos do art. 7º, I, da Lei nº 12.016/2009;

c) intimação do sr.(a)____ (demais partes do processo) para integrar a lide;

c) remessa ao Ministério Público do Trabalho, para que se manifeste, no prazo de 10 dias, nos termos do art.12, da Lei nº 12.016/2009;

d) Intimação do Advogado-Geral da União, nos termos dos arts. 6º e 7º, II, da Lei nº 12.016/2009;

e) oportuno salientar que as provas pré-constituídas, sobre os fatos alegados pelo impetrante para assegurar o seu direito líquido e certo, se encontram nos autos, em anexo;

f) a concessão da segurança em definitivo, por meio de sentença, confirmando os termos da liminar.

Dá-se à causa o valor de R$ ______.

Termos em que,

pede deferimento.

Local e data.

Advogado(a)

OAB nº

3. EXERCÍCIO

EXERCÍCIO 1 – PEÇA AUTORAL

Nos autos de uma Reclamação Trabalhista onde se pleiteia o pagamento de adicional de periculosidade tendo em vista o trabalho com inflamáveis, o magistrado determinou a realização de prova pericial e exigiu o depósito prévio dos honorários periciais.

O advogado do reclamante imediatamente sustentou a impossibilidade de realização do depósito, tendo em vista o que consta na legislação trabalhista, sem obter sucesso, pois o magistrado insistiu na obrigatoriedade de realização do referido depósito, nomeou peito de sua confiança, arbitrou honorários no valor de R$ 1.000,00, concedendo prazo para cumprimento do que foi decidido, sob pena de perda da prova.

Inconformado com a decisão, o advogado do reclamante decide por se insurgir em face desta, com o procedimento disponível na lei.

Elabore a peça processual pertinente para a defesa dos interesses do reclamante, levando-se em consideração que seu nome é Marivaldo Arindino, que o reclamado é a Indústria Tiriri Ltda, que a decisão foi há 2 dias e o processo está em curso na 6ª Vara do Trabalho de Minini.

Checklist:

→ Quem é o cliente? Marivaldo Arindino.

→ Qual é a fase processual? Fase de conhecimento.

→ O que a cliente deseja? Segurança para suspender a atuação abusiva do Juiz do Trabalho.

→ Caráter urgente? Sim, em razão do *periculum in mora*.

→ Algum ponto relevante? O direito líquido e certo.

→ Qual é a peça processual? Mandado de segurança.

→ Fundamento legal: arts. 5º, LXIX e 114, IV, da CF e 1º da Lei nº 12.016/2009.

Hora de resolver!

EXCELENTÍSSIMO SENHOR DOUTOR DESEMBARGADOR PRESIDENTE DO TRIBUNAL REGIONAL DO TRABALHO DA ___REGIÃO

Marivaldo Arindino, qualificação e endereço completos, vem, à presença de Vossa Excelência, por intermédio de seu advogado abaixo assinado (procuração anexa), com indicação de endereço profissional, onde recebe as intimações e notificações, **com fulcro nos arts. 5º, LXIX e 114, IV, da CF e 1º da Lei nº 12.016/2009, IMPETRAR**:

MANDADO DE SEGURANÇA COM PEDIDO LIMINAR

contra o ato do Juiz 6ª Vara do Trabalho de Minini, proferido nos autos da Reclamação Trabalhista nº___, em que figura no polo passivo Indústria Tritri Ltda, qualificação e endereço completos, pelas razões de fato e de direito a seguir expostas.

I – REQUISITOS ESPECÍFICOS

A presente ação preenche todos os requisitos de admissibilidade, dentre os quais destacam-se:

a) **cabimento**: nos termos da OJ nº 98 da SDI-II, do TST, contra decisão que determina antecipação de pagamento de honorários periciais, tem cabimento o mandado de segurança.

b) **tempestividade**: à luz do art. 23 da Lei nº 12.016/2009, o prazo para impetração do mandado de segurança, é de 120 dias, sendo tempestivo, portanto, o presente, eis que a decisão contra a qual se impetra, foi proferida há 2 dias.

II – FATOS

Marivaldo Arindino ajuizou perante a 6ª Vara do Trabalho de Minini, Reclamação Trabalhista em face de Indústria Tritri Ltda., postulando o pagamento de adicional de periculosidade,

O magistrado determinou a produção de prova pericial e exigiu o depósito prévio dos honorários periciais no valor de R$ 1.000,00.

III – LIMINAR

Atendidos os requisitos previstos no art. 7º, III, da Lei nº 12.016/2009, oi seja, o relevante fundamento da demanda é verificado pela violação ao art. 790-B, parágrafo 3º, da CLT, que dispõe que o juízo não poderá exigir adiantamento de valores para a realização da perícia, e o risco de resultar a ineficácia da medida, eis que o magistrado concedeu prazo para a realização do referido depósito, sob pena de perda da prova, sendo esta necessária para a procedência do pedido de periculosidade.

Pelo exposto, impõe-se a concessão imediata da liminar a fim de suspender o ato do juiz da 6ª Vara do Trabalho de Minini, que determinou a realização do depósito prévio dos valores relativos aos honorários periciais, no valor de R$ 1.000,00, por restar contrário aos termos do art. 790-B, da CLT.

IV – MÉRITO

Conforme referido, apesar do inconformismo do reclamante, o juiz condicionou a produção da prova pericial ao depósito prévio dos honorários do perito.

Ao decidir desta forma, o magistrado deixa de observar o teor do art. 790-B, parágrafo 3º da CLT, que dispõe que o juiz não poderá exigir adiantamento dos valores para a realização da perícia, bem como o entendimento da OJ nº 92, da SDI-II, do TST, que considera ilegal a decisão mencionada e indica a possibilidade de impetração de mandado de segurança, em afronta a direito líquido e certo do impetrante.

Ademais, os honorários periciais deverão ser pagos ao final da ação, pela parte sucumbente, conforme dispõe o *caput* do art. 790-B, da CLT.

Pelo exposto, requer a concessão da segurança para suspender o ato do magistrado, que condicionou a prova pericial ao depósito prévio dos honorários periciais.

V – REQUERIMENTOS FINAIS

Por todos exposto, requer:

a) a concessão da segurança em caráter liminar, nos termos do art. 7º, III, Lei nº 12.016/2009, sem prévia oitiva da parte impetrada, para suspender o ato do juiz que determino a realização do depósito prévio dos honorários periciais;

b) a notificação da autoridade coatora para prestar informações, no prazo de 10 dias, nos termos do art. 7º, I, da Lei nº 12.016/2009;

c) Intimação da empresa Indústria Tritri Ltda., para integrar o polo passivo do presente feito;

d) remessa ao Ministério Público do Trabalho, para que se manifeste, no prazo de 10 dias, nos termos do art. 12, Lei nº 12.016/2009;

e) Intimação do Advogado-Geral da União, nos termos dos arts. 6º e 7º, II, da Lei nº 12.016/2009;

f) Oportuno salientar que as provas pré-constituídas, sobre os fatos alegados pelo impetrante para assegurar o seu direito líquido e certo, se encontram nos autos, em anexo;

g) A concessão da segurança em definitivo, por meio de sentença, confirmando-se os termos da liminar.

Dá-se à causa o valor de R$ 1.000,00

Termos em que,

pede deferimento.

Local e data.

Advogado(a)

OAB nº

EXERCÍCIO 2 - EXAME DE ORDEM XXXVI

Evelyn Calabresa ajuizou reclamação trabalhista contra a sociedade empresária Pizzaria Chapa Quente Ltda., em 30 de janeiro de 2022, requerendo o pagamento do adicional de insalubridade em grau máximo.

Evelyn explicou, na petição inicial, que trabalhou como cozinheira da pizzaria, de 12/07/2019 a 05/10/2021, sendo submetida a calor excessivo porque preparava as pizzas em fornos que alcançavam altas temperaturas, não recebendo qualquer equipamento de proteção individual do ex-empregador. Devidamente citada, a sociedade empresária apresentou contestação, afirmando que a temperatura alcançada na cozinha estava dentro do limite de tolerância e que, apesar de ser uma empresa pequena e familiar, fornecia todos os equipamentos de proteção à empregada, requerendo assim a improcedência do pedido.

Em audiência não houve acordo e então o juiz, com base no Art. 195, § 2º, da CLT, determinou de ofício a realização de prova pericial, apresentando um único quesito do juízo, qual seja: "diga o perito se havia agente insalubre no local de trabalho de Evelyn e, em caso positivo, em que grau". Além disso, o magistrado proibiu a apresentação de quesitos pelas partes, proibiu que os litigantes indicassem assistentes técnicos, nomeou um perito da sua confiança e fixou os honorários periciais dele em R$ 4.000,00, determinando que a empresa antecipasse a quantia em 10 dias, sob pena de execução forçada, e que a prova técnica somente tivesse início após o depósito.

A sociedade empresária protestou contra a decisão, ponderando que ela violaria normas jurídicas, mas o juiz consignou o protesto na ata e manteve intacta a decisão. Ainda na audiência, o titular da sociedade empresária pediu a palavra e, aflito, explicou que o seu negócio ainda sofria o efeito da pandemia, e que se precisasse dispor dos R$ 4.000,00 determinados pelo juiz, não teria como fechar a folha de pagamento dos funcionários naquele mês.

Sabe-se que a reclamação trabalhista em questão tramita perante a 80ª Vara do Trabalho de Criciúma/SC sob o número 0000728-84.2022.5.12.0080, e que a audiência em questão ocorreu há uma semana.

Você, como advogado(a) da sociedade empresária, de acordo com o entendimento consolidado do TST, elabore a medida judicial adequada para tentar reverter a decisão.

Obs.: a peça deve abranger todos os fundamentos de Direito que possam ser utilizados para dar respaldo à pretensão. A simples menção ou transcrição do dispositivo legal não confere pontuação.

Nos casos em que a lei exigir liquidação de valores, o examinando deverá representá-los somente pela expressão "R$", admitindo-se que o escritório possui setor próprio ou contratado especificamente para tal fim.

Hora de resolver!

EXCELENTÍSSIMO SENHOR DOUTOR DESEMBARGADOR PRESIDENTE DO TRIBUNAL REGIONAL DO TRABALHO DA 12ª REGIÃO

PIZZARIA CHAPA QUENTE LTDA, qualificação e endereço completos, vem, à presença de Vossa Excelência, por intermédio de seu advogado abaixo assinado (procuração anexa), com indicação de endereço profissional, onde recebe as intimações e notificações, com fulcro nos **arts. 5º, LXIX e 114, IV, da CF e 1º da Lei nº 12.016/2009, IMPETRAR**:

MANDADO DE SEGURANÇA COM PEDIDO LIMINAR

contra o ato do **Juiz da 80ª Vara do Trabalho de Criciúma/SC**, proferido nos autos da Reclamação Trabalhista nº___, em que figura no polo ativo **Evelyn Calabresa**, qualificação e endereço completos, pelas razões de fato e de direito a seguir expostas.

I – REQUISITOS ESPECÍFICOS

A presente ação preenche todos os requisitos de admissibilidade, dentre os quais destacam-se:

a) **cabimento**: nos termos da OJ 98 da SDI-II, do TST, contra decisão que determina antecipação de pagamento de honorários periciais, tem cabimento o mandado de segurança.

b) **tempestividade**: à luz do art. 23 da Lei nº 12.016/2009, o prazo para impetração do mandado de segurança, é de 120 dias, sendo tempestivo, portanto, o presente.

II – FATOS

Evelyn Calabresa ajuizou reclamação trabalhista contra a sociedade empresária Pizzaria Chapa Quente Ltda., requerendo o pagamento do adicional de insalubridade em grau máximo.

Em audiência não houve acordo, o magistrado proibiu a apresentação de quesitos pelas partes, proibiu que os litigantes indicassem assistentes técnicos, nomeou um perito da sua confiança e fixou os honorários periciais dele em R$ 4.000,00, determinando que a empresa antecipasse a quantia em 10 dias, sob pena de execução forçada, e que a prova técnica somente tivesse início após o depósito.

A sociedade empresária protestou contra a decisão, ponderando que ela violaria normas jurídicas, mas o juiz consignou o protesto na ata e manteve intacta a decisão.

III - LIMINAR

Atendidos os requisitos previstos no art. 7º, III, da Lei nº 12.016/2009, ou seja, o relevante fundamento da demanda é Pelo exposto, requer a concessão da segurança para suspender os atos do magistrado que condicionam e proíbem a utilização dos meios de prova.

IV - MÉRITO

1. Da apresentação dos quesitos

Conforme referido, apesar do inconformismo do impetrante, o juiz proibiu a apresentação de quesitos pelas partes.

Ao decidir desta forma, o magistrado deixa de observar o teor do art. 465, §1º, III, do CPC ou art. 5º, LV, CRFB/88, que dispõe que Incumbe às partes, dentro de 15 (quinze) dias contados da intimação do despacho de nomeação do perito, apresentar Pelo exposto, requer a concessão da segurança para suspender o ato do magistrado, que proibiu a quesitação.

2. Assistente técnico

O Douto juízo proibiu que os litigantes indicassem assistentes técnicos.

Nos termos do art. 465, §1º, II, CPC ou art. 826 CLT ou art. 3º, p. único, Lei nº 5584/70 ou art. 5º, LV, CRFB/88 é direito da parte indicar assistente técnico.

Pelo exposto, requer a concessão da segurança para suspender o ato do magistrado, que proibiu a indicação de assistente técnico pelas partes.

3. Honorários periciais

Apesar do inconformismo da parte reclamada, o juiz condicionou a produção da prova pericial ao depósito prévio dos honorários do perito.

Ao decidir desta forma, o magistrado deixa de observar o teor do art. 790-B, §3º da CLT, que dispõe que o juiz não poderá exigir adiantamento dos valores para a realização da perícia, bem como o entendimento da OJ nº 92, da SDI-II, do TST, que considera ilegal a decisão mencionada e indica a possibilidade de impetração de mandado de segurança, em afronta a direito líquido e certo do impetrante.

Ademais, os honorários periciais deverão ser pagos ao final da ação, pela parte sucumbente, conforme dispõe o art. 790-B, da CLT.

Pelo exposto, requer, a concessão da segurança para suspender o ato do magistrado, que condicionou a prova pericial ao depósito prévio dos honorários periciais.

V – REQUERIMENTOS FINAIS

Por todos exposto, requer:

a) a concessão da segurança em caráter liminar, nos termos do art. 7º, III, Lei nº 12.016/2009, sem prévia oitiva da parte impetrada, para suspender os atos do juiz que condicionou a realização do depósito prévio dos honorários periciais para realização da prova pericial, proibição dos quesitos e assistente técnico;

b) a notificação da autoridade coatora para prestar informações, no prazo de 10 dias, nos termos do art. 7º, I, da Lei nº 12.016/2009;

c) Intimação da reclamante, Evelyn Calabresa, para integrar o polo passivo do presente feito;

d) remessa ao Ministério Público do Trabalho, para que se manifeste, no prazo de 10 dias, nos termos do art. 12, Lei nº 12.016/2009;

e) Oportuno salientar que as provas pré-constituídas, sobre os fatos alegados pelo impetrante para assegurar o seu direito líquido e certo, se encontram nos autos, em anexo;

f) A concessão da segurança em definitivo, por meio de sentença, confirmando-se os termos da liminar.

Dá-se à causa o valor de R$ 4.000,00

Termos em que,

pede deferimento.

Local e data

Advogado(a)

OAB nº

8

HABEAS CORPUS

1. CABIMENTO

Habeas Corpus, é um remédio constitucional, que tem por objeto a proteção da liberdade de locomoção, em face de ilegalidade ou de abuso de poder, com previsão no artigo 5º, LXVIII da CF.

> ***Art. 5º*** *Todos são iguais perante a lei, sem distinção de qualquer natureza, garantindo-se aos brasileiros e aos estrangeiros residentes no País a inviolabilidade do direito à vida, à liberdade, à igualdade, à segurança e à propriedade, nos termos seguintes:*
>
> ...
>
> LXVIII - conceder-se-á habeas corpus sempre que alguém sofrer ou se achar ameaçado de sofrer violência ou coação em sua liberdade de locomoção, por ilegalidade ou abuso de poder;

Os exemplos clássicos que podem ser utilizados na Justiça do Trabalho:

- defesa da liberdade de locomoção, direito de ir e vir;
- prisão do depositário infiel nos termos da Súmula Vinculante nº 25.

Súmula Vinculante nº 25. É ilícita a prisão civil de depositário infiel, qualquer que seja a modalidade do depósito.

- O TST também admite o *habeas corpus* contra ato de suspensão de passaporte, realizada como medida executiva atípica, ou seja, para pressionar o cumprimento da determinação judicial. De acordo com o TST, nesse caso há restrição ao direito de locomoção do indivíduo para outros territórios.

IMPORTANTE:

1 – as partes são **IMPETRANTE E IMPETRADO;**

2 – competência da Justiça do Trabalho, artigo 114, IV da CF;

3 – o HC deve ser impetrado perante a autoridade imediatamente superior à que praticou a prisão.

COMPETÊNCIA

Juiz do Trabalho → impetrado perante o TRT;

Desembargador do TRT → impetrado perante o TST;

Ministro do TST → impetrado perante o STF.

Art. 114. Compete à Justiça do Trabalho processar e julgar:

...

IV os mandados de segurança, habeas corpus e habeas data, quando o ato questionado envolver matéria sujeita à sua jurisdição;

A Justiça do Trabalho não tem competência em matéria criminal – ADI 3.684.

2. ESTRUTURA

o identificar que a peça é um *habeas corpus*? A proposta da prova narrará os fatos e se houve algum problema com a liberdade de locomoção. Ex: prisão do depositário infiel.

Utilizaremos a chamada "**estrutura coringa**" em nossa prova na seguinte sequência:

I - Requisitos Específicos

II - Fatos

III - Liminar

IV - Mérito

V - Requerimentos Finais

Veja a estrutura:

EXCELENTÍSSIMO SENHOR DOUTOR DESEMBARGADOR PRESIDENTE DO EGRÉGIO TRIBUNAL REGIONAL DO TRABALHO DA___REGIÃO

NOME DO IMPETRANTE, qualificação e endereço completos, vem, à presença de Vossa Excelência, por intermédio de seu advogado abaixo assinado (procuração anexa), com indicação de endereço profissional, onde recebe as intimações e notificações, **com fulcro nos arts 5º, LXVIII, e 114, IV, CF, IMPETRAR:**

HABEAS CORPUS

em face de ato do **Excelentíssimo Juiz do Trabalho da___Vara do Trabalho de___**, pelas razões de fato e de direito a seguir expostas.

I - REQUISITOS ESPECÍFICOS

Destacar a competência da Justiça do Trabalho para processar e julgar habeas corpus impetrado em face de ato que envolva matéria trabalhista, nos termos do art. 114, IV da CF.

II - FATOS

Narrar os fatos de forma resumida...

O juiz determinou a prisão do depositário infiel...

III - LIMINAR

Requer a liberação em caráter liminar do seu cliente (paciente) que seja solto.

IV - MÉRITO

Hipóteses mais comuns: súmula vinculante 25, súmula 304, STJ, OJ 89, SDI-II, do TST e OJ 143, SDI-II, do TST.

V - REQUERIMENTOS FINAIS

Por todo exposto, requer:

a) o deferimento urgente do presente habeas corpus com a imediata cassação liminar do decreto de prisão do paciente;

b) a expedição da ordem de soltura do pacientem com a concessão de medida liminar;

c) protesta pela produção de todos os melos de prova em direito admitidos, em especial a prova testemunhal e documental;

d) por fim, requer o julgamento procedente de todos os pedidos supramencionados.

Dá-se à causa o valor de R$ ....

Termos em que,

pede deferimento.

Local e data.

Advogado(a)

OAB nº

3. EXERCÍCIO

EXERCÍCIO – PEÇA AUTORAL

Marlly Silva Ltda foi demandada em processo ajuizado por Julia Toscano, cuja sentença foi julgada procedente e iniciou-se a execução. Ao receber o mandado de citação para pagamento do valor executado, a empresa devedora nada fez, deixando o prazo vencer sem nenhuma manifestação, motivo pelo qual foi expedido mandado de penhora que foi devidamente cumprido, penhorando um automóvel de sua propriedade, nomeando uma das sócias como depositário, Sra. Marllynária.

Ocorre que, não se sabe como, o automóvel foi furtado da garagem e um empregado passou a informação para a reclamante, que imediatamente comunicou seu advogado que, por sua vez, peticionou requerendo a prisão da depositária.

O magistrado ao analisar o pedido, imediatamente deferiu, determinando a expedição do mandado de prisão, que foi cumprido.

Diante do exposto, elabore a peça profissional apta a defender os interesses da sócia da loja que lhe procura.

Checklist:

→ Quem é o cliente? Marllynária.

→ Qual é a fase processual? Fase de conhecimento.

→ O que a cliente deseja? Alvará de soltura.

→ Caráter urgente? Sim.

→ Algum ponto relevante? A prisão de depositário infiel não pode ocorrer, súmula vinculante nº 25.

→ Qual é a peça processual? *Habeas corpus.*

→ Fundamento legal: arts. 5º, LXVIII e 114, IV, CF.

Hora de resolver!

EGRÉGIO TRIBUNAL REGIONAL DO TRABALHO DA ... REGIÃO

Marllynária, qualificação e endereço completos, vem, à presença de Vossa Excelência, por intermédio de seu advogado abaixo assinado (procuração anexa), com indicação de endereço profissional, onde recebe as intimações e notificações, com fulcro nos arts 5º, LXVIII, e 114, IV, CF, IMPETRAR:

HABEAS CORPUS

em face de ato do Excelentíssimo Juiz do Trabalho da___Vara do Trabalho de___, pelas razões de fato e de direito a seguir expostas.

I –REQUISITOS ESPECÍFICOS

A competência da Justiça do Trabalho para processar e julgar o presente feito encontra-se com previsão no artigo 114, IV da CF.

II - FATOS

Em reclamação trabalhista ajuizada por Julia Toscano, a sentença foi julgada procedente e iniciou-se a execução.

Ao receber o mandado de citação para pagamento do valor executado, a empresa devedora não se manifestou, sendo, portanto, expedido mandado de penhora que foi cumprido e penhorado automóvel de propriedade da empresa empregadora, com nomeação de uma das sócias, Sra Marllynária, como depositária.

Ocorre que, não se sabe como, o automóvel foi furtado da garagem e tendo conhecimento disso, ao juízo da execução foi requerida a decretação da prisão da depositária, impetrante, que imediatamente foi deferido pelo magistrado que determinou a expedição do mandado de prisão contra a referida, que foi devidamente cumprido.

II - MÉRITO

Aduz-se que, a ilegalidade da prisão se apresenta no sentido de que a súmula vinculante nº 25 do STF dispõe que "É ilícita a prisão civil de depositário infiel, qualquer que seja a modalidade do depósito", devendo, portanto, ser deferida a expedição do alvará de soltura da paciente, eis que permanecer presa, fere seu direito de locomoção.

III - REQUERIMENTOS FINAIS

Por todo exposto, requer:

Seja concedida a ordem e deferida a expedição do alvará de soltura da impetrante, tendo em vista a ilegalidade da decretação da prisão, determinada pelo Douto Juízo da ... Vara do Trabalho de...., Estado de...., conforme exposto nos fundamentos supra.

Dá-se à causa o valor de R$ ....

Termos em que,

pede deferimento

Local e data

Advogado(a)

OAB n.º

9

HABEAS DATA

1. CABIMENTO

Habeas Data é o remédio constitucional para assegurar o conhecimento de informações relativas à pessoa do impetrante, constantes de registros ou bancos de dados de entidades governamentais ou de caráter público e para a retificação de dados, quando não se prefira fazê-lo por processo sigiloso, judicial ou administrativo, com previsão no artigo 5º, LXXII da CF e lei nº 9.507/97.

> ***Art. 5º*** *Todos são iguais perante a lei, sem distinção de qualquer natureza, garantindo-se aos brasileiros e aos estrangeiros residentes no País a inviolabilidade do direito à vida, à liberdade, à igualdade, à segurança e à propriedade, nos termos seguintes:*
>
> ...
>
> *LXXII – conceder-se-á habeas data:*
>
> *a) para assegurar o conhecimento de informações relativas à pessoa do impetrante, constantes de registros ou bancos de dados de entidades governamentais ou de caráter público;*
>
> *b) para a retificação de dados, quando não se prefira fazê-lo por processo sigiloso, judicial ou administrativo;*
>
> ***Lei 9.507/97*** *(...)*
> ***Art. 7º*** *Conceder-se-á habeas data:*

I – para assegurar o conhecimento de informações relativas à pessoa do impetrante, constantes de registro ou banco de dados de entidades governamentais ou de caráter público;

II – para a retificação de dados, quando não se prefira fazê-lo por processo sigiloso, judicial ou administrativo;

III – para a anotação nos assentamentos do interessado, de contestação ou explicação sobre dado verdadeiro mas justificável e que esteja sob pendência judicial ou amigável.

***Art. 8°** A petição inicial, que deverá preencher os requisitos dos arts. 282 a 285 do Código de Processo Civil, será apresentada em duas vias, e os documentos que instruírem a primeira serão reproduzidos por cópia na segunda.*

Parágrafo único. A petição inicial deverá ser instruída com prova:

I – da recusa ao acesso às informações ou do decurso de mais de dez dias sem decisão;

II – da recusa em fazer-se a retificação ou do decurso de mais de quinze dias, sem decisão; ou

III – da recusa em fazer-se a anotação a que se refere o § 2° do art. 4° ou do decurso de mais de quinze dias sem decisão.

***Art. 9°** Ao despachar a inicial, o juiz ordenará que se notifique o coator do conteúdo da petição, entregando-lhe a segunda via apresentada pelo impetrante, com as cópias dos documentos, a fim de que, no prazo de dez dias, preste as informações que julgar necessárias.*

...

Podemos destacar duas hipóteses comuns para a utilização da ação de habeas data:

- *acesso a dados relativos ao FGTS junto à Caixa Econômica Federal;*
- *o executado, para ter acesso à Certidão Negativa de Débitos Trabalhistas (CNDT).*

IMPORTANTE:

1 – as partes são **IMPETRANTE E IMPETRADO;**

2 – competência da Justiça do Trabalho, artigo 114, IV da CRFB/88.

***Art. 114.** Compete à Justiça do Trabalho processar e julgar:*

...

IV os mandados de segurança, habeas corpus e habeas data, quando o ato questionado envolver matéria sujeita à sua jurisdição;

2. ESTRUTURA

Como identificar que a peça é um *habeas data*? A proposta da prova narrará os fatos e o examinando perceberá que houve algum problema com o acesso a informações constantes em bancos de dados de entidades governamentais ou algo relacionado a retificação de dados.

Utilizaremos a chamada "**estrutura coringa**" em nossa prova na seguinte sequência:

I - Requisitos Específicos

II - Fatos

III - Liminar

IV - Mérito

V - Requerimentos Finais

Veja a estrutura:

AO DOUTO JUÍZO DA___VARA DO TRABALHO DE___

NOME DO IMPETRANTE, qualificação e endereço completos, vem, à presença de Vossa Excelência, por intermédio de seu advogado abaixo assinado (procuração anexa), com indicação de endereço profissional, onde recebe as intimações e notificações, **com fulcro nos arts. 5º, LXXII e 114, IV, CF e da Lei nº 9.507/1997, IMPETRAR:**

HABEAS DATA

em face de ato de **AUTORIDADE COATORA**, qualificação e endereço completos, pelas razões de fato e de direito a seguir expostas.

I – REQUISITOS ESPECÍFICOS

Destacar a competência da Justiça do Trabalho para processar e julgar o *habeas data* impetrado em face de ato que envolva matéria trabalhista, nos termos do art. 114, IV da CF.

Mostrar que houve recusa ou que não houve resposta ao nosso pedido (seja de retificação, acesso, ou seja de inclusão de uma anotação de que a matéria está sendo discutida).

II – FATOS

Narrar os fatos de forma resumida...

III – LIMINAR

Analisar o caso específico

IV – MÉRITO

Alguns dispositivos relacionados: art. 1º, § único, Lei nº 9.507/1997, art. 5º, LXXII, CF.

V – REQUERIMENTOS FINAIS

Por todo exposto, requer:

a) a notificação da autoridade coatora impetrada para responder à presente ação ou justificar os motivos da recusa;

b) cumpridas as formalidades legais, seja concedido o habeas data, assegurando ao impetrante o fornecimento da certidão detalhada de existência ou inexistência de depósito do FGTS em reação à empresa xxxx;

c) protesta pela produção de todos os melos de prova em direito admitidos, em especial a prova testemunhal e documental;

d) por fim, requer o julgamento procedente de todos os pedidos supramencionados.

Dá-se à causa o valor de R$ ....

Termos em que,
pede deferimento.
Local e data.
Advogado (a)
OAB nº

3. EXERCÍCIO

EXERCÍCIO – PEÇA AUTORAL

Miriswaldho da Conceição, empregado da empresa Coração de Ouro Ltda, com contrato de emprego em curso desde 02/02/2004, um dia teve a curiosidade de consultar os depósitos no seu FGTS, quando percebeu que nos últimos 3 anos os valores não foram depositados e decidiu procurar saber com a empresa empregadora o motivo, quando obteve a informação e que os depósitos estavam sendo efetuados regularmente e que a Caixa Econômica Federal estava errada quando da informação nos extratos.

Assim, o empregado dirigiu-se até a agência da CEF para resolver o problema e o gerente afirmou ser impossível a obtenção das informações solicitadas, o que não agradou a Miriswaldho, que resolveu lhe procurar para resolver o problema.

Analisando a situação hipotética acima, elabore a peça profissional apta a resolver o problema do seu cliente, Miriswaldho.

Checklist:

→ Quem é o cliente? Miriswaldlho da Conceição.

→ Qual é a fase processual? Fase de conhecimento.

→ O que a cliente deseja? Acesso à informação.

→ Caráter urgente? Sim.

→ Algum ponto relevante? A não concessão de informações sobre o FGTS.

→ Qual é a peça processual? *Habeas data.*

→ Fundamento legal: art. 5º, LXXII, da CF e Lei nº 9.507/97.

Hora de resolver!

AO DOUTO JUÍZO DA___VARA DO TRABALHO DE____

Miriswaldho da Conceição, qualificação e endereço completos, vem, à presença de Vossa Excelência, por intermédio de seu advogado abaixo assinado (procuração anexa), com indicação de endereço profissional, onde recebe as intimações e notificações, **com fulcro nos arts. 5º, LXXII e 114, IV, CF e da Lei nº 9.507/1997, IMPETRAR:**

HABEAS DATA

em face de **CAIXA ECONÔMICA FEDERAL**, qualificação e endereço completos, pelas razões de fato e de direito a seguir expostas.

I – REQUISITOS ESPECÍFICOS

A competência da Justiça do Trabalho para processar e julgar o presente feito, encontra-se com previsão no artigo 114, IV da CRFB/88.

II - FATOS

O impetrante é empregado da empresa Coração de Ouro Ltda, cujo contrato de emprego encontra-se curso desde 02/02/2004, quando decidiu consultar os depósitos a sua conta do FGTS, e percebeu que nos últimos 3 anos os valores não foram depositados, optando por procurar saber com a empresa empregadora o motivo, quando obteve a informação de que os depósitos estavam sendo efetuados regularmente e que a Caixa Econômica Federal estava errada quando da informação nos extratos.

Diante disso, o empregado foi até a agência da CEF para resolver o problema e o gerente afirmou ser impossível a obtenção das informações solicitadas.

III - MÉRITO

Pelo que consta dos artigos 5º, LXXII da CF e 7º da Lei nº 9.507/97, o meio próprio para obter as informações pretendidas pelo impetrante, é o habeas data.

Pelo exposto, requer através do presente remédio constitucional, sejam fornecidas as informações pertinentes aos depósitos efetuados em sua conta vinculada do FGTS, de forma detalhada.

IV - REQUERIMENTOS FINAIS

Por todo exposto, requer:

a) seja a autoridade coatora notificada para responder ao presente ou apresentar justificativa pela negativa das informações;

b) com o cumprimento das formalidades de praxe, a concessão do habeas data, assegurando o direito do impetrante a informações relativas ao FGTS do impetrante;

c) protesta pela produção de provas, em especial documental, testemunhal e depoimento pessoal;

d) por fim, requer o julgamento procedente de todos os pedidos supramencionados.

Dá-se à causa o valor de R$ ....

Termos em que,

pede deferimento

Local e data

Advogado(a)

OAB n.º

10

AÇÕES POSSESSÓRIAS

1. CABIMENTO

As ações possessórias ajuizadas na Justiça do Trabalho são realmente pontuais e bem específicas, estando previstas nos artigos 554 ao 568 do CPC, atentando que os artigos 560 e 566 do CPC dizem respeito a ações cujo objeto é **manutenção e reintegração de posse**, e os artigos 567 por 568 do mesmo diploma processual mencionado, tratam do **interdito proibitório.**

REINTEGRAÇÃO DE POSSE	MANUTENÇÃO DE POSSE	INTERDITO PROIBITÓRIO
Perda total - ESBULHO	Perda parcial - TURBAÇÃO	AMEAÇA
A perda da posse já ocorreu (PRETÉRITA)	A perda da posse está ocorrendo (PRESENTE)	A perda da pose vai ocorrer (FUTURA)

Artigos:

Art. 114 CRFB/88. *Compete à Justiça do Trabalho processar e julgar:*

I - as ações oriundas da relação de trabalho, abrangidos os entes de direito público externo e da administração pública direta e indireta da União, dos Estados, do Distrito Federal e dos Municípios;

...

II - as ações que envolvam exercício do direito de greve;

...

IX - outras controvérsias decorrentes da relação de trabalho, na forma da lei.

...

***Art. 554 CPC.** A propositura de uma ação possessória em vez de outra não obstará a que o juiz conheça do pedido e outorgue a proteção legal correspondente àquela cujos pressupostos estejam provados.*

§ 1º No caso de ação possessória em que figure no polo passivo grande número de pessoas, serão feitas a citação pessoal dos ocupantes que forem encontrados no local e a citação por edital dos demais, determinando-se, ainda, a intimação do Ministério Público e, se envolver pessoas em situação de hipossuficiência econômica, da Defensoria Pública.

§ 2º Para fim da citação pessoal prevista no § 1º, o oficial de justiça procurará os ocupantes no local por uma vez, citando-se por edital os que não forem encontrados.

§ 3º O juiz deverá determinar que se dê ampla publicidade da existência da ação prevista no § 1º e dos respectivos prazos processuais, podendo, para tanto, valer-se de anúncios em jornal ou rádio locais, da publicação de cartazes na região do conflito e de outros meios.

***Art. 555 CPC.** É lícito ao autor cumular ao pedido possessório o de:*

I – condenação em perdas e danos;

II – indenização dos frutos.

Parágrafo único. Pode o autor requerer, ainda, imposição de medida necessária e adequada para:

I – evitar nova turbação ou esbulho;

II – cumprir-se a tutela provisória ou final.

***Art. 556 CPC.** É lícito ao réu, na contestação, alegando que foi o ofendido em sua posse, demandar a proteção possessória e a indenização pelos prejuízos resultantes da turbação ou do esbulho cometido pelo autor.*

***Art. 557 CPC.** Na pendência de ação possessória é vedado, tanto ao autor quanto ao réu, propor ação de reconhecimento do domínio, exceto se a pretensão for deduzida em face de terceira pessoa.*

Parágrafo único. Não obsta à manutenção ou à reintegração de posse a alegação de propriedade ou de outro direito sobre a coisa.

Art. 558 CPC. *Regem o procedimento de manutenção e de reintegração de posse as normas da Seção II deste Capítulo quando a ação for proposta dentro de ano e dia da turbação ou do esbulho afirmado na petição inicial.*

Parágrafo único. Passado o prazo referido no caput, será comum o procedimento, não perdendo, contudo, o caráter possessório.

Art. 559 CPC. *Se o réu provar, em qualquer tempo, que o autor provisoriamente mantido ou reintegrado na posse carece de idoneidade financeira para, no caso de sucumbência, responder por perdas e danos, o juiz designar-lhe-á o prazo de 5 (cinco) dias para requerer caução, real ou fidejussória, sob pena de ser depositada a coisa litigiosa, ressalvada a impossibilidade da parte economicamente hipossuficiente.*

Art. 560 CPC. *O possuidor tem direito a ser mantido na posse em caso de turbação e reintegrado em caso de esbulho.*

Art. 561CPC. *Incumbe ao autor provar:*

I - a sua posse;

II - a turbação ou o esbulho praticado pelo réu;

III - a data da turbação ou do esbulho;

IV - a continuação da posse, embora turbada, na ação de manutenção, ou a perda da posse, na ação de reintegração.

Art. 562 CPC. *Estando a petição inicial devidamente instruída, o juiz deferirá, sem ouvir o réu, a expedição do mandado liminar de manutenção ou de reintegração, caso contrário, determinará que o autor justifique previamente o alegado, citando-se o réu para comparecer à audiência que for designada.*

Parágrafo único. Contra as pessoas jurídicas de direito público não será deferida a manutenção ou a reintegração liminar sem prévia audiência dos respectivos representantes judiciais.

Art. 563 CPC. *Considerada suficiente a justificação, o juiz fará logo expedir mandado de manutenção ou de reintegração.*

Art.564 CPC. *Concedido ou não o mandado liminar de manutenção ou de reintegração, o autor promoverá, nos 5 (cinco) dias subsequentes, a citação do réu para, querendo, contestar a ação no prazo de 15 (quinze) dias.*

Parágrafo único. Quando for ordenada a justificação prévia, o prazo para contestar será contado da intimação da decisão que deferir ou não a medida liminar.

Art. 565. CPC *No litígio coletivo pela posse de imóvel, quando o esbulho ou a turbação afirmado na petição inicial houver ocorrido há mais de ano e dia, o juiz, antes de apreciar o pedido de concessão da medida liminar,* *deverá designar audiência de mediação, a realizar-se em até 30 (trinta) dias, que observará o disposto nos §§ 2º e 4º.*

§ 1º Concedida a liminar, se essa não for executada no prazo de 1 (um) ano, a contar da data de distribuição, caberá ao juiz designar audiência de mediação, nos termos dos §§ 2º a 4º deste artigo.

§ 2º O Ministério Público será intimado para comparecer à audiência, e a Defensoria Pública será intimada sempre que houver parte beneficiária de gratuidade da justiça.

§ 3º O juiz poderá comparecer à área objeto do litígio quando sua presença se fizer necessária à efetivação da tutela jurisdicional.

§ 4º Os órgãos responsáveis pela política agrária e pela política urbana da União, de Estado ou do Distrito Federal e de Município onde se situe a área objeto do litígio poderão ser intimados para a audiência, a fim de se manifestarem sobre seu interesse no processo e sobre a existência de possibilidade de solução para o conflito possessório.

§ 5º Aplica-se o disposto neste artigo ao litígio sobre propriedade de imóvel.

Art. 566 CPC. *Aplica-se, quanto ao mais, o procedimento comum.*

Art. 567 CPC. *O possuidor direto ou indireto que tenha justo receio de ser molestado na posse poderá requerer ao juiz que o segure da turbação ou esbulho iminente, mediante mandado proibitório em que se comine ao réu determinada pena pecuniária caso transgrida o preceito.*

Art. 568 CPC. *Aplica-se ao interdito proibitório o disposto na Seção II deste Capítulo.*

No âmbito trabalhista, a ação possessória vem sendo utilizada pelos empregadores em casos de GREVE, a fim de garantir a sua posse, diante de uma ameaça (interdito proibitório); ou de manter a sua posse, em caso de turbação (ação de manutenção da posse); ou de retomar a posse, em caso de esbulho (ação de reintegração de posse).

Jurisprudência

Súmula vinculante 23 – *A Justiça do Trabalho é competente para processar e julgar ação possessória ajuizada em decorrência do exercício do direito de greve pelos trabalhadores da iniciativa privada.*

É também comumente utilizada quando, após a RESCISÃO CONTRATUAL, o empregado se recusa a sair do imóvel em que, por força do contrato de trabalho, morava.

⚠ ***Além do pedido possessório, o autor pode postular a condenação em PERDAS e DANOS e indenização dos FRUTOS. Como exemplo, podemos citar que além de impedir a entradas das pessoas na empresa, os grevistas também causaram danos nas máquinas da empresa. A empresa pode buscar o ressarcimento na própria ação possessória.***

- Reintegração de posse, no caso de esbulho possessório (na Justiça do Trabalho acontece quando o empregador precisa retomar a posse);
- Manutenção de posse, no caso de turbação da posse (na Justiça do Trabalho acontece quando o empregador precisa manter a posse);
- Interdito proibitório, no caso de ameaça de esbulho ou turbação da posse. (na Justiça do Trabalho acontece no caso de deflagrada a greve, o empregador precisa garantir a sua posse, diante da ameaça de perdê-la).

EXEMPLOS:

- Pode acontecer quando grevistas impedem completamente a entrada de pessoas, caberá **REINTEGRAÇÃO DE POSSE;**
- Pode acontecer quando grevistas impedem parcialmente a entrada de pessoas, caberá **MANUTENÇÃO DE POSSE;**
- Pode acontecer quando grevistas ameaçam impedir a entrada de pessoas, caberá **INTERDITO PROIBITÓRIO;**
- Pode acontecer quando o empregado se nega a desocupar imóvel cedido pelo empregador para moradia, após a rescisão do contrato.

⚠ **DICA**

Se perdeu - reintegração

Se quer manter - manutenção

Se existe ameaça - proibição

IMPORTANTE:

1 - as partes são **AUTOR** e **RÉU.**

2 - a competência da Justiça do Trabalho para processar e julgar as ações possessórias encontra-se prevista no artigo 114, I, II e IX da CF e na súmula vinculante 23, sempre ressaltando que a matéria deve ser oriunda da relação de emprego.

3 – é possível cumular com o pedido de reintegração, manutenção ou proibitório, o pedido de perdas e danos, apontando os prejuízos causados, que os requisitos da responsabilidade civil estão presentes, dentre outros, art. 555 do CPC.

Artigos:

Art. 1.210 CC. *O possuidor tem direito a ser mantido na posse em caso de turbação, restituído no de esbulho, e segurado de violência iminente, se tiver justo receio de ser molestado.*

§ 1º *O possuidor turbado, ou esbulhado, poderá manter-se ou restituir-se por sua própria força, contanto que o faça logo; os atos de defesa, ou de desforço, não podem ir além do indispensável à manutenção, ou restituição da posse.*

§ 2º *Não obsta à manutenção ou reintegração na posse a alegação de propriedade, ou de outro direito sobre a coisa.*

Art. 1.228 CC. *O proprietário tem a faculdade de usar, gozar e dispor da coisa, e o direito de reavê-la do poder de quem quer que injustamente a possua ou detenha.*

§ 1º *O direito de propriedade deve ser exercido em consonância com as suas finalidades econômicas e sociais e de modo que sejam preservados, de conformidade com o estabelecido em lei especial, a flora, a fauna, as belezas naturais, o equilíbrio ecológico e o patrimônio histórico e artístico, bem como evitada a poluição do ar e das águas.*

§ 2º *São defesos os atos que não trazem ao proprietário qualquer comodidade, ou utilidade, e sejam animados pela intenção de prejudicar outrem.*

§ 3º *O proprietário pode ser privado da coisa, nos casos de desapropriação, por necessidade ou utilidade pública ou interesse social, bem como no de requisição, em caso de perigo público iminente.*

§ 4º *O proprietário também pode ser privado da coisa se o imóvel reivindicado consistir em extensa área, na posse ininterrupta e de boa-fé, por mais de cinco anos, de considerável número de pessoas, e estas nela houverem realizado, em conjunto ou separadamente, obras e serviços considerados pelo juiz de interesse social e econômico relevante.*

§ 5º *No caso do parágrafo antecedente, o juiz fixará a justa indenização devida ao proprietário; pago o preço, valerá a sentença como título para o registro do imóvel em nome dos possuidores.*

2. ESTRUTURA

Como identificar que a peça é uma ação possessória? Será o primeiro ato do processo, o cliente será a empresa e a proposta da prova narrará ameaça ou efetiva perda total/parcial da posse.

Utilizaremos a chamada "**estrutura coringa**" em nossa prova na seguinte sequência:

I - Requisitos Específicos
II - Fatos
III - Liminar
IV - Mérito
V - Requerimentos Finais

Veja a estrutura:

AO DOUTO JUÍZO DA___VARA DO TRABALHO DE___

AUTOR, qualificação e endereço completos, vem, à presença de Vossa Excelência, por intermédio de seu advogado abaixo assinado (procuração anexa), com indicação de endereço profissional, onde recebe as intimações e notificações, com **fulcro nos arts. 554 e seguintes do CPC, PROPOR:**

AÇÃO DE REINTEGRAÇÃO DE POSSE / AÇÃO DE MANUTENÇÃO DE POSSE / INTERDITO PROIBITÓRIO

em face de **RÉU**, qualificação e endereço completos, pelas razões de fato e de direito a seguir expostas.

I – REQUISITOS ESPECÍFICOS

Destacar a competência da Justiça do Trabalho e dos requisitos legais da ação.

II – FATOS

O autor é possuídos do imóvel ..... Contudo, o réu praticou turbação/ praticou esbulho/ ameaça na referida posse.

III – LIMINAR

Estando a petição devidamente instruída, requer a concessão de liminar, com a imediata expedição de mandado de reintegração, nos termos do art. 562, do CPC.

IV – MÉRITO

Destacar o que ocorreu no caso, com os fundamentos jurídicos e requerida a reintegração da posse, ou a manutenção da posse ou a proibição do esbulho ou da turbação.

V – REQUERIMENTOS FINAIS

Por todo exposto, requer:

a) a expedição liminar em mandado de manutenção/de reintegração/proibitório, nos termos do art. 562 do CPC;

b) a citação do réu para responder à ação, em 15 dias;

c) a produção de todos os meios de prova em direito admitidos, em especial a prova documental, depoimento pessoal e oitiva de testemunhas;

d) no mérito, a confirmação da liminar, com a procedência do pedido de reintegração/manutenção/proibitória, bem como a aplicação de medida necessária para evitar nova turbação ou esbulho, nos termos do art. 555, parágrafo único, do CPC;

e) a condenação do réu ao pagamento de perdas e danos;

f) a condenação em honorários advocatícios de sucumbência.

Dá-se à causa o valor de R$ ....

Termos em que,

pede deferimento.

Local e data.

Advogado(a)

OAB nº

3. EXERCÍCIO

EXERCÍCIO – PEÇA AUTORAL

Os empregados da loja Casa Silva Ltda., buscando pressionar o empregador a firmar acordo coletivo com melhores condições de trabalho, deflagraram movimento grevista com a participação do Sindicato dos Comerciários de São Paulo. Após a comunicação prévia de 48 horas, os grevistas foram para a porta da empresa para fazer piquete e acabaram impedindo que um grupo de trabalhadores que não aderiram à greve, entrassem para trabalhar. Por ordem dos dirigentes sindicais, eles quebraram os portões de entrada da empresa e toda a recepção, acarretando um prejuízo no valor de R$ 5.0000,00.

O presidente da loja Casa Silva Ltda., procurou o seu escritório de advocacia e informou que estão em processo de negociação, porém precisa imediatamente da liberação da entrada da empresa que está totalmente bloqueada, bem como que pretende reaver o prejuízo causado.

Como advogado (a) procurado pela empresa, apresente a medida processual cabível para a defesa de seus interesses.

Checklist:

→ Quem é o cliente? A empresa, Lojas Casa Silva Ltda.
→ Qual é a fase processual? Fase de conhecimento.
→ O que a cliente deseja? Recuperar a posse perdida.
→ Caráter urgente? Sim.
→ Algum ponto relevante? Também houve prejuízo financeiro.
→ Qual é a peça processual? Ação de reintegração de posse.
→ Fundamento legal: arts. 560 e seguintes do CPC.

Hora de resolver!

AO DOUTO JUÍZO DA___VARA DO TRABALHO DE SÃO PAULO

Lojas Casa Silva Ltda., qualificação e endereço completos, vem, à presença de Vossa Excelência, por intermédio de seu advogado abaixo assinado (procuração anexa), com indicação de endereço profissional, onde recebe as intimações e notificações, **com fulcro nos art. 560 do CPC, PROPOR:**

AÇÃO DE REINTEGRAÇÃO DE POSSE COM PEDIDO DE LIMINAR

em face de **Sindicato dos Comerciários de São Paulo**, qualificação e endereço completos, pelas razões de fato e de direito a seguir expostas.

I – REQUISITOS ESPECÍFICOS

A presente ação preenche todos os requisitos de admissibilidade, dentre os quais destacam-se:

a) **competência**: nos termos da Súmula Vinculante 23 e do art. 114, II, da CF, a Justiça do Trabalho é competente para processar e julgar ação possessória ajuizada em decorrência do exercício do direito de greve pelos trabalhadores da iniciativa privada.

b) **prova da posse, esbulho, data do esbulho e da perda da posse**: os documentos anexos comprovam a posse, o esbulho, a data deste e a perda da posse pela tomada dos trabalhadores e sindicato da empresa, acampando na mesma, nos moldes do art. 561 do CPC.

II – FATOS

O autor é possuidor do imóvel em que funciona a sua loja. Contudo, o réu praticou esbulho e também lhe causou prejuízo.

III – LIMINAR

Requer, com fundamento no art. 562 do CPC, a expedição do mandado de reintegração de posse, sem ouvir o réu.

IV – MÉRITO

1. Reintegração

Os grevistas bloquearam a entrada da empresa, quebraram os portões e toda a recepção, impedindo a entrada dos empregados que pretendiam trabalhar.

Nos termos do art. 6º, parágrafo 3º da Lei nº 7.783/1989, os grevistas não podem impedir o acesso ao trabalho ou causar dano à propriedade.

Trata-se de violação ao direito de posse do autor, previsto no art. 1.210 do CC/2002 que institui que o possuidor tem direito a ser mantido na posse em caso de turbação, restituído no de esbulho, e segurado de violência iminente, se tiver justo receio de ser molestado.

Estando a petição devidamente instruída, requer a concessão de liminar, com a imediata expedição de mandado de reintegração, nos termos do art. 562 do CPC.

2. Perdas e danos

Além de esbulhar a posse do autor, o réu também causou prejuízo no valor de R$ 5.000,00, ao derrubar os portões de entrada e toda a recepção.

Nos termos dos arts. 186 e 927, do CC, aquele que causar dano a outrem por conduta ilícita dolosa tem o dever de indenizar.

Pelo exposto, nos termos do art. 555, I, do CPC, requer a condenação do réu ao ressarcimento de R$ 5.000,00, a título de perdas e danos.

3. Honorários advocatícios

Nos termos do art. 791-A da CLT, requer a condenação do réu ao pagamento de honorários advocatícios.

V – REQUERIMENTOS FINAIS

Por todo exposto, requer:

a) a expedição liminar do mandado de reintegração, nos termos do art. 562 do CPC;

b) a citação do réu para responder à ação, em 15 dias;

c) a produção de todos os meios de prova em direito admitidos, em especial a prova documental, depoimento pessoal e oitiva de testemunhas;

d) no mérito, a confirmação da liminar, com a procedência do pedido de reintegração de posse, bem como a aplicação de medida necessária para evitar nova turbação ou esbulho, nos termos do art. 555, parágrafo único, do CPC;

e) a condenação do réu ao pagamento de perdas e danos, no valor de R$ 5.000,00;

f) a condenação em honorários advocatícios sucumbenciais.

Dá-se à causa o valor de R$...

Termos em que,

pede deferimento.

Local e data.

Advogado (a)

OAB nº

11

AÇÃO MONITÓRIA

1. CABIMENTO

Segundo o grande mestre Mauro Schiavi, *"..ação monitória é uma ação de rito especial destinada a propiciar a quem tem prova escrita de uma dívida sem força de título executivo extrajudicial, a possibilidade de ingressar com um procedimento mais simplificado, a fim de que o devedor cumpra a obrigação ou transformar a prova escrita em título executivo judicial."* SCHIAVI, Mauro. Manual de Direito Processual do Trabalho, 10ª ed. São Paulo Ltr, pág. 1448.

Arts 700 ao 702 do CPC

***Art. 700 CPC.** A ação monitória pode ser proposta por aquele que afirmar, com base em prova escrita sem eficácia de título executivo, ter direito de exigir do devedor capaz:*

I – o pagamento de quantia em dinheiro;

II – a entrega de coisa fungível ou infungível ou de bem móvel ou imóvel;

III – o adimplemento de obrigação de fazer ou de não fazer.

§ 1º A prova escrita pode consistir em prova oral documentada, produzida antecipadamente nos termos do art. 381 .

§ 2º Na petição inicial, incumbe ao autor explicitar, conforme o caso:

I – a importância devida, instruindo-a com memória de cálculo;

II – o valor atual da coisa reclamada;

III – o conteúdo patrimonial em discussão ou o proveito econômico perseguido.

§ 3º O valor da causa deverá corresponder à importância prevista no § 2º, incisos I a III.

§ 4º Além das hipóteses do art. 330 , a petição inicial será indeferida quando não atendido o disposto no § 2º deste artigo.

§ 5º Havendo dúvida quanto à idoneidade de prova documental apresentada pelo autor, o juiz intimá-lo-á para, querendo, emendar a petição inicial, adaptando-a ao procedimento comum.

§ 6º É admissível ação monitória em face da Fazenda Pública.

§ 7º Na ação monitória, admite-se citação por qualquer dos meios permitidos para o procedimento comum.

***Art. 701 CPC.** Sendo evidente o direito do autor, o juiz deferirá a expedição de mandado de pagamento, de entrega de coisa ou para execução de obrigação de fazer ou de não fazer, concedendo ao réu prazo de 15 (quinze) dias para o cumprimento e o pagamento de honorários advocatícios de cinco por cento do valor atribuído à causa.*

§ 1º O réu será isento do pagamento de custas processuais se cumprir o mandado no prazo.

§ 2º Constituir-se-á de pleno direito o título executivo judicial, independentemente de qualquer formalidade, se não realizado o pagamento e não apresentados os embargos previstos no art. 702, observando-se, no que couber, o Título II do Livro I da Parte Especial.

§ 3º É cabível ação rescisória da decisão prevista no caput quando ocorrer a hipótese do § 2º.

§ 4º Sendo a ré Fazenda Pública, não apresentados os embargos previstos no art. 702, aplicar-se-á o disposto no art. 496, observando-se, a seguir, no que couber, o Título II do Livro I da Parte Especial.

§ 5º Aplica-se à ação monitória, no que couber, o art. 916.

***Art. 702 CPC.** Independentemente de prévia segurança do juízo, o réu poderá opor, nos próprios autos, no prazo previsto no art. 701, embargos à ação monitória.*

§ 1º Os embargos podem se fundar em matéria passível de alegação como defesa no procedimento comum.

§ 2º Quando o réu alegar que o autor pleiteia quantia superior à devida, cumprir-lhe-á declarar de imediato o valor que entende correto, apresentando demonstrativo discriminado e atualizado da dívida.

§ 3º Não apontado o valor correto ou não apresentado o demonstrativo, os embargos serão liminarmente rejeitados, se esse for o seu único fundamento, e, se houver outro fundamento, os embargos serão processados, mas o juiz deixará de examinar a alegação de excesso.

§ 4º A oposição dos embargos suspende a eficácia da decisão referida no caput do art. 701 até o julgamento em primeiro grau.

§ 5º O autor será intimado para responder aos embargos no prazo de 15 (quinze) dias.

§ 6º Na ação monitória admite-se a reconvenção, sendo vedado o oferecimento de reconvenção à reconvenção.

§ 7º A critério do juiz, os embargos serão autuados em apartado, se parciais, constituindo-se de pleno direito o título executivo judicial em relação à parcela incontroversa.

§ 8º Rejeitados os embargos, constituir-se-á de pleno direito o título executivo judicial, prosseguindo-se o processo em observância ao disposto no Título II do Livro I da Parte Especial , no que for cabível.

§ 9º Cabe apelação contra a sentença que acolhe ou rejeita os embargos.

§ 10. O juiz condenará o autor de ação monitória proposta indevidamente e de má-fé ao pagamento, em favor do réu, de multa de até dez por cento sobre o valor da causa.

§ 11. O juiz condenará o réu que de má-fé opuser embargos à ação monitória ao pagamento de multa de até dez por cento sobre o valor atribuído à causa, em favor do autor.

Podemos destacar como hipótese mais utilizadas do cabimento da ação monitória na Justiça do Trabalho:

- *termo de rescisão do contrato de trabalho assinado pelo empregador, sem o correspondente pagamento;*
- *acordo extrajudicial não submetido à homologação pela Justiça do Trabalho;*
- *termo de confissão de dívida.*

A competência para o ajuizamento é do foro do local onde a obrigação deve ser satisfeita, o que na seara laboral, guarda relação coma competência territorial do art. 651, da CLT – Local da Prestação dos Serviços (regra).

Uma vez cumprido om mandado espontaneamente, extinguir-se-á o processo com resolução do mérito. Se o reclamado não cumprir poderá apresentar **EMBARGOS MONITÓRIOS**. Se não realizar o pagamento e não apresentar embargos monitórios, ou se forem rejeitados, a prova escrita será constituída em título executivo judicial, seguindo as regras da execução.

A partir da intimação o réu tem três opções:

1º - cumprir a obrigação, com isenção de custas;

2º - apresentar embargos monitórios, alegando qualquer matéria de defesa, independentemente de garantia do juízo;

3º - ficar e inerte, ou, os embargos rejeitados, a prova escrita será convertida em título executivo judicial.

Em suma: através da ação monitória, o interessado, converte uma prova escrita em título executivo judicial, começando a execução no Processo do Trabalho.

IMPORTANTE:

1 – as partes são **AUTOR** e **RÉU**;

2 – competência da Justiça do Trabalho, art. 114, I CF;

3 – podem ser apresentados embargos monitórios pelo réu;

4 – é ajuizada quando se possui prova escrita, sem eficácia de título executivo.

2. ESTRUTURA

Como identificar que a peça é uma ação monitória? Será o primeiro ato do processo, o cliente será o trabalhador e a proposta da prova narrará que existe um documento que comprova o inadimplemento, porém ele não configura título executivo.

Utilizaremos a chamada "**estrutura coringa**" em nossa prova na seguinte sequência:

I - Requisitos Específicos

II - Fatos

III - Liminar

IV - Mérito

V - Requerimentos Finais

Veja a estrutura:

AO DOUTO JUÍZO DA___VARA DO TRABALHO DE___

RECLAMANTE, qualificação e endereço completos, vem, à presença de Vossa Excelência, por intermédio de seu advogado abaixo assinado (procuração anexa), com indicação de endereço profissional, onde recebe as intimações e notificações, **com fulcro nos arts.700 e seguintes do CPC e 769 da CLT, PROPOR:**

AÇÃO MONITÓRIA

em face de **RECLAMADO**, qualificação e endereço completos, pelas razões de fato e de direito a seguir expostas.

I – REQUISITOS ESPECÍFICOS

Destacar apenas que a ação monitória é cabível no Processo do Trabalho, nos termos do art. 114, I, da CF.

II – FATOS

O reclamante é portador de documento, que comprova inadimplemento do reclamado, apesar de não configurar título executivo.

III – MÉRITO

Destacar o que é devido.

O reclamante deve sustentar que à luz do art. 700 do CPC, a ação monitória é cabível quando o reclamante detém prova escrita do inadimplemento de obrigação, sem eficácia de título executivo.

No caso, o documento...demonstra que a empresa, ora reclamada, reconhece a existência da dívida, porém. Sem a que tenha havido o pagamento, estando em mora.

Informa que o valor atualizado do débito é de R$....

Pelo exposto, requer a expedição do mandado de pagamento.

IV – REQUERIMENTOS FINAIS

Por todo exposto, requer:

a) a expedição do mandado monitório para o pagamento da importância de R$.... (ou entrega de.... ; ou para fazer/não fazer...) no prazo de 15 dias, sendo consequentemente extinto o processo com resolução do mérito;

b) caso não ocorra o cumprimento, que o reclamado possa apresentar os embargos monitórios, sob pena de revelia e constituição da prova escrita em título judicial;

c) a produção de todos os meios de provas em direito admitidos, em especial a prova documental;

d) a improcedência dos embargos, eventualmente apresentados, e a constituição da prova escrita em título executivo judicial, bem como a condenação do reclamado em custas processuais e honorários advocatícios.

Dá-se à causa o valor de R$ ....

Termos em que,

pede deferimento.

Local e data.

Advogado(a)

OAB nº

3. EXERCÍCIO

EXERCÍCIO – PEÇA AUTORAL

Ludmila trabalhou para empresa Zero Um Ltda., em Porto Alegre, de 15/03/2015 a 05/03/2020, na função de auxiliar de serviços gerias, com salário de R$ 2.200,00. Após o término do veículo empregatício, a empresa entregou a Ludmila o termo de rescisão do contrato de trabalho totalizando o valor de R$ 10.000,00. Contudo, na data marcada, não foi realizado o pagamento pela empresa, sem nenhuma justificativa.

Como advogado procurado por Ludmila, apresente a medida processual cabível para a defesa dos seus interesses, ciente de que a empregada lhe entregou o TRCT e pretende receber o valor ali constante de forma mais rápida possível.

Checklist:

→ Quem é o cliente? A empregada, Ludmila.

→ Qual é a fase processual? Fase de conhecimento.

→ O que a cliente deseja? Receber o valor constante no documento escrito.

→ Caráter urgente? Não.

→ Algum ponto relevante? O que ela quer receber está na prova documental que não é título executivo.

→ Qual é a peça processual? Ação monitória.

→ Fundamento legal: arts. 700 e seguintes do CPC.

Hora de resolver!

AO DOUTO JUÍZO DA___VARA DO TRABALHO DE PORTO ALEGRE

Ludmila, qualificação e endereço completos, vem, à presença de Vossa Excelência, por intermédio de seu advogado abaixo assinado (procuração anexa), com indicação de endereço profissional, onde recebe as intimações e notificações, **com fulcro nos arts.700 e seguintes do CPC e 769 da CLT, PROPOR**:

AÇÃO MONITÓRIA

em face de **Zero Um Ltda.**, qualificação e endereço completos, pelas razões de fato e de direito a seguir expostas.

I – REQUISITOS ESPECÍFICOS

A ação monitória é cabível no Processo do Trabalho, pois, nos termos do art. 114, I, da CF, a Justiça do Trabalho é competente para processar e julgar as ações oriundas das relações de trabalho.

II – FATOS

A reclamante é portadora do Termo de Rescisão do Contrato de Trabalho (TRCT), que comprova o inadimplemento da reclamada, apesar de não configurar título executivo.

III – MÉRITO

O art. 700 do CPC permite o ajuizamento da ação monitória quando o reclamante detém prova escrita do inadimplemento de obrigado, sem eficácia de título executivo.

No caso, o Termo de Rescisão do Contrato de Trabalho não foi pago pela reclamada, o que demonstra que a empresa reconhece a existência da dívida, porém sem que tenha havido o pagamento.

Informa que o valor atualizado do débito é de R$ 10.000,00.

Pelo exposto, requer a expedição do mandado de pagamento.

IV – REQUERIMENTOS FINAIS

Por todo exposto, requer:

a) a expedição do mandado monitório para o pagamento da importância de R$ 10.000,00, no prazo de 15 dias, sendo consequentemente extinto o processo com resolução do mérito;

b) caso não ocorra o cumprimento, que a reclamada possa apresentar os embargos monitórios, sob pena de revelia e constituição da prova escrita em título judicial;

c) a produção de todos os meios de provas em direito admitidos, em especial a prova documental;

d) a improcedência dos embargos, eventualmente apresentados, e a constituição da prova escrita em título executivo judicial, bem como a condenação da reclamada em custas processuais e honorários advocatícios.

Dá-se à causa o valor de R$ 10.000,00

Termos em que,

pede deferimento.

Local e data.

Advogado (a)

OAB nº

12

AÇÃO CIVIL PÚBLICA

1. CABIMENTO

A ação civil pública foi inicialmente prevista, no ordenamento brasileiro, na Lei Complementar nº 40/81 (Lei Orgânica Nacional do Ministério Público), embora de forma tímida, passando a ser efetivamente regulada por meio da Lei nº 7.347/85 (LACP). Posteriormente, com o advento da Constituição Federal de 1988, ela foi elevada a instrumento processual constitucional de garantia dos direitos metaindividuais.

Cumpre salientar que o título III do Código de Defesa do Consumidor (da defesa do consumidor em juízo) é aplicado com a LACP, dando origem ao denominado microssistema processual coletivo. (MIESSA, Élisson. Processo do Trabalho, 7ª ed., São Paulo, Juspodivm, 2019, página 1536).

> ***Art. 5º CF*** *Todos são iguais perante a lei, sem distinção de qualquer natureza, garantindo-se aos brasileiros e aos estrangeiros residentes no País a inviolabilidade do direito à vida, à liberdade, à igualdade, à segurança e à propriedade, nos termos seguintes:*
>
> *...*
>
> *XXXV – a lei não excluirá da apreciação do Poder Judiciário lesão ou ameaça a direito;*

Art. 129 CF. São funções institucionais do Ministério Público:

...

III – promover o inquérito civil e a ação civil pública, para a proteção do patrimônio público e social, do meio ambiente e de outros interesses difusos e coletivos;

Lei nº 7.347/85

Art. 1º Regem-se pelas disposições desta Lei, sem prejuízo da ação popular, as ações de responsabilidade por danos morais e patrimoniais causados:

l – ao meio-ambiente;

ll – ao consumidor;

III – a bens e direitos de valor artístico, estético, histórico, turístico e paisagístico;

IV – a qualquer outro interesse difuso ou coletivo;

V – por infração da ordem econômica;

VI – à ordem urbanística;

VII – à honra e à dignidade de grupos raciais, étnicos ou religiosos;

VIII – ao patrimônio público e social.

...

Art. 5º Têm legitimidade para propor a ação principal e a ação cautelar:

I – o Ministério Público;

II – a Defensoria Pública;

III – a União, os Estados, o Distrito Federal e os Municípios;

IV – a autarquia, empresa pública, fundação ou sociedade de economia mista;

V – a associação que, concomitantemente:

a) esteja constituída há pelo menos 1 (um) ano nos termos da lei civil;

b) inclua, entre suas finalidades institucionais, a proteção ao patrimônio público e social, ao meio ambiente, ao consumidor, à ordem econômica, à livre concorrência, aos direitos de grupos raciais, étnicos ou religiosos ou ao patrimônio artístico, estético, histórico, turístico e paisagístico.

§ 1º O Ministério Público, se não intervier no processo como parte, atuará obrigatoriamente como fiscal da lei.

§ 2º Fica facultado ao Poder Público e a outras associações legitimadas nos termos deste artigo habilitar-se como litisconsortes de qualquer das partes.

§ 3º Em caso de desistência infundada ou abandono da ação por associação legitimada, o Ministério Público ou outro legitimado assumirá a titularidade ativa.

§ 4.° O requisito da pré-constituição poderá ser dispensado pelo juiz, quando haja manifesto interesse social evidenciado pela dimensão ou característica do dano, ou pela relevância do bem jurídico a ser protegido.

§ 5.° Admitir-se-á o litisconsórcio facultativo entre os Ministérios Públicos da União, do Distrito Federal e dos Estados na defesa dos interesses e direitos de que cuida esta lei.

§ 6° Os órgãos públicos legitimados poderão tomar dos interessados compromisso de ajustamento de sua conduta às exigências legais, mediante cominações, que terá eficácia de título executivo extrajudicial.

LEI COMPLEMENTAR nº 75/93

Art. 81. *A defesa dos interesses e direitos dos consumidores e das vítimas poderá ser exercida em juízo individualmente, ou a título coletivo.*

Parágrafo único. A defesa coletiva será exercida quando se tratar de:

I – interesses ou direitos difusos, assim entendidos, para efeitos deste código, os transindividuais, de natureza indivisível, de que sejam titulares pessoas indeterminadas e ligadas por circunstâncias de fato;

II – interesses ou direitos coletivos, assim entendidos, para efeitos deste código, os transindividuais, de natureza indivisível de que seja titular grupo, categoria ou classe de pessoas ligadas entre si ou com a parte contrária por uma relação jurídica base;

III – interesses ou direitos individuais homogêneos, assim entendidos os decorrentes de origem comum.

Art. 82. *Para os fins do art. 81, parágrafo único, são legitimados concorrentemente:*

I – o Ministério Público;

II – a União, os Estados, os Municípios e o Distrito Federal;

III – as entidades e órgãos da Administração Pública, direta ou indireta, ainda que sem personalidade jurídica, especificamente destinados à defesa dos interesses e direitos protegidos por este código;

IV – as associações legalmente constituídas há pelo menos um ano e que incluam entre seus fins institucionais a defesa dos interesses e direitos protegidos por este código, dispensada a autorização assemblear.

§ 1° O requisito da pré-constituição pode ser dispensado pelo juiz, nas ações previstas nos arts. 91 e seguintes, quando haja manifesto interesse social evidenciado pela dimensão ou característica do dano, ou pela relevância do bem jurídico a ser protegido.

§ 2º (Vetado).

§ 3º (Vetado).

Art. 83. *Para a defesa dos direitos e interesses protegidos por este código são admissíveis todas as espécies de ações capazes de propiciar sua adequada e efetiva tutela.*

Parágrafo único. (Vetado).

Art. 84. *Na ação que tenha por objeto o cumprimento da obrigação de fazer ou não fazer, o juiz concederá a tutela específica da obrigação ou determinará providências que assegurem o resultado prático equivalente ao do adimplemento.*

§ 1º A conversão da obrigação em perdas e danos somente será admissível se por elas optar o autor ou se impossível a tutela específica ou a obtenção do resultado prático correspondente.

§ 2º A indenização por perdas e danos se fará sem prejuízo da multa (art. 287, do Código de Processo Civil).

§ 3º Sendo relevante o fundamento da demanda e havendo justificado receio de ineficácia do provimento final, é lícito ao juiz conceder a tutela liminarmente ou após justificação prévia, citado o réu.

§ 4º O juiz poderá, na hipótese do § 3º ou na sentença, impor multa diária ao réu, independentemente de pedido do autor, se for suficiente ou compatível com a obrigação, fixando prazo razoável para o cumprimento do preceito.

§ 5º Para a tutela específica ou para a obtenção do resultado prático equivalente, poderá o juiz determinar as medidas necessárias, tais como busca e apreensão, remoção de coisas e pessoas, desfazimento de obra, impedimento de atividade nociva, além de requisição de força policial.

Art. 83. *Compete ao Ministério Público do Trabalho o exercício das seguintes atribuições junto aos órgãos da Justiça do Trabalho:*

...

III – promover a ação civil pública no âmbito da Justiça do Trabalho, para defesa de interesses coletivos, quando desrespeitados os direitos sociais constitucionalmente garantidos;

IMPORTANTE:

1 – as partes são **AUTOR E RÉU;**

2 – a competência das Varas do Trabalho, art. 114 CF;

3 – a legitimidade encontra-se no artigo 5º da Lei nº 7.347/85;

4 – os isentos de custas, artigo 18 da Lei nº 7.347/85 e 790-A da CLT;

5 – o Ministério Público do Trabalho se manifesta obrigatoriamente.

2. ESTRUTURA

Como identificar que a peça é uma ação civil pública? Será o primeiro ato do processo, o autor provavelmente é um sindicato e a narrativa será de violação a direitos e interesses transindividuais dos trabalhadores.

"estrutura coringa" em nossa prova na seguinte sequência:

I - Requisitos Específicos

II - Fatos

III - Liminar

IV - Mérito

V - Requerimentos Finais

Veja a estrutura:

AO DOUTO JUÍZO DA___VARA DO TRABALHO DE___

NOME DO AUTOR, qualificação e endereço completos, vem, por seu advogado, (procuração anexa), com escritório no endereço completo, que indica para os fins de recebimento de notificações e intimações, **com fulcro na Lei nº 7.347/85 propor a presente**

AÇÃO CIVIL PÚBLICA

em face de **NOME DO RÉU**..., qualificação e endereço completos, pelas razões de fato e de direito que a seguir expõe:

I – REQUISITOS ESPECÍFICOS

Competência da Justiça do Trabalho, legitimidade e cabimento.

II – FATOS

Um breve resumo do relato da proposta.

III – LIMINAR

Hipóteses previstas no art. 12, Lei nº 7.347/85.

IV - MÉRITO

FATOS, FUNDAMENTOS e PEDIDOS

(cada fundamento será um tópico sempre com artigo e ou súmula ao lado).

V - REQUERIMENTOS FINAIS

Por todo exposto, requer:

a) deferimento da liminar e sua manutenção;

b) citação do réu, de todos os seus termos, para, querendo, contestar a presente, sob os efeitos da revelia e confissão e no final sejam os pedidos julgados procedentes;

c) requer seja dada vista ao Ministério Público do Trabalho;

d) protesta por todos os meios de prova em direito admitidos, especialmente testemunhal, documental, pericial e depoimento pessoal, sob os efeitos da confissão.

Dá-se à causa o valor de R$___

Termos em que,

pede deferimento

Local e data

Advogado(a)

OAB n.º

3. EXERCÍCIO

EXERCÍCIO – PEÇA AUTORAL

Sindicato de classe recebe informação de que uma empresa de fornecimento de energia elétrica, Luz Ltda não está pagando o adicional de periculosidade e nem entregando os equipamentos necessários para a proteção dos trabalhadores.

As atividades desenvolvidas pelos empregados consistem na instalação e reparo nas redes elétricas de alta tensão.

Diante disso, o sindicato decide investigar a situação chegou a conclusão de que a denúncia era verdadeira.

A empresa, por sua vez, insiste em não efetuar o pagamento do respectivo adicional de periculosidade e a entrega dos EPIs aos trabalhadores.

Diante da situação hipotética acima, você como advogado do sindicato de classe que representa os trabalhadores, deve redigir a peça para a defesa dos seus direitos.

Checklist:

→ Quem é o cliente? O Sindicato.

→ Qual é a fase processual? Fase de conhecimento.

→ O que a cliente deseja? Proteger os direitos da coletividade dos trabalhadores.

→ Caráter urgente? Não.

→ Algum ponto relevante? Existe uma obrigação de fazer e uma de pagar.

→ Qual é a peça processual? Ação civil pública.

→ Fundamento legal: Lei nº 7.347/85.

Hora de resolver!

AO DOUTO JUÍZO DA___VARA DO TRABALHO DE___

Sindicato, qualificação e endereço completos, vem, por seu advogado, (procuração anexa), com escritório no endereço completo, que indica para fins de recebimento de notificações e intimações, com fulcro na Lei 7.347/85, propor a presente

AÇÃO CIVIL PÚBLICA

em face de **Luz Ltda**, qualificação e endereço completos, pelos motivos de fato e de direito que a seguir expõe.

I – REQUISITOS ESPECÍFICOS

O sindicato é legitimado a ingressar com a presente ação, nos termos dos artigos 8, III da CF e 5º, V da Lei nº 7.347/85, tendo recebido denúncia de que a empresa ré, cuja atividade é fornecimento de energia elétrica, não paga a seus empregados o adicional de periculosidade e nem entrega os EPIs.

II - FATOS

A empresa ré possui atividade que consiste em instalações e reparos em redes elétricas de alta tensão, serviço este prestado através de seus empregados.

III - MÉRITO

O adicional de periculosidade é pago aos trabalhadores que prestam serviços em contato com energia elétrica, na base de 30% sobre o salário, na forma do artigo 193, I e §1º, da CLT.

Pelo exposto, requer a condenação da ré ao pagamento do adicional de periculosidade, e desde já requer a realização da prova pericial.

A empresa ré se nega a entregar os EPIs aos seus empregados, mesmo tendo ciência de que trabalham em contato direto com energia elétrica, considerada como atividade perigosa, à segurança e integridade física.

O artigo 157 da CLT dispõe sobre a obrigatoriedade de cumprimento de normas de segurança e adoção de medidas que evitem riscos aos trabalhadores.

Requer, portanto, seja a ré condenada a fornecer aos seus empregados os EPIs.

IV - REQUERIMENTOS FINAIS

Por todo exposto, requer:

a) o pagamento do adicional de periculosidade, conforme fundamentação supra;

b) a entrega dos EPIs imediatamente;

c) requer que seja dada vista ao Ministério Público do Trabalho;

d) seja o réu citado, de todos os seus termos, para, querendo, contestar a presente, sob os efeitos da revelia e confissão, e finalmente, sejam julgados procedentes os pedidos, acrescidos de juros e correção monetária;

e) protesta por todos os meios de prova em direito admitidos, especialmente testemunhal, documental, pericial e depoimento pessoal do réu, sob os efeitos da confissão.

Dá-se à causa o valor de R$ ....

Termos em que,

pede deferimento

Local e data

Advogado(a)

OAB n.º

13

CONTESTAÇÃO

1. CABIMENTO

Tendo em vista o devido processo legal, o contraditório e a ampla defesa, é deferido ao réu o direito de apresentar sua defesa que, na legislação trabalhista, pode ser oral ou escrita, conforme disposto no artigo 847 da CLT.

> ***Art. 847*** – *Não havendo acordo, o reclamado terá vinte minutos para aduzir sua defesa, após a leitura da reclamação, quando esta não for dispensada por ambas as partes.*
> Parágrafo único. A parte poderá apresentar defesa escrita pelo sistema de processo judicial eletrônico até a audiência.

Não há formalidades específicas, na CLT, para a feitura de uma contestação. O reclamado, portanto, tem liberdade para elaborá-la, mas deve observar dois princípios essenciais:

• ***Princípio da impugnação específica:*** *constante no art. 341 do CPC, determina que deverá ocorrer a impugnação ponto a ponto, de todas as alegações constantes na petição inicial, sob pena de presunção de veracidade dos fatos não impugnados.*

Em suma: não se admite defesa por ***negativa geral****, exceto:*

→ em relação a direitos indisponíveis, ou que não admitem confissão;

→ *se a petição inicial não estiver acompanhada de instrumento que a lei considerar da substância do ato;*

→ *em relação a fatos que estiverem em contradição com a defesa, considerada em seu conjunto.*

*Nos termos do parágrafo único do art. 341 do CPC, o ônus da impugnação específica dos fatos não se aplica ao **defensor público**, ao **advogado dativo** e ao **curador especial**.*

• ***Princípio da eventualidade:*** *nos termos do art. 342 do CPC, o réu deve alegar toda matéria de defesa – preliminar, prejudicial ou meritória – em uma única peça, não podendo apresentar contestação por etapas (sob pena de preclusão consumptiva).*

ATENÇÃO!

- a leitura atenta da questão de prova, é muito importante, eis que a contestação, via de regra, sempre vem com situações preliminares ou prejudiciais, que devem ser observadas;

- observe bem as datas, a competência, a legitimidade, a fundamentação, onde foi distribuída a reclamação, se consta número do processo, os pedidos e o rito;

- observe também se não há reconvenção, pois hoje o reclamado apresenta a reconvenção na contestação.

IMPORTANTE:

1 – a parte contestante é chamada de **RECLAMADO**;

2 – as partes já se encontram qualificadas, mas observe os dados que a questão menciona;

3 – a contestação será apresentada onde foi distribuída a reclamação;

4 – questões preliminares são apresentadas antes do mérito;

5 – prescrição e decadência devem ser apresentadas após as preliminares.

2. PROCEDIMENTO

1 – endereçamento atentando para o lugar que a questão da prova indicar, e, se não houver indicação, temos que colocar (...).

Exemplo:

AO DOUTO JUÍZO DA___VARA DO TRABALHO DE_____

ATENÇÃO! *Verifique se a questão indicou o número do processo, vara etc. Se indicou você tem que colocar na sua peça.*

2 – não é necessário qualificar as partes, vez que já há qualificação nos autos, quando da petição inicial, mas se a questão da prova informar dados, você deve mencionar na sua peça.

Exemplo:

NOME DO RECLAMADO, já qualificado nos autos, vem, à presença de Vossa Excelência, por intermédio de seu advogado abaixo assinado (procuração anexa), com escritório profissional no endereço profissional, onde recebe intimações e notificações, com fulcro no **art. 847 da CLT, OFERECER:**

CONTESTAÇÃO

à reclamação trabalhista que lhe move **NOME DO RECLAMANTE**, já qualificado nos autos, pelas razões de fato e de direito a seguir expostas.

A seguir, vamos memorizar a estrutura da Contestação:

I – Preliminar;

II – Prejudiciais;

III – Mérito;

IV – Requerimentos Finais.

É preciso analisar, no caso concreto, se há preliminares, prejudiciais e, se for o caso, reconvenção. Os tópicos do mérito e requerimentos finais estarão presentes em todas as contestações.

Vamos iniciar a análise detalhada da estrutura:

3 – questões preliminares são problemas processuais que identificamos quando algo não está de acordo com a legislação, sempre antes do mérito, e extinguem o pedido ou o processo **SEM** resolução de mérito. Artigos 330, 337 do CPC, 625-E, 731, 732, 840, §§1º e 3º e 852-B, I, §1º da CLT.

Para detectar se estamos ou não diante de uma das hipóteses de preliminar, devemos ler a proposta da prova com muita atenção e seguir os passos que ensinaremos a seguir. É essencial que o examinando abra inicialmente o art. 337 do CPC, faça a leitura detalhada de todos os incisos até chegar ao caso apresentado na proposta da prova.

1º passo – Ao fazer a primeira leitura, reserve todos os problemas relacionados com o processo, como o que lhe parecer ser caso de incompetência, hipóteses de falta de pedido, causa de pedir, de ilegitimidade, etc. ("sentimento de algo errado");

2º passo – verifique se eles se enquadram em alguma das hipóteses do art. 337 do CPC;

Caso afirmativo, há uma preliminar a ser arguida. Nesse momento, sugerimos que seja elaborado o tópico da preliminar, relatado o fato e, na sequência, apontado o fundamento, que terá sido identificado quando confirmada a preliminar no 2º passo.

Restará apenas a elaboração do pedido.

3º passo - Como, em regra, as preliminares conduzem à extinção do processo sem resolução do mérito, devemos buscar o fundamento para o pedido no art. 485 do CPC.

> ***Art. 337 do CPC*** *– Incumbe ao réu, antes de discutir o mérito, alegar:*
>
> *I – inexistência ou nulidade da citação;*
>
> *II – incompetência absoluta e relativa;*
>
> *III – incorreção do valor da causa;*
>
> *IV – inépcia da petição inicial;*
>
> *V – perempção;*
>
> *VI – litispendência;*
>
> *VII – coisa julgada;*
>
> *VIII – conexão;*
>
> *IX – incapacidade da parte, defeito de representação ou falta de autorização;*
>
> *X – convenção de arbitragem;*
>
> *XI – ausência de legitimidade ou de interesse processual;*
>
> *XII – falta de caução ou de outra prestação que a lei exige como preliminar;*
>
> *XIII – indevida concessão do benefício de gratuidade de justiça.*
>
> *§ 1º Verifica-se a litispendência ou a coisa julgada quando se reproduz ação anteriormente ajuizada.*
>
> *§ 2º Uma ação é idêntica a outra quando possui as mesmas partes, a mesma causa de pedir e o mesmo pedido.*
>
> *§ 3º Há litispendência quando se repete ação que está em curso.*
>
> *§ 4º Há coisa julgada quando se repete ação que já foi decidida por decisão transitada em julgado.*
>
> *§ 5º Excetuadas a convenção de arbitragem e a incompetência relativa, o juiz conhecerá de ofício das matérias enumeradas neste artigo.*
>
> *§ 6º A ausência de alegação da existência de convenção de arbitragem, na forma prevista neste Capítulo, implica aceitação da jurisdição estatal e renúncia ao juízo arbitral*

Art. 330 do CPC. *A petição inicial será indeferida quando:*

I – for inepta;

II – a parte for manifestamente ilegítima;

III – o autor carecer de interesse processual;

IV – não atendidas as prescrições dos arts. 106 *e* 321 .

§ 1º Considera-se inepta a petição inicial quando:

I – lhe faltar pedido ou causa de pedir;

II – o pedido for indeterminado, ressalvadas as hipóteses legais em que se permite o pedido genérico;

III – da narração dos fatos não decorrer logicamente a conclusão;

IV – contiver pedidos incompatíveis entre si. (...)

Art. 625-E CLT. *Aceita a conciliação, será lavrado termo assinado pelo empregado, pelo empregador ou seu proposto e pelos membros da Comissão, fornecendo-se cópia às partes.*

Parágrafo único. O termo de conciliação é título executivo extrajudicial e terá eficácia liberatória geral, exceto quanto às parcelas expressamente ressalvadas.

...

Art. 731 CLT *– Aquele que, tendo apresentado ao distribuidor reclamação verbal, não se apresentar, no prazo estabelecido no parágrafo único do art. 786, à Junta ou Juízo para fazê-lo tomar por termo, incorrerá na pena de perda, pelo prazo de 6 (seis) meses, do direito de reclamar perante a Justiça do Trabalho.*

Art. 732 CLT *– Na mesma pena do artigo anterior incorrerá o reclamante que, por 2 (duas) vezes seguidas, der causa ao arquivamento de que trata o art. 844.*

Art. 840 CLT *– A reclamação poderá ser escrita ou verbal.*

§ 1º Sendo escrita, a reclamação deverá conter a designação do juízo, a qualificação das partes, a breve exposição dos fatos de que resulte o dissídio, o pedido, que deverá ser certo, determinado e com indicação de seu valor, a data e a assinatura do reclamante ou de seu representante.

...

3º Os pedidos que não atendam ao disposto no § 1º deste artigo serão julgados extintos sem resolução do mérito.

Art. 852-B CLT. *Nas reclamações enquadradas no procedimento sumaríssimo:*

I – o pedido deverá ser certo ou determinado e indicará o valor correspondente;

II – não se fará citação por edital, incumbindo ao autor a correta indicação do nome e endereço do reclamado;

...

§ 1º O não atendimento, pelo reclamante, do disposto nos incisos I e II deste artigo importará no arquivamento da reclamação e condenação ao pagamento de custas sobre o valor da causa.

(grifamos)

3.1– Após arguir a preliminar, dentro do mesmo tópico, devemos requerer extinção dos pedidos ou do processo SEM resolução do mérito, nos termos do artigo 485 do CPC, verificando o inciso correto, sempre atentando que, mesmo arguindo a preliminar, você deve contestar o pedido no mérito.

Art. 485 do CPC *– O juiz não resolverá o mérito quando:*

I – indeferir a petição inicial;

II – o processo ficar parado durante mais de 1 (um) ano por negligência das partes;

III – por não promover os atos e as diligências que lhe incumbir, o autor abandonar a causa por mais de 30 (trinta) dias;

IV – verificar a ausência de pressupostos de constituição e de desenvolvimento válido e regular do processo;

V – reconhecer a existência de perempção, de litispendência ou de coisa julgada;

VI – verificar ausência de legitimidade ou de interesse processual;

VII – acolher a alegação de existência de convenção de arbitragem ou quando o juízo arbitral reconhecer sua competência;

VIII – homologar a desistência da ação;

IX – em caso de morte da parte, a ação for considerada intransmissível por disposição legal; e

X – nos demais casos prescritos neste Código

... (grifamos)

Exemplo 1:

INÉPCIA – artigos 330 ,I § 1º, I, 337, IV e 485, I do CPC

O reclamante elabora pedido de condenação ao pagamento de 13º salário proporcional, sem que o mencione na causa de pedir.

Pelo que consta no artigo 337, IV do CPC, as questões preliminares devem ser arguidas antes da discussão do mérito, e por faltar causa de pedir, encontra-se inepto o mencionado pleito, nos termos do artigo 330, I, §1°, I do CPC.

Requer, portanto, seja o pedido julgado extinto sem resolução do mérito, com fulcro no artigo 485, I do CPC.

Exemplo 2:

PEREMPÇÃO - artigos 732 e 844 da CLT e 337, V e 485, V do CPC

O reclamante deu causa a dois arquivamentos seguidos por não comparecer às audiências designadas, nas reclamações trabalhistas ajuizadas anteriormente, conforme dispõe o artigo 844 da CLT, e menos de um mês após o último arquivamento, ajuíza a presente ação.

Pelo que consta do artigo 337, V do CPC, as questões preliminares devem ser arguidas antes da discussão do mérito, e por ter dado causa a dois arquivamentos seguidos, ocorreu a perempção, com a perda do direito de ajuizar nova ação pelo prazo de seis meses, com fulcro nos artigos 732 e 844 da CLT.

Requer a extinção do presente feito sem resolução do mérito, nos termos do artigo 485, V do CPC.

4 - Prejudiciais de Mérito são a prescrição e a decadência e ambas reconhecidas pelo magistrado, extinguem o pedido ou o processo **COM** resolução do mérito.

Prescrição bienal é encontrada nos artigos 7°, XXIX, da CF e 11 da CLT e também na Súmula 308, I, do TST que estabelecem que o empregado tem o prazo de 2 anos, contados a partir da extinção do contrato de trabalho, para pleitear verbas não pagas pelo empregador durante a prestação de serviços.

Prescrição quinquenal é encontrada nos artigos 7°, XXIX, da CF e 11 da CLT e também na Súmula 308, I do TST, que dispõem que é de 5 anos, contados da data do ajuizamento da reclamação trabalhista.

Artigos:

Art 7° CF ... XXIX *- ação, quanto aos créditos resultantes das relações de trabalho, com prazo prescricional de cinco anos para os trabalhadores urbanos e rurais, até o limite de dois anos após a extinção do contrato de trabalho;*

Art 11 CLT *A pretensão quanto a créditos resultantes das relações de trabalho prescreve em cinco anos para os trabalhadores urbanos e rurais, até o limite de dois anos após a extinção do contrato de trabalho.*

§ 1º O disposto neste artigo não se aplica às ações que tenham por objeto anotações para fins de prova junto à Previdência Social.

§ 2º Tratando-se de pretensão que envolva pedido de prestações sucessivas decorrente de alteração ou descumprimento do pactuado, a prescrição é total, exceto quando o direito à parcela esteja também assegurado por preceito de lei.

§ 3º A interrupção da prescrição somente ocorrerá pelo ajuizamento de reclamação trabalhista, mesmo que em juízo incompetente, ainda que venha a ser extinta sem resolução do mérito, produzindo efeitos apenas em relação aos pedidos idênticos.

***Art. 440 CLT** – Contra os menores de 18 (dezoito) anos não corre nenhum prazo de prescrição.*

***Art. 487 CPC.** Haverá resolução de mérito quando o juiz:*

...

II – decidir, de ofício ou a requerimento, sobre a ocorrência de decadência ou prescrição;

...

Jurisprudência:

***Súmula nº 308** do TST-PRESCRIÇÃO QÜINQÜENAL (incorporada a Orientação Jurisprudencial nº 204 da SBDI-1) – Res. 129/2005, DJ 20, 22 e 25.04.2005.*

***I.** Respeitado o biênio subsequente à cessação contratual, a prescrição da ação trabalhista concerne às pretensões imediatamente anteriores a cinco anos, contados da data do ajuizamento da reclamação e, não, às anteriores ao quinquênio da data da extinção do contrato. (ex-OJ nº 204 da SBDI-1 – inserida em 08.11.2000)*

***II.** A norma constitucional que ampliou o prazo de prescrição da ação trabalhista para 5 (cinco) anos é de aplicação imediata e não atinge pretensões já alcançadas pela prescrição bienal quando da promulgação da CF/1988. (ex-Súmula nº 308 – Res. 6/1992, DJ 05.11.1992)*

Exemplos:

I – PREJUDICIAL DE MÉRITO

1. Prescrição bienal

O reclamante postulou o pagamento das verbas rescisórias oriundas do contrato de trabalho extinto no dia 15/03/2018 em reclamação trabalhista ajuizada no dia 15/12/2020.

Nos termos dos arts. 7º, XXIX, da CF, 11 da CLT e a Súmula 308, I, do TST, ocorre a prescrição bienal o ajuizamento de reclamação trabalhista após o prazo de 2 anos, contados do término do contrato de trabalho. O reclamante ajuizou a reclamação após limite legal, estando, portanto, prescrita.

Pelo exposto, requer a extinção do processo com resolução do mérito, nos termos do art. 487, II, do CPC.

I – PREJUDICIAL DE MÉRITO

2. Prescrição quinquenal

O reclamante ajuizou reclamação trabalhista em 10/05/2018, postulando as verbas desde o início do contrato de trabalho, em 01/03/2002.

Nos termos dos arts. 7º, XXIX, da CF, 11 da CLT e a Súmula 308, I, do TST, as pretensões anteriores aos últimos cinco anos, contados da data do ajuizamento estão prescritas.

Pelo exposto, requer a extinção do processo com resolução do mérito, nos termos do art. 487, II, do CPC, quanto às parcelas anteriores a 10/05/2013.

– A decadência é encontrada nas seguintes situações:

Mandado de Segurança: 120 dias, contados a partir da ciência do ato ilegal praticado pela autoridade coatora, conforme art. 23 da Lei nº 12.016/2009.

Ação Rescisória: 2 anos para ajuizamento, contados do dia imediatamente subsequente ao trânsito em julgado da última decisão proferida no processo, seja de mérito ou não, conforme arts 966, §2º e 975 do CPC e Súmula 100, I do TST.

Quando celebrado acordo, o trânsito em julgado é na data da homologação, súmula 100, V do TST.

– Inquérito para apuração de falta grave: 30 dias para ajuizamento a contar da suspensão do empregado estável, como dispõe o art. 853 da CLT e Súmulas 62 do TST e 403 do STF.

Artigos:

Art. 853 CLT *– Para a instauração do inquérito para apuração de falta grave contra empregado garantido com estabilidade, o empregador apresentará reclamação por escrito à Junta ou Juízo de Direito, dentro de 30 (trinta) dias, contados da data da suspensão do empregado.*

Art. 975 CPC. *O direito à rescisão se extingue em 2 (dois) anos contados do trânsito em julgado da última decisão proferida no processo.*

***Lei 12.016/2009, Art. 23.** O direito de requerer mandado de segurança extinguir-se-á decorridos 120 (cento e vinte) dias, contados da ciência, pelo interessado, do ato impugnado.*

4.1 – Após arguir as prejudiciais, dentro do mesmo tópico, devemos requerer extinção dos pedidos ou do processo **COM** resolução do mérito, nos termos do artigo 487, II do CPC, sempre atentando que, mesmo arguindo a prejudicial, você deve contestar o pedido no mérito.

Jurisprudência:

***Súmula 403 STF** – É de decadência o prazo de trinta dias para instauração do inquérito judicial, a contar da suspensão, por falta grave, de empregado estável.*

Súmula nº 62 do TST – ABANDONO DE EMPREGO – O prazo de decadência do direito do empregador de ajuizar inquérito em face do empregado que incorre em abandono de emprego é contado a partir do momento em que o empregado pretendeu seu retorno ao serviço.

Súmula nº 100 do TST - AÇÃO RESCISÓRIA. DECADÊNCIA - I - O prazo de decadência, na ação rescisória, conta-se do dia imediatamente subsequente ao trânsito em julgado da última decisão proferida na causa, seja de mérito ou não.

5 – Quanto ao mérito, devemos discorrer enfrentando ponto a ponto dos pedidos constantes da petição inicial, em tópicos.

Como fazer a redação dos fundamentos?

- Fatos, uma pequena exposição do caso que a questão nos informa;
- Fundamento, utilizando a legislação e a jurisprudência;
- Pedido.

Exemplo:

I - MÉRITO

1. Intervalo intrajornada

O reclamante alega ter trabalhava das 8h às 17h, com 30 minutos de intervalo para refeição e descanso, pleiteando o pagamento de 1 hora a título de intrajornada, com acréscimo de 50%.

Verifica-se não assistir razão, eis que o artigo 71, § 4º, da CLT dispõe que a concessão parcial do intervalo intrajornada remunera apenas o período suprimido, acrescido de 50% sobre o valor da hora normal.

Pelo exposto, requer a improcedência do pedido do reclamante.

6 – Reconvenção, que agora é apresentada na mesma peça da contestação, conforme artigo 343 do CPC.

Art. 343 do CPC *- Na contestação, é lícito ao réu propor reconvenção para manifestar pretensão própria, conexa com a ação principal ou com o fundamento da defesa.*

§ 1º Proposta a reconvenção, o autor será intimado, na pessoa de seu advogado, para apresentar resposta no prazo de 15 (quinze) dias.

§ 2º A desistência da ação ou a ocorrência de causa extintiva que impeça o exame de seu mérito não obsta ao prosseguimento do processo quanto à reconvenção.

§ 3º A reconvenção pode ser proposta contra o autor e terceiro.

§ 4º A reconvenção pode ser proposta pelo réu em litisconsórcio com terceiro.

§ 5º Se o autor for substituto processual, o reconvinte deverá afirmar ser titular de direito em face do substituído, e a reconvenção deverá ser proposta em face do autor, também na qualidade de substituto processual.

§ 6º O réu pode propor reconvenção independentemente de oferecer contestação

√ - A reconvenção consiste na pretensão do reclamado contra o reclamante, proposta no mesmo feito em que está sendo demandado;

√ - O reclamado deve propor a reconvenção na contestação;

√ - A reconvenção está prevista no art. 343 do CPC, sendo aplicada, subsidiariamente, ao Processo do Trabalho, por força do art. 769 da CLT.

• Requisitos para que seja admissível a reconvenção:

✓COMPETÊNCIA do juízo da causa principal para apreciar a demanda reconvencional;

✓ LEGITIMIDADE ativa e passiva;

✓ CONEXÃO da reconvenção com a ação principal ou com o fundamento da defesa (art. 343, *caput*, do CPC).

Exemplo:

IV – RECONVENÇÃO

Encontram-se presentes os requisitos para a apresentação da reconvenção, conforme estabelece o art. 343, do CPC, ou seja, partes legítimas e a conexão, sendo lícito ao reclamado propor reconvenção.

As partes mantiveram contrato de trabalho de trabalho durante dois anos, quando o reclamante-reconvindo foi dispensado por justa causa, nos temos do art. 482, a, da CLT, por ter subtraído o valor de R$ 30.000,00 do caixa da reclamada-reconvinte, valor até o momento não ressarcido.

Verifica-se, portanto, presentes os requisitos dos artigos 186 e 927 do CC que dispõem sobre a ilicitude do ato e o dever de indenizar.

Pelo exposto, requer, a condenação do reclamante-reconvindo ao pagamento do valor do dano material de R$ 30.000,00 e honorários advocatícios sucumbenciais de 15%, nos termos do art. 791-A, parágrafo 5º, da CLT.

Valor do pedido: R$ 30.000,00

7 – Os requerimentos finais serão elaborados de forma conjunta, ou seja, conclui-se tanto a contestação quanto a reconvenção, pleiteando a improcedência dos pedidos da petição inicial e procedência dos pedidos reconvencionais.

Exemplo:

V - REQUERIMENTOS FINAIS

Pelo exposto, requer a produção de todos os meios de provas em direito admitidos, em especial, testemunhal, documental, pericial e depoimento pessoal do reclamante, sob os efeitos da confissão.

Requer ainda o acolhimento da preliminar *(se houver)*, da prejudicial de mérito *(se houver)* e, no mérito, a improcedência dos pedidos formulados pelo reclamante, bem como a condenação em custas processuais e honorários advocatícios, na forma do art. 791-A da CLT.

Por fim, requer a citação do reconvindo e o deferimento do pleito reconvencional, condenando o reconvindo ao pagamento .... no valor de R$ ...., atualizados com juros e correção monetária, bem como sua condenação ao pagamento de honorários advocatícios sucumbenciais, conforme art. 791-A, §5º da CLT.

Termos em que,
pede deferimento.
Local e data.
Advogado(a)
OAB nº

8- Quando não houver reconvenção, o fechamento, ou seja, a conclusão será somente relativa aos pedidos autorais na petição inicial.

Exemplo:

IV - REQUERIMENTOS FINAIS

Protesta pelo deferimento de todos os meios de prova em direito admitidas, especialmente documental, testemunhal, pericial e depoimento pessoal do reclamante, sob os efeitos da confissão.

Requer ainda o acolhimento da preliminar *(se houver)*, da prejudicial de mérito *(se houver)* e, no mérito, a improcedência dos pedidos formulados pelo autor, bem como a condenação ao pagamento de custas e honorários, nos moldes do artigo 791-A da CLT.

Termos em que,

pede deferimento,

Local e data

Advogado(a)

OAB nº

IMPORTANTE

- Compensação ocorre quando ambas as partes são devedoras e credoras. São dívidas recíprocas.

- Dedução ocorre quando se pleiteia um abatimento das verbas que já foram pagas durante a relação de trabalho sob o mesmo título.

- Retenção ocorre quando o credor tem o direito de conservar em sua posse coisa de forma legítima, até que seja adimplida a obrigação.

Art 767 CLT *- A compensação, ou retenção, só poderá ser argüida como matéria de defesa*

Súmula nº 18 do TST *- A compensação, na Justiça do Trabalho, está restrita a dívidas de natureza trabalhista.*

Súmula nº 48 do TST *- A compensação só poderá ser arguida com a contestação.*

Art 844 CLT *dispõe que a ausência do reclamado na audiência resulta na revelia e confissão quanto a matéria de fato.*

(...)

§4º A revelia não produz o efeito mencionado no ***caput*** deste artigo se:

I – havendo pluralidade de reclamados, algum deles contestar a ação;

II – o litígio versar sobre direitos indisponíveis;

III – a petição inicial não estiver acompanhada de instrumento que a lei considere indispensável à prova do ato;

IV – as alegações de fato formuladas pelo reclamante forem inverossímeis ou estiverem em contradição com prova constante dos autos.

§5º Ainda que ausente o reclamado, presente o advogado na audiência, serão aceitos a contestação e os documentos eventualmente apresentados.

Art. 852 CLT. *Da decisão serão os litigantes notificados, pessoalmente, ou por seu representante, na própria audiência. No caso de revelia, a notificação far-se-á pela forma estabelecida no § 1º do art. 841.*

3. ESTRUTURA

Como identificar que a peça é uma contestação? A contestação deve ser apresentada em audiência, logo após a petição inicial e a citação. Portanto no Exame de Ordem haverá a informação de que houve a propositura da petição inicial e citação do Reclamado e, normalmente, o cliente é o empregador.

Veja a estrutura:

AO DOUTO JUÍZO DA___VARA DO TRABALHO DE___

Processo nº

NOME DO RECLAMADO, já qualificado nos autos do processo supra, vem, por seu advogado abaixo assinado, (procuração anexa), com escritório no endereço completo, que indica para fins de recebimento de intimações e notificações, **com fulcro nos artigos 847 da CLT, oferecer a seguinte**

CONTESTAÇÃO

à reclamação trabalhista que lhe move **NOME DO RECLAMANTE**, também qualificado nos autos, pelas razões de fato e de direito que a seguir expõe

I - PRELIMINAR

(arts 330, 337 e 485 do CPC e arts, 625-E, 731, 732, 840, 1º e 3º e 852-B, I, 1º da CLT, com pedido de extinção SEM resolução de mérito, art. 485 do CPC)

II - PREJUDICIAIS DE MÉRITO

Prescrição – art. 7º, XXIX da CRFB, 11, da CLT e Súmula 308 TST ou Decadência, com pedido de extinção COM resolução de mérito art. 487, II do CPC

III - MÉRITO

Atenção!!! Pelo Princípio da Eventualidade, todos os argumentos devem ser lançados no momento da contestação.

FATOS E FUNDAMENTO

(onde será contestado/enfrentado ponto a ponto dos pedidos)
Cada fundamento num tópico com os artigos e súmulas ao lado.

DAS DEDUÇÕES

Em eventual condenação requer a Reclamada, seja deferida a dedução de parcelas pagas em título idêntico, a fim de evitar-se enriquecimento sem causa.

DA COMPENSAÇÃO (Art 767 da CLT)

Caso ocorra condenação da Reclamada, que sejam compensados os valores já pagos ao Reclamante.

RECONVENÇÃO (Art 343 do CPC)

Fazer as fundamentações da reconvenção normalmente como uma petição inicial e o os pedidos.

IV - REQUERIMENTOS FINAIS

Protesta pelo deferimento de todos os meios de prova em direito admitidas, especialmente documental, testemunhal, pericial e depoimento pessoal do reclamante, sob os efeitos da confissão.

Se arguiu preliminar, prejudicial, dentre outras, tem que pedir o acolhimento.

Requer a reclamada seja a presente reclamação julgada improcedente nos termos acima aduzidos, bem como a condenação do reclamante ao pagamento de custas e honorários de advogado, nos moldes do artigo 791-A da CLT;

Se tiver reconvenção: Por fim, requer lhe seja deferida a reconvencional, condenando o reclamante/reconvindo ao pagamento de..........., acrescidos de juros e correção monetária, bem como seja condenado ao pagamento de honorários de advogado conforme artigo 791-A, §5º da CLT.

Termos em que,
pede deferimento

Local e data

Advogado(a)

OAB nº

4. EXERCÍCIO

EXERCÍCIO 1 – PEÇA AUTORAL

Você foi procurado pelo sócio da empresa Alimentos Bom Apetite Ltda, porque Marivaldo da Silva, o ex-empregado, ajuizou ação trabalhista em 14/08/2020, pleiteando horas extras, sob o argumento de que trabalhava de 2ª à 6ª feira, das 8h às 17h, com 1 hora de intervalo para refeição e descanso, adicional de penosidade, na razão de 40% sobre seu salário base, vez que constantemente sua função era descascar batatas e cebolas e, por algumas vezes, cortava os dedos, devolução de valores relativos a 3 dias de falta que foram descontados de seu salário, quando foi ao enterro de seu tio, em Minas Gerais e, por fim, requereu indenização por dano moral, alegando ter um dia levado um tombo na sede da empresa e seu superior e um colega de trabalho riram dele, o que fez com que se sentisse envergonhado.

Redija a peça profissional para defesa dos interesses de seu cliente, levando-se em conta que a ação foi distribuída para a 2ª Vara do Trabalho de Niterói, Estado do Rio de Janeiro, eis que a prestação de serviços foi na referida cidade, a data da admissão foi 01/06/2014, a demissão ocorreu em 02/08/2020, e que a petição inicial encontra-se com pedido certo, determinado indicando os valores.

Obs.: a peça deve abranger todos os fundamentos de Direito que possam ser utilizados para dar respaldo à pretensão. A simples menção ou transcrição do dispositivo legal não confere pontuação.

Checklist:

→ Quem é o cliente? O empregador, Alimentos Bom Apetite Ltda.

→ Qual o último momento processual? Reclamação trabalhista.

→ O que a cliente deseja? Defender-se em reclamação trabalhista movida por ex-empregado.

→ Caráter urgente? A proposta não contém dados, por isso, conclui-se que não.

→ Algum ponto relevante? Não.

→ Qual é a peça processual? Contestação.

→ Fundamento legal: art. 847, da CLT.

Hora de resolver!

AO DOUTO JUÍZO DA 2ª VARA DO TRABALHO DE NITERÓI, RIO DE JANEIRO

Processo nº

Alimentos Bom Apetite Ltda já qualificado nos autos, vem, à presença de Vossa Excelência, por intermédio de seu advogado abaixo assinado (procuração anexa), com escritório profissional no endereço profissional, onde recebe intimações e notificações, **com fulcro no art. 847 da CLT, OFERECER:**

CONTESTAÇÃO

à reclamação trabalhista que lhe move **Marivaldo da Silva**, já qualificado nos autos em epígrafe, pelas razões de fato e de direito a seguir expostas.

I - PREJUDICIAL DE MÉRITO

1. Prescrição quinquenal

Na situação em tela, o reclamante foi admitido em 01/06/2014, demitido em 02/08/2020 e ajuizou ação em 14/08/2020.

Os artigos 7º, XXIX, CF, 11, *caput* da CLT e na súmula 308 do TST dispõem sobre a prescrição quinquenal, que se conta em 5 anos a partir da data do ajuizamento da reclamação trabalhista.

Assim, ajuizada a reclamação trabalhista em 14/08/2020, encontram-se prescritos os pedidos anteriores a data de 14/08/2015, motivo pelo qual requer a extinção com resolução de mérito, na forma do artigo 487, II do CPC.

II - MÉRITO

1. Horas extras

Alega o reclamante a prestação de serviço extraordinário apontando que trabalhava de 2ª à 6ª feira, das 8.00h às 17.00 h, com 1 hora de intervalo para descanso e refeição.

Nos termos dos artigos 7º, XIII da CF e 58, *caput* da CLT, a jornada de trabalho é de 8 horas diárias e 44 semanais.

Pelo exposto, verifica-se que a jornada de trabalho do reclamante não ultrapassava o limite legal estabelecido em lei, motivo pelo qual deve ser julgado improcedente.

2. Adicional de penosidade

O reclamante requer o pagamento do adicional de penosidade, na razão de 40% sobre seu salário base, porque em algumas vezes chegou a cortar seus dedos ao descascar batatas e cebolas.

Depreende-se do pleito em tela, que este não deve prosperar, vez que ainda não regulamentado tal adicional, conforme previsão no artigo 7º, XXIII da CF.

3. Devolução de valores

Pleiteia o reclamante a devolução de valores que foram descontados de seu salário, eis que se ausentou do trabalho, em 3 dias, em decorrência do falecimento de um tio, em Minas Gerais, quando foi ao enterro.

No entanto, não consta do artigo 473 da CLT ou qualquer outro dispositivo legal, regra que conceda direito a faltar ao trabalho, por motivo de falecimento de tio.

Assim, deve ser julgado improcede o pedido de devolução dos descontos.

4. Dano moral

O reclamante alega ter sofrido dano moral quando levou um tombo na sede da empresa e seu superior e um colega riram da situação, causando-lhe vergonha.

Os artigos 5º, X da CF, 223-B, 223-C e 223-E da CLT e 186 do CC, dispõem sobre os atos ilícitos e o dever de indenizar no caso de dano por ação ou omissão, que ofenda a esfera moral ou existencial do trabalhador.

Ocorre que, não logrou êxito o reclamante, em provar a situação vexatória que alega ter passado, o sofrimento, o abalo psicológico e constrangimento, requisitos para deferimento do dano extrapatrimonial, não merecendo procedência o pleito, por falta de nexo de causalidade.

III - REQUERIMENTOS FINAIS

Protesta que seja acolhida a prescrição quinquenal arguida, para extinguir com resolução de mérito os pedidos anteriores a 14/08/2015.

Protesta pelo deferimento de todos os meios de prova em direito admitidas, especialmente documental, testemunhal, pericial e depoimento pessoal do reclamante, sob os efeitos da confissão.

Requer a reclamada seja a presente reclamação julgada improcedente, na forma dos termos acima aduzidos, bem como a sua condenação ao pagamento de custas e honorários de advogado, nos moldes do artigo 791-A da CLT.

Termos em que,

pede deferimento

Local e data

Advogado (a)

OAB n

EXERCÍCIO 2 – EXAME DE ORDEM II

Kelly Amaral, assistida por advogado particular não vinculado ao seu sindicato de classe, ajuizou reclamação trabalhista, pelo Rito Ordinário, em face do Banco Finanças S/A (RT nº 1234/2010), em 13.09.2010, afirmando que foi admitida em 04.08.2002, para exercer a função de gerente geral de agência, e que prestava serviços diariamente de segunda-feira a sexta-feira, das 09h00min às 20h00min, com intervalo para repouso e alimentação de 30 (trinta) minutos diários, apesar de não ter se submetido a controle de ponto. Seu contrato extinguiu-se em 15.07.2009, em razão de dispensa imotivada, quando recebia salário no valor de R$ 5.000,00 (cinco mil reais), acrescido de 45% (quarenta e cinco por cento), a título de gratificação de função.

Nomeada, em janeiro/2009, para exercer o cargo de delegado sindical de representação obreira, no setor de cultura e desporto da entidade e que inobstante tal estabilidade foi dispensada imotivadamente, por iniciativa de seu empregador. Inobstante não prestar atividades adstritas ao caixa bancário, por isonomia, requer o recebimento da parcela quebra de caixa, com a devida integração e reflexos legais.

Alegou, também, fazer jus a isonomia salarial com o Sr. Osvaldo Maleta, readaptado funcionalmente por causa previdenciária, e por tal desde janeiro/2008 exerce a função de Gerente Geral de Agência, ou seja, com idêntica função à autora da demanda, na mesma localidade e para o mesmo empregador e cujo salário fixo superava R$ 8.000,00 (oito mil reais), acrescidos da devida gratificação funcional de 45%.

Alega a não fruição e recebimento das férias do período 2007/2008, inobstante admitir ter se retirado em licença remunerada, por 32 (trinta e dois) dias durante aquele período aquisitivo.

Diante do exposto, postulou a reintegração ao emprego, em face da estabilidade acima perpetrada ou indenização substitutiva e a condenação do banco empregador ao pagamento de 02 (duas) horas extraordinárias diárias, com adicional de 50% (cinquenta por cento), e de 30 minutos extras, pela supressão do intervalo mínimo de uma hora. Postulou também o recebimento da parcela denominada quebra de caixa, bem como sua integração e reflexos nos termos da lei, diferenças salariais e reflexos em aviso prévio, férias integrais e proporcionais, décimo terceiro salário integral e proporcional, FGTS + 40%, face pleito equiparatório e férias integrais 2007/2008, de forma simples e acrescidos de 1/3 pela não concessão a tempo e modo. Pleiteou, por fim, a condenação do reclamado ao pagamento de indenização por danos morais e de honorários advocatícios sucumbenciais no importe de 20%.

Considerando que a reclamação trabalhista foi ajuizada perante a 1ª Vara do Trabalho de Boa Esperança/MG, redija, na condição de advogado contratado pelo banco empregador, a peça processual adequada, a fim de atender aos interesses de seu cliente.

Checklist:

→ Quem é o cliente? O empregador, Banco Finanças S/A.

→ Qual o último momento processual? Reclamação trabalhista.

→ O que a cliente deseja? Defender-se em reclamação trabalhista movida por ex-empregada.

→ Caráter urgente? A proposta não contém dados, por isso, conclui-se que não.

→ Algum ponto relevante? Não.

→ Qual é a peça processual? Contestação.

→ Fundamento legal: art. 847, da CLT.

Hora de resolver!

AO DOUTO JUÍZO DA 1ª VARA DO TRABALHO DE BOA ESPERANÇA/MG

Processo nº 1234/2010

Banco Finanças S/A, já qualificado nos autos, vem, à presença de Vossa Excelência, por intermédio de seu advogado abaixo assinado (procuração anexa), com escritório profissional no endereço profissional, onde recebe intimações e notificações, **com fulcro no art. 847 da CLT, OFERECER:**

CONTESTAÇÃO

à reclamação trabalhista que lhe move **Kelly Amaral**, já qualificada nos autos em epígrafe, pelas razões de fato e de direito a seguir expostas.

I – PRELIMINAR

1. Inépcia da petição inicial

Na reclamação trabalhista consta o pedido de indenização por danos morais, sem a indicação de qualquer causa de pedir.

Nos termos do art. 330, parágrafo 1º, I, do CPC, a petição inicial será inepta quando lhe faltar o pedido ou causa de pedir. Quanto ao pedido de indenização por danos morais, a petição inicial apresenta apenas o pedido, estando ausente a causa de pedir, sendo, portanto, inepta.

Neste sentido, de rigor o acolhimento da preliminar de inépcia da petição inicial, na forma do art. 337, IV, do CPC.

Pelo exposto, requer a extinção do processo sem resolução do mérito, nos termos arts. 485, I, e 330, parágrafo 1º, I, do CPC, quanto ao pedido de indenização por danos morais.

II – PREJUDICIAL DE MÉRITO

1. Prescrição quinquenal

A reclamante ajuizou reclamação trabalhista em 13/09/2010, postulando as verbas desde o início do contrato de trabalho, em 04/08/2002.

Nos termos dos arts. 7º, XXIX, da CF, 11 da CLT e a Súmula 308, I, do TST, as pretensões anteriores aos últimos cinco anos, contados da data do ajuizamento estão prescritas.

Pelo exposto, requer a extinção do processo com resolução do mérito, nos termos do art. 487, II, do CPC, quanto às parcelas anteriores a 13/09/2005.

III – MÉRITO

1. Reintegração

A reclamante postulou a reintegração ao emprego ou a equivalente indenização substitutiva, tendo em vista a suposta estabilidade adquirida em janeiro de 2009 por ter sido nomeada delegada sindical de representação obreira.

No entanto, conforme estabelece a OJ nº 369 da SDI-I do TST, o delegado sindical não é beneficiário da estabilidade provisória prevista no art. 8º, VIII, da CF, a qual é dirigida, exclusivamente, àqueles que exerçam ou ocupem cargos de direção nos sindicatos, submetidos a processo eletivo.

Pelo exposto, requer a improcedência do pedido da reclamante.

2. Horas extras e intervalo

A reclamante postulou a condenação do reclamado ao pagamento de 2 horas extraordinárias com adicional de 50% por laborar de segunda a sexta-feira, das 9h às 20h, bem como o pagamento de mais 30 minutos extras pela redução do intervalo intrajornada.

No entanto, conforme estabelece a Súmula 287 do TST, para o gerente-geral de agência bancária, presume-se o exercício de encargo de gestão, aplicando-se-lhe o art. 62, II, da CLT. Tal artigo estabelece que não são abrangidos pelo regime do capítulo da duração da jornada de trabalho os gerentes, assim considerados os exercentes de cargo de gestão, aos quais se equiparam, para efeito do disposto no artigo, os diretores e chefes de departamento ou filial que recebam gratificação de função superior a 40%.

Assim sendo, a reclamante, por ser gerente-geral de agência e perceber gratificação de função de 45%, não se submete ao controle de jornada de trabalho, não fazendo *jus* às horas extras pleiteadas.

Pelo exposto, requer a improcedência do pedido da reclamante.

3. Quebra de caixa

A reclamante postulou o recebimento da parcela quebra de caixa, com a devida integração, e seus reflexos legais, alegando isonomia ao cargo de caixa bancário.

No entanto, tal parcela é devida somente ao caixa bancário, uma vez que suas atividades demandam uma maior responsabilidade ao lidar diretamente com dinheiro. Logo, é incabível a percepção da parcela quebra de caixa pela reclamante, que exerce função de gerente-geral de agência.

Pelo exposto, requer a improcedência do pedido da reclamante.

4. Equiparação salarial

A reclamante postulou equiparação salarial ao Sr. Osvaldo Maleta, readaptado funcionalmente por causa previdenciária.

No entanto, conforme estabelece art. 461, parágrafo 4º, da CLT, o trabalhador readaptado em nova função por motivo de deficiência física ou mental atestada pelo órgão competente da Previdência Social não servirá de paradigma para fins de equiparação salarial.

Pelo exposto, requer a improcedência do pedido da reclamante.

5. Férias 2007/2008

A reclamante postulou o pagamento de férias integrais do período aquisitivo de 2007/2008 de forma simples e acrescidas de 1/3, pela não concessão a tempo e modo. Entretanto, afirmou ter se retirado em licença remunerada por 32 (trinta e dois) dias durante aquele período aquisitivo.

No entanto, conforme estabelece o art. 133, II, da CLT, não terá direito a férias o empregado que, no curso do período aquisitivo, permanecer em gozo de licença, com percepção de salários, por mais de 30 (trinta) dias.

Pelo exposto, requer a improcedência do pedido da reclamante.

6. Honorários advocatícios

A reclamante postulou o pagamento de honorários advocatícios de sucumbência no importe de 20%.

No entanto, conforme estabelece o art. 791-A da CLT, os honorários advocatícios são devidos entre o mínimo de 5% e o máximo de 15% sobre o valor que resultar da liquidação da sentença, do proveito econômico obtido ou, não sendo possível mensurá-lo, sobre o valor atualizado da causa.

Pelo exposto, requer a improcedência do pedido da reclamante.

IV – REQUERIMENTOS FINAIS

Por todo exposto, requer a produção de todos os meios de prova em direito admitidos, especialmente pelo depoimento pessoal, prova documental, pericial e testemunhal, sob os efeitos da confissão.

Requer ainda, o acolhimento da preliminar de inépcia, da prejudicial de mérito de prescrição quinquenal e, no mérito, a improcedência dos pedidos formulados pela reclamante, bem como a condenação ao pagamento das custas processuais e honorários advocatícios de e 15%, nos termos do art. 791-A, da CLT.

Termos em que,

pede deferimento.

Local e data.

Advogado (a)

OAB nº

EXERCÍCIO 3 – EXAME DE ORDEM XVIII

Nos autos da Reclamação Trabalhista no 1.234, movida por Gilson Reis em face da sociedade empresária Transporte Rápido Ltda., em trâmite perante a 15ª Vara do Trabalho do Recife/PE, a dinâmica dos fatos e os pedidos foram articulados da seguinte maneira: O trabalhador foi admitido em 13.05.2009, recebeu aviso-prévio em 09.11.2014, para ser trabalhado, e ajuizou a demanda em 20.04.2015.

Exercia a função de auxiliar de serviços gerais. Requereu sua reintegração porque, em 20.11.2014, apresentou candidatura ao cargo de dirigente sindical da sua categoria, informando o fato ao empregador por e-mail, o que lhe garante o emprego na forma do art. 543, § 3º, da CLT, não respeitada pelo ex-empregador.

Que Trabalhava de segunda a sexta-feira, das 5h às 15h, com intervalo de duas horas para refeição, jamais recebendo horas extras nem adicional noturno, o que postula na demanda.

Que o intervalo interjornada não era observado, daí por que deseja que isso seja remunerado como hora extra.

Contratado como advogado (a), você deve apresentar a medida processual adequada à defesa dos interesses da sociedade empresária Transporte Rápido Ltda., sem criar dados ou fatos não informados.

OBS: A peça deve abranger todos os fundamentos de Direito que possam ser utilizados para dar respaldo à pretensão. A simples menção ou transcrição do dispositivo legal não pontua.

Checklist:

→ Quem é o cliente? O empregador, Transporte Rápido Ltda.

→ Qual o último momento processual? Reclamação trabalhista.

→ O que a cliente deseja? Defender-se em reclamação trabalhista movida por ex-empregado.

→ Caráter urgente? A proposta não contém dados, por isso, conclui-se que não.

→ Algum ponto relevante? Não.

→ Qual é a peça processual? Contestação.

→ Fundamento legal: art. 847, da CLT.

Hora de resolver!

AO DOUTO JUÍZO DA 15ª VARA DO TRABALHO DE RECIFE/PE

Processo nº 1.234

Transporte Rápido Ltda., já qualificado nos autos, vem, à presença de Vossa Excelência, por intermédio de seu advogado abaixo assinado (procuração anexa), com escritório profissional no endereço profissional, onde recebe intimações e notificações, **com fulcro no art. 847 da CLT, OFERECER:**

CONTESTAÇÃO

à reclamação trabalhista que lhe move **Gilson Reis**, já qualificado nos autos em epígrafe, pelas razões de fato e de direito a seguir expostas.

I – PREJUDICIAL DE MÉRITO

1. Prescrição quinquenal

O reclamante ajuizou reclamação trabalhista em 20/04/2015, postulando as verbas desde o início do contrato de trabalho, em 13/05/2009.

Nos termos dos arts. 7º, XXIX, da CF, 11 da CLT e a Súmula 308, I, do TST, as pretensões anteriores aos últimos cinco anos, contados da data do ajuizamento estão prescritas.

Pelo exposto, requer a extinção do processo com resolução do mérito, nos termos do art. 487, II, do CPC, quanto às parcelas anteriores a 20/04/2010.

II – MÉRITO

1. Reintegração

O reclamante postulou sua reintegração porque, em 20/11/2014, apresentou candidatura ao cargo de dirigente sindical da sua categoria, informando o fato ao empregador por e-mail.

No entanto, conforme estabelece a súmula 369, V, do TST é indevida a reintegração porque a candidatura ocorreu no decorrer do aviso prévio, não sendo assegurada a garantia, visto que inaplicável a regra do art. 543, parágrafo 3º, da CLT.

Pelo exposto, requer a improcedência do pedido do reclamante.

2. Horas extras

O reclamante alega que trabalhava de segunda a sexta-feira das 5h às 15h, com intervalo de duas horas para refeição, jamais recebendo horas extras.

No entanto, conforme estabelece os arts. 7º, XIII, da CF e 58, da CLT, a jornada cumprida era de oito horas, não excedendo a jornada constitucional, de modo que são indevidas as horas extras.

Pelo exposto, requer a improcedência do pedido do reclamante.

3. Adicional noturno

O reclamante alega que trabalhava de segunda a sexta-feira das 5h às 15h, com intervalo de duas horas para refeição, jamais recebendo adicional noturno.

No entanto, conforme estabelece o art. 73, parágrafo 2º, da CLT, não havia trabalho no período compreendido entre 22h às 5h, já que a jornada apenas se iniciava às 5h, de forma que não há direito ao adicional noturno.

Pelo exposto, requer a improcedência do pedido da reclamante.

4. Intervalo interjornadas

O reclamante postulou a condenação do reclamado ao pagamento do intervalo interjornadas.

No entanto, conforme estabelece o art. 66 da CLT, o intervalo interjornadas é de onze horas, e no caso era respeitado, porque havia um interregno de quatorze horas entre as jornadas.

Pelo exposto, requer a improcedência do pedido do reclamante.

5. Honorários advocatícios

Requer a condenação do reclamante ao pagamento de honorários advocatícios, nos termos do art. 791-A da CLT, no importe de 15%, sobre o valor que resultar da liquidação.

III – REQUERIMENTOS FINAIS

Por todo exposto, requer a produção de todos os meios de prova em direito admitidos, especialmente pelo depoimento pessoal, prova documental, pericial e testemunhal, sob os efeitos da confissão.

Por fim, requer o acolhimento da prejudicial de mérito de prescrição quinquenal e, sucessivamente, no mérito, requer a improcedência de todos os pedidos do reclamante, condenando-o ao pagamento de custas processuais e honorários advocatícios, no importe de 15%, nos termos do art. 791-A da CLT.

Termos em que,

pede deferimento.

Local e data.

Advogado (a)

OAB nº

EXERCÍCIO 4 – EXAME DE ORDEM XXV

Você foi contratado(a) pela Floricultura Flores Belas Ltda., que recebeu citação de uma reclamação trabalhista com pedido certo, determinado e com indicação do valor, movida em 27/02/2018 pela ex-empregada Estela, que tramita perante o juízo da 50ª Vara do Trabalho de João Pessoa/PB e recebeu o número 98.765.

Estela foi floricultora na empresa em questão de 25/10/2012 a 29/12/2017 e ganhava mensalmente o valor correspondente a dois salários mínimos.

Na demanda, requereu os seguintes itens:

- a aplicação da penalidade criminal cominada no Art. 49 da CLT contra os sócios da ré, uma vez que eles haviam cometido a infração prevista na referido diploma legal;

- o pagamento de adicional de penosidade, na razão de 30% sobre o salário-base, porque, no exercício da sua atividade, era constantemente furada pelos espinhos das flores que manipulava;

- o pagamento de horas extras com adição de 50%, explicando que cumpria a extensa jornada de segunda a sexta-feira, das 10h às 20h, com intervalo de duas horas para refeição, e aos sábados, das 16h às 20h, sem intervalo;

- o pagamento da multa do Art. 477, §8º, da CLT, porque o valor das verbas resilitórias somente foi creditado na sua conta 20 dias após a comunicação do aviso prévio, concedido na forma indenizada, extrapolando o prazo legal.

Afirmou, ainda, que foi obrigada a aderir ao desconto para o plano de saúde, tendo assinado na admissão, contra a sua vontade, um documento autorizando a subtração mensal.

A sociedade empresária informou que, assim que foi cientificada do aviso prévio, Estela teve uma reação violenta, gritando e dizendo-se injustiçada com a atitude do empregador. A situação chegou a tal ponto que a segurança terceirizada precisou ser chamada para conter a trabalhadora e acompanhá-la até a porta de saída. Contudo, quando deixava o portão principal, Estela começou a correr, pegou uma pedra do chão e a arremessou violentamente contra o prédio da empresa, vindo a quebrar uma das vidraças. A empresa informa que gastou R$ 300,00 na recolocação do vidro atingido, conforme nota fiscal que exibiu, além de apresentar a guia da RAIS comprovando possuir 7 empregados, os contracheques da autora e o documento assinado pela empregada autorizando o desconto de plano de saúde.

Diante dessa narrativa, apresente a peça pertinente na melhor defesa dos interesses da reclamada. (Valor: 5,00)

Obs.: a peça deve abranger todos os fundamentos de Direito que possam ser utilizados para dar respaldo à pretensão. A simples menção ou transcrição do dispositivo legal não confere pontuação.

Checklist:

→ Quem é o cliente? O empregador, Floricultura Flores Belas Ltda.

→ Qual o último momento processual? Reclamação trabalhista.

→ O que a cliente deseja? Defender-se em reclamação trabalhista movida por ex-empregada.

→ Caráter urgente? A proposta não contém dados, por isso, conclui-se que não.

→ Algum ponto relevante? O pedido de reconvenção.

→ Qual é a peça processual? Contestação.

→ Fundamento legal: art. 847, da CLT.

Hora de resolver!

AO DOUTO JUÍZO DA 50ª VARA DO TRABALHO DE JOÃO PESSOA/ PARAÍBA

Processo nº 98.765

Floricultura Flores Belas Ltda., já qualificado nos autos, vem, à presença de Vossa Excelência, por intermédio de seu advogado abaixo assinado (procuração anexa), com escritório profissional no endereço profissional, onde recebe intimações e notificações, **com fulcro no art. 847 da CLT e 343 do CPC c/c art. 769 da CLT, OFERECER:**

CONTESTAÇÃO com pedido de reconvenção

à reclamação trabalhista que lhe move **Estela** já qualificada nos autos em epígrafe, pelas razões de fato e de direito a seguir expostas.

I – PRELIMINAR

1. Incompetência da Justiça do Trabalho

A reclamante postula a aplicação da penalidade criminal cominada no art. 49 da CLT contra os sócios da reclamada, uma vez que eles haviam cometido a infração prevista no referido diploma legal.

Não se inserem na competência da Justiça do Trabalho as ações penais. A incompetência da Justiça do Trabalho é matéria que deve ser tratada em preliminar de contestação, nos termos do art. 337, II, do CPC.

Pelo exposto, requer a extinção do processo sem resolução do mérito, com base no art. 485, IV, do CPC, quanto ao pedido de condenação criminal dos sócios da reclamada.

2. Inépcia da petição inicial

A reclamante afirma que foi obrigada a aderir ao desconto para o plano de saúde, tendo assinado, na admissão, contra a sua vontade, um documento autorizando a subtração mensal, contudo não formula qualquer pedido.

Nos termos do art. 330, parágrafo 1ª, I, do CPC, a petição inicial é inepta, dentre outras hipóteses, quando lhe faltar pedido, sendo o que aconteceu com os descontos salariais para ser integrada em plano de saúde. A reclamante sustenta que eram indevidos, porém não apresenta qualquer pedido. À luz do art. 337, IV, do CPC, a inépcia da inicial deve ser analisada em preliminar de contestação.

Pelo exposto, requer a extinção do processo sem resolução do mérito, nos moldes do arts. 485, I, e 330, I, do CPC, em relação ao pedido de descontos salariais relativos ao plano de saúde.

II – PREJUDICIAL DE MÉRITO

1. Prescrição quinquenal

Nos autos da reclamação trabalhista ajuizada em 27/02/2018 a reclamante postulou parcelas que retroagem à data de sua admissão, que ocorreu em 25/10/2012.

Nos termos dos arts. 7º, XXIX, da CF, 11 da CLT e a Súmula 308, I, do TST, as pretensões anteriores aos últimos cinco anos, contados da data do ajuizamento estão prescritas.

Pelo exposto, requer a extinção do processo com resolução do mérito, nos termos do art. 487, II, do CPC, quanto às parcelas anteriores a 27/02/2013.

III – MÉRITO

1. Adicional de penosidade

A reclamante postulou o pagamento de adicional de porosidade, na razão de 30% sobre o salário-base, porque, no exercício da sua atividade, era constantemente furada pelos espinhos das flores que manipulava.

No entanto, o art. 7º, XXIII, da CF determina que o adicional de penosidade é devido na forma da lei e este não foi regulamentado.

Pelo exposto, requer a improcedência do pedido da reclamante.

2. Horas extras

A reclamante postulou o pagamento de horas extras com adicional de 50%, relatando que cumpria extensa jornada de segunda a sexta-feira, das 10h às 20h, com intervalo de duas horas para refeição e aos sábados, das 16h às 20h, sem intervalos.

No entanto, à reclamante laborava 8 horas diárias de segunda a sexta-feira, e 4 horas aos sábados, logo o limite constitucional, de 8 horas diárias e 44 semanais, não foi ultrapassado, à luz dos arts. 7º, XIII, da CF e 58 da CLT.

Pelo exposto, requer a improcedência do pedido da reclamante.

3. Multa do art. 477, parágrafo 8º, da CLT

A reclamante postulou o pagamento da multa do art. 477, parágrafo 8º, da CLT, porque o valor das verbas rescisórias somente foi creditado na sua conta 20 dias após a comunicação do aviso prévio, concedido de forma indenizada, extrapolando o prazo legal.

No entanto, com fundamento no art. 477, parágrafo 6º, da CLT, o prazo para pagamento das verbas rescisórias é de até 10 dias, contados da data do término do contrato de trabalho, o que ocorre após o aviso prévio.

A comunicação da dispensa ocorreu em 29/12/2017, sendo o aviso prévio indenizado. Por sua vez, o aviso prévio era de 45 dias, visto que a reclamante laborou 5 anos completos para a reclamada. Portanto, o término do contrato ocorreu somente em 12/02/2017. Apenas a partir desta data é que se conta o prazo de 10 dias para o pagamento das verbas rescisórias. O pagamento ocorreu muito antes, 20 dias após a comunicação do aviso.

Pelo exposto, requer a improcedência do pedido da reclamante.

4. Devolução dos descontos

A reclamante afirma que foi obrigada a aderir ao desconto para o plano de saúde, tendo assinado, na admissão, contra a sua vontade, um documento autorizando a subtração mensal.

No entanto, à reclamante, autorizou expressamente o desconto para ser integrada em plano de saúde, conforme anexo. Nos temos da súmula 342 do TST, é lícito o desconto salarial efetuado pelo empregador, com autorização prévia e por escrito do empregado, para ser integrado em plano de saúde. Estabelece a OJ 160 da SDI, I, do TST que é invalida a presunção de vício de consentimento resultante do fato de ter o empregado anuído expressamente com descontos salariais na oportunidade da admissão. É de se exigir demonstração concreta do vício de vontade.

Pelo exposto, requer a improcedência do pedido da reclamante.

IV – RECONVENÇÃO

Encontram-se presentes os requisitos para a apresentação da reconvenção, conforme estabelece o art. 343, do CPC, ou seja, partes legítimas e a conexão, sendo lícito a reclamada propor reconvenção.

Assim que foi cientificada do aviso prévio, a reclamante teve uma reação violenta, gritando e dizendo-se injustiçada com a atitude do empregador. A situação chegou a tal ponto que a segurança terceirizada precisou ser chamada para conter a trabalhadora e acompanha-la até a porta de saída. Contudo, quando deixava o portão principal, Estela começou a correr, pegou uma pedra do chão e a arremessou violentamente contra o prédio da empresa, vindo a quebrar uma das vidraças. A empresa gastou R$ 300,00 na recolocação do vidro atingido, conforme nota fiscal apresentada.

Verifica-se, portanto, presentes os requisitos dos artigos 186 e 927 do CC que dispõem sobre a ilicitude do ato e o dever de indenizar.

Pelo exposto, requer a condenação da reclamante-reconvinda ao pagamento de indenização por danos materiais, no importe de R$ 300,00, e de honorários advocatícios sucumbenciais de 15%, nos termos do art. 791-A, parágrafo 5º, da CLT.

Valor do pedido: R$ 300,00

V – REQUERIMENTOS FINAIS

Por todo exposto, requer a produção de todos os meios de prova em direito admitidos, especialmente pelo depoimento pessoal, prova documental e testemunhal, sob os efeitos da confissão.

Requer o acolhimento da preliminar de mérito para reconhecer a incompetência da Justiça do Trabalho para julgar crimes e para declarar extinto o processo sem resolução de mérito quanto aos descontos para ser integrada em plano de saúde, o acolhimento da prejudicial de mérito e, adiante, no mérito, a improcedência dos pedidos formulados pela reclamante, condenando-a ao pagamento de custas processuais e honorários advocatícios, à luz do art. 791-A, da CLT.

Por fim, requer a procedência do pedido reconvencional acrescido de juros e correção monetária e a condenação da reclamante-reconvinda ao pagamento de custas e de honorários advocatícios de 15%, nos moldes do art. 791-A, *caput* e parágrafo 5º, da CLT.

Termos em que,
pede deferimento.

Local e data.

Advogado (a)

OAB nº

EXERCÍCIO 5 – EXAME DE ORDEM XXXII

Érica Grama Verde trabalhou para a sociedade empresária Auditoria Pente Fino S.A. de 29/09/2011 a 07/01/2020, exercendo, desde a admissão, a função de gerente do setor de auditoria de médias empresas. Na condição de gerente, Érica comandava 25 auditores, designando suas atividades junto aos clientes do empregador, bem como fiscalizando e validando as auditorias por eles realizadas. Érica recebia salário mensal de R$ 20.000,00 (vinte mil reais), acrescido de gratificação de função de R$ 10.000,00 (dez mil reais).

Érica pediu demissão, em 07/01/2020, e ajuizou reclamação trabalhista em 30/01/2020, na qual postulou o pagamento de horas extras, alegando que trabalhava de segunda-feira a sábado, das 8h às 20h, com intervalo de 1 hora para refeição, sendo que não marcava folha de ponto.

Érica requereu o pagamento da indenização de 40% sobre o FGTS, que não foi depositada na sua conta vinculada, conforme extrato analítico do FGTS, que juntou com a inicial.

Ela afirmou, ainda, que a empresa não efetuou o recolhimento do INSS nos anos de 2018 e 2019, fazendo comprovação disso por meio do seu Cadastro Nacional de Informações Sociais (CNIS), juntado com a petição inicial, no qual se constata que, nos anos citados, não houve recolhimento previdenciário, pelo que requereu que a empresa fosse condenada a regularizar a situação.

Érica explicou e comprovou com os contracheques que, a partir de 2018, passou a receber prêmios em pecúnia, em valores variados, pelo que requereu a integração do valor desses prêmios à sua remuneração, com reflexos nas demais verbas salariais e rescisórias, inclusive FGTS, e o pagamento das diferenças daí decorrentes.

Érica informou que, desde o início de seu contrato, realizava as mesmas atividades que Silvana Céu Azul, outra gerente do setor de auditoria de médias empresas, admitida na Auditoria Pente Fino S.A. em 15/01/2009, já na função de gerente, mas que ganhava salário 10% superior ao da reclamante, conforme contracheques que foram juntados com a petição inicial e evidenciam o salário superior da modelo.

Uma vez que as atividades de Érica eram desenvolvidas em prédio da sociedade empresária localizado ao lado de uma comunidade muito violenta, tendo a empregada ouvido diversas vezes disparos de arma de fogo e assistido, da janela de sua sala de trabalho, a várias operações policiais que combatiam o tráfico de drogas no local, requereu o pagamento de adicional de periculosidade.

Por fim, Érica requereu o pagamento de honorários advocatícios de 20% sobre o valor da condenação, conforme o Art. 85, § 2º, do CPC.

Diante da situação, você, como advogado (a) da sociedade empresária, deve elaborar a peça processual adequada à defesa dos interesses de seu cliente, sabendo que a demanda foi proposta perante a 200ª Vara do Trabalho de São Paulo sob o número 0101010-50.2020.5.02.0200. (Valor: 5,00)

Obs.: a peça deve abranger todos os fundamentos de Direito que possam ser utilizados para dar respaldo à pretensão. A simples menção ou transcrição do dispositivo legal não confere pontuação.

Nos casos em que a lei exigir liquidação de valores, não será necessário que o(a) examinando(a) a apresente, admitindo-se que o escritório possui setor próprio ou contratado especificamente para tal fim.

Checklist:

→ Quem é o cliente? O empregador, Auditoria Pente Fino S.A.

→ Qual o último momento processual? Reclamação trabalhista.

→ O que a cliente deseja? Defender-se em reclamação trabalhista movida por ex-empregada.

→ Caráter urgente? A proposta não contém dados, por isso, conclui-se que não.

→ Algum ponto relevante? Não.

→ Qual é a peça processual? Contestação.

→ Fundamento legal: art. 847, da CLT.

Hora de resolver!

AO DOUTO JUÍZO DA 200ª VARA DO TRABALHO DE SÃO PAULO/SP

Processo nº

Auditoria Pente Fino S/A, já qualificada nos autos, vem, à presença de Vossa Excelência, por intermédio de seu advogado abaixo assinado (procuração anexa), com escritório profissional no endereço profissional, onde recebe intimações e notificações, **com fulcro no art. 847 da CLT, OFERECER:**

CONTESTAÇÃO

à reclamação trabalhista que lhe move **Érica Grama Verde** já qualificada nos autos em epígrafe, pelas razões de fato e de direito a seguir expostas.

I – PRELIMINAR

1. Contribuições previdenciárias

A reclamante alega que a reclamada não efetuou o recolhimento do INSS nos anos de 2018 e 2019, pelo que requereu a empresa fosse condenada a regularizar a situação.

No entanto, nos termos do art. 846, parágrafo único, súmula 368, I do TST e súmula vinculante 53, a Justiça do Trabalho é incompetente para executar contribuições previdenciárias incidentes sobre os salários pagãos durante o período contratual.

Pelo exposto, requer a extinção do processo sem resolução de mérito, nos termos do art. 485, IV, do CPC, quanto ao pedido de recolhimento do INSS.

2. Inépcia da petição inicial

Alega a reclamante que, desde o início do contrato, realizava as mesmas atividades que Silvana Céu Azul, outra gerente do setor de antidotaria de médias empresas, admitida na Auditoria Pente Fino S.A. em 15/01/2009, já na função de gerente, mas que ganhava salário 10% superior ao da reclamante. Entretanto, não formula qualquer pedido em relação ao fato.

Nos termos do art. 330, parágrafo 1º, I, do CPC, é inepta a petição inicial quando lhe faltar pedido. De acordo com o art. 337, IV, do CPC, a inépcia da petição inicial deve ser tratada em preliminar de contestação.

Pelo exposto, requer a extinção do processo sem resolução do mérito, nos termos do art. 485, I, do CPC, quanto à equiparação salarial.

II – PREJUDICIAL DE MÉRITO

1. Prescrição quinquenal

Nos autos da reclamação trabalhista ajuizada em 30/01/2020, a reclamante postulou parcelas que retroagem à data de sua admissão, que ocorreu em 29/09/2011.

Nos termos dos arts. 7º, XXIX, da CF, 11 da CLT e a Súmula 308, I, do TST, as pretensões anteriores aos últimos cinco anos, contados da data do ajuizamento estão prescritas.

Pelo exposto, requer a extinção do processo com resolução do mérito, nos termos do art. 487, II, do CPC, quanto às parcelas anteriores a 30/01/2015.

III – MÉRITO

1. Horas extras

A reclamante postulou o pagamento de horas extras, alegando que trabalhava de segunda-feira a sábado, das 8h às 20h, com intervalo de 1 horas para refeição.

No entanto, à reclamante era gerente, ocupando cargo de confiança, pois efetivamente, tinha poder de gestão (comandava 25 auditores, designando suas atividades junto aos clientes do empregador, bem como fiscalizando e validando as auditorias por eles realizadas) e recebia salário diferenciado (R$ 20.000,00), com gratificação de função superior a 40% (R$ 10.000,00). Sendo assim, não assiste razão à reclamante já que, como gerente não tem direito de jornada e, consequentemente não tem direito ao pagamento de horas extras conforme dispõe o art. 62, II, da CLT.

Pelo exposto, requer a improcedência do pedido.

2. Multa de 40% do FGTS

A reclamante requereu o pagamento da indenização de 40% sobre o FGTS, que não foi depositada na sua conta vinculada.

No entanto, nos termos do art. 18, parágrafo 1º, da Lei nº 8.036/90, apenas na hipótese de dispensa sem justa causa, o empregador é obrigado a depositar a multa de 40% do FGTS e, no caso em questão, foi a reclamante quem pediu demissão.

Pelo exposto, requer a improcedência do pedido.

3. Prêmios

A reclamante postulou a integração à sua remuneração do valor dos prêmios recebidos a partir de 2018, com reflexos nas demais verbas salariais e rescisórias, inclusive FGTS, e o pagamento das diferenças daí decorrentes.

No entanto, nos termos do art. 457, parágrafo 2º, da CLT, os prêmios, ainda que habituais, não integra a remuneração.

Pelo exposto, requer a improcedência do pedido.

4. Equiparação salarial

A reclamante alega que desde o início do contato, em 29/09/2011, realizava as mesmas atividades que Silvana Céu Azul, outra gerente do setor de auditoria de médias empresas, admitida na Auditoria Pente Fino S.A. em 15/01/2009, já na função de gerente, mas que recebia salário 10% superior ao seu.

No entanto, nos termos do art. 461, parágrafo 1º, da CLT, é indevida a equiparação salarial quando a diferença de tempo na função for superior a 2 anos, como ocorreu no presente caso, em que a paradigma foi admitida em 15/01/2009 e a reclamante, em 29/09/2011, ou seja, mais de 2 anos depois.

Pelo exposto, requer a improcedência do pedido.

5. Adicional de periculosidade

A reclamante requer o pagamento de adicional de periculosidade, sob o argumento de que trabalhava em prédio da sociedade empresária localizado ao lado de uma comunidade muito violenta, tento ouvido diversas vezes disparos de arma de fogo e assistido, da janela de sua sala de trabalho, a várias operações policiais que combatiam o tráfico de drogas no local.

No entanto, a situação retratada não autoriza tecnicamente o pagamento do adicional, segundo o art. 193 da CLT.

Pelo exposto, requer a improcedência do pedido.

6. Honorários advocatícios

A reclamante requereu o pagamento de honorários advocatícios de 20% sobre o valor da condenação.

No entanto, nos termos do art. 791-A da CLT, se devidos, os honorários limitam-se a 15%.

Pelo exposto, requer que os honorários eventualmente devidos sejam limitados à 15%.

IV – REQUERIMENTOS FINAIS

Por todo exposto, requer a produção de todos os meios de prova em direito admitidos, especialmente pelo depoimento pessoal, prova documental e testemunhal, sob os efeitos da confissão.

Requer o acolhimento da preliminar de mérito para que seja extinto o processo sem resolução de mérito, quanto aos pedidos recolhimento do INSS e equiparação salarial.

Por fim, requer o acolhimento da prejudicial de mérito para que seja determinada a extinção do processo com resolução de mérito, quanto às parcelas anteriores aos últimos 5 anos, contados do ajuizamento da ação, ou seja, anteriores a 30/01/2015. E, no mérito, a improcedência de todos os pedidos da reclamante, condenando-a ao pagamento de custas processuais e honorários advocatícios, no importe de 15%, nos moldes do art. 791-A da CLT.

Termos em que,

pede deferimento.

Local e data.

Advogado (a)

OAB nº

14

EXCEÇÕES

1. EXCEÇÃO DE SUSPEIÇÃO E IMPEDIMENTO

As exceções de suspeição e impedimento buscam garantir às partes a resolução de suas demandas por juiz imparcial, conforme se verifica no artigo 801 da CLT.

Verifica-se pelo artigo supracitado, que a CLT descreve apenas a suspeição. Isso ocorre porque a criação desta norma teve como base o CPC de 1939, que não previa o impedimento. No entanto, a doutrina e a jurisprudência majoritária, entendem que é cabível ao Processo do Trabalho a diferenciação entre o impedimento e a suspeição, aplicando-se subsidiariamente os arts. 144 e 145 do CPC/2015.

Artigos:

Art. 799 *– Nas causas da jurisdição da Justiça do Trabalho, somente podem ser opostas, com suspensão do feito, as exceções de suspeição ou incompetência.*

§ 1º – As demais exceções serão alegadas como matéria de defesa.

§ 2º – Das decisões sobre exceções de suspeição e incompetência, salvo, quanto a estas, se terminativas do feito, não caberá recurso, podendo, no entanto, as partes alegá-las novamente no recurso que couber da decisão final.

Art. 801 CLT. *O juiz, presidente ou vogal, é obrigado a dar-se por suspeito, e pode ser recusado, por algum dos seguintes motivos, em relação à pessoa dos litigantes:*

a) inimizade pessoal;

b) amizade íntima;

c) parentesco por consangüinidade ou afinidade até o terceiro grau civil;

d) interesse particular na causa.

Parágrafo único – Se o recusante houver praticado algum ato pelo qual haja consentido na pessoa do juiz, não mais poderá alegar exceção de suspeição, salvo sobrevindo novo motivo. A suspeição não será também admitida, se do processo constar que o recusante deixou de alegá-la anteriormente, quando já a conhecia, ou que, depois de conhecida, aceitou o juiz recusado ou, finalmente, se procurou de propósito o motivo de que ela se originou.

Art. 802 CLT. *Apresentada a exceção de suspeição, o juiz ou Tribunal designará audiência dentro de 48 (quarenta e oito) horas, para instrução e julgamento da exceção.*

§ 1º – Nas *Varas do Trabalho e nos Tribunais Regionais, julgada procedente a exceção de suspeição, será logo convocado para a mesma audiência ou sessão, ou para a seguinte, o suplente do membro suspeito, o qual continuará a funcionar no feito até decisão final. Proceder-se-á da mesma maneira quando algum dos membros se declarar suspeito.*

§ 2º – Se se tratar de suspeição de Juiz de Direito, será este substituído na forma da organização judiciária local.

Art. 144 CPC. *Há impedimento do juiz, sendo-lhe vedado exercer suas funções no processo:*

I – em que interveio como mandatário da parte, oficiou como perito, funcionou como membro do Ministério Público ou prestou depoimento como testemunha;

II – de que conheceu em outro grau de jurisdição, tendo proferido decisão;

III – quando nele estiver postulando, como defensor público, advogado ou membro do Ministério Público, seu cônjuge ou companheiro, ou qualquer parente, consanguíneo ou afim, em linha reta ou colateral, até o terceiro grau, inclusive;

IV – quando for parte no processo ele próprio, seu cônjuge ou companheiro, ou parente, consanguíneo ou afim, em linha reta ou colateral, até o terceiro grau, inclusive;

V – quando for sócio ou membro de direção ou de administração de pessoa jurídica parte no processo;

VI – quando for herdeiro presuntivo, donatário ou empregador de qualquer das partes;

VII – em que figure como parte instituição de ensino com a qual tenha relação de emprego ou decorrente de contrato de prestação de serviços;

VIII – em que figure como parte cliente do escritório de advocacia de seu cônjuge, companheiro ou parente, consanguíneo ou afim, em linha reta ou colateral, até o terceiro grau, inclusive, mesmo que patrocinado por advogado de outro escritório;

IX – quando promover ação contra a parte ou seu advogado.

§ 1º Na hipótese do inciso III, o impedimento só se verifica quando o defensor público, o advogado ou o membro do Ministério Público já integrava o processo antes do início da atividade judicante do juiz.

§ 2º É vedada a criação de fato superveniente a fim de caracterizar impedimento do juiz.

§ 3º O impedimento previsto no inciso III também se verifica no caso de mandato conferido a membro de escritório de advocacia que tenha em seus quadros advogado que individualmente ostente a condição nele prevista, mesmo que não intervenha diretamente no processo.

Art. 145 CPC. *Há suspeição do juiz:*

I – amigo íntimo ou inimigo de qualquer das partes ou de seus advogados;

II – que receber presentes de pessoas que tiverem interesse na causa antes ou depois de iniciado o processo, que aconselhar alguma das partes acerca do objeto da causa ou que subministrar meios para atender às despesas do litígio;

III – quando qualquer das partes for sua credora ou devedora, de seu cônjuge ou companheiro ou de parentes destes, em linha reta até o terceiro grau, inclusive;

IV – interessado no julgamento do processo em favor de qualquer das partes.

§ 1º Poderá o juiz declarar-se suspeito por motivo de foro íntimo, sem necessidade de declarar suas razões.

§ 2º Será ilegítima a alegação de suspeição quando:

I – houver sido provocada por quem a alega;

II – a parte que a alega houver praticado ato que signifique manifesta aceitação do arguido.

Art. 146 CPC. *No prazo de 15 (quinze) dias, a contar do conhecimento do fato, a parte alegará o impedimento ou a suspeição, em petição específica dirigida ao juiz do processo, na qual indicará o fundamento da recusa, podendo instruí-la com documentos em que se fundar a alegação e com rol de testemunhas.*

§ 1º Se reconhecer o impedimento ou a suspeição ao receber a petição, o juiz ordenará imediatamente a remessa dos autos a seu substituto legal, caso contrário, determinará a autuação em apartado da petição e, no prazo de 15 (quinze) dias, apresentará suas razões, acompanhadas de documentos e de rol de testemunhas, se houver, ordenando a remessa do incidente ao tribunal.

§ 2º Distribuído o incidente, o relator deverá declarar os seus efeitos, sendo que, se o incidente for recebido:

I – sem efeito suspensivo, o processo voltará a correr;

II – com efeito suspensivo, o processo permanecerá suspenso até o julgamento do incidente.

§ 3º Enquanto não for declarado o efeito em que é recebido o incidente ou quando este for recebido com efeito suspensivo, a tutela de urgência será requerida ao substituto legal.

§ 4º Verificando que a alegação de impedimento ou de suspeição é improcedente, o tribunal rejeitá-la-á.

§ 5º Acolhida a alegação, tratando-se de impedimento ou de manifesta suspeição, o tribunal condenará o juiz nas custas e remeterá os autos ao seu substituto legal, podendo o juiz recorrer da decisão.

§ 6º Reconhecido o impedimento ou a suspeição, o tribunal fixará o momento a partir do qual o juiz não poderia ter atuado.

§ 7º O tribunal decretará a nulidade dos atos do juiz, se praticados quando já presente o motivo de impedimento ou de suspeição.

IMPORTANTE:

1 – as partes são: **EXCIPIENTE E EXCEPTO**;

2 – suspeição arts. 799, 801 da CLT, 145 e 146 do CPC;

3 – impedimento, art. 799, CLT, 144 e 146 do CPC.

1.1. ESTRUTURA

Como identificar que a peça é uma exceção de suspeição/impedimento?

A proposta da prova informará que o réu entende haver quebra de imparcialidade no caso, pois existente causa objetiva (impedimento) ou subjetiva (suspeição) que compromete o ânimo de julgar do magistrado.

Utilizaremos a chamada "**estrutura coringa**" em nossa prova na seguinte sequência:

I - Requisitos Específicos

II - Fatos

III - Liminar

IV - Mérito

V - Requerimentos Finais

Veja a estrutura:

AO DOUTO JUÍZO DA___VARA DO TRABALHO DE___

Processo nº

NOME DO EXCIPIENTE, qualificação e endereço completos, vem, por seu advogado, procuração anexa, com escritório endereço completo, com fulcro no artigo..... (arts 799, 801 da CLT, 145 e 146 do CPC SE FOR SUSPEIÇÃO) OU (arts. 799, CLT, 144 e 146 do CPC SE FOR IMPEDIMENTO), oferecer

EXCEÇÃO DE SUSPEIÇÃO OU IMPEDIMENTO

na reclamação trabalhista que lhe move **NOME DO EXCEPTO**, qualificação e endereço completos, pelas razões de fato e de direito a seguir expostas.

I – FATOS

Um breve resumo dos relatos trazidos pela proposta da prova. Atenção! Não crie dados!

II – MÉRITO

Nos termos do art. 144, IV, do CPC é defeso ao juiz exercer suas funções no processo contencioso ou voluntário, quando for cônjuge de alguma das partes.

Assim, é a presente para requerer que a magistrada declare seu impedimento para continuar no feito.

III - REQUERIMENTOS FINAIS

Por todo exposto, requer:

a) que o excepto se declare suspeito OU impedido para processar e julga o presente feito, remetendo ao juiz substituto para que o feito siga seu curso normal ou, caso assim não entenda, que no prazo de 15 dias, apresente suas razões, acompanhada dos documentos e rol de testemunhas, se houver, e ordene a remessa ao TRT desta Região, conforme disposto no artigo 146 do CPC.;

b) protesta pela produção de todas as provas em direito admitidas, em especial testemunhal e documental;

c) seja recebida e julgada procedente a presente exceção de suspeição OU impedimento, para remeter a juiz livre de suspeição OU impedimento.

Termos em que,
pede deferimento
Local e data

Advogado(a)

OAB n.º

1.2. EXERCÍCIO

EXERCÍCIO – PEÇA AUTORAL

Maria de Almeida ajuizou Reclamação Trabalhista em face de seu ex-empregador, Mini Ltda., postulando verbas do contrato de trabalho, que entende serem devidas, sendo distribuída para 8ª Vara do Trabalho de Niterói, no Estado do Rio de Janeiro.

Ao receber a citação e ao saber a Vara do Trabalho em que a reclamatória foi distribuída, o sócio da empresa tomou conhecimento de que a reclamante era muito amiga da magistrada, eis que verificou várias fotos no *Facebook* de viagens, aniversários dos filhos, jantares, passeios e muitas visitas de ambas uma na casa da outra, entendendo, portanto, serem amigas íntimas.

Assim, o reclamado tomou a providência de procurar seu advogado e contar o que teve ciência para que elabore a peça profissional apta a solução do problema.

Checklist:

→ Quem é o cliente? A empregadora, Mini Ltda.

→ Qual é a fase processual? Fase de conhecimento.

→ O que a cliente deseja? Que seja reconhecida a suspeição da magistrada da 8ª Vara do Trabalho de Niterói, Rio de Janeiro.

→ Caráter urgente? A proposta não contém dados, por isso, conclui-se que não.

→ Algum ponto relevante? A magistrada é amiga íntima da autora.

→ Qual é a peça processual? Exceção de suspeição

→ Fundamento legal: arts. 799, da CLT e 145 e 146 do CPC.

Hora de resolver!

AO DOUTO JUÍZO DA 8ª VARA DO TRABALHO DO NITERÓI/RJ

Processo nº

Mini Ltda., qualificação e endereço completos, vem, à presença de Vossa Excelência, por intermédio de seu advogado abaixo assinado (procuração anexa), com indicação de endereço profissional, onde recebe as intimações e notificações, **com fulcro no arts. 799 da CLT, 145 e 146 do CPC, OFERECER:**

EXCEÇÃO DE SUSPEIÇÃO

em face de **Maria De Almeida**, qualificação e endereço completos, pelas razões de fato e de direito a seguir expostas.

I – FATOS

A reclamante ajuizou reclamação trabalhista em face da excipiente postulando o pagamento das verbas provenientes do contrato de trabalho, que entende serem devidas. A reclamação foi distribuída para a 8ª Vara do Trabalho de Niterói, Rio de Janeiro, cuja juíza é amiga íntima da reclamante.

II – MÉRITO

Nos termos do art. 801, b, da CLT o juiz é obrigado a dar-se por suspeito quando tiver amizade íntima com qualquer uma das partes. No mesmo sentido, destaca o art. 145, I, do CPC, segundo o qual se reputa fundada a suspeição de parcialidade do juiz, quando for amigo íntimo de qualquer das partes.

Assim, é a presente para requerer que a magistrada declare sua suspeição para continuar no feito.

III – REQUERIMENTOS FINAIS

Por todo exposto, requer:

a) que este juízo se dê por suspeito para julgar a demanda, remetendo os autos ao Juiz Substituto para que o mesmo processe e julgue o feito, ou, caso assim não entenda, que apresente suas razões, acompanhada de documentos e rol de testemunhas, se houver, e, ordene a remessa ao TRT, conforme disposto no art. 146 do CPC;

b) a produção de todos os meios de prova em direito admitidos, especialmente testemunhal e documental;

c) Seja e recebida e julgada procedente a presente exceção de suspeição, para remessa dos autos a outro juiz.

Termos em que,
pede deferimento.
Local e data.
Advogado (a)
OAB nº

1.3. EXERCÍCIO

EXERCÍCIO – PEÇA AUTORAL

Humberto Filho ajuizou Reclamação Trabalhista em face de seu ex-empregador, Tutu Ltda., cobrando as verbas do contrato de trabalho que entende que lhe são devidas, tendo sido distribuída na 1ª Vara do Trabalho do Rio de Janeiro.

Ocorre que, ao receber a citação, o sócio do reclamado lembrou que o reclamante tinha uma esposa juíza e procurando se informar, verificou que se tratava da juíza titular da vara para qual a ação foi distribuída.

Assim, o reclamado tomou a providência de procurar seu advogado e contar o que teve ciência para que elabore a peça profissional apta a solucionar o problema.

AO DOUTO JUÍZO DA 1ª VARA DO TRABALHO DO RIO DE JANEIRO

Processo nº

Tutu Ltda., qualificação e endereço completos, vem, à presença de Vossa Excelência, por intermédio de seu advogado abaixo assinado (procuração anexa), com indicação de endereço profissional, onde recebe as intimações e notificações, **com fulcro no arts. 799 da CLT, 144 e 146 do CPC, OFERECER:**

EXCEÇÃO DE IMPEDIMENTO

Em face de **Humberto Filho**, qualificação e endereço completos, pelas razões de fato e de direito a seguir expostas.

I – FATOS

Humberto Filho ajuizou reclamação trabalhista postulando o pagamento de direitos provenientes do contrato de trabalho, que não lhe foram pagas. A reclamação foi distribuída para a 1ª Vara do Trabalho do Rio de Janeiro, cuja Juíza é esposa do reclamante.

II – MÉRITO

Nos termos do art. 144, IV, do CPC é defeso ao juiz exercer suas funções no processo contencioso ou voluntário, quando for cônjuge de alguma das partes.

Assim, é a presente para requerer que a magistrada declare seu impedimento para continuar no feito.

III – REQUERIMENTOS FINAIS

Por todo exposto, requer:

a) que este juízo se dê por impedido para julgar a demanda, remetendo os autos ao Juiz Substituto para que o mesmo processe e julgue o feito, ou, caso assim não entenda, que apresente suas razões, acompanhada de documentos e rol de testemunhas, se houver, e, ordene a remessa ao TRT, conforme disposto no art. 146 do CPC;

b) a produção de todos os meios de prova em direito admitidos, especialmente testemunhal e documental;

c) Seja e recebida e julgada procedente a presente exceção de impedimento.

Termos em que,

pede deferimento.

Local e data.

Advogado (a)

OAB nº

2. EXCEÇÃO DE INCOMPETÊNCIA

EXCEÇÃO DE INCOMPETÊNCIA

Como já vimos na parte que tratamos de contestação, incompetência absoluta é arguida em forma de preliminar, na contestação, conforme artigo 337 do CPC.

No entanto, em se tratando de incompetência relativa, chamada de territorial, que se refere ao lugar onde se ajuíza a reclamação trabalhista, esta é apresentada no processo do trabalho em forma de exceção, em peça apartada.

Assim, temos os artigos 651, 799 e 800 da CLT, que nos instruem sobre o procedimento em tela.

Artigos:

Art. 651 CLT *– A competência das Juntas de Conciliação e Julgamento é determinada pela localidade onde o empregado, reclamante ou reclamado, prestar serviços ao empregador, ainda que tenha sido contratado noutro local ou no estrangeiro.*

§ 1º – Quando for parte de dissídio agente ou viajante comercial, a competência será da Junta da localidade em que a empresa tenha agência ou filial e a esta o empregado esteja subordinado e, na falta, será competente a Junta da localização em que o empregado tenha domicílio ou a localidade mais próxima.

§ 2º – A competência das Juntas de Conciliação e Julgamento, estabelecida neste artigo, estende-se aos dissídios ocorridos em agência ou filial no estrangeiro, desde que o empregado seja brasileiro e não haja convenção internacional dispondo em contrário.

§ 3º – Em se tratando de empregador que promova realização de atividades fora do lugar do contrato de trabalho, é assegurado ao empregado apresentar reclamação no foro da celebração do contrato ou no da prestação dos respectivos serviços.

***Art. 799 CLT-** Nas causas da jurisdição da Justiça do Trabalho, somente podem ser opostas, com suspensão do feito, as exceções de suspeição ou incompetência.*

§ 1º – As demais exceções serão alegadas como matéria de defesa.

§ 2º – Das decisões sobre exceções de suspeição e incompetência, salvo, quanto a estas, se terminativas do feito, não caberá recurso, podendo, no entanto, as partes alegá-las novamente no recurso que couber da decisão final.

***Art. 800 CLT.** Apresentada exceção de incompetência territorial no prazo de cinco dias a contar da notificação, antes da audiência e em peça que sinalize a existência desta exceção, seguir-se-á o procedimento estabelecido neste artigo.*

§ *1º* Protocolada a petição, será suspenso o processo e não se realizará a audiência a que se refere o art. 843 desta Consolidação até que se decida a exceção.

§ *2º* Os autos serão imediatamente conclusos ao juiz, que intimará o reclamante e, se existentes, os litisconsortes, para manifestação no prazo comum de cinco dias.

§ *3º* Se entender necessária a produção de prova oral, o juízo designará audiência, garantindo o direito de o excipiente e de suas testemunhas serem ouvidos, por carta precatória, no juízo que este houver indicado como competente.

§ *4º* Decidida a exceção de incompetência territorial, o processo retomará seu curso, com a designação de audiência, a apresentação de defesa e a instrução processual perante o juízo competente.

IMPORTANTE:

1 – as partes são **EXCIPIENTE E EXCEPTO**;

2 – prazo de cinco dias a contar da notificação, art. 800 CLT;

3 – suspende o curso do processo, art. 800, §§ 1º e 2º da CLT;

4 – o excepto tem 5 dias para se manifestar;

5 – decidida a exceção, o processo segue seu curso normal, art. 800, § 4º da CLT.

2.1. ESTRUTURA

Como identificar que a peça é uma exceção de incompetência? A proposta da prova mencionará que houve propositura de reclamação trabalhista e o reclamado foi chamado a contestá-la, mas não concorda com o local do ajuizamento da reclamação, pois não se enquadra nas regras do art. 651 da CLT.

Utilizaremos a chamada "**estrutura coringa**" em nossa prova na seguinte sequência:

I - Requisitos Específicos

II - Fatos

III - Liminar

IV - Mérito

V - Requerimentos Finais

Veja a estrutura:

AO DOUTO JUÍZO DA___VARA DO TRABALHO DE___

Processo nº

NOME DO EXCIPIENTE, qualificação e endereço completos, vem, à presença de Vossa Excelência, por intermédio de seu advogado abaixo assinado (procuração anexa), com indicação de endereço profissional, onde recebe as intimações e notificações, **com fulcro no art. 800 da CLT, OFERECER:**

EXCEÇÃO DE INCOMPETÊNCIA

em face de **NOME DO EXCEPTO**, qualificação e endereço completos, pelas razões de fato e de direito a seguir expostas.

I – REQUISITOS ESPECÍFICOS

Encontram-se presentes os requisitos específicos da exceção de incompetência, dentre os quais, destaca-se:

a) tempestividade: a presente exceção é tempestiva, uma vez que que foi apresentada no prazo de 5 dias contados do recebimento da notificação.

II – FATOS

Um breve resumo dos relatos trazidos pela proposta da prova. Atenção! Não crie dados!

III – MÉRITO

Nos termos do art. 651 da CLT, a regra para o ajuizamento da reclamação trabalhista, é o local da prestação de serviços, ainda que contratado em outro local.

Destaque o local onde foi ajuizada a demanda e requeira a remessa para o local da prestação dos serviços.

IV - REQUERIMENTOS FINAIS

Por todo exposto, requer:

a) que se receba a presente exceção de incompetência relativa, determine a suspensão do curso do processo, intime-se a excepta para, querendo, apresentar sua manifestação, conforme artigo 800, parágrafos 1º e 2º da CLT;

b) protesta por todos os meios de prova em direito admitidos, especialmente testemunhal e documental;

c) requer ainda seja conhecida e declarada a incompetência deste juízo para a remessa dos autos do processo para uma das Varas do Trabalho de ..., no estado de ..., para que o feito retorne ao seu curso normal, conforme disposto no artigo 800, parágrafo 4º da CLT.

Termos em que,

pede deferimento

Local e data

Advogado (a)

OAB n.º

2.2. EXERCÍCIO

EXERCÍCIO – PEÇA AUTORAL

Marinalva da Silva trabalhou para a empresa Viaje Bem Ltda., situada no município de Pirapora, no Estado de Mirabolas.

O contrato de trabalho teve início em 02/02/2019, com término em 12/02/2020, quando foi demitida sem motivo justificado, recebendo todas as verbas rescisórias.

Por entender que não recebeu algumas verbas próprias do contrato de trabalho, Marinalva ajuizou Reclamação Trabalhista em Niterói, sendo distribuída para 6ª Vara do Trabalho daquele município, no Rio de Janeiro, localidade onde nunca trabalhou, e tão pouco a empresa possui filial.

Você foi procurado pelo sócio da empresa Viaje Bem Ltda., para redigir a peça processual apta a defesa dos interesses de seu cliente, devendo levar em conta que jamais realizou qualquer atividade empresarial na localidade em que foi ajuizado o processo.

Checklist:

→ Quem é o cliente? A empregadora, Viaje Bem Ltda.

→ Qual é a fase processual? Fase de conhecimento.

→ O que a cliente deseja? Que seja reconhecida a incompetência da 6ª Vara do Trabalho de Niterói, Rio de Janeiro, vez que a empregada nunca trabalhou neste local.

→ Caráter urgente? A proposta não contém dados, por isso, conclui-se que não.

→ Algum ponto relevante? Atentar sempre para a data da intimação.

→ Qual é a peça processual? Exceção de incompetência relativa.

→ Fundamento legal: arts. 799 e 800 da CLT.

Hora de resolver!

AO DOUTO JUÍZO DA 6ª VARA DO TRABALHO DE NITERÓI/RJ

Processo nº

Viaje Bem Ltda., qualificação e endereço completos, vem, à presença de Vossa Excelência, por intermédio de seu advogado abaixo assinado (procuração anexa), com indicação de endereço profissional, onde recebe as intimações e notificações, **com fulcro no art. 800 da CLT, OFERECER:**

EXCEÇÃO DE INCOMPETÊNCIA

em face de **Marinalva Da Silva**, qualificação e endereço completos, pelas razões de fato e de direito a seguir expostas.

I – REQUISITOS ESPECÍFICOS

Encontram-se presentes os requisitos específicos da exceção de incompetência, dentre os quais, destaca-se:

a) tempestividade: a presente exceção é tempestiva, uma vez que que foi apresentada no prazo de 5 dias contados do recebimento da notificação.

II – FATOS

A Excipiente esclarece que a reclamante exceta foi contratada em Pirapora, no Estado de Mirabolas. Os serviços sempre foram prestados em Pirapora, localidade acordada entre as partes desde o início do contrato de trabalho. No dia 12 de fevereiro de 2020, a Excipiente dispensou a excepta imotivadamente.

III – MÉRITO

Nos termos do art. 651 da CLT, a regra para o ajuizamento da reclamação trabalhista, é o local da prestação de serviços, ainda que contratado em outro local.

Assim, tendo a excepta ajuizado reclamatória em Niterói, sendo distribuída para a 6ª Vara do Trabalho de Niterói, Rio de Janeiro, observa-se a incompetência territorial deste juízo para processar e julgar o presente feito, por se tratar de local diverso da sua prestação de serviço, já que a excepta trabalhou durante todo o período do contrato de trabalho em Pirapora, no Estado de Mirabolas, acrescentando que a excipiente nunca desenvolveu nenhuma atividade no município para qual foi distribuída a ação.

Pelo exposto, requer, a remessa dos autos para a Vara do Trabalho de Pirapora, Estado de Mirabolas, local da prestação dos serviços da reclamante excepta.

IV – REQUERIMENTOS FINAIS

Por todo exposto, requer:

a) que receba a presente exceção de incompetência relativa, suspenda o feito e intime-se a excepta para, querendo, apresentar sua manifestação em 5 dias, nos termos do art. 800, parágrafos 1º e 2º da CLT;

b) a produção de todos os meios de prova em direito admitidos, especialmente testemunhal, documental e depoimento pessoal da excepta;

c) requer ainda, o reconhecimento da incompetência deste Juízo para julgar a demanda e a remessa dos autos ao juízo de Pirapora, no Estado de Mirabolas, para que o processo retome seu curso, nos termos do art. 800, parágrafo 4º, da CLT.

Termos em que,
pede deferimento.
Local e data.
Advogado (a)
OAB nº

15

AÇÃO DE CUMPRIMENTO

1. CABIMENTO

Ação de cumprimento consiste em ação cognitiva, de natureza condenatória, que tem como objetivo o cumprimento de cláusulas constantes em acordo coletivo de trabalho, convenção coletiva de trabalho ou sentença normativa, que tenham sido descumpridas, conforme consta do artigo 872 da CLT, Lei nº 8.984/95 e súmula 246 do TST.

Acrescenta-se que o acordo e a convenção coletiva de trabalho, encontram-se no artigo 611 da CLT.

Art. 611 CLT – Convenção Coletiva de Trabalho é o acordo de caráter normativo, pelo qual dois ou mais Sindicatos representativos de categorias econômicas e profissionais estipulam condições de trabalho aplicáveis, no âmbito das respectivas representações, às relações individuais de trabalho.

§ 1º É facultado aos Sindicatos representativos de categorias profissionais celebrar Acordos Coletivos com uma ou mais empresas da correspondente categoria econômica, que estipulem condições de trabalho, aplicáveis no âmbito da empresa ou das acordantes respectivas relações de trabalho.

§ 2º As Federações e, na falta desta, as Confederações representativas de categorias econômicas ou profissionais poderão celebrar convenções coletivas de trabalho para reger as relações das categorias a elas vinculadas, inorganizadas em Sindicatos, no âmbito de suas representações.

Art. 872 CLT – Celebrado o acordo, ou transitada em julgado a decisão, seguir-se-á o seu cumprimento, sob as penas estabelecidas neste Título.

Parágrafo único – Quando os empregadores deixarem de satisfazer o pagamento de salários, na conformidade da decisão proferida, poderão os empregados ou seus sindicatos, independentes de outorga de poderes de seus associados, juntando certidão de tal decisão, apresentar reclamação à Junta ou Juízo competente, observado o processo previsto no Capítulo II deste Título, sendo vedado, porém, questionar sobre a matéria de fato e de direito já apreciada na decisão.

Lei Nº 8.984/95

***Art. 1º** Compete à Justiça do Trabalho conciliar e julgar os dissídios que tenham origem no cumprimento de convenções coletivas de trabalho ou acordos coletivos de trabalho, mesmo quando ocorram entre sindicatos ou entre sindicato de trabalhadores e empregador.*

Art. 114, CF. Compete à Justiça do Trabalho processar e julgar:

...

III. as ações sobre representação sindical, entre sindicatos, entre sindicatos e trabalhadores, e entre sindicatos e empregadores;

IMPORTANTE:

1 – as partes são **RECLAMANTE** e **RECLAMADO**;

2 – competência da **VARA DO TRABALHO**, art. 114 CF e 872 da CLT e Lei nº 8.984/95;

3 – pode ser ajuizada pelo sindicato de classe ou pelos trabalhadores interessados, art. 872 CLT;

4 – é dispensável o trânsito em julgado da sentença normativa para o ajuizamento da ação de cumprimento, Lei 7.701/88, arts 7º e 10, e súmula 246 TST.

Lei 7.701/88

***Art. 7º** – Das decisões proferidas pelo Grupo Normativo dos Tribunais Regionais do Trabalho, caberá recurso ordinário para o Tribunal Superior do Trabalho.*

...

§ 6º – *A sentença normativa poderá ser objeto de ação de cumprimento a partir do 20º (vigésimo) dia subsequente ao do julgamento, fundada no acórdão ou na certidão de julgamento, salvo se concedido efeito suspensivo pelo Presidente do Tribunal Superior do Trabalho.*

...

Art. 10 – Nos dissídios coletivos de natureza econômica ou jurídica de competência originária ou recursal da seção normativa do Tribunal Superior do Trabalho, a sentença poderá ser objeto de ação de cumprimento com a publicação da certidão de julgamento.

Jurisprudência

Súmula nº 246 do TST – AÇÃO DE CUMPRIMENTO. TRÂNSITO EM JULGADO DA SENTENÇA NORMATIVA -É dispensável o trânsito em julgado da sentença normativa para a propositura da ação de cumprimento.

Súmula nº 286 do TST – SINDICATO. SUBSTITUIÇÃO PROCESSUAL. CONVENÇÃO E ACORDO COLETIVOS – *A legitimidade do sindicato para propor ação de cumprimento estende-se também à observância de acordo ou de convenção coletivos.*

2. ESTRUTURA

Como identificar que a peça é uma ação de cumprimento? A proposta da prova narrará a celebração de uma norma coletiva (convenção ou acordo coletivo de trabalho) não cumprida pela empresa. Você será procurado como advogado (a) pelo sindicato de classe ou pelos trabalhadores interessados.

Utilizaremos a chamada "**estrutura coringa**" em nossa prova na seguinte sequência:

I - Requisitos Específicos

II - Fatos

III - Liminar

IV - Mérito

V - Requerimentos Finais

Veja a estrutura:

AO DOUTO JUÍZO DA___VARA DO TRABALHO DE_____

NOME DO RECLAMANTE, qualificação e endereço completos, vem, por seu advogado, procuração anexa, com escritório no endereço completo, que indica para fins de recebimento de notificações e intimações, **com fulcro no artigo 872 da CLT e Lei nº 8.984/95,1º, PROPOR:**

AÇÃO DE CUMPRIMENTO

em face de **NOME DO RECLAMADO**, qualificação e endereço completo, pelas razões de fato e de direito que a seguir expõe:

I – REQUISITOS ESPECÍFICOS

Pequeno parágrafo tratando da legitimidade do cabimento e da cláusula descumprida. Se a questão mencionar que existe recurso pendente de julgamento, citar a súmula 246 do TST e artigos 872 da CLT e 7º, 6º da Lei 7.701/88.

II – FATOS

Destacar qual é a cláusula prevista em norma coletiva ou sentença normativa que está sendo violada pela empresa.

III - MÉRITO

Na ação de cumprimento não é permitido a discussão sobre questões de fato e de direito, tendo em vista que já foram apreciadas pela sentença normativa ou estipuladas em acordo coletivo ou convenção coletiva de trabalho.

Os fatos na ação de cumprimento restringem-se à violação da sentença normativa, acordo coletivo ou convenção coletiva de trabalho, pelo empregador, enquanto o mérito limita-se à inviolabilidade da decisão.

O examinando deve requerer que a empresa cumpra os temos da sentença normativa ou da norma coletiva.

IV - REQUERIMENTOS FINAIS

Por todo exposto, requer:

a) prioridades, *se for o caso*;

b) gratuidade de justiça, *se for o caso*;

c) receber a presente e notificar o reclamado, de todos os seus termos, para, querendo, contestar a presente, sob os efeitos da revelia, e finalmente, sejam julgados procedentes os pedidos para compelir o reclamado ao cumprimento do estabelecido no acordo coletivo de trabalho OU convenção coletiva de trabalho OU sentença normativa, acrescido de juros e correção monetária;

d) protesta por todos os meios de prova em direito admitidos em direito, especialmente testemunhal, documental e depoimento pessoal.

Dá-se à causa o valor de R$ ....

Termos em que,

pede deferimento

Local e data

Advogado (a).

OAB n.º

3. EXERCÍCIO

EXERCÍCIO – PEÇA AUTORAL

Celebrada Convenção Coletiva de Trabalho entre o Sindicato dos Catadores de Piolho e o Sindicato das Empresas de Tratamento Capilar, constando, dentre outras cláusulas, a obrigação do pagamento de adicional de tempo de serviço, denominado triênio, na base de 5% sobre os salários dos trabalhadores, que devem ser pagos a cada 3 anos de trabalho ininterrupto.

No entanto, o empregador de José Trindade, Cabelo Lindo Ltda., insiste em não cumprir o disposto na cláusula 23, sob argumento de que não é obrigado.

Procurado por José, você precisa defender o direito ao recebimento dos triênios, elaborando a peça profissional, sendo certo que seu cliente, lhe entregou a norma coletiva para juntar aos autos.

Checklist:

→ Quem é o cliente? O empregado, José Trindade.

→ Qual é a fase processual? Fase de conhecimento.

→ O que a cliente deseja? O cumprimento da cláusula 23 da convenção coletiva de trabalho da categoria.

→ Caráter urgente? Não.

→ Algum ponto relevante? Não.

→ Qual é a peça processual? Ação de cumprimento.

→ Fundamento legal: arts. 872, da CLT e 1º da Lei nº 8.984/95.

Hora de resolver!

AO DOUTO JUÍZO DA___VARA DO TRABALHO DE___

José Trindade, qualificação e endereço completos, vem, por seu advogado, procuração anexa, com escritório endereço completo, que indica para os fins de recebimento de notificações e intimações, **com fulcro no artigo 872 da CLT e Lei 8.984/95, 1º, PROPOR:**

AÇÃO DE CUMPRIMENTO

em face de **Cabelo Lindo Ltda**, qualificação e endereço completos, pelas razões de fato e de direito que a seguir expõe:

I – REQUISTOS ESPECÍFICOS

O reclamante é parte legítima para figurar no polo ativo da presente demanda, ainda que de forma individual, eis que integrante da categoria cuja cláusula 23ª da convenção coletiva de trabalho está sendo descumprida, acrescentando-se que a competência é da Vara do Trabalho, conforme disposto no artigo 872 da CLT.

II - FATOS

Em Convenção Coletiva de Trabalho celebrada entre o Sindicato dos Catadores de Piolho e o Sindicato das Empresas de Tratamento Capilar, consta cláusula que impõe aos empregadores a obrigação do pagamento de adicional de tempo de serviço, denominado triênio, na base de 5% sobre os salários dos trabalhadores, que deve ser pago a cada 3 anos de trabalho ininterrupto.

III - MÉRITO

Contudo, o reclamado insiste em não efetuar os pagamentos ao reclamante, em inobservância total ao que consta da cláusula 23 do instrumento normativo, em anexo.

Assim, é a presente para requerer a condenação do reclamado ao pagamento dos triênios, inclusive os atrasados.

IV - REQUERIMENTOS FINAIS

Por todo exposto, requer:

a) receber a presente e notificar o reclamado, de todos os seus termos, para, querendo, contestar a presente ação, sob os efeitos da revelia, e finalmente, sejam julgados procedentes os pedidos para compelir o reclamado ao cumprimento do estabelecido na convenção coletiva de trabalho, acrescido de juros e correção monetária;

b) protesta por todos os meios de prova em direito admitidos em direito, especialmente testemunhal, documental e depoimento pessoal.

Dá-se à causa o valor de R$ ....

Termos em que,

pede deferimento

Local e data

Advogado (a)

OAB n.º

16

HOMOLOGAÇÃO DE ACORDO EXTRAJUDICIAL

1. CABIMENTO

O procedimento de Homologação de Acordo Extrajudicial, a jurisdição voluntária da Justiça do Trabalho, foi incluído na CLT pela reforma trabalhista, com previsão nos artigos 855-B ao 855-E, que possibilitou a empregado e empregador, celebrar acordo, de forma extrajudicial, submetendo a homologação do Juiz do Trabalho.

> ***Art. 855-B.*** *O processo de homologação de acordo extrajudicial terá início por petição conjunta, sendo obrigatória a representação das partes por advogado.*
>
> § *1º* As partes não poderão ser representadas por advogado comum.
>
> § *2º* Faculta-se ao trabalhador ser assistido pelo advogado do sindicato de sua categoria.
>
> ***Art. 855-C.*** *O disposto neste Capítulo não prejudica o prazo estabelecido no* § 6º do art. 477 desta Consolidação e não afasta a aplicação da multa prevista no § 8º *art. 477 desta Consolidação.*
>
> **Art. 855-D.** *No prazo de quinze dias a contar da distribuição da petição, o juiz analisará o acordo, designará audiência se entender necessário e proferirá sentença.*

Art. 855-E. A petição de homologação de acordo extrajudicial suspende o prazo prescricional da ação quanto aos direitos nela especificados.

Parágrafo único. O prazo prescricional voltará a fluir no dia útil seguinte ao do trânsito em julgado da decisão que negar a homologação do acordo.

⚠ Por se tratar de processo de jurisdição voluntária, não há sucumbência, logo cada parte interessada arca com os honorários de seu advogado (art. 88 do CPC).

A decisão que analisa o acordo é uma **SENTENÇA.**

- a sentença que **HOMOLOGA O ACORDO** extingue o processo com resolução do mérito (art. 487, III, do CPC). Trata-se de decisão irrecorrível para as partes, que transita em julgado na data de sua homologação (art. 831, parágrafo único, da CLT e Súmula 100, V, do TST).
- a sentença que **NÃO HOMOLOGA O ACORDO** extingue o processo sem resolução do mérito (art. 485, VI, do CPC), sendo cabível o recurso ordinário.

<u>IMPORTANTE:</u>

- petição conjunta (**REQUERENTES**);
- é obrigatória a participação de advogado;
- não é permitido que um advogado represente ambos os requerentes;
- não é permitido o exercício do *jus postulandi;*
- o juiz tem o prazo de 15 dias para analisar o acordo, contados a partir da distribuição;
- não prejudica o prazo previsto no artigo 477, 6º da CLT e nem afasta a multa prevista no parágrafo 8º do mesmo artigo;
- não há sucumbência, logo cada parte arca com os honorários de seu advogado, art. 88 do CPC;
- a decisão que homologa o acordo é uma sentença, que extingue o processo com resolução do mérito, artigo 487, III do CPC, e transita em julgado na data da homologação, conforme súmula 100, V do TST;
- não há produção de provas;
- se o magistrado não homologar, caberá a interposição de Recurso Ordinário.

2. ESTRUTURA

Como identificar que a peça é uma homologação de acordo extrajudicial? A proposta da prova apresentará uma narrativa de que os interessados decidem ir à juízo para pedir a homologação de um acordo extrajudicial firmado, buscando assim, segurança jurídica.

Utilizaremos a chamada "**estrutura coringa**" em nossa prova na seguinte sequência:

I - Requisitos Específicos

II - Fatos

III - Liminar

IV - Mérito

V - Requerimentos Finais

Veja a estrutura:

AO DOUTO JUÍZO DA___VARA DO TRABALHO DE___

NOME DO EMPREGADO, qualificação e endereço completos e **NOME DO EMPREGADOR**, qualificação e endereço completos, vem, à presença de Vossa Excelência, por intermédio de seus advogados abaixo assinados (procurações anexas), com indicação de endereços profissionais, onde recebem intimações e notificações, com fulcro nos arts. 855-B a 855-E, da CLT, REQUERER:

HOMOLOGAÇÃO DE ACORDO EXTRAJUDICIAL

pelas razões de fato e de direito a seguir expostas:

I – REQUISITOS ESPECÍFICOS

Tendo em vista a composição amigável celebrada pelos requerentes, de forma extrajudicial, apresentam petição conjunta, cada um representado por advogado contratado, seguindo o que dispõe o art. 855-B da CLT, com pedido de homologação.

II – FATOS

Destacar os dados essenciais do contrato de trabalho: data de admissão, função, salário e data da dispensa.

Exemplo: Júlio Nogueira (primeiro requerente) foi contratado pela Batalha Ltda. (segunda requerente) no dia.........., para exercer a função de.........., recebendo salário de R$........... O contrato encerrou em.........., com a dispensa sem justa causa do ex-empregado.

Os requerentes celebram acordo extrajudicial nos termos a seguir expostos e requererem a homologação por este juízo.

III – MÉRITO

Os requerentes voluntariamente celebram acordo nos seguintes termos:

a) é objeto do presente acordo: comissões – R$.... ; horas extras – R$.... ;

b) a Empresa (segunda requerente) pagará ao ex-empregado (primeiro requerente) a importância líquida de R$... em .... parcelas de R$...., vencendo a primeira no dia ..... e as demais nos mesmos dias dos meses subsequentes;

c) o pagamento será feito através de depósito bancário, cujos dados são os seguintes: Banco.........., agência.........., titular.........., CPF..........;

d) o inadimplemento de qualquer das parcelas implicará o vencimento antecipado das demais (art. 891 da CLT) e a incidência de multa de xxx sobre o valor total das parcelas vincendas;

e) cada parte arcará com os honorários de seus procuradores, à luz do art. 88 do CPC.

Pelo exposto, requerem a homologação do acordo extrajudicial, declarando quitados os direitos nele especificados.

IV – REQUERIMENTOS FINAIS

Por todo exposto, requerem a homologação do acordo que se apresenta, nos termos da fundamentação supra e, após a comprovação do seu cumprimento, seja o feito extinto com resolução do mérito.

Dá-se à causa o valor de R$...

Termos em que,
pede deferimento.
Local e data.
Advogado (a) do 1º requerente
OAB nº
Advogado (a) do 2º requerente
OAB nº

3. EXERCÍCIO

EXERCÍCIO – PEÇA AUTORAL

Guilherme Inácio trabalhou na função de vendedor, durante 5 anos para a empresa Mágica dos Sonhos Ltda., quando foi dispensado sem justa causa, entendendo ser credor de 2 horas extras diárias, durante o ano de 2018, nos meses de março e abril e férias relativas aos períodos 2017/2018 e 2018/2019, acrescidas de 1/3.

Como Guilherme sempre teve uma boa relação com os donos da empresa, resolveu procurá-los para apresentar uma proposta de acordo, que foi aceita imediatamente.

Diante disso, decidiram procurar seus respectivos advogados para submeter o acordo à Justiça do Trabalho, com petição conjunta requerendo a homologação.

Você é um dos advogados procurados pelos interessados e precisa elaborar a petição, levando em consideração que a prestação de serviços ocorreu em Vitória, Espírito Santo, que o acordo será pago em 3 parcelas iguais, em depósito na conta corrente de Guilherme, com multa de 30% em caso de inadimplência.

Checklist:

→ Quem é o cliente? A proposta menciona apenas que você foi procurado por um dos interessados (Guilherme ou Mágica dos Sonhos Ltda).

→ Qual é a fase processual? Fase de conhecimento.

→ O que a cliente deseja? A homologação de um acordo extrajudicial.

→ Caráter urgente? Não.

→ Algum ponto relevante? Cada um dos interessados estará representado por seu advogado.

→ Qual é a peça processual? Homologação de acordo extrajudicial.

→ Fundamento legal: arts. 855-B a 855-E da CLT.

Hora de resolver!

AO DOUTO JUÍZO DA___VARA DO TRABALHO DE VITÓRIA/ES

Guilherme Inácio, qualificação e endereço completos e **Mágica dos Sonhos Ltda.**, qualificação e endereço completos, vem, à presença de Vossa Excelência, por intermédio de seus advogados abaixo assinados (procurações anexas), com indicação de endereços profissionais, onde recebem intimações e notificações, **com fulcro nos arts. 855-B a 855-E, do CPC, REQUERER**:

HOMOLOGAÇÃO DE ACORDO EXTRAJUDICIAL

pelas razões de fato e de direito a seguir expostas:

I – REQUISITOS ESPECÍFICOS

Tendo em vista a composição amigável celebrada pelos requerentes, de forma extrajudicial, apresentam petição conjunta, cada um representado por advogado contratado, seguindo o que dispõe o art. 855-B da CLT, com pedido de homologação.

II – FATOS

Guilherme Inácio foi empregado da empresa Mágica dos Sonhos Ltda. durante 5 anos, para exercer a função de vendedor.

O contrato encerrou com a dispensa sem justa causa. Durante o contrato de trabalho não foram pagas, 2 horas extras diárias, efetivamente prestadas nos meses de março e abril de 2018 e as férias dos períodos de 2017/2018 e 2018/2019, com acréscimo de 1/3.

Os requerentes celebram acordo extrajudicial nos termos a seguir expostos e requererem a homologação por este juízo.

III – MÉRITO

Os requerentes voluntariamente celebram acordo nos seguintes termos:

a) 2 horas extras diárias, durante o ano de 2018, nos meses de março e abril, no valor de R$...;

b) férias relativas aos períodos 2017/2018 e 2018/2019, acrescidas de 1/3, no valor de R$...;

c) o pagamento será feito através de depósito bancário, cujos dados são os seguintes: Banco.........., agência.........., titular.........., CPF..........;

d) o inadimplemento de qualquer das parcelas implicará o vencimento antecipado das demais (art. 891 da CLT) e a incidência de multa de 30% sobre o valor total das parcelas vincendas;

e) cada parte arcará com os honorários de seus procuradores, à luz do art. 88 do CPC.

Pelo exposto, requerem a homologação do acordo extrajudicial, declarando quitados os direitos nele especificados.

IV – REQUERIMENTOS FINAIS

Por todo exposto, requerem a homologação do acordo que se apresenta, nos termos da fundamentação supra e, após a comprovação do seu cumprimento, seja o feito extinto com resolução do mérito.

Dá-se à causa o valor de R$...

Termos em que,
pede deferimento.

Local e data.

Advogado (a) do 1º requerente

OAB nº

Advogado (a) do 2º requerente

OAB nº

17

RECURSO ORDINÁRIO

1. CABIMENTO

O cabimento do RO está disciplinado no art. 895 da CLT:

> Art. 895, CLT. Cabe recurso ordinário para a instância superior:
>
> I – das decisões definitivas ou terminativas das Varas e Juízos, no prazo de 8 (oito) dias; e
>
> II – das decisões definitivas ou terminativas dos Tribunais Regionais, em processos de sua competência originária, no prazo de 8 (oito) dias, quer nos dissídios individuais, quer nos dissídios coletivos.

A principal finalidade de utilização do RO é impugnar a sentença proferida pelo juiz do trabalho de primeiro grau (art. 895, inciso I), no prazo de 8 dias, contados da publicação da sentença.

O RO interposto contra a sentença do juiz da Vara do Trabalho é processado e julgado pelo Tribunal Regional do Trabalho da respectiva região (TRT).

Nos termos do inciso I do art. 895, a sentença recorrível mediante RO pode ser terminativa ou definitiva.

• **SENTENÇA TERMINATIVA**: tecnicamente, é a sentença de **extinção do processo sem resolução do mérito**. De modo sumário, é aquela que termina o feito sem definir nada sobre a relação jurídica posta ao julgamento do juiz. Alguns casos de sentença terminativa encontram-se no art. 485 do CPC, que valem como exemplos.

• **SENTENÇA DEFINITIVA**: é a sentença que **resolve o mérito** da reclamação, definindo-se disposições imperativas sobre a relação jurídica posta a julgamento. A clássica sentença definitiva é a que julga **PROCEDENTES** ou **IMPROCEDENTES** os pedidos formulados na reclamação. Outros exemplos de sentença definitiva encontram-se no art. 487 do CPC.

Atenção! O RO só é cabível contra **SENTENÇAS**. Lembre-se do **princípio da irrecorribilidade imediata das decisões interlocutórias**, que proíbe a interposição de recursos contra tal espécie de decisão judicial, que só pode ser impugnada nas razões do recurso interposto contra a decisão definitiva (decisão interlocutória deve ser impugnada, em regra, juntamente com os fundamentos da sentença final).

Apenas em algumas hipóteses especialíssimas poderá ser interposto recurso de imediato contra decisões interlocutórias. O TST fixou na Súmula nº 214 exceções à regra de que as decisões interlocutórias sejam irrecorríveis. Veja:

Súmula n. 214 do TST, alínea a

"Na Justiça do Trabalho, nos termos do art. 893, § 1º, da CLT, as decisões interlocutórias não ensejam recurso imediato, salvo nas hipóteses de decisão:

a) de Tribunal Regional do Trabalho contrária à Súmula ou Orientação Jurisprudencial do Tribunal Superior do Trabalho;

Se a decisão interlocutória do TRT for contrária a Súmula ou OJ do TST, caberá recurso imediato. O recurso será aquele cabível na hipótese, tendo em vista o regimento interno do tribunal.

b) suscetível de impugnação mediante recurso para o mesmo Tribunal;

c) que acolhe exceção de incompetência territorial, com a remessa dos autos para Tribunal Regional distinto daquele a que se vincula o juízo excepcionado, consoante o disposto no art. 799, § 2º, da CLT."

Exemplo: Samantha ajuizou reclamação trabalhista em Salvador (BA). A empresa reclamada, no entanto, opôs exceção de incompetência territorial, porque Samantha teria prestado serviços no Recife (PE), razão pela qual a reclamação deveria ser remetida a uma das Varas do Trabalho de Recife. O juiz acolhe a exceção e remete os autos a uma das Varas de Recife. Nesse caso, a decisão do juiz é interlocutória terminativa do feito na Vara do Trabalho de Salvador, razão pela qual cabe **Recurso Ordinário** contra essa decisão interlocutória ao TRT da 5ª Região (Bahia).

Exatamente o mesmo raciocínio valeria para o caso de remessa do processo a tribunal distinto que seja de outro ramo do Poder Judiciário (como Tribunal de Justiça ou Tribunal Regional Federal).

Esta última hipótese é abordada também em caráter legal, especificamente no art. 799, §2º, da CLT:

Das decisões sobre exceções de suspeição e incompetência, salvo, quanto a estas, se terminativas do feito [contra a qual caberá recurso – acréscimo do professor], não caberá recurso, podendo, no entanto, as partes alegá-las novamente no recurso que couber da decisão final.

Checklist:

REGRA GERAL: não cabe recurso imediato contra decisão interlocutória.

EXCEÇÕES:

✓ Decisão interlocutória do TRT contrária a Súmula ou OJ do TST.

✓ Decisão interlocutória recorrível dentro do mesmo tribunal.

✓ Decisão terminativa que remeta o processo para Tribunal diferente (TRT/TJ/TRF/TRE) daquele em que o processo se encontra (se for decisão do juiz do trabalho, cabe **RECURSO ORDINÁRIO**).

A hipótese do inciso II do art. 895 é menos comum, mas deve ser estudada com muita atenção.

Em alguns casos específicos, o **TRT** detém a **competência originária** para processar e julgar a ação. Para relembrá-lo, caso não recorde, conceituo abaixo os tipos de competência jurisdicional quanto ao momento de apreciação da causa (ou quanto à função):

• **COMPETÊNCIA ORIGINÁRIA**: o órgão originariamente competente detém a incumbência de processar e julgar aquela matéria logo de início, desde que a respectiva ação é ajuizada.

Exemplo: o julgamento de ações rescisórias destinadas a desconstituir sentença de juiz do trabalho ou acórdão de TRT compete originariamente ao TRT. Logo, o juiz do trabalho da vara jamais exercerá jurisdição em ação rescisória, sob pena de nulidade absoluta por incompetência funcional.

Súmula n. 158 do TST. Da decisão de Tribunal Regional do Trabalho, em ação rescisória, é cabível recurso ordinário para o Tribunal Superior do Trabalho, em face da organização judiciária trabalhista.

• **COMPETÊNCIA DERIVADA**: o órgão é competente para processar e julgar uma ação em decorrência da interposição de algum recurso.

Exemplo: a Vara do Trabalho é originariamente competente para processar e julgar reclamações trabalhistas comuns em que se discutem verbas rescisórias. O TRT detém a competência derivada para apreciar tais reclamações, pois o exercício de sua jurisdição decorre da interposição do RO.

Veja alguns exemplos de competência originária do TRT para processar e julgar, dentre outros:

• Ação Rescisória ajuizada para desconstituir sentença de juiz do trabalho ou acórdão do próprio TRT – Dissídio Individual.

• Mandado de Segurança contra ato de juiz do trabalho ou do próprio TRT – Dissídio Individual.

• Reclamação para preservação de sua competência e garantia da autoridade de suas decisões (art. 988 do CPC) – Dissídio Individual.

• DISSÍDIOS COLETIVOS envolvendo interesses que não ultrapassem o território de jurisdição do respectivo TRT.

Nos processos em que o TRT detenha competência originária – isto é, tenha competência para apreciar a causa pela primeira vez –, **caberá RO ao Tribunal Superior do Trabalho (TST)**, também no prazo de 8 DIAS a contar da publicação do acórdão do TRT.

Atenção! Não é só o TRT quem pode apreciar Recursos Ordinários! O TST também pode!

2. PROCEDIMENTO

Na primeira hipótese de cabimento do RO (contra sentença de juiz), a interposição deverá ocorrer dentro do prazo de 8 dias da publicação da sentença, prazo este que, terá sua contagem iniciada a partir da ciência efetiva do teor da sentença, com exclusão do dia do começo e inclusão do dia do vencimento.

A interposição do RO deve ocorrer mediante simples petição (art. 899 da CLT).

Ademais, o RO deve ser interposto com endereçamento **AO DOUTO JUÍZO DO TRABALHO RECORRIDO**.

O RO é composto por duas peças:

- **1) PEÇA DE INTERPOSIÇÃO (folha de rosto)**, que é dirigida **ao juízo recorrido**, solicitando admissão do recurso e remessa ao TRT.
- **2) PEÇA DE RAZÕES RECURSAIS**, esta sim endereçada **ao TRT**, com menção ao "**Egrégio Tribunal**" e aos "**Nobres Desembargadores do Trabalho**".

Assim que o juiz do trabalho recorrido tomar conhecimento da interposição do recurso, ele dará à parte recorrida o mesmo prazo do RO (8 DIAS) para que apresente **CONTRARRAZÕES AO RO**. A previsão legal das contrarrazões está no art. 900 da CLT:

Art. 900. Interposto o recurso, será notificado o recorrido para oferecer as suas razões, em prazo igual ao que tiver tido o recorrente.

Checklist:

O prazo das Contrarrazões será sempre o mesmo prazo que o recorrente tiver tido para interpor o recurso. Esta regra decorre do princípio da igualdade processual (paridade de armas).

Após o término do prazo para que a parte recorrida apresente suas Contrarrazões ao RO, o juiz exercerá o **PRIMEIRO JUÍZO DE ADMISSIBILIDADE**, analisando se estão presentes os pressupostos de admissibilidade intrínsecos e extrínsecos.

Se o juiz entender que tais pressupostos de admissibilidade estão presentes, ele remeterá os autos do processo ao TRT, para processamento do recurso.

Por outro lado, se o juiz entender que falta o preenchimento de algum pressuposto de admissibilidade, deverá inadmitir o recurso. Essa inadmissão também pode ser identificada como **denegação de seguimento**.

Verificando a parte recorrente que o RO foi inadmitido/denegado pelo juiz no primeiro juízo de admissibilidade, poderá interpor o recurso de **AGRAVO DE INSTRUMENTO ao TRT**, requerendo o destrancamento do recurso para que ele seja analisado. Estudaremos este recurso nos próximos capítulos.

Em se tratando da segunda hipótese de cabimento do RO (contra acórdão do TRT proferido em ação de sua competência originária), a lógica é exatamente a mesma quanto ao **prazo para contrarrazões** à parte recorrida e quanto ao **primeiro juízo de admissibilidade** – o qual nesse caso será exercido pelo **TRT**.

O papel que o Juiz do Trabalho da Vara exerce no caso de RO contra sua sentença será exercido pelo TRT, nesta hipótese. Outrossim, o papel que seria exercido pelo TRT na outra hipótese de RO (destinatário) será exercido pelo TST (que receberá o RO).

Há um só ponto que merece detalhamento a respeito da remessa do processo ao TST: o órgão interno do TST que deverá apreciar o mérito do RO. **O Regimento Interno do TST determina o órgão interno competente de acordo com a natureza do dissídio: se individual ou coletivo.**

Em se tratando de Dissídio Individual (ação rescisória de sentença ou acórdão de dissídio individual, mandado de segurança, reclamação etc.), a competência funcional para processar e julgar o RO, dentro do TST, será da Subseção de Dissídios Individuais n. II (SBDI-II) – que alguns nomeiam resumidamente como **SDI-II**.

Já quanto aos Dissídios Coletivos, a competência funcional para processar e julgar o RO, dentro do TST, será da **Seção de Dissídios Coletivos (SDC)**.

3. RO NO PROCEDIMENTO SUMARÍSSIMO

Tanto no procedimento ordinário como no sumaríssimo, a ordem de elementos do processamento do RO (juízo de admissibilidade, prazo para contrarrazões etc.) é igual.

Algumas diferenças constam na CLT, e consistem em detalhes de funcionamento do trâmite do RO no âmbito do TRT.

Art. 895 da CLT:

§1º. Nas reclamações sujeitas ao procedimento sumaríssimo, o recurso ordinário:

I – (VETADO).

II – será imediatamente distribuído, uma vez recebido no Tribunal, devendo o relator liberá-lo no prazo máximo de dez dias, e a Secretaria do Tribunal ou Turma colocá-lo imediatamente em pauta para julgamento, sem revisor;

No procedimento ordinário, não há um prazo para que o relator libere o RO para julgamento. No sumaríssimo, o relator deve fazer tal liberação no **PRAZO MÁXIMO de 10 DIAS**, a contar da distribuição do RO ao relator, que deverá ocorrer de imediato (distribuição imediata, designando-se um relator logo que o RO chega ao TRT).

III – terá parecer oral do representante do Ministério Público presente à sessão de julgamento, se este entender necessário o parecer, com registro na certidão;

No procedimento ordinário, o parecer do **MPT**, quando necessário, pode ser oferecido por petição nos autos. No procedimento sumaríssimo, o MPT deverá expor seu parecer de forma **ORAL** na Sessão de Julgamento, havendo registro desse parecer na Certidão de Julgamento.

IV – terá acórdão consistente unicamente na certidão de julgamento, com a indicação suficiente do processo e parte dispositiva, e das razões de decidir do voto prevalente. Se a sentença for confirmada pelos próprios fundamentos, a certidão de julgamento, registrando tal circunstância, servirá de acórdão.

A **Certidão de Julgamento** é um documento lavrado pelo Secretário do órgão julgador (turma, câmara, plenário etc.). Nessa certidão, o Secretário certifica que o órgão proferiu determinada decisão, fazendo citação direta à decisão (negou provimento, deu provimento, converteu o feito em diligência etc.).

- Se a sentença de primeiro grau for reformada em algum ponto, os termos da Certidão de Julgamento devem ser acompanhados da indicação suficiente dos pontos do processo discutidos, da formulação parte dispositiva que ordena a alteração daquele ponto da decisão e das razões de decidir que prevaleceram para a modificação da decisão de primeiro grau.
- Se a sentença de primeiro grau for mantida por seus próprios fundamentos (nenhuma alteração), o acórdão consistirá nos termos da própria Certidão de Julgamento.

Por não haver prejuízo, não existirá nenhuma nulidade se, mesmo no procedimento sumaríssimo, o acórdão tiver todos seus elementos completos, como se a causa tramitasse sob o rito ordinário.

§2º Os Tribunais Regionais, divididos em Turmas, poderão designar Turma para o julgamento dos recursos ordinários interpostos das sentenças prolatadas nas demandas sujeitas ao procedimento sumaríssimo.

Pode o TRT, assim querendo, determinar que **uma Turma específica** fique incumbida de processar e julgar unicamente recursos ordinários interpostos contra sentenças em reclamações de procedimento sumaríssimo.

4. ESTRUTURA

Como identificar que a peça é um Recurso Ordinário? O último momento processual é uma sentença do juiz ou um acórdão do TRT em processo de sua competência originária.

O Recurso Ordinário será interposto em duas peças:

- **PEÇA DE INTERPOSIÇÃO** (folha de rosto)

A peça de interposição é dirigida ao juízo *a quo*, isto é, aquele que proferiu a decisão. Siga o roteiro:

→ Endereçamento
→ Nº do processo
→ RECORRENTE e qualificação
→ RECORRIDO e qualificação
→ Nome do recurso e fundamento
→ Pressupostos de admissibilidade
→ Pedidos
→ Fechamento

Veja a estrutura:

AO DOUTO JUÍZO DA ___VARA DO TRABALHO DE ___

Processo nº

RECORRENTE, já qualificado nos autos em epígrafe, em que litiga com **RECORRIDO**, também qualificado, vem à presença de Vossa Excelência, por intermédio de seu advogado abaixo assinado (procuração anexa), com indicação de endereço profissional, com fulcro no **art. 895, I, da CLT, INTERPOR**:

RECURSO ORDINÁRIO

para o Egrégio Tribunal Regional do Trabalho da ___ Região.

O presente recurso preenche todos os pressupostos de admissibilidade, dentre os quais destacam-se:

a) a **tempestividade**: o presente recurso é tempestivo, uma vez que foi interposto no prazo de 8 dias úteis;

b) o **depósito recursal**: recolhido, no valor de R$ ___, conforme guia anexa;

c) as **custas processuais**: recolhidas no valor de R$ ___, correspondentes a 2% do valor da condenação, consoante guia anexa.

Pelo exposto, requer o **recebimento** do presente recurso, a **intimação** do recorrido para, querendo, apresentar contrarrazões no prazo de 8 dias, conforme dispõe o art. 900 da CLT, e a posterior **remessa** ao Egrégio Tribunal Regional do Trabalho da ___ Região.

Termos em que,

pede deferimento.

Local e data.

Advogado (a)

OAB nº

Como a banca examinadora (FGV) exige que o examinando destaque em seu recurso ordinário o **preparo** (custas + depósito recursal), examinaremos de forma detalhada.

PREPARO

O preparo é um pressuposto de admissibilidade diretamente relacionado ao dinheiro. Basicamente, o preparo consiste no conjunto de despesas processuais existentes para a interposição de recursos.

Divide-se o preparo em duas coisas: **custas processuais** e **depósito recursal.**

→ DEPÓSITO RECURSAL

A necessidade do depósito recursal surge do art. 899, § 1º, da CLT, que condiciona a admissão de recursos, inclusive do recurso extraordinário, ao "depósito da respectiva importância". Essa importância corresponde ao **valor da condenação**, observando determinado limite fixado anualmente pelo Tribunal Superior do Trabalho.

Atenção! O depósito recursal somente será necessário se houver condenação em pecúnia, isto é, em valores. Se a sentença tiver resultado meramente declaratório, ou condenar alguém a cumprir obrigação de fazer ou não fazer, não haverá condenação em pecúnia (pagar dinheiro). Logo, nesses casos, não há que se falar em depósito recursal, e o preparo consistiria somente em custas processuais.

Qual é o valor a ser depositado? O valor a ser depositado a título de depósito recursal é **o valor da condenação que ainda não tenha sido depositado**.

Exemplo: A empresa Sorte LTDA., reclamada, é condenada a pagar R$ 8.000,00 ao ex-empregado Renato, reclamante. Inconformado com a sentença, a empresa pretende interpor Recurso Ordinário ao TRT. Para tanto, a empresa deverá depositar o valor de R$ 8.000,00.

A regra, contudo, não é sempre fácil assim. Existe um limite máximo para esse depósito.

A atual tabela que fixa os limites máximos dos depósitos recursais (Ato nº 366/2024) apresenta os seguintes valores:

- Recurso Ordinário: R$ 13.133,46.
- Recurso de Revista, Embargos ao TST e Recurso Ordinário em Ação Rescisória: R$ 26.266,92.

Exemplo: A empresa Sol & Lua é condenada a pagar R$ 100.000,00 a um ex-empregado. Inconformada com os fundamentos da sentença, a empresa pretende interpor Recurso Ordinário ao TRT. Nesse caso, o depósito recursal deverá ser de R$ 13.133,46, limite máximo fixado pelo TST. Se a empresa perder também no TRT, ela poderá interpor Recurso de Revista ao TST, efetuando depósito recursal de R$ 26.266,92 (limite). Se a empresa perder também em sede de recurso de revista, poderá opor Embargos à SDI do TST, efetuando depósito recursal de R$ 26.266,92 (limite).

Entretanto, você não pode observar o limite da tabela em todos os casos. Lembre-se: o valor do depósito recursal corresponde ao **valor da condenação que ainda não tiver sido depositado em juízo**!

Exemplo: Boa Vista Ltda., reclamada, é condenada ao pagamento de R$ 15.000,00 a um ex-empregado. Inconformada com os fundamentos da sentença, a empresa pretende interpor Recurso Ordinário ao TRT. Nesse caso, o depósito recursal também deverá ser de R$ 13.133,46, limite máximo fixado pelo TST. A empresa é novamente derrotada em grau de recurso ordinário, razão que a leva a interpor Recurso de Revista ao TST. Agora, o depósito recursal para interpor Recurso de Revista deve ser de apenas R$ 1.866,50, que é o valor da condenação ainda não depositado em juízo.

De acordo com o art. 899, § 1º, da CLT, os depósitos recursais efetuados pelo recorrente serão **imediatamente liberados ao reclamante após o trânsito em julgado do processo**, se o recorrente não conseguir reverter a decisão em grau de recurso. Essa liberação ocorre mediante simples despacho do juiz.

Conforme o art. 899, § 4º, da CLT, "o depósito recursal será feito **em conta vinculada** ao juízo e corrigido com os mesmos índices da poupança".

O §11º do art. 899 dispõe: "O depósito recursal poderá ser **substituído** por **fiança bancária** ou **seguro garantia judicial**". A Reforma tratou de assegurar esses meios ao recorrente.

A Lei n. 13.467/2017 tratou de criar uma lista de sujeitos que são **isentos** (dispensados) de efetuar depósito recursal. Outra lista criada pela Reforma foi de sujeitos que podem efetuar o depósito recursal somente **até a metade** de seu valor.

Os sujeitos **isentos** de efetuar depósito recursal estão no art. 899, § 10º, da CLT, e são:

- Beneficiário da Justiça Gratuita;
- Entidades Filantrópicas;
- Empresas em Recuperação Judicial.

Outros sujeitos **isentos** de efetuar depósito recursal estão previstos em fontes esparsas.

As **pessoas jurídicas de direito público** são isentas do depósito recursal, por força do art. 1º, inciso IV, do Decreto-Lei n. 779/69.

O **Ministério Público do Trabalho** também é isento, por ser uma instituição estatal permanente com atribuição institucional de zelar pela ordem jurídica. Logo, requisitos pecuniários para o MPT recorrer não se justificam.

A **massa falida** também é isenta do depósito recursal, por força da Súmula nº 86 do TST:

> Súmula nº 86 do TST: Não ocorre deserção de recurso da massa falida por falta de pagamento de custas ou de depósito do valor da condenação. Esse privilégio, todavia, não se aplica à empresa em liquidação extrajudicial.

A **Empresa Brasileira de Correios e Telégrafos (ECT)**, por ter tratamento processual equiparado à Fazenda Pública, também é isenta do depósito recursal.

Atenção!

- Empresa em Recuperação Judicial – **ISENTA**
- Empresa em Recuperação Extrajudicial – **PAGA DEPÓSITO RECURSAL**

Em outra face, o § 9º do art. 899 estabelece os sujeitos que podem efetuar somente a metade do valor do depósito recursal. São eles:

- Entidades sem fins lucrativos;
- Empregadores Domésticos;
- Microempresas (ME);
- Empresas de Pequeno Porte (EPP);
- Microempreendedores individuais (MEI).

Existe ainda outro caso específico no qual o depósito recursal será devido pela **metade**, mas não se relaciona ao sujeito que recorre, e sim à espécie do recurso em si. Ademais, há um caso em que o depósito recursal será indevido (desnecessário) em razão do conteúdo do recurso. Veja o que dispõem os §§ 7º e 8º do art. 899 da CLT, inseridos nos anos de 2010 e 2014, respectivamente:

§7º. No ato de interposição do agravo de instrumento, o depósito recursal corresponderá a 50% (cinquenta por cento) do valor do depósito do recurso ao qual se pretende destrancar.

Exemplo: A empresa Rio de Sol LTDA., reclamada, é condenada a pagar R$ 50.000,00 a um ex-empregado. Inconformada, a empresa interpõe Recurso Ordinário, efetuando o depósito de R$ 13.133,46, limite máximo fixado pelo TST. O juiz do trabalho, ao realizar o primeiro juízo de admissibilidade, denega seguimento ao recurso ordinário, apontando ausência de alguns pressupostos recursais. Não concordando com a denegação do juiz, a empresa interpõe Agravo de Instrumento para destrancar o Recurso Ordinário. Nesse caso, o valor do depósito recursal do Agravo de Instrumento será a metade do valor do depósito devido para interpor Recurso Ordinário, ou seja, R$ 6.566,70 que corresponde à metade do valor do depósito do recurso que a empresa quer destrancar.

§8º. Quando o agravo de instrumento tem a finalidade de destrancar recurso de revista que se insurge contra decisão que contraria a jurisprudência uniforme do Tribunal Superior do Trabalho, consubstanciada nas suas súmulas ou em orientação jurisprudencial, não haverá obrigatoriedade de se efetuar o depósito referido no §7º deste artigo.

Este privilégio é previsto especificamente para o recurso **AIRR** (Agravo de Instrumento em Recurso de Revista). Às vezes, o recurso de revista é denegado pelo Presidente do TRT, que entende não terem sido preenchidos pressupostos de admissibilidade.

Nesse caso, a parte pode interpor Agravo de Instrumento, para destrancar o Recurso de Revista e levá-lo ao TST. Para não precisar efetuar o depósito recursal, basta que a parte, nas razões recursais, aponte violação a alguma Súmula ou OJ do TST.

Em regra, o depósito recursal deve ser efetuado **DENTRO DO PRAZO RECURSAL**, não necessariamente no mesmo momento da interposição do recurso. Logo, se o recorrente interpôs recurso ordinário no terceiro dia do prazo, ele poderá efetuar o depósito recursal até o oitavo dia.

Existe uma **exceção** a esse momento processual: **Agravo de Instrumento**. No caso desse recurso específico, o depósito recursal deve ser efetuado **no ATO DE INTERPOSIÇÃO** (art. 899, § 7º, CLT). Logo, se o agravo de instrumento for interposto no quarto dia do prazo, o depósito recursal será efetuado, também, neste dia, juntamente com a interposição do agravo de instrumento.

→ CUSTAS PROCESSUAIS

As custas processuais têm natureza de **taxa**. Logo, as custas processuais são tributos devidos em contraprestação ao serviço público prestado pelo Estado, que é a prestação jurisdicional ao jurisdicionado.

As custas processuais seguem os parâmetros do art. 789 da CLT:

Art. 789. Nos dissídios individuais e nos dissídios coletivos do trabalho, nas ações e procedimentos de competência da Justiça do Trabalho, bem como nas demandas propostas perante a Justiça Estadual, no exercício da jurisdição trabalhista, as custas relativas ao processo de conhecimento incidirão à base de 2% (dois por cento), observado o mínimo de R$ 10,64 (dez reais e sessenta e quatro centavos) e o máximo de quatro vezes o limite máximo dos benefícios do Regime Geral de Previdência Social, e serão calculadas:

O percentual a ser pago a título de custas processuais será de 2% em todo e qualquer procedimento de competência da Justiça do Trabalho: seja reclamação trabalhista sob o rito ordinário ou sumaríssimo, ação de consignação em pagamento, ação monitória, ação anulatória etc.

Nunca haverá condenação a pagamento de custas em valor inferior a R$ 10,64. Se o valor da causa for de R$ 100,00 e as custas forem calculadas sobre este valor, elas terão o valor de R$ 10,64, apesar de o percentual e 2% sobre R$ 100,00 resultar valor inferior (R$ 2,00).

A Reforma Trabalhista criou um limite máximo para as custas processuais, o qual até então não existia. Tal limite é o **quádruplo do teto dos benefícios do RGPS**.

Os incisos do art. 789 da CLT apontam para as bases de cálculo das custas processuais. Tais bases dependerão do resultado do processo. Veja:

I – quando houver acordo ou condenação, sobre o respectivo valor;

II – quando houver extinção do processo, sem julgamento do mérito, ou julgado totalmente improcedente o pedido, sobre o valor da causa;

III – no caso de procedência do pedido formulado em ação declaratória e em ação constitutiva, sobre o valor da causa;

IV – quando o valor for indeterminado, sobre o que o juiz fixar.

Afinal de contas, quem é o **vencido**? O reclamante será vencido se não ganhar nenhum de seus pedidos. Logo, o reclamado será vencido se perder algum pedido, mesmo que em menor parte. Portanto, a parcial procedência torna o reclamado vencido e responsável pelo pagamento das custas processuais.

Dentro do prazo do recurso, as custas devem ser pagas, e o pagamento deve ser comprovado nos autos, sob pena de o recurso ser considerado **deserto**.

O recolhimento das custas processuais e a atualização de seu valor seguem regras estabelecidas na Súmula 25 do TST.

Súmula 25 do TST

I. A parte vencedora na primeira instância, se vencida na segunda, está obrigada, independentemente de intimação, a pagar as custas fixadas na sentença originária, das quais ficara isenta a parte então vencida;

A parte que for vencida em primeiro grau deve, para recorrer, pagar as custas processuais, certo? Evidentemente, é possível que a parte reverta a decisão em grau de recurso e passe a ser a vencedora do processo. Perceba: a parte que agora é vencedora acabou pagando custas, encargo que deveria ser atribuído à parte vencida. Nesse caso, a parte contrária deverá reembolsar as custas pagas pela parte que recorreu e ganhou.

A parte que se tornar vencida em segundo grau deverá pagar as custas processuais determinadas na sentença recorrida independentemente de intimação.

II – No caso de inversão do ônus da sucumbência em segundo grau, sem acréscimo ou atualização do valor das custas e se estas já foram devidamente recolhidas, descabe um novo pagamento pela parte vencida, ao recorrer. Deverá ao final [após o trânsito em julgado – acréscimo do autor], se sucumbente, reembolsar a quantia;

Exemplo: Raiane ajuíza reclamação trabalhista contra a empresa Alô Alô, postulando verbas rescisórias e danos extrapatrimoniais, dando à causa o valor de R$ 50.000,00. O juiz, na sentença, julga totalmente improcedentes os pedidos de Raiane, condenando-a ao pagamento de custas processuais no valor de R$ 1.000,00. Raiane pretende recorrer ao TRT e, como não possui justiça gratuita, deve pagar as custas processuais como pressuposto recursal (preparo). O TRT dá provimento ao recurso ordinário de Raiane, condenando a empresa Alô Alô a pagar-lhe todas as parcelas postuladas, bem como indenização por dano extrapatrimonial, no valor de R$ 50.000,00. A empresa, inconformada, pretende interpor recurso de revista ao TST. O valor da condenação é igual ao valor da causa. Logo, as custas processuais já foram pagas na íntegra (R$ 1.000,00). Perceba que o valor das custas não foi acrescido e nem atualizado. Dessa forma, a empresa **NÃO** precisará pagar as custas processuais para interpor o recurso de revista. Se após todos os recursos possíveis a empresa continuar como sucumbente no processo, ela deverá reembolsar o valor de R$ 1.000,00 a Raiane. Destaque: esse reembolso ocorrerá após o trânsito em julgado do processo.

III – Não caracteriza deserção a hipótese em que, acrescido o valor da condenação, não houve fixação ou cálculo do valor devido a título de custas e tampouco intimação da parte para o preparo do recurso, devendo ser as custas pagas ao final;

Exemplo: Zeca Trindade ajuíza reclamação trabalhista contra a sociedade empresária ABCD, postulando verbas rescisórias. Na sentença, o juiz do trabalho julga parcialmente procedentes os pedidos do reclamante, condenando a empresa a pagar R$ 15.000,00 a ele, a título de parte das verbas rescisórias postuladas. Zeca Trindade, entendendo que faria jus a valor maior, recorre ao TRT. A empresa, inconformada, entendendo que não deveria pagar a Zeca Trindade valor nenhum, também recorre, pagando as custas processuais de R$ 300,00. O TRT dá razão a Zeca Trindade, aumentando o valor da condenação para R$ 20.000,00. Todavia, o acórdão é omisso quanto ao valor das custas processuais devidas a partir daí, e a Secretaria do órgão judiciário nem mesmo atualizou o seu valor. Se a empresa interpuser o recurso de revista ao TST e o TRT recebê-lo, nada falando sobre o aumento do valor das custas processuais (que deveriam ser de R$ 400,00 no total), o TST deverá receber o recurso de revista, sem declará-lo deserto. Nesse contexto, a empresa deverá pagar o valor acrescido às custas (R$ 100,00, que é a diferença entre R$ 300,00 e 400,00) após o trânsito em julgado do processo.

IV – O reembolso das custas à parte vencedora faz-se necessário mesmo na hipótese em que a parte vencida for pessoa isenta do seu pagamento, nos termos do art. 790-A, parágrafo único, da CLT.

São isentos de custas, com base no art. 790-A da CLT, os beneficiários da justiça gratuita, o Ministério Público do Trabalho, a União, os Estados, o Distrito Federal, os Municípios e suas respectivas autarquias e fundações públicas, que não explorem atividade econômica. Por sua vez, segundo a Súmula nº 86 do TST, a massa falida também é isenta do recolhimento de custas.

Assim como ocorre com o depósito recursal, na hipótese de recolhimento insuficiente das custas processuais, somente haverá deserção do recurso, se concedido o prazo de 5 dias previsto no §2º do art. 1.007 do CPC, o recorrente não complementar e comprovar o valor devido (OJ nº 140 da SDI-1 do TST).

- **PEÇA DE RAZÕES RECURSAIS**

A peça de razões é endereçada ao juízo *ad quem* (TRT ou TST) que fará a análise dos fundamentos do recorrente para julgar o recurso. Siga a estrutura:

→ Endereçamento
→ Preliminares de mérito
→ Prejudiciais de mérito
→ Mérito
→ Requerimentos finais

Veja a estrutura:

AO EGRÉGIO TRIBUNAL REGIONAL DO TRABALHO DA ___ REGIÃO

RAZÕES DO RECURSO ORDINÁRIO

I – PRELIMINAR DE MÉRITO

1. Do cerceamento de defesa

Preliminarmente, o juízo *a quo* indeferiu a oitiva de testemunha da recorrente, que faria a contraprova do pedido de indenização por danos morais.

Tal indeferimento da prova testemunhal implica o cerceamento de defesa e, portanto, violação do art. 5º, LV, da CF, bem como acarreta prejuízo a recorrente nos termos do art. 794 da CLT, pois, sem contraprova, o pedido foi acolhido.

Pelo exposto, requer a nulidade da sentença e o retorno dos autos para o juízo *a quo*, a fim de que seja reaberta a instrução processual e ouvida a testemunha.

II – PREJUDICIAL DE MÉRITO

1. DA PRESCRIÇÃO QUINQUENAL

O juízo *a quo* afastou a arguição de prescrição quinquenal.

A sentença não merece prosperar, pois segundo os arts. 7º, XXIX, da CF, 11 da CLT e Súmula nº 308, I, do TST, estabelecem que estão prescritas as pretensões exigíveis antes de cinco anos contados do ajuizamento da ação. E, no caso, a ação foi ajuizada em xx/xx/xxxx.

Pelo exposto, requer a reforma da sentença, a fim de que seja pronunciada a prescrição quinquenal dos créditos exigíveis antes de xx/xx/xxxx. Sucessivamente, requer também a análise do mérito.

III – MÉRITO

1. DO ADICIONAL DE PERICULOSIDADE

O juízo *a quo* deferiu o adicional de periculosidade na razão de 30% sobre o salário mínimo.

A sentença não merece prosperar, pois, nos termos do art. 193, §1º da CLT, o adicional de periculosidade deve ser fixado no percentual de 30% sobre o salário básico (base ou contratual), sendo que este também é o entendimento do TST previsto na súmula nº 191.

Pelo exposto, requer a reforma da sentença para que o adicional de periculosidade seja fixado sobre o salário básico.

IV – REQUERIMENTOS FINAIS

Por todo exposto, requer o conhecimento do recurso, bem como o acolhimento da preliminar de mérito para anular o processo a partir da decisão que indeferiu a oitiva da prova testemunhal, sucessivamente, o acolhimento da prejudicial de mérito para que seja pronunciada a prescrição quinquenal dos créditos exigíveis antes de xx/xx/xxxx. Sucessivamente, no mérito, o provimento do recurso para fins de reforma da sentença para julgar improcedentes as postulações do recorrido.

Termos em que,

pede deferimento.

Local e data.

Advogado (a)

OAB nº

Passaremos a análise detalhada do cada item da folha de razões.

- **ENDEREÇAMENTO**

A folha de razões do RO deve ser endereçada ao TRT (art. 895, I, da CLT) ou para o TST (art. 895, II, da CLT).

EGRÉGIO TRIBUNAL REGIONAL DO TRABALHO DA ___ REGIÃO

RAZÕES DO RECURSO ORDINÁRIO

A respeitável sentença não merece ser mantida, razão pela qual requer a sua reforma.

COLENDO TRIBUNAL SUPERIOR DO TRABALHO

RAZÕES DO RECURSO ORDINÁRIO

O respeitável acórdão não merece ser mantido, razão pela qual requer a sua reforma.

- **PRELIMINARES DE MÉRITO**

As preliminares de mérito do RO estão relacionadas com as nulidades processuais, isto é, com os vícios do processo, que ensejam a nulidade da decisão proferida.

Exemplo: nulidade de citação, cerceamento de defesa, incompetência absoluta, etc.

Atenção! Nesse momento, não se examina o mérito.

Neste tópico o requerimento que será utilizado é:

→ **NULIDADE** da sentença; e

→ **RETORNO** dos autos ao juízo de origem (*a quo*) ou o **JULGAMENTO** do processo no estado em que se encontra nos termos do art. 1.013, §3º, do CPC.

I – PRELIMINAR DE MÉRITO

1. Do cerceamento de defesa

O recorrente pleiteou o pagamento de horas extras e para comprovar a sua realização levou com testemunha, Sandra, uma ex-colega de trabalho. No entanto, o juízo *a quo*, em audiência indeferiu a sua oitiva, sob o argumento de que a testemunha estaria litigando contra o mesmo empregador, o que a tornaria suspeita, razão pela qual foi consignado o protesto em ata de audiência.

Nos termos da súmula nº 357 do TST, o simples fato da testemunha estar litigando contra o mesmo empregador não a torna suspeita, acarretando assim, o cerceamento de defesa para o recorrente, afrontando o art. 5º, LV da CF.

Pelo exposto, requer a nulidade da sentença e o retorno dos autos ao juízo de origem para oitiva da testemunha Sandra.

- **PREJUDICIAIS DE MÉRITO**

São prejudiciais de mérito: **a prescrição** e **a decadência**, matéria que, se acolhida, enseja a extinção do processo com resolução de mérito.

Atenção! A súmula nº 153, do TST autoriza a arguição da prescrição, mesmo que pela primeira vez, em sede de RO. Na Justiça do Trabalho, a instância ordinária compreende o juízo de 1º grau, bem como os Tribunais Regionais do Trabalho.

Vamos analisar duas situações através de exemplos:

1ª – RO interposto pelo reclamante em razão da sentença ter acolhido a prescrição bienal.

II – PREJUDICIAL DE MÉRITO

1. Prescrição bienal

O juízo *a quo* acolheu a prescrição bienal, embora a reclamação trabalhista tenha sido ajuizada antes de decorridos dois anos do término do contrato de trabalho.

A sentença não merece prosperar, pois, nos termos dos arts. 7º, XXIX da CF, 11 da CLT e da Súmula nº 308, I, do TST, a ação, quanto aos créditos resultantes das relações de trabalho, prescreve no prazo de 2 anos após o término do contrato de trabalho. Ocorre que foi de apenas 6 meses o lapso temporal entre o término do contrato e a propositura da reclamação trabalhista.

Pelo exposto, requer a reforma da sentença, a fim de que seja afastada a prescrição bienal. Sucessivamente, requer a análise do mérito.

2ª – RO interposto pelo reclamado arguindo a prescrição bienal pela primeira vez.

II – PREJUDICIAL DE MÉRITO

1. Prescrição bienal

O juízo *a quo* condenou o recorrente ao pagamento de horas extras, férias e 13º salário, oriundos do contrato de trabalho extinto no dia 10 de março de 2015. Ocorre que a reclamação trabalhista foi ajuizada no dia 10 de maio de 2017.

Nos termos do dos arts. 7º, XXIX, da CF, 11 da CLT e Súmula nº 308 do TST, concretiza-se a prescrição bienal quando o ajuizamento da ação ocorrer após 2 anos contados do término do contrato de trabalho. No caso, a reclamação trabalhista ultrapassou o limite legal, tendo em vista que foi proposta em maio de 2017.

Além disso, cumpre ressaltar que nos termos da súmula nº 153 do TST é possível o conhecimento da prejudicial ora arguida, por se tratar de instância ordinária.

Pelo exposto, requer a extinção do processo, com resolução do mérito, nos moldes do art. 487, II, do CPC. Sucessivamente, requer, caso não seja acolhida a prejudicial de mérito, a análise do mérito a seguir exposto.

- **MÉRITO**

As alegações do RO devem atacar a sentença ou acórdão. Deve-se buscar a reforma da sentença.

Recomendamos que cada argumento seja desenvolvido em um tópico específico, identificando no título a matéria alegada.

Atenção! Você só deve fazer o argumento dos itens que são desfavoráveis na sentença. Não esqueça também de fazer os pedidos subsidiários quando necessário.

III – MÉRITO

1. Férias

O juízo *a quo* julgou improcedente o pedido do recorrente dos 5 dias faltantes do seu período de férias, sob o argumento de que restou comprovado que, no último período aquisitivo completo do contrato de trabalho, ele teve 5 faltas injustificadas.

A sentença não merece prosperar, pois nos termos do art. 130, I, da CLT, o empregado terá direito a 30 dias corridos de férias, quando não houver faltado ao serviço mais de 5 vezes durante o período aquisitivo.

Pelo exposto, requer a reforma da sentença para julgar procedente o pedido do recorrente.

- REQUERIMENTOS FINAIS

Nos requerimentos finais ao RO deve-se postular:

→ **CONHECIMENTO** do recurso;

→ **ACOLHIMENTO** das preliminares para ____;

→ sucessivamente, o **ACOLHIMENTO** das prejudiciais para ___; e

→ sucessivamente, no mérito, **PROVIMENTO** do recurso para fins de **REFORMA** da sentença para ___.

IV- REQUERIMENTOS FINAIS

Por todo exposto, requer o **conhecimento** do recurso, bem como o **acolhimento** da preliminar de mérito para ___, **sucessivamente**, o **acolhimento** da prejudicial de mérito para ___. Sucessivamente, no **mérito**, requer o seu provimento, para fins de **reforma** da sentença para ___.

Termos em que,

pede deferimento.

Local e data.

Advogado (a)

OAB nº

5. EXERCÍCIOS

EXERCÍCIO 1 - PEÇA AUTORAL

O juízo da 2ª Vara do Trabalho de Niterói, Rio de Janeiro, prolatou sentença em reclamação trabalhista que Aurélio do Patrocínio ajuizou, em 10/10/2018, em face de sua ex-empregadora Mar Azul LTDA., autuada sob o número 10258634-23.2018.5.01.0120. Lá, ele trabalhou como garçom de 2/03/2012 a 15/07/2018. Na decisão, o juízo: a) rejeitou a prejudicial de prescrição quinquenal; b) acolheu o pedido de reflexos de gorjetas em horas extras, pois elas não foram integradas em seu pagamento; c) acolheu a integração do plano de saúde, sob o fundamento que constitui salário-utilidade; d) acolheu o pedido de 20 minutos extras por dia, a partir de 2/01/2018, em razão do empregado ter usufruído apenas 40 minutos de intervalo, conforme previsão de convenção coletiva reconhecida como nula pelo juízo; e) acolheu o pedido de adicional de transferência por 6 meses, em que Aurélio do Patrocínio foi temporariamente transferido do restaurante localizado no centro para o restaurante de outro bairro localizado em Niterói; f) acolheu pedido de indenização por dano moral, pois Aurélio do Patrocínio comprovou que foi repreendido na frente de seus colegas de trabalho, Otávio e Luciano.

No curso da ação, a empresa levou uma testemunha para fazer a contraprova sobre a suposta repreensão sofrida, porém o juízo indeferiu o requerimento de sua oitiva, com a apresentação de protestos.

Considerando que a empresa Mar Azul LTDA., lhe procurou um dia após a intimação sobre a prolação da sentença, elabore a medida judicial cabível na defesa dos interesses de seu cliente.

Checklist:

→ Quem é o cliente? A empregadora, Mar Azul LTDA.

→ Qual o último momento processual? Sentença.

→ O que o cliente deseja? Anular o processo + reforma da sentença.

→ Caráter urgente? Não.

→ Algum pressuposto específico? Sim. O preparo (custas + depósito recursal).

→ Qual é a peça processual? Recurso Ordinário.

→ Fundamento legal: art. 895, I, da CLT.

Hora de resolver!

AO DOUTO JUÍZO DA 2ª VARA DO TRABALHO DE NITERÓI – RIO DE JANEIRO

Processo nº 10258634-23.2018.5.01.0120

Mar Azul Ltda., já qualificada nos autos em epígrafe, em que litiga com Aurélio Do Patrocínio, também qualificado, vem à presença de Vossa Excelência, por intermédio de seu advogado abaixo assinado, (procuração anexa), com indicação de endereço profissional **com fulcro no art. 895, I, da CLT, INTERPOR:**

RECURSO ORDINÁRIO

para o Egrégio Tribunal Regional do Trabalho da 1ª Região.

O presente recurso preenche todos os pressupostos de admissibilidade, dentre os quais destacam-se:

a) a **tempestividade**: o presente recurso é tempestivo, uma vez que foi interposto no prazo de 8 dias úteis;

b) o **depósito recursal:** recolhido, no valor de R$ ____, conforme guia anexa;

c) as **custas processuais:** recolhidas no valor de R$ ____, correspondentes a 2% do valor da condenação, conforme guia anexa.

Pelo exposto, requer o recebimento do presente recurso, a intimação do recorrido para, querendo, apresentar contrarrazões ao recurso ordinário no prazo de 8 dias, conforme dispõe o art. 900 da CLT, e, a posterior remessa ao Egrégio Tribunal Regional do Trabalho da 1ª Região.

Termos em que,

pede deferimento.

Local e data.

Advogado (a)

OAB nº

AO EGRÉGIO TRIBUNAL REGIONAL DO TRABALHO DA 1ª REGIÃO

RAZÕES DO RECURSO ORDINÁRIO

I – PRELIMINAR

1. Do cerceamento de defesa

Preliminarmente, o juízo *a quo* indeferiu a oitiva da testemunha da recorrente que faria a contraprova do pedido de indenização por dano moral, sob protestos daquele.

Tal indeferimento da prova implica o cerceamento de defesa e, portanto, violação do art. 5º, LV, da CF, bem como acarreta prejuízo a recorrente nos termos do art. 794 da CLT, pois, sem contraprova, o pedido foi acolhido.

Pelo exposto, requer a nulidade da sentença e o retorno dos autos para o juízo *a quo*, a fim de que seja reaberta a instrução processual e ouvida a testemunha.

II – PREJUDICIAL DE MÉRITO

1. Prescrição quinquenal

O juízo *a quo* afastou a arguição de prescrição quinquenal.

A sentença não merece prosperar, pois segundo os arts. 7º, XXIX, da CF,11 da CLT e Súmula nº 308, I, do TST, estabelecem que estão prescritas as pretensões exigíveis antes de cinco anos contados do ajuizamento da ação. E, no caso, a ação foi ajuizada em 10/10/2018.

Pelo exposto, requer a reforma da sentença, a fim de que seja pronunciada a prescrição quinquenal dos créditos exigíveis antes de 10/10/2013. Sucessivamente, requer também a análise do mérito.

III – MÉRITO

1. Dos reflexos de gorjetas

O juízo *a quo* acolheu o pedido de reflexos de gorjetas em horas extras, pois elas não foram integradas em seu pagamento.

A sentença não merece prosperar, pois, nos termos da Súmula nº 354 do TST não há reflexos de gorjetas nas horas extras, pois aquelas integram apenas a remuneração.

Pelo exposto, requer a reforma da sentença para julgar o pedido de reflexos de gorjetas em horas extras improcedente.

2. Do plano de saúde

O juízo *a quo* acolheu o pedido de integração do plano de saúde, sob o fundamento que constitui salário-utilidade.

A sentença não merece prosperar, pois, nos termos do art. 458, parágrafo 2º, IV, da CLT, a assistência médica, hospitalar, prestada diretamente ou mediante seguro-saúde pela recorrente não será considerado salário-utilidade.

Pelo exposto, requer a reforma da sentença para julgar o pedido de integração do plano de saúde ao salário, improcedente.

3. Do intervalo

O juízo *a quo* acolheu o pedido de 20 minutos extras por dia, a partir de 20/01/2018, em razão do recorrido ter usufruído apenas 40 minutos de intervalo, conforme previsão em convenção coletiva reconhecida como nula pelo Douto Juízo.

A sentença não merece prosperar, pois, nos termos do art. 611-A, III, da CLT, a norma coletiva pode reduzir o intervalo para refeição e descanso por até 30 minutos, com a mesma força de lei.

Pelo exposto, requer a reforma da sentença para julgar o pedido improcedente, tendo em vista a validade da cláusula normativa.

4. Do adicional de transferência

O juízo *a quo* acolheu o pedido de adicional de transferência por 6 meses, em razão do recorrido ter sido transferido temporariamente dentro da mesma cidade.

A sentença não merece prosperar, pois, nos termos da súmula nº 29, do TST, na hipótese de transferência que não acarrete mudança de domicílio (remoção), a recorrente deve pagar apenas o suplemento salarial referente ao aumento das despesas de transporte.

Pelo exposto, requer a reforma da sentença para julgar o pedido de adicional de transferência improcedente.

5. Do dano moral

O juízo *a quo* acolheu o pedido de indenização por danos morais, sob o argumento que o recorrido comprovou que foi repreendido na frente de seus colegas de trabalho, Otávio e Luciano.

A sentença não merece prosperar, pois, não houve constrangimento ou abalo moral na conduta diretiva da recorrente, tratando-se de situação corriqueira ocorrida na empresa, bem como não houve demonstração de nexo causal, com fulcro nos arts. 186 e 927 do CC, bem como nos arts. 223-B e 223-C, da CLT.

Pelo exposto, requer a reforma da sentença para julgar improcedente o pedido de indenização por danos morais.

IV – REQUERIMENTOS FINAIS

Por todo exposto, requer, o conhecimento do recurso, bem como o acolhimento da preliminar de mérito para anular o processo a partir da decisão que indeferiu a oitiva da prova testemunhal, sucessivamente, o acolhimento da prejudicial de mérito para que seja pronunciada a prescrição quinquenal dos créditos exigíveis antes de 10/10/2013. Sucessivamente, no mérito, o provimento do recurso para fins de reforma da sentença para julgar improcedentes as postulações do recorrido.

Termos em que,

pede deferimento.

Local e data.

Advogado (a)

OAB nº

EXERCÍCIO 2 - PEÇA AUTORAL

Você foi contratado(a) como advogado(a) pela sociedade empresária Voa Voa Ltda., que lhe exibe cópia de sentença, publicada no dia anterior, prolatada pelo juízo da 4ª a Vara do Trabalho do Rio de Janeiro, em reclamação trabalhista movida por Arenildo Maia.

Na sentença, o juiz reconheceu que, após o pagamento das verbas rescisórias, houve acordo e outro pagamento de R$ 5.000,00 perante uma Comissão de Conciliação Prévia (CCP) instituída no âmbito da empresa, sem qualquer tipo de ressalva, mas rejeitou a preliminar suscitada pela Reclamada, compreendendo que a realização do acordo na CCP geraria como efeito único a dedução do valor pago ao trabalhador.

O juízo deferiu indenização por dano estético, porque o empregado caiu em um buraco enorme existente na sua sala, e, com o violento impacto sofrido na queda, teve uma grande lesão funcional de um dos pulmões, consoante Comunicação de Acidente do Trabalho (CAT) emitida.

O juízo deferiu a reintegração do empregado por ser membro do Conselho Fiscal do Sindicato e ter sido dispensado durante o período estabilitário, uma vez que este possui garantia de emprego.

O juízo deferiu o pedido de adicional de periculosidade, visto que restou comprovado pela prova pericial que o reclamante tinha contato eventual com explosivos.

Foi deferido o pagamento de duas cotas do salário-família para os filhos capazes do recorrido, muito embora na data de admissão do obreiro, contassem com 15 e 17 anos, respectivamente.

Diante do exposto, elabore a medida judicial adequada para a defesa dos interesses da sociedade empresária Voa Voa LTDA. As custas foram fixadas em R$ 400,00 sobre o valor arbitrado à condenação de R$ 20.000,00.

Checklist:

→ Quem é o cliente? A empresa Voa Voa Ltda.

→ Qual é o último momento processual? Sentença.

→ O que a cliente deseja? A reforma da sentença.

→ Caráter urgente? Não.

→ Algum pressuposto específico? Sim. O preparo (custas + depósito recursal).

→ Qual é a peça processual? Recurso Ordinário.

→ Fundamento legal: art. 895, I, da CLT.

Hora de resolver!

AO DOUTO JUÍZO DA 4ª VARA DO TRABALHO DO RIO DE JANEIRO

Processo nº

Voa Voa Ltda., já qualificada nos autos em epígrafe, em que contende com **Arenildo Maia**, também qualificado, vem, respeitosamente, perante Vossa Excelência, por intermédio de seu advogado adiante assinado, **com fulcro no art. 895, I, da CLT, INTERPOR:**

RECURSO ORDINÁRIO

para o Egrégio Tribunal Regional do Trabalho da 1ª Região.

O presente recurso preenche todos os pressupostos de admissibilidade, dentre os quais destacam-se:

a) a **tempestividade**: o presente recurso é tempestivo, uma vez que foi interposto no prazo de 8 dias úteis;

b) o **depósito recursal**: recolhido, no valor de R$ 13.133,46, conforme guia anexa;

c) as **custas processuais**: recolhidas no valor de R$ 400,00, correspondentes a 2% do valor da condenação, consoante guia anexa.

Pelo exposto, requer o recebimento do presente recurso, a intimação da outra parte para apresentar contrarrazões ao recurso ordinário, no prazo de 8 dias, segundo estabelece o art. 900 da CLT, e a posterior remessa ao Egrégio Tribunal do Trabalho da 1ª Região.

Termos em que,

pede deferimento.

Local e data.

Advogado (a)

OAB nº

EGRÉGIO TRIBUNAL REGIONAL DO TRABALHO DA 1ª REGIÃO

RAZÕES DO RECURSO ORDINÁRIO

I – PRELIMINAR

1. Comissão de Conciliação Prévia

O Douto juízo *a quo* reconheceu que, após o pagamento das verbas rescisórias, houve acordo e outro pagamento no valor de R$ 5.000,00 perante uma Comissão de Conciliação Prévia (CCP) criada na empresa, sem ressalva, mas rejeitou a preliminar suscitada pela ré, compreendendo que a realização do acordo na CCP geraria como efeito único a dedução do valor pago ao trabalhador.

A sentença não merece ser mantida, pois, à luz do art. 625-E, parágrafo único, da CLT, o termo de conciliação é título executivo extrajudicial e terá eficácia liberatória geral, exceto quanto às parcelas expressamente ressalvadas e, no caso em tela, como já referido, não houve qualquer ressalva.

Pelo exposto, requer a reforma da sentença para que a presente reclamação trabalhista seja extinta sem resolução do mérito.

II – MÉRITO

1. Dano estético

O juízo *a quo* deferiu indenização por dano estético, porque o trabalhador caiu em um buraco enorme existente na sua sala, e, com o violento impacto sofrido na queda, teve uma grande lesão funcional em um dos pulmões, consoante Comunicação de Acidente do Trabalho (CAT) emitida.

A sentença não merece ser mantida, pois, para que houvesse o dever de indenizar era imprescindível a caracterização do dano estético, e a lesão funcional de um órgão não gera alteração na harmonia física ou na aparência do indivíduo. O dano estético caracteriza-se pela deformidade física, atingindo o lado psicológico do indivíduo diminuído na integridade corporal e estética de sua imagem externa. Nota-se, portanto, que não houve dano estético no presente caso, e sem o dano não há qualquer dever de reparação por parte do recorrente.

Pelo exposto, requer a reforma da sentença para julgar improcedente o pedido.

2. Reintegração

O juízo *a quo* deferiu a reintegração do empregado por ser membro do Conselho Fiscal do Sindicato e ter sido dispensado durante o período estabilitário, sob o argumento de que possui garantia de emprego.

A sentença não merece ser mantida, pois, nos moldes da OJ nº 365 da SDI-1 do TST, o membro de conselho fiscal de sindicato não tem direito à estabilidade do dirigente sindical, prevista nos arts. 543, parágrafo 3º, da CLT e 8º, VIII, da CF/88, porquanto não representa ou atua na defesa de direitos da categoria respectiva, tendo sua competência limitada à fiscalização da gestão financeira do sindicato (art. 522, parágrafo 2º, da CLT).

Pelo exposto, requer a reforma da sentença para julgar improcedente o pedido.

3. Adicional de periculosidade

O juízo *a quo* deferiu o pedido de adicional de periculosidade, uma vez que restou comprovado que o reclamante tinha contato eventual com inflamáveis.

A sentença não merece ser mantida, pois, com fulcro na Súmula 364, I, do TST, o adicional de periculosidade é indevido quando o contato se dá de forma eventual.

Pelo exposto, requer a reforma da sentença para julgar improcedente o pedido.

4. Salário-família

O juízo *a quo* julgou procedente o pedido de pagamento de duas cotas do salário-família para os filhos capazes do recorrido, muito embora, na data de admissão do obreiro, contassem com 15 e 17 anos, respectivamente.

A sentença não merece ser mantida, pois, nos termos dos arts. 2º da Lei nº 4.266/63, 66 da Lei nº 8.213/91 e 83 do Decreto nº 3.048/99, a idade máxima dos filhos capazes, para fins de recebimento desse benefício previdenciário, é de 14 anos.

Pelo exposto, requer a improcedência do pedido.

III – REQUERIMENTOS FINAIS

Por todos exposto, requer o conhecimento do presente recurso, o acolhimento da preliminar e o seu provimento para fins de reforma da sentença para julgar improcedentes as postulações do recorrido.

Termos em que,

pede deferimento.

Local e data.

Advogado (a)

OAB nº

EXERCÍCIO 3 - EXAME DE ORDEM XVI

A sociedade empresária Pedreira TNT Ltda. foi condenada em 1º grau na reclamação trabalhista movida pelo ex-empregado Gilson Cardoso de Lima (Processo 009000-77.2014.5.12.0080), oriundo da 80ª Vara do Trabalho de Florianópolis.

Na sentença, depois de reconhecido que o reclamante trabalhou na pedreira por 6 meses, o juiz deferiu adicional de periculosidade na razão de 50% sobre o salário básico, pois a perícia realizada nos autos detectou a existência de risco à vida (contato permanente com explosivos); determinou o depósito do FGTS no período de 2 meses em que o empregado esteve afastado por auxílio-doença previdenciário (código B-31); deferiu a multa do Art. 477, § 8º, da CLT, porque o pagamento das verbas devidas pela extinção do contrato foi feito na sede da empresa, não tendo sido homologado no sindicato de classe; deferiu dano moral, determinando que juros e correção monetária fossem computados desde a data do ajuizamento da ação, e deferiu, com base no Art. 1.216 do Código Civil, indenização pelo frutos de má-fé percebidos pela sociedade empresária porque ela permaneceu com dinheiro que pertencia ao trabalhador.

Diante do que foi exposto, elabore a medida judicial adequada para a defesa dos interesses da sociedade empresária. As custas foram fixadas em R$ 200,00 sobre o valor arbitrado à condenação de R$ 10.000,00. (Valor: 5,00)

Responda justificadamente, empregando os argumentos jurídicos apropriados e a fundamentação legal pertinente ao caso.

Checklist:

→ Quem é o cliente? A empresa Pedreira TNT Ltda.

→ Qual é o último momento processual? Sentença.

→ O que a cliente deseja? A reforma da sentença.

→ Caráter urgente? Não.

→ Algum pressuposto específico? Sim. O preparo (custas + depósito recursal).

→ Qual é a peça processual? Recurso Ordinário.

→ Fundamento legal: art. 895, I, da CLT.

Hora de resolver!

AO DOUTO JUÍZO DA 80ª VARA DO TRABALHO DE FLORIANÓPOLIS. SANTA CATARINA

Processo nº XXX

Pedreira Tnt Ltda., já qualificada nos autos em epígrafe, em que contende com **Gilson Cardoso de Lima**, também qualificado, vem, respeitosamente, perante Vossa Excelência, por intermédio de seu advogado adiante assinado, **com fulcro no art. 895, I, da CLT, INTERPOR:**

RECURSO ORDINÁRIO

para o Egrégio Tribunal Regional do Trabalho da 12ª Região.

O presente recurso preenche todos os pressupostos de admissibilidade, dentre os quais destacam-se:

a) a **tempestividade**: o presente recurso é tempestivo, uma vez que foi interposto no prazo de até 8 dias úteis;

b) o **depósito recursal**: recolhido no valor de R$ 10.000,00, de acordo com guia anexa; e

c) as **custas**: no valor de R$ 200,00, correspondentes a 2% sobre o valor da condenação, conforme guia anexa.

Pelo exposto, requer o recebimento do presente recurso, a intimação da outra parte para apresentar contrarrazões ao recurso ordinário, no prazo de 8 dias, segundo estabelece o art. 900 da CLT, e a posterior remessa ao Egrégio Tribunal do Trabalho da 12ª Região.

Termos em que,
pede deferimento.
Local e data.
Advogado (a)
OAB nº

EGRÉGIO TRIBUNAL REGIONAL DO TRABALHO DA 12ª REGIÃO

RAZÕES DO RECURSO ORDINÁRIO

I – MÉRITO

1. Adicional de periculosidade

O juízo a quo deferiu o pedido de condenação da reclamada ao pagamento de adicional de periculosidade, no importe de 50% sobre o salário básico, em razão do trabalho na pedreira.

A sentença não merece ser mantida, pois, nos termos do art. 193, parágrafo 1º, da CLT e da súmula 191, I, do TST, o adicional de periculosidade é de 30% sobre o salário básico do empregado.

Pelo exposto, requer a reforma da sentença para reduzir o adicional de periculosidade para 30%.

2. Depósitos do FGTS

O juízo *a quo* condenou a recorrente ao depósito do FGTS no período de 2 meses em que o empregado estava afastado por auxílio-doença previdenciário (código B-31).

A sentença não merece ser mantida, pois, o recorrido ficou afastado por auxílio-doença comum e este, com base nos arts. 15, parágrafo 5º, da Lei nº 8.036/90 e 28, III, do Decreto nº 99.684/90, não gera obrigação para o empregador de depositar o FGTS, como ocorre com o auxílio-doença acidentário.

Pelo exposto, requer a reforma da sentença para julgar improcedente o pedido.

3. Multa do art. 477 da CLT

O juízo *a quo* deferiu a multa do art. 477, parágrafo 8º, da CLT, porque o pagamento das verbas devidas pela extinção do contrato de trabalho foi feito na sede da empresa, não tendo sido homologado no sindicato de classe.

A sentença não merece ser mantida, pois, o art. 477 da CLT, não determina a homologação da rescisão pelo sindicato.

Pelo exposto, requer a reforma da sentença para julgar improcedente o pedido.

4. Correção monetária

O juízo *a quo* determinou que a correção monetária quanto ao pedido de indenização por danos morais seja computada a partir do ajuizamento da ação.

A sentença não merece ser mantida, pois, nos termos da súmula 439 do TST, a correção monetária quanto ao dano moral deve ser calculada a partir da condenação e não do ajuizamento da ação.

Pelo exposto, requer a reforma da sentença para que a correção monetária quanto ao pedido de indenização por danos morais seja deferida a partir da condenação.

5. Indenização por frutos de má-fé

O juízo *a quo* deferiu, nos moldes do art. 1.216 do CC, indenização pelos frutos de má-fé percebidos pela sociedade empresária, porque ela permaneceu com dinheiro que pertencia ao trabalhador.

A sentença não merece ser mantida, pois, nos termos da súmula 445 do TST, o art. 1.216 do CC, por se tratar de regra afeta a direitos reais, mostra-se incompatível com o Direito do Trabalho, não sendo devida no caso de inadimplemento de verbas trabalhistas.

Pelo exposto, requer a reforma da sentença para julgar improcedente o pedido.

II – REQUERIMENTOS FINAIS

Por todos exposto, requer o conhecimento do presente recurso, e, no mérito, o provimento do recurso para fins de reforma da sentença para julgar improcedente as postulações do reclamante.

Termos em que,
pede deferimento.
Local e data.
Advogado (a)
OAB nº

EXERCÍCIO 4 - EXAME DE ORDEM XXVI

A sociedade empresária Ômega procura você, exibindo sentença prolatada em reclamação trabalhista movida por Fabiano que tramita perante a 100ª Vara do Trabalho de Maceió/AL.

Nela, o magistrado, em síntese, rejeitou preliminar suscitada pela empresa e determinou o recolhimento do INSS relativo ao período trabalhado mês a mês, para fins de aposentadoria, já que restou comprovado que a empresa descontava a cota previdenciária, mas não a repassava ao INSS; rejeitou preliminar suscitada e desconsiderou que a empresa havia feito um acordo em outro processo movido pelo mesmo empregado, homologado em juízo, no qual pagou o prêmio de assiduidade, condenando-a novamente ao pagamento dessa parcela; rejeitou preliminar suscitada pela empresa e desconsiderou que em relação às diárias postuladas, o autor tinha, comprovadamente, outra ação em curso com o mesmo tema, que se encontrava em grau de recurso; extinguiu o feito sem resolução do mérito em relação a um pedido de devolução de desconto, porque não havia causa de pedir; não acolheu a prescrição parcial porque ela foi suscitada pelo advogado em razões finais, afirmando o magistrado que deveria sê-lo apenas na contestação, tendo ocorrido preclusão; deferiu a reintegração do ex-empregado, Fabiano, porque ele foi eleito presidente da Associação de Leitura dos empregados da empresa, entidade criada pelos próprios empregados, sendo que a dispensa ocorreu em dezembro de 2017, no decorrer do mandato do reclamante; indeferiu o pedido de vale-transporte, porque o reclamante se deslocava para o trabalho e dele retornava a pé; deferiu indenização por dano moral, porque, pelo confessado atraso no pagamento dos salários dos últimos 3 meses do contrato de trabalho, o empregado teve seu nome inscrito em cadastro restritivo de crédito, conforme certidão do Serasa juntada pelo reclamante demonstrando a inserção do nome do empregado no rol de maus pagadores em novembro de 2015; deferiu a entrega de uma carta de referência para facilitar o autor na obtenção de nova colocação, caso, no futuro, ele viesse a querer se empregar em outro lugar; indeferiu a integração da alimentação concedida ao empregado, porque a empresa aderira ao Programa de Alimentação do Trabalhador durante todo o contrato de trabalho; deferiu o pagamento da participação nos lucros prevista na convenção coletiva da categoria, nos anos de 2012 e 2013, pois confessadamente não havia sido paga; indeferiu o pedido de anuênio, porque não havia previsão legal nem no instrumento da categoria do autor; deferiu o pagamento da diferença de férias, porque o empregado não fruiu 30 dias úteis no ano de 2016, como garante a Lei.

A sociedade empresária apresenta a ficha de registro de empregados do reclamante, na qual se verifica que ele havia trabalhado de 08/07/2007 a 20/10/2017, sendo que, nos anos de 2012 a 2014, permaneceu afastado em benefício previdenciário de auxílio-doença comum (código B-31); a ficha financeira mostra que o empregado ganhava 2 salários mínimos mensais e exercia a função de auxiliar de manutenção de equipamentos, fazendo eventuais viagens para verificação de equipamentos em filiais da empresa.

Diante disso, como advogado (a) da ré, redija a peça prático-profissional pertinente ao caso para a defesa dos interesses do seu cliente em juízo, ciente de que a ação foi ajuizada em 30/10/2017 e que, na sentença, não havia vício ou falha estrutural que comprometesse sua integridade.

Checklist:

→ Quem é o cliente? A empregadora, sociedade empresária Ômega.

→ Qual o último momento processual? Sentença.

→ O que o cliente deseja? A reforma da sentença.

→ Caráter urgente? Não.

→ Algum pressuposto específico? Sim. O preparo (custas + depósito recursal).

→ Qual é a peça processual? Recurso Ordinário.

→ Fundamento legal: art. 895, I, da CLT.

Hora de resolver!

AO DOUTO JUÍZO DA 100ª VARA DO TRABALHO DE MACEIÓ, ALAGOAS

Processo nº

Ômega, já qualificada nos autos em epígrafe, em que litiga com Fabiano, também qualificado, vem, à presença de Vossa Excelência, por intermédio de seu advogado abaixo assinado, (procuração anexa), com indicação de seu endereço profissional, **com fulcro no art. 895, I, da CLT, INTERPOR:**

RECURSO ORDINÁRIO

para o Egrégio Tribunal Regional do Trabalho da 19ª Região.

O presente recurso preenche todos os pressupostos de admissibilidade, dentre os quais destacam-se:

a) a **tempestividade**: o presente recurso é tempestivo, uma vez que foi interposto no prazo de até 8 dias úteis;

b) o **depósito recursal:** recolhido, no valor de R$ ___, conforme guia anexa; e

c) as **custas processuais:** recolhidas no valor de R$ ___, correspondente a 2% do valor da condenação, conforme guia anexa.

Pelo exposto, requer o recebimento do presente recurso, a intimação do recorrido para, querendo, apresentar contrarrazões ao recurso ordinário no prazo de 8 dias, conforme dispõe o art. 900 da CLT, e a posterior remessa ao Egrégio Tribunal do Trabalho da 19ª Região.

Termos em que,
pede deferimento.

Local e data.

Advogado (a)

OAB nº

EGRÉGIO TRIBUNAL REGIONAL DO TRABALHO DA 19ª REGIÃO

RAZÕES DO RECURSO ORDINÁRIO

I – PREMIMINAR DE MÉRITO

1. Da incompetência absoluta

O juízo *a quo* rejeitou a preliminar suscitada pela empresa na contestação e determinou o recolhimento do INSS relativo ao período trabalhado mês a mês, para fins de aposentadoria, já que restou comprovado que a empresa descontava a cota previdenciária, mas não a repassava ao INSS.

A sentença não merece prosperar, pois, nos termos do art. 876, parágrafo único, da CLT, Súmula Vinculante nº 53 e Súmula nº 368, I, do TST, a competência da Justiça do Trabalho para a execução das contribuições sociais, previstas no art. 114, VIII, da CF, limita-se às sentenças condenatórias em pecúnia e às sentenças homologatórias de acordo, sendo incompetente para a execução das contribuições incidentes sobre os salários pagos durante o período contratual, como no caso em tela.

Pelo exposto requer a reforma da sentença para acolher a preliminar de incompetência da Justiça do Trabalho para análise do pedido formulado.

2. Da coisa julgada

O juízo *a quo* rejeitou a preliminar de contestação suscitada pela ora recorrente e desconsiderou que a empresa havia feito um acordo em outro processo movido pelo mesmo empregado, homologado em juízo, na qual pagou o prêmio de assiduidade, condenando-a novamente ao pagamento desta parcela.

A sentença não merece prosperar, pois, à luz da Súmula nº 100, V, do TST, a sentença homologatória de acordo transita em julgado na data de sua homologação.

Ao deferir o prêmio de assiduidade, que havia sido objeto do acordo, violou-se a coisa julgada, na medida em que se repete o pedido que já foi julgado por decisão transitada em julgado, como determinam os arts. 831, parágrafo único, da CLT, 337, parágrafos1º e 4º, e 502 do CPC e a OJ 132, SDI II, do TST.

Pelo exposto, requer a reforma da sentença para acolher a preliminar de contestação e extinguir o processo sem resolução do mérito, nos termos do art. 485, V, do CPC, quanto ao pedido de prêmio assiduidade.

3. Da litispendência

O juízo *a quo* rejeitou a preliminar de contestação suscitada pela recorrente e desconsiderou que, em relação às diárias postuladas, o recorrido, tinha, comprovadamente, outra reclamação em curso com o mesmo tema, tratado em grau de recurso.

A sentença não merece prosperar, pois, nos termos do art. 337, VI e parágrafos 1º e 3º do CPC, há litispendência quando se repete pedido que está em curso, como é o caso das diárias postuladas.

Pelo exposto, requer a reforma da sentença para determinar o acolhimento da preliminar e extinguir o processo sem resolução de mérito, com fulcro no art. 485, V, do CPC, quanto ao pedido de diárias de viagem.

II – PREJUDICIAL DE MÉRITO

1. Prescrição parcial

O juízo *a quo* não acolheu a prescrição parcial, porque ela foi suscitada em razões finais, entendendo que deveria sê-lo apenas na contestação, tendo ocorrido preclusão.

A sentença não merece prosperar, pois nos termos da Súmula nº 153 do TST, a prescrição pode ser arguida em instância ordinária, ou seja, no juízo de 1º grau, bem como nos Tribunais Regionais do Trabalho.

Pelo exposto, requer a reforma da sentença para acolher a prescrição parcial e extinguir o processo com resolução do mérito, com fulcro no art. 487, II do CPC, quanto às verbas postuladas anteriores aos últimos cinco anos contados da data do ajuizamento da reclamação.

III – MÉRITO

1. Da reintegração

O juízo *a quo* deferiu a reintegração do recorrido, porque ele foi eleito presidente da Associação de Leitura dos empregados da empresa, entidade criada pelos próprios empregados, sendo que a dispensa ocorreu em dezembro de 2017, no decorrer do mandato do ora recorrido.

A sentença não merece prosperar, pois o recorrido não é detentor de garantia provisória de emprego por falta de previsão legal. Cumpre destacar que ele era presidente de uma associação e não de sindicato de categoria, razão pela qual não faz jus à estabilidade provisória do dirigente sindical, prevista nos arts. 8º, VIII da CF e 543, parágrafo 3º, da CLT.

Pelo exposto, requer a reforma da sentença para indeferir o pedido de reintegração do recorrido.

2. Do dano moral

O juízo *a quo* deferiu o pedido de indenização por dano moral, porque, pelo confessado atraso no pagamento dos salários dos últimos 3 meses do contrato de trabalho, o empregado teve seu nome inscrito em cadastro restritivo de crédito, conforme certidão do Serasa juntada pelo recorrido demonstrando a inserção do seu nome no rol de maus pagadores em novembro de 2015.

A sentença não merece prosperar, pois o atraso ocorreu nos últimos 3 meses do contrato, portanto nos meses de agosto, setembro e outubro de 2017, uma vez que ele trabalhou até 20/10/2017. Já a inclusão do nome do recorrido em cadastro restritivo de crédito ocorreu em 2015, ou seja, foi muito anterior aos atrasos. Dessa forma não estão presentes os requisitos autorizadores da responsabilidade civil previstos nos arts. 186, 927 do CC e arts. 223-A e seguintes da CLT, uma vez que está ausente o nexo causal, pois a conduta do recorrente não deu causa à negativação do nome do recorrido.

Pelo exposto, requer a reforma da sentença para julgar improcedente o pedido de indenização por danos morais.

3. Da carta de referência

O juízo *a quo* deferiu a entrega de uma carta de referência para facilitar o recorrido na obtenção de nova colocação, caso, no futuro, ele viesse a se empregar em outro lugar.

A sentença não pode prosperar, pois não se trata de uma obrigação do empregador imposta por lei. Logo, exigir do recorrente conduta diversa viola o art. 5º, II, da CF, que determina que "ninguém será obrigado a fazer ou deixar de fazer alguma coisa senão em virtude de lei".

Pelo exposto, requer a reforma da sentença para julgar improcedente o pedido do recorrido de entrega da carta de referência.

4. Da participação nos lucros e resultados

O juízo *a quo* deferiu o pagamento da participação nos lucros prevista na convenção coletiva da categoria, nos anos de 2012 e 2013, pois confessadamente não havia sido paga.

A sentença não pode prosperar, pois nos anos de 2012 a 2014, o recorrido permaneceu afastado recebendo benefício previdenciário, o auxílio-doença comum (código B-31), logo seu contrato de trabalho estava suspenso, nos termos do art. 476 da CLT, não concorrendo para os resultados positivos da empresa, como previsto na Súmula nº 451, TST.

Pelo exposto, requer a reforma da sentença para julgar improcedente o pedido do recorrido.

5. Das férias

O juízo *a quo* deferiu o pagamento da diferença de férias, porque o recorrido não fruiu 30 dias úteis no ano de 2016, como garante a lei.

A sentença não pode prosperar, pois as férias não são contadas em dias úteis, mas corridos, conforme previsto no art. 130, I, da CLT.

Pelo exposto, requer a reforma da sentença para julgar improcedente o pedido do recorrido.

IV – REQUERIMENTOS FINAIS

Pelo exposto, requer o conhecimento do presente recurso, o acolhimento das preliminares de mérito, sucessivamente, o acolhimento da prejudicial de mérito. Sucessivamente, no mérito, o seu provimento para fins de reforma da sentença para julgar procedente as postulações do recorrente.

Termos em que,
pede deferimento.
Local e data.
Advogado (a)
OAB nº

EXERCÍCIO 5 - EXAME DE ORDEM XXXI

Débora Pimenta trabalhou como auxiliar de coveiro na sociedade empresária Morada Eterna Ltda., de 30/03/2018 a 07/01/2019, quando foi dispensada sem justa causa, recebendo, por último, o salário de R$ 1.250,00 mensais, conforme anotado na CTPS.

Em razão disso, ela ajuizou reclamação trabalhista em face da sociedade empresária. A ação foi distribuída ao juízo da 90ª Vara do Trabalho de Teresina/PI, recebendo o número 0050000-80.2019.5.22.0090.

Débora formulou vários pedidos, que assim foram julgados: o juízo declarou a incompetência material da Justiça do Trabalho para apreciar o pedido de recolhimento do INSS do período trabalhado; foi reconhecido que a jornada se desenvolvia de 2ª a 6ª feira, das 10 às 16 horas, com intervalo de 10 minutos para refeição, conforme confessado pelo preposto em interrogatório, sendo, então, deferido o pagamento de 15 minutos com adicional de 50%, em razão do intervalo desrespeitado, e reflexos nas demais verbas salariais; não foi reconhecido o salário oficioso de mais R$ 2.000,00 alegado na petição inicial, já que o julgador entendeu não haver prova de qualquer pagamento "por fora"; foi deferido o pagamento de horas extras pelos feriados, conforme requerido pela trabalhadora na inicial, que pediu extraordinário em "todo e qualquer feriado brasileiro", sendo rejeitada a preliminar suscitada na defesa contra a forma desse pedido; foi deferida indenização de R$ 6.000,00 a título de dano moral por acidente do trabalho em razão de doença degenerativa da qual a trabalhadora foi vítima, conforme laudos médicos juntados aos autos; foi indeferido o pagamento de adicional noturno, já que a autora não comprovou que houvesse enterro, ou preparação para tal fim, no período compreendido entre 22 e 5 horas; foi deferido o pagamento do vale-transporte em todo o período trabalhado, sendo que, na instrução, o magistrado indeferiu a oitiva de duas testemunhas trazidas pela sociedade empresária, que seriam ouvidas para provar que ela entregava o valor da passagem em espécie diariamente à trabalhadora; foi julgado procedente o pedido de devolução em dobro, como requerido na exordial, de 5 dias de faltas justificadas por atestados médicos, pois a preposta reconheceu que a empresa se negou a aceitar os atestados porque não continham CID (Classificação Internacional de Doenças); foi deferido o pagamento correspondente a 1 cesta básica mensal, porque sua entrega era prevista na convenção coletiva que vigorou no ano anterior (de janeiro de 2017 a janeiro de 2018) e, no entendimento do julgador, uma vez que não houve estipulação de uma nova norma coletiva, a anterior foi, automaticamente, prorrogada no tempo; foram deferidos honorários advocatícios em favor do advogado da autora na razão de 20% da liquidação e, em favor do advogado da ré, no importe de 10% em relação aos pedidos julgados improcedentes.

Diante disso, na condição de advogado da ré, redija a peça prático-profissional para a defesa dos interesses da sua cliente em juízo, ciente de que, na sentença, não havia vício ou falha estrutural que comprometesse sua integridade. (Valor: 5,00)

Obs.: a peça deve abranger todos os fundamentos de Direito que possam ser utilizados para dar respaldo à pretensão. A simples menção ou transcrição do dispositivo legal não confere pontuação.

Nos casos em que a lei exigir liquidação de valores, não será necessário que o examinando a apresente, admitindo-se que o escritório possui setor próprio ou contratado especificamente para tal fim.

Checklist:

→ Quem é o cliente? A empresa Morada Eterna Ltda.

→ Qual é o último momento processual? Sentença.

→ O que a cliente deseja? Anular o processo + reforma da sentença.

→ Caráter urgente? Não.

→ Algum pressuposto específico? Sim. O preparo (custas + depósito recursal).

→ Qual é a peça processual? Recurso Ordinário.

→ Fundamento legal: art. 895, I, da CLT.

Hora de resolver!

AO DOUTO JUÍZO DA 90ª VARA DO TRABALHO DE TERESINA, PIAUÍ

Processo nº 0050000-80.2019.5.22.0090

Morada Eterna Ltda., já qualificada nos autos em epígrafe, em que litiga com **Débora Pimenta**, também qualificada, vem, à presença de Vossa Excelência, por intermédio de seu advogado abaixo assinado, (procuração anexa), com indicação de seu endereço profissional), **com fulcro no art. 895, I, da CLT, INTERPOR**:

RECURSO ORDINÁRIO

para o Egrégio Tribunal Regional do Trabalho da 22ª Região.

O presente recurso preenche todos os pressupostos de admissibilidade, dentre os quais destacam-se:

a) a **tempestividade**: o presente recurso é tempestivo, uma vez que foi interposto no prazo de 8 dias úteis;

b) o **depósito recursal**: recolhido, no valor de R$ ___, conforme guia anexa; e

c) as **custas processuais**: recolhidas no valor de R$ ___, correspondente a 2% do valor da condenação, conforme guia anexa.

Pelo exposto, requer o recebimento do presente recurso, a intimação do recorrido para, querendo, apresentar contrarrazões ao recurso ordinário no prazo de 8 dias, conforme dispõe o art. 900 da CLT, e a posterior remessa ao Egrégio Tribunal do Trabalho da 22ª Região.

Termos em que,

pede deferimento.

Local e data.

Advogado (a)

OAB nº

EGRÉGIO TRIBUNAL REGIONAL DO TRABALHO DA 22ª REGIÃO

RAZÕES DO RECURSO ORDINÁRIO

I – PREMIMINAR DE MÉRITO

1. Cerceamento de defesa

O juízo *a quo* indeferiu a oitiva de duas testemunhas trazidas pela sociedade empresária, que seriam ouvidas para provar que entregava o valor da passagem em espécie, diariamente, à trabalhadora e julgou procedente o pedido de condenação da reclamada ao pagamento de vale-transporte relativo a todo o período trabalhado.

Nos termos do art. 369 do CPC, as partes têm o direito de empregar todos os meios legais bem como os moralmente legítimos, ainda que não especificados no Código, para provar a verdade dos fatos. Ao indeferir a oitiva das testemunhas o juiz cerceou o direito de defesa da recorrente, violando o art. 5º, LV, da CF.

Pelo exposto, requer a nulidade da sentença e o retorno dos autos ao juízo "*a quo*" para que sejam ouvidas as testemunhas e proferida nova sentença.

2. Inépcia da petição inicial

A reclamante postulou a condenação da reclamada ao pagamento de horas extras por "todo e qualquer feriado brasileiro", o que abrange feriados locais e regionais do país inteiro. Em preliminar de contestação a reclamada sustentou que se tratava de pedido genérico, porém o juízo "*a quo*" rejeitou a preliminar julgando o pedido procedente.

O art. 840, parágrafo 1º, da CLT determina que o pedido deve ser certo e determinado. Ao deixar de indicar especificamente os feriados trabalhados a reclamante formulou pedido genérico, ou seja, indeterminado. Este, por sua vez, é inepto, nos termos do art. 330, I e § 1º, II, do CPC.

Pelo exposto, requer a reforma da sentença para que seja acolhida a preliminar de contestação e extinto o processo sem resolução de mérito, nos termos do art. 485, I, do CPC, quanto ao pedido de horas extras por todo e qualquer feriado.

II – MÉRITO

1. Intervalo

O juízo *a quo* condenou a reclamada ao pagamento de 15 minutos de intervalo com adicional de 50% e reflexos nas demais verbas salariais.

A sentença não merece prosperar, pois restou comprovado nos autos que a reclamante trabalhava de segunda a sexta-feira das 10h às 16h, usufruindo de 10 minutos de intervalo. Nos termos do art. 71, parágrafo 1º, da CLT, o empregado que trabalha 6 horas tem direito a um intervalo de 15 minutos. Por sua vez, o art. 71, parágrafo 4º, da CLT determina que no caso de redução do intervalo é assegurado ao trabalhador apenas o pagamento do período suprimido em caráter indenizatório, ou seja, sem incidência de reflexos. Dessa forma, à reclamante é devido apenas os 5 minutos suprimidos sem reflexos.

Pelo exposto, requer a reforma da sentença para limitar a condenação nos 5 minutos de intervalo, sem reflexos.

2. Doença degenerativa

O juízo *a quo* condenou a reclamada ao pagamento de R$ 6.000,00 de indenização a título de danos morais por acidente do trabalho em razão de doença degenerativa que acometeu a trabalhadora, segundo laudos médicos juntados aos autos.

A sentença não merece prosperar, pois, nos termos do art. 20, parágrafo 1º, "a", da Lei nº 8.213/91, doença degenerativa não é considerada doença do trabalho, não gerando para o empregador o dever de indenizar.

Pelo exposto, requer a reforma da sentença para julgar improcedente o pedido de indenização por danos morais.

3. Devolução em dobro dos dias de falta

O juízo *a quo* julgou procedente o pedido de devolução em dobro de 5 dias de faltas justificadas por atestados médicos, pois a proposta reconheceu que a empresa se recusou a receber os atestados porque não continham CID.

A sentença não pode prosperar, pois, nos termos do art. 5º, II, da CF: "ninguém será obrigado a fazer ou deixar de fazer alguma coisa senão em virtude de lei" e esta não obriga o empregador a devolver o valor descontado das faltas justificadas em dobro.

Pelo exposto, requer a reforma da sentença para limitar a condenação da reclamada à devolução dos descontos relativos às faltas, ou seja, sem a dobra referida.

4. Cestas básicas

O juízo *a quo* julgou procedente o pedido de condenação da reclamada ao pagamento de 1 cesta básica mensal, sob o fundamento de que as entrega estava prevista em convenção coletiva que vigorou no ano anterior (de janeiro de 2017 a janeiro de 2018). No entendimento do julgador, uma vez que não houve estipulação de uma nova norma coletiva, a anterior teria sido prorrogada no tempo automaticamente.

A sentença não pode prosperar, pois, nos termos do art. 614, parágrafo 3º, da CLT, é vedada a ultratividade das normas coletivas. Isso significa que os direitos assegurados por uma norma coletiva permanecem válidos apenas durante o período de vigência, não sendo prorrogáveis até o advento de outra norma coletiva.

Pelo exposto, requer a reforma da sentença para julgar improcedente o pedido.

5. Honorários advocatícios

O juízo *a quo* condenou a reclamada ao pagamento de honorários advocatícios de 20% sobre o valor da liquidação em favor do advogado da reclamante.

A sentença não pode prosperar, pois nos termos do art. 791-A da CLT, os honorários limitam-se a 15%.

Pelo exposto, requer a reforma da sentença para limitar os honorários, se devidos, à 15%.

III – REQUERIMENTOS FINAIS

Por todo exposto, requer o conhecimento do presente recurso, o acolhimento das preliminares de mérito. Sucessivamente, no mérito, o seu provimento para fins de reforma da sentença para julgar procedente as postulações do recorrente.

Termos em que,

pede deferimento.

Local e data.

Advogado (a)

OAB nº

18

EMBARGOS DE DECLARAÇÃO

Os Embargos de Declaração (ED) não têm uma instância específica. Seu cabimento não leva em conta o grau de jurisdição ou o procedimento da reclamação. Podem ser opostos contra **sentença** do juiz da Vara do Trabalho ou **acórdão** de TRT ou TST.

1. CABIMENTO E PROCEDIMENTO

Os Embargos de Declaração são utilizados no Processo do Trabalho para sanar **omissão, obscuridade, contradição** ou **manifesto equívoco no exame dos pressupostos extrínsecos do recurso**, conforme estabelece o art. 897-A da CLT.

Art. 897-A. Caberão embargos de declaração da sentença ou acórdão, no prazo de cinco dias, devendo seu julgamento ocorrer na primeira audiência ou sessão subsequente a sua apresentação, registrado na certidão, admitido efeito modificativo da decisão nos casos de omissão e contradição no julgado e manifesto equívoco no exame dos pressupostos extrínsecos do recurso.

§1º. Os erros materiais poderão ser corrigidos de ofício ou a requerimento de qualquer das partes.

§2º. Eventual efeito modificativo dos embargos de declaração somente poderá ocorrer em virtude da correção de vício na decisão embargada e desde que ouvida a parte contrária, no prazo de 5 (cinco) dias.

§3º. Os embargos de declaração interrompem o prazo para interposição de outros recursos, por qualquer das partes, salvo quando intempestivos, irregular a representação da parte ou ausente a sua assinatura.

Os Embargos de Declaração também estão previstos no Código de Processo Civil, nos arts. 1.022 ao 1.026, sendo aplicável naquilo que tiver omissão a CLT.

O prazo para a oposição dos ED é diferente de todos os outros prazos recursais trabalhistas: é de **5 DIAS**, a contar da ciência da decisão judicial.

Atenção! Os ED são o único recurso trabalhista com prazo que não é de oito dias.

Pois então: o art. 897-A da CLT diz que, nos ED, pode a parte alegar:

- Omissão;
- Contradição;
- Manifesto equívoco na análise dos pressupostos extrínsecos do recurso.

O art. 1.022, inciso I, do CPC ainda diz que os ED podem ser opostos em caso de **OBSCURIDADE** na decisão judicial. Pelo fato de a CLT não apresentar essa hipótese de cabimento, a grande maioria da jurisprudência entende-a aplicável ao Processo do Trabalho.

Sempre que o juiz ou o tribunal, ao julgar os ED, corrigir algum vício na decisão embargada (omissão, contradição ou manifesto equívoco), alterando a parte dispositiva da sentença ou acórdão, ocorrerá o chamado **EFEITO MODIFICATIVO** da decisão judicial.

⚠ **Atenção!** Nos casos em que os embargos de declaração forem procedentes e **não ocorrer efeito modificativo**, por mera alteração na fundamentação da decisão (caso do esclarecimento de obscuridade, narrado acima), haverá somente o chamado **juízo integrativo retificador** do julgado, e não sua modificação.

O efeito modificativo somente poderá ocorrer quando a parte contrária se manifestar sobre os ED opostos pela parte embargante. Eventual ausência de intimação da outra parte para se manifestar sobre os ED é causa de nulidade da decisão judicial que der o efeito modificativo. É a regra da OJ 142 da SDI-I do TST:

OJ nº 142, SDI-I, TST. É passível de nulidade decisão que acolhe embargos de declaração com efeito modificativo sem que seja concedida oportunidade de manifestação prévia à parte contrária.

Portanto, é imprescindível que a parte contrária receba o **prazo de 5 DIAS** para se manifestar sobre os ED opostos pelo embargante (art. 897-A, § 2º, CLT).

Se os ED forem **tempestivos** (opostos dentro de 5 dias) e a **representação processual da parte estiver regular** (procuração do advogado juntada aos autos, com poderes necessários, salvo se a parte estiver litigando pelo *jus postulandi*), eles causarão um importantíssimo efeito no processo: **INTERRUPÇÃO** de todo e qualquer prazo para interposição de recursos naquele processo.

A luz do art. 1.024, §4º, do CPC, caso o acolhimento dos ED implique a modificação da decisão embargada, o embargado, que já tiver interposto outro recurso contra a decisão originária, tem o direito de **COMPLEMENTAR** ou **ALTERAR** suas razões, nos exatos limites da modificação, no prazo de 8 dias, contado da intimação da decisão dos ED.

Veja uma importante jurisprudência do TST no tocante aos ED:

Súmula n. 421 do TST

I – Cabem embargos de declaração da decisão monocrática do relator prevista no art. 932 do CPC de 2015 (art. 557 do CPC de 1973), se a parte pretende tão somente juízo integrativo retificador da decisão e, não, modificação do julgado.

II – Se a parte postular a revisão no mérito da decisão monocrática, cumpre ao relator converter os embargos de declaração em agravo, em face dos princípios da fungibilidade e celeridade processual, submetendo-o ao pronunciamento do Colegiado, após a intimação do recorrente para, no prazo de 5 (cinco) dias, complementar as razões recursais, de modo a ajustá-las às exigências do art. 1.021, § 1º, do CPC de 2015.

O item "I" da Súmula supracitada explica que, contra as decisões monocráticas proferidas pelo relator, no Tribunal, somente caberão embargos de declaração quando a pretensão do embargante não envolver efeito modificativo: envolver somente efeito integrativo retificador, por mera alteração na fundamentação da decisão, sem nenhuma interferência na parte dispositiva da decisão, como explicado anteriormente.

O efeito modificativo dos ED, no Tribunal, somente ocorrerá quando opostos contra acórdãos, isto é, decisões colegiadas. Neste sentido é o teor do item II da Súmula 421 do TST: quando for postulado efeito modificativo em face de decisão monocrática do relator, os ED serão convertidos em **Agravo Interno ou Regimental**.

Se o julgador entender que os ED são meramente **PROTELATÓRIOS**, à parte embargante será aplicada multa de até 2% do valor da causa e, na reiteração dos embargos, até 10% (tendo, nesse caso, novo pressuposto recursal, já que outros recursos somente serão conhecidos se houver pagamento da multa. Nesse sentido, o CPC:

Art. 1.026, §2º, CPC. Quando manifestamente protelatórios os embargos de declaração, o juiz ou o tribunal, em decisão fundamentada, condenará o embargante a pagar ao embargado multa não excedente a dois por cento sobre o valor atualizado da causa.

§3º. Na reiteração de embargos de declaração manifestamente protelatórios, a multa será elevada a até dez por cento sobre o valor atualizado da causa, e a interposição de qualquer recurso ficará condicionada ao depósito prévio do valor da multa, à exceção da Fazenda Pública e do beneficiário de gratuidade da justiça, que a recolherão ao final.

§4º. Não serão admitidos novos embargos de declaração se os 2 (dois) anteriores houverem sido considerados protelatórios.

Finalmente, o **PREQUESTIONAMENTO** é um pressuposto exclusivo dos recursos de natureza extraordinária (Recurso de Revista, Embargos ao TST e Recurso Extraordinário). Os ED também são cabíveis como propósito de prequestionar a matéria, nos termos da súmula nº 297, do TST.

Súmula nº 297 do TST. PREQUESTIONAMENTO. OPORTUNIDADE. CONFIGURAÇÃO (nova redação) – Res. 121/2003, DJ 19, 20 e 21.11.2003

I. Diz-se prequestionada a matéria ou questão quando na decisão impugnada haja sido adotada, explicitamente, tese a respeito.

II. Incumbe à parte interessada, desde que a matéria haja sido invocada no recurso principal, opor embargos declaratórios objetivando o pronunciamento sobre o tema, sob pena de preclusão.

III. Considera-se prequestionada a questão jurídica invocada no recurso principal sobre a qual se omite o Tribunal de pronunciar tese, não obstante opostos embargos de declaração.

2. ESTRUTURA

Como identificar na prova que estamos diante da peça de Embargos de Declaração? A proposta certamente informará a existência de decisão judicial, seja ela uma sentença ou um acórdão. Em seguida, afirmará que a decisão contém algum dos vícios que ensejam o cabimento dos ED (omissão, contradição, obscuridade etc.), e a parte tem interesse de, apenas, atacar esse vício, não o mérito processual.

Os ED têm apenas uma folha dirigida ao juiz que proferiu a decisão. Segue o modelo:

AO DOUTO JUÍZO DA ___ VARA DO TRABALHO DE ___

Processo nº

EMBARGANTE, já qualificado nos autos em epígrafe, em que litiga com **EMBARGADO**, também qualificado, vem à presença de Vossa Excelência, por intermédio de seu advogado abaixo assinado (procuração anexa), com indicação de endereço profissional com fulcro **nos arts. 897-A, 769 da CLT e 1.022 e seguintes do CPC, OPOR**:

EMBARGOS DE DECLARAÇÃO

em face da sentença prolatada pelas razões de fato e de direito a seguir expostas.

I – PRESSUPOSTOS RECURSAIS

O presente recurso preenche todos os pressupostos de admissibilidade, dentre os quais destaca-se:

a) a **tempestividade**: o presente recurso é tempestivo, uma vez que foi oposto no prazo de 5 dias úteis.

II – DA OMISSÃO/OBSCURIDADE/CONTRADIÇÃO OU MANIFESTO EQUÍVOCO NA ANÁLISE DOS PRESSUPOSTOS EXTRÍNSECOS DO RECURSO

A respeitável sentença omitiu-se na análise de fato relevante para o deslinde da demanda/foi contraditório em suas alegações/etc.

Nesse sentido, na forma do art. 897-A da CLT são cabíveis os embargos de declaração com a finalidade de corrigir o vício apontado na sentença.

Pelo exposto, requer que o Douto Juízo acolha os embargos para manifestar-se sobre o pedido omissão/solucionar a contrariedade da decisão/etc.

III – REQUERIMENTOS FINAIS

Por todo exposto, requer o embargante a **intimação** da parte contrária (se for o caso) para manifestar-se no prazo de 5 dias, à luz do art. 897-A, §2º, da CLT, e o **provimento** do presente recurso para que seja sanada a omissão/contradição/obscuridade apontada.

Termos em que,
pede deferimento.
Local e data.
Advogado (a)
OAB nº

3. EXERCÍCIO

EXERCÍCIO – PEÇA AUTORAL

Carla Arruda trabalhou na empresa Sol & Lua LTDA. de 20/03/2009 a 05/03/2015, exercendo a função de atendente. Em 20/08/2017, Carla Arruda propôs Reclamação Trabalhista distribuída para a 1ª Vara do Trabalho/RJ, postulando o pagamento de férias dobradas referentes aos anos 2011/2012 e 2012/2013; décimo terceiro salário do ano de 2014; integração das comissões em seu salário e indenização por danos morais. Em resposta, a reclamada contestou todos os pedidos formulados pela reclamante, requerendo ainda, o acolhimento da prejudicial de prescrição bienal.

Após regular instrução processual, em 15/03/2018, foi publicada sentença deferindo o pedido de férias dobradas referentes aos anos de 2011/2012 e 2012/2013; décimo terceiro salário do ano de 2014; integração das comissões em seu salário e indenização por danos morais, sem nada mencionar sobre a prescrição bienal arguida em prejudicial pela reclamada.

Na condição de advogado contratado pela empresa Sol & Lua LTDA., proponha a medida judicial cabível visando, exclusivamente, suprir a omissão existente na sentença.

Checklist:

→ Quem é o cliente? A ex-empregadora, Sol & Lua Ltda.

→ Qual o último momento processual? Sentença.

→ O que o cliente deseja? Sanar a omissão existente na sentença.

→ Caráter urgente? Não.

→ Algum pressuposto específico? Não.

→ Qual é a peça processual? Embargos de Declaração.

→ Fundamento legal: art. 897-A da CLT.

Hora de resolver!

AO DOUTO JUÍZO DA 1ª VARA DO TRABALHO DO RIO DE JANEIRO

Processo nº

Sol & Lua Ltda., já qualificada nos autos em epígrafe, em que litiga com Carla Arruda, também qualificada, vem à presença de Vossa Excelência, por intermédio de seu advogado abaixo assinado (procuração anexa), com indicação de endereço profissional com fulcro **nos arts. 897-A, 769 da CLT e 1.022 e seguintes do CPC, OPOR**:

EMBARGOS DE DECLARAÇÃO

em face da sentença prolatada pelas razões de fato e de direito a seguir expostas.

I - PRESSUPOSTOS RECURSAIS

O presente recurso preenche todos os pressupostos de admissibilidade, dentre os quais destaca-se:

a) a **tempestividade**: o presente recurso é tempestivo, uma vez que foi oposto no prazo de até 5 dias úteis.

II - DA OMISSÃO

A respeitável sentença omitiu-se na análise de fato relevante para o esclarecimento da demanda, qual seja, a alegação da prescrição bienal, uma vez que a embargada trabalhou para embargante até 05/03/2015 e ajuizou reclamação trabalhista apenas em 20/08/2017.

Nos termos do art. 897-A da CLT são cabíveis os embargos de declaração com a finalidade de corrigir o vício apontado na sentença.

Pelo exposto, requer que o Douto Juízo acolha os embargos declaratórios para manifestar-se sobre a prescrição arguida pela embargante.

III - REQUERIMENTOS FINAIS

Por todo exposto, requer a embargante a intimação da parte contrária para manifestar-se no prazo de 5 dias, à luz do art. 897-A, §2º, da CLT, e o provimento do presente recurso para que seja sanada a omissão sobre o pedido de prescrição bienal.

Termos em que,

pede deferimento.

Local e data.

Advogado (a)

OAB nº

19

RECURSO DE REVISTA

1. ASPECTOS GERAIS

O recurso de revista classifica-se como um **recurso de natureza extraordinária**, o qual apenas pode ser interposto contra decisão (acórdão) proferida pelo **Tribunal Regional do Trabalho** (TRT) em **dissídios (ações) individuais** que iniciaram na Vara do Trabalho.

Assim, apenas a título de exemplo, havendo uma determinada reclamação trabalhista ajuizada contra empresa, este processo tramita na Vara, e a sentença proferida pelo juiz pode ser atacada por recurso ordinário. Este recurso ordinário é julgado pelo TRT por meio de uma decisão (acórdão) que pode ser atacada pelo recurso de revista caso as hipóteses de cabimento do recurso estejam presentes.

Leia o disposto no **art. 896, *caput*, da CLT**:

Art. 896. Cabe Recurso de Revista para Turma do Tribunal Superior do Trabalho das decisões proferidas em grau de recurso ordinário, em dissídio individual, pelos Tribunais Regionais do Trabalho, quando:

> **Atenção! Não cabe** recurso de revista contra as decisões proferidas pelos Tribunais Regionais em dissídios de sua competência originária, ou seja, cujos processos começam no TRT e não na Vara, tais como ação rescisória e dissídio coletivo.

O cabimento do recurso de revista pode ser analisado sob três aspectos:

→ **Procedimento ordinário;**

→ **Procedimento sumaríssimo; e**

→ **Fase da execução.**

2. PROCEDIMENTO ORDINÁRIO

Quanto ao procedimento ordinário, o art. 896, "a", "b" e "c", da CLT aponta as situações de cabimento:

Art. 896. Cabe Recurso de Revista para Turma do Tribunal Superior do Trabalho das decisões proferidas em grau de recurso ordinário, em dissídio individual, pelos Tribunais Regionais do Trabalho, quando:

a) derem ao mesmo dispositivo de lei federal interpretação diversa da que lhe houver dado outro Tribunal Regional do Trabalho, no seu Pleno ou Turma, ou a Seção de Dissídios Individuais do Tribunal Superior do Trabalho, ou contrariarem súmula de jurisprudência uniforme dessa Corte ou súmula vinculante do Supremo Tribunal Federal;

b) derem ao mesmo dispositivo de lei estadual, Convenção Coletiva de Trabalho, Acordo Coletivo, sentença normativa ou regulamento empresarial de observância obrigatória em área territorial que exceda a jurisdição do Tribunal Regional prolator da decisão recorrida, interpretação divergente, na forma da alínea *a*;

c) proferidas com violação literal de disposição de lei federal ou afronta direta e literal à Constituição Federal.

Na primeira hipótese (**alínea "a"**), subdivide-se em quatro possibilidades. Cabe recurso de revista quando o acórdão do TRT:

→ diverge de **acórdão de outro TRT** na interpretação do mesmo dispositivo de lei federal;

→ diverge de **acórdão da SDI** (Seção de Dissídios Individuais) do TST na interpretação do mesmo dispositivo de lei federal;

→ contraria a **súmula do TST**;

→ contraria **súmula vinculante**.

Atenção! É redundante você escrever ou falar: "**súmula vinculante do STF**". Se a súmula é vinculante ela é do STF.

Podemos mencionar ainda, uma **quinta possibilidade** que decorre da alínea "a". Muito embora a lei mencione apenas Súmula do TST, admite-se o recurso de revista quando o acórdão do TRT contraria Orientação Jurisprudencial do TST.

OJ nº 219 da SDI-I do TST. RECURSO DE REVISTA OU DE EMBARGOS FUNDAMENTADO EM ORIENTAÇÃO JURISPRUDENCIAL DO TST (inserida em 02.04.2001). É válida, para efeito de conhecimento do recurso de revista ou de embargos, a invocação de Orientação Jurisprudencial do Tribunal Superior do Trabalho, desde que, das razões recursais, conste o seu número ou conteúdo.

Na segunda hipótese (**art. 896, "b", da CLT**), registre-se que também se trata de divergência jurisprudencial na mesma forma da alínea "a", mas a divergência seria referente à interpretação de:

→ Lei estadual;

→ Convenção Coletiva de Trabalho;

→ Acordo Coletivo;

→ Sentença normativa; e

→ Regulamento empresarial.

Exemplo: Uma Convenção Coletiva do Trabalho do Banco do Brasil. Imagine que o empregado Luciano, em um município do Rio de Janeiro, ajuizou uma reclamação trabalhista requerendo verba prevista em uma cláusula na norma coletiva mencionada. A sentença foi proferida e o Douto Juízo julgou improcedente a pretensão. Luciano recorre e o TRT da 1ª Região (Rio de Janeiro) profere acórdão negando provimento ao seu recurso ordinário. Nesse julgamento, o TRT da 1ª Região interpretou a cláusula da norma coletiva de forma diversa do que o TRT da 7ª Região (Ceará) já havia feito em processo de outra empregada com o mesmo pedido. Luciano, então, pode interpor recurso de revista com base na divergência jurisprudencial.

Atenção! A lei estadual, a convenção coletiva de trabalho, o acordo coletivo, a sentença normativa ou o regulamento empresarial deve ser de abrangência **superior à jurisdição do TRT** que prolatou a decisão da qual se busca recorrer, sob pena de não conhecimento do recurso. Se a divergência for interna (mesmo TRT) não será cabível o recurso de revista.

OJ nº 147 da SDI-I do TST. LEI ESTADUAL, NORMA COLETIVA OU NORMA REGULAMENTAR. CONHECIMENTO INDEVIDO DO RECURSO DE REVISTA POR DIVERGÊNCIA JURISPRUDENCIAL (nova redação em decorrência da incorporação da Orientação Jurisprudencial n. 309 da SBDI-I) – DJ 20.04.2005

I. É inadmissível o recurso de revista fundado tão-somente em divergência jurisprudencial, se a parte não comprovar que a lei estadual, a norma coletiva ou o regulamento da empresa extrapolam o âmbito do TRT prolator da decisão recorrida.

No que indica à terceira hipótese (**art. 896, "c", da CLT**), não há divergência entre julgados, mas a decisão do TRT (acórdão) viola diretamente a lei federal ou a Constituição. Cabe, assim, recurso de revista contra esse acórdão.

Se o recurso for fundado em **divergência jurisprudencial**, ainda que a divergência seja específica, esta diferença de julgados deve ser cabalmente demonstrada para o TST. Toda lógica para fins de comprovação foi detalhada no art. 896, § 8º, da CLT:

Art. 896, §8º. Quando o recurso fundar-se em dissenso de julgados, incumbe ao recorrente o ônus de produzir prova da divergência jurisprudencial, mediante certidão, cópia ou citação do repositório de jurisprudência, oficial ou credenciado, inclusive em mídia eletrônica, em que houver sido publicada a decisão divergente, ou ainda pela reprodução de julgado disponível na internet, com indicação da respectiva fonte, mencionando, em qualquer caso, as circunstâncias que identifiquem ou assemelhem os casos confrontados.

2.1. DIVERGÊNCIA ATUAL

A **divergência** entre a decisão recorrida e a decisão paradigma deve ser **atual**, não podendo o recorrente se utilizar de julgados antigos que revelam posição já superada por iterativa e notória jurisprudência do TST. Nessa direção segue o art. 896, §7º, da CLT:

Art. 896, §7º. A divergência apta a ensejar o recurso de revista deve ser atual, não se considerando como tal a ultrapassada por súmula do Tribunal Superior do Trabalho ou do Supremo Tribunal Federal, ou superada por iterativa e notória jurisprudência do Tribunal Superior do Trabalho.

O recorrente não pode, para atacar um acórdão do TRT em recurso de revista, invocar um julgado da SDI do TST cuja linha decisória já tenha sido superada pela própria SDI do TST. Estaria o recorrente se utilizando indevidamente de julgado antigo para tentar subir recurso que sabe ser descabido atualmente diante da presente posição do TST.

Súmula nº 333 do TST. RECURSOS DE REVISTA. CONHECIMENTO (alterada) – Res. 155/2009, DJ 26 e 27.02.2009 e 02.03.2009. Não ensejam recurso de revista decisões superadas por iterativa, notória e atual jurisprudência do Tribunal Superior do Trabalho.

2.2. VIOLAÇÃO DE NORMA LEGAL OU CONSTITUCIONAL

No momento de elaboração do recurso com base em violação legal ou constitucional, a indicação do dispositivo violado deve ser expressa. Neste sentido a Súmula nº 221 do TST:

> Súmula nº 221 do TST. RECURSO DE REVISTA. VIOLAÇÃO DE LEI. INDICAÇÃO DE PRECEITO. (cancelado o item II e conferida nova redação na sessão do Tribunal Pleno realizada em 14.09.2012) – Res. 185/2012, DEJT divulgado em 25, 26 e 27.09.2012. A admissibilidade do recurso de revista por violação tem como pressuposto a indicação expressa do dispositivo de lei ou da Constituição tido como violado.

Nesse contexto, o art. 896, § 1º-A, da CLT indica:

Art. 896, § 1º-A. Sob pena de não conhecimento, é ônus da parte:

II. indicar, de forma explícita e fundamentada, contrariedade a dispositivo de lei, súmula ou orientação jurisprudencial do Tribunal Superior do Trabalho que conflite com a decisão regional;

Aliás, não basta a indicação do número, cabendo, nas razões recursais, uma **demonstração analítica da norma, súmula ou orientação jurisprudencial supostamente violada**:

Art. 896, § 1º-A. Sob pena de não conhecimento, é ônus da parte:

III. expor as razões do pedido de reforma, impugnando todos os fundamentos jurídicos da decisão recorrida, inclusive mediante demonstração analítica de cada dispositivo de lei, da Constituição Federal, de súmula ou orientação jurisprudencial cuja contrariedade aponte.

2.3. PREQUESTIONAMENTO

O prequestionamento é pressuposto recursal específico de recursos de natureza extraordinária, dentre os quais se encontra o recurso de revista.

Logo, é fundamental o esclarecimento contido na Súmula nº 297, I, do TST:

> Súmula nº 297 do TST. PREQUESTIONAMENTO. OPORTUNIDADE. CONFIGURAÇÃO (nova redação) – Res. 121/2003, DJ 19, 20 e 21.11.2003
>
> I. Diz-se prequestionada a matéria ou questão quando na decisão impugnada haja sido adotada, explicitamente, tese a respeito.

Em suma: prequestionamento, seria a adoção de uma posição clara do Tribunal Regional recorrido, ao julgar um processo, sobre uma determinada matéria. Isso permite a compreensão do TST (que julgará o recurso) sobre qual é exatamente o entendimento do TRT sobre o assunto.

O alcance do prequestionamento é esclarecido pela OJ nº 256 da SDI-I do TST:

> OJ nº 256 da SDI-I do TST. PREQUESTIONAMENTO. CONFIGURAÇÃO. TESE EXPLÍCITA. SÚMULA N. 297 (inserida em 13.03.2002). Para fins do requisito do prequestionamento de que trata a Súmula n. 297, há necessidade de que haja, no acórdão, de maneira clara, elementos que levem à conclusão de que o Regional adotou uma tese contrária à lei ou à súmula.

No entanto, e se a posição do Tribunal sobre a matéria não estiver clara o bastante no acórdão do TRT como se dará o prequestionamento? Mediante a oposição de embargos de declaração. O interessado em ingressar com o recurso de revista deve, então, interpor embargos de declaração visando manifestação expressa do Tribunal Regional.

Uma vez que o Tribunal profere a decisão dos embargos declaratórios, independentemente se a resposta satisfaz o embargante, ele pode seguir com o seu recurso de revista, porquanto já fez a sua parte ingressando com os embargos para provocar a manifestação do TRT.

> Súmula nº 297 do TST. PREQUESTIONAMENTO. OPORTUNIDADE. CONFIGURAÇÃO (nova redação) – Res.121/2003, DJ 19, 20 e 21.11.2003
>
> II. Incumbe à parte interessada, desde que a matéria haja sido invocada no recurso principal, opor embargos declaratórios objetivando o pronunciamento sobre o tema, sob pena de preclusão.
>
> III. Considera-se prequestionada a questão jurídica invocada no recurso principal sobre a qual se omite o Tribunal de pronunciar tese, não obstante opostos embargos de declaração.

Chamamos a atenção para uma outra questão interessante: se o recurso de revista for baseado em suposta **violação de lei** realizada pelo TRT, será preciso que o TRT mencione o preceito legal (o número do artigo violado) no acórdão? A resposta vem do entendimento do TST:

> OJ nº 118 da SDI-I do TST. PREQUESTIONAMENTO. TESE EXPLÍCITA. INTELIGÊNCIA DA SÚMULA N. 297 (inserida em 20.11.1997). Havendo tese explícita sobre a matéria, na decisão recorrida, desnecessário contenha nela referência expressa do dispositivo legal para ter-se como prequestionado este.

Por fim, se o vício surge pela primeira vez diretamente no julgamento pelo TRT do recurso, não há necessidade de prequestionamento. Veja a OJ nº 119 da SDI-I:

OJ nº 119 da SDI-I do TST PREQUESTIONAMENTO INEXIGÍVEL. VIOLAÇÃO NASCIDA NA PRÓPRIA DECISÃO RECORRIDA. SÚMULA N. 297 DO TST. INAPLICÁVEL (inserido dispositivo) – DEJT divulgado em 16, 17 e 18.11.2010. É inexigível o prequestionamento quando a violação indicada houver nascido na própria decisão recorrida. Inaplicável a Súmula n.º 297 do TST.

Recorde-se, no entanto, de que, se não houver interposição dos embargos declaratórios para tentar forçar a manifestação, ocorrerá a **preclusão da oportunidade** e o recurso de revista ficará inviabilizado sobre esse ponto. Leia a Súmula nº 184 do TST:

Súmula nº 184 do TST. EMBARGOS DECLARATÓRIOS. OMISSÃO EM RECURSO DE REVISTA. PRECLUSÃO (mantida) – Res. 121/2003, DJ 19, 20 e 21.11.2003. Ocorre preclusão se não forem opostos embargos declaratórios para suprir omissão apontada em recurso de revista ou de embargos.

Se, após o julgamento dos embargos declaratórios, ainda assim, a omissão persistir, então pode ser alegado que houve **negativa de prestação jurisdicional por parte do TRT**. Essa alegação deve ser feita no recurso de revista, mas é necessário transcrever o trecho dos embargos de declaração em que se pediu a manifestação e o trecho da decisão que rejeitou os embargos.

Art. 896, § 1º-A, CLT. Sob pena de não conhecimento, é ônus da parte:

IV. transcrever na peça recursal, no caso de suscitar preliminar de nulidade de julgado por negativa de prestação jurisdicional, o trecho dos embargos declaratórios em que foi pedido o pronunciamento do tribunal sobre questão veiculada no recurso ordinário e o trecho da decisão regional que rejeitou os embargos quanto ao pedido, para cotejo e verificação, de plano, da ocorrência da omissão.

3. PROCEDIMENTO SUMARÍSSIMO

As hipóteses de cabimento do recurso de revista no procedimento sumaríssimo podem ser encontradas no art. 896, § 9º, da CLT:

Art. 896, § 9º Nas causas sujeitas ao procedimento sumaríssimo, somente será admitido recurso de revista por contrariedade a súmula de jurisprudência uniforme do Tribunal Superior do Trabalho ou a súmula vinculante do Supremo Tribunal Federal e por violação direta da Constituição Federal.

Checklist:

No procedimento sumaríssimo, apenas se pode cogitar de recurso de revista quando o acórdão do TRT:

→ viola Súmula do TST;

→ viola Súmula vinculante;

→ viola a Constituição Federal.

O TST tem perfilhado entendimento no sentido de que, no procedimento sumaríssimo em específico, **não cabe a revista por violação a Orientação Jurisprudencial**, visto que inexistia previsão legal no antigo art. 896, § 6º, da CLT. O mesmo ocorreu no atual art. 896, § 9º, da CLT após a alteração legal.

Súmula nº 442 do TST. PROCEDIMENTO SUMARÍSSIMO. RECURSO DE REVISTA FUNDAMENTADO EM CONTRARIEDADE. A ORIENTAÇÃO JURISPRUDENCIAL. INADMISSIBILIDADE. ART. 896, § 6º, DA CLT, ACRESCENTADO PELA LEI N. 9.957, DE 12.01.2000 (conversão da Orientação Jurisprudencial n. 352 da SBDI-1) – Res. 185/2012, DEJT divulgado em 25, 26 e 27.09.2012. Nas causas sujeitas ao procedimento sumaríssimo, a admissibilidade de recurso de revista está limitada à demonstração de violação direta a dispositivo da Constituição Federal ou contrariedade a Súmula do Tribunal Superior do Trabalho, não se admitindo o recurso por contrariedade a Orientação Jurisprudencial deste Tribunal (Livro II, Título II, Capítulo III, do RITST), ante a ausência de previsão no art. 896, § 6º, da CLT.

Atenção! A Súmula faz menção ao art. 896, § 6º, da CLT, porque ainda não foi atualizada. Atualmente (pós Reforma Trabalhista) trata-se do **art. 896, § 9º, da CLT**, cuja redação incluiu a violação de **Súmula Vinculante** às hipóteses de cabimento de recurso de revista no rito sumaríssimo.

4. EXECUÇÃO

Na fase da execução trabalhista, cabe recurso revista unicamente se o **acórdão do Tribunal Regional do Trabalho viola direta e literalmente a Constituição**, nos moldes do art. 896, § 2º, da CLT:

Art. 896, § 2º Das decisões proferidas pelos Tribunais Regionais do Trabalho ou por suas Turmas, em execução de sentença, inclusive em processo incidente de embargos de terceiro, não caberá Recurso de Revista, salvo na hipótese de ofensa direta e literal de norma da Constituição Federal.

Desta forma, havendo uma decisão na execução proferida pelo juiz da Vara e contra a qual cabe **agravo de petição**, caso o TRT, ao julgar o agravo de petição, prolate acórdão violando a Constituição Federal, caberá **recurso de revista** para o TST.

Súmula nº 266 do TST. RECURSO DE REVISTA. ADMISSIBILIDADE. EXECUÇÃO DE SENTENÇA (mantida) – Res. 121/2003, DJ 19, 20 e 21.11.2003. A admissibilidade do recurso de revista interposto de acórdão proferido em agravo de petição, na liquidação de sentença ou em processo incidente na execução, inclusive os embargos de terceiro, depende de demonstração inequívoca de violência direta à Constituição Federal.

Atenção! Quando estivermos diante de discussões, nas **execuções fiscais** e que envolvem a **certidão negativa de débitos trabalhistas**, o legislador ampliou o rol de cabimento do recurso. Sobre esse assunto cabe recurso de revista quando o acórdão proferido pelo Tribunal Regional do Trabalho viola a lei federal, viola a Constituição Federal ou mesmo quando houver divergência jurisprudencial entre Tribunais.

Art. 896, §10, CLT. Cabe recurso de revista por violação à lei federal, por divergência jurisprudencial e por ofensa à Constituição Federal nas execuções fiscais e nas controvérsias da fase de execução que envolvam a Certidão Negativa de Débitos Trabalhistas (CNDT), criada pela Lei nº 12.440, de 7 de julho de 2011.

5. JUÍZO DE ADMISSIBILIDADE

O recurso de revista deve ser **dirigido ao Presidente do TRT**. Ele fará o juízo de admissibilidade do recurso de revista (verifica se os pressupostos recursais estão presentes). Alguns Tribunais Regionais, em seus Regimentos Internos, preveem que a admissibilidade do recurso de revista será feita pelo Desembargador Vice-Presidente.

No sentido de delimitar o direcionamento do apelo, segue o art. 896, § 1º, da CLT:

Art. 896, § 1º O recurso de revista, dotado de efeito apenas devolutivo, será interposto perante o Presidente do Tribunal Regional do Trabalho, que, por decisão fundamentada, poderá recebê-lo ou denegá-lo.

Atenção! Se o Presidente do TRT (ou Vice-Presidente, conforme o regimento interno de cada TRT) **denegar seguimento** ao recurso de revista, a decisão comporta **agravo de instrumento** na forma do art. 896, § 12, da CLT.

É muito comum que o recurso de revista abranja diversas matérias completamente diferentes (ex. horas extras, férias, equiparação salarial etc.). Diante desse quadro, pode ser que o Desembargador Presidente ou Vice-Presidente admita o recurso de revista **somente em relação a algumas matérias**, negando seguimento em relação a outras.

Diante disso, cabe ao interessado interpor **agravo de instrumento em relação à parte** (capítulo) em que foi trancada, conforme art. 1º, *caput*, da **Instrução Normativa 40/2016 do TST**:

IN 40/2016 do TST

Art. 1º Admitido apenas parcialmente o recurso de revista, constitui ônus da parte impugnar, mediante agravo de instrumento, o capítulo denegatório da decisão, sob pena de preclusão.

6. TRANSCENDÊNCIA

O recurso de revista dispõe de um pressuposto específico relacionado à transcendência. O exame da transcendência significa dizer que o TST não julga qualquer recurso de revista, admitindo apenas aqueles que possuem uma **relevância significativa**.

Art. 896-A, CLT. O Tribunal Superior do Trabalho, no recurso de revista, examinará previamente se a causa oferece transcendência com relação aos reflexos gerais de natureza econômica, política, social ou jurídica.

A Reforma Trabalhista estabeleceu critérios para o que seria a transcendência, conforme se nota no art. 896- A, § 1º, da CLT:

Art. 896-A, § 1º. São indicadores de transcendência, entre outros:

I. econômica, o elevado valor da causa;

II. política, o desrespeito da instância recorrida à jurisprudência sumulada do Tribunal Superior do Trabalho ou do Supremo Tribunal Federal;

III. social, a postulação, por reclamante-recorrente, de direito social constitucionalmente assegurado;

IV. jurídica, a existência de questão nova em torno da interpretação da legislação trabalhista.

E se o **Ministro relator** do recurso de revista entender que não existe transcendência? A autoridade pode, então, negar seguimento ao recurso monocraticamente e dessa decisão cabe agravo interno ou regimental:

Art. 896-A, § 2º, CLT. Poderá o relator, monocraticamente, denegar seguimento ao recurso de revista que não demonstrar transcendência, cabendo agravo desta decisão para o colegiado.

Se a decisão do Ministro relator for **mantida pelo colegiado**, a decisão colegiada é irrecorrível:

Art. 896-A, § 4º Mantido o voto do relator quanto à não transcendência do recurso, será lavrado acórdão com fundamentação sucinta, que constituirá decisão irrecorrível no âmbito do tribunal.

7. RECURSOS REPETITIVOS

Diante da **multiplicidade de recursos** sobre a mesma matéria, surgiram, como forma de impor celeridade e racionalidade ao modelo judiciário brasileiro, a sistemática de repercussão geral dos recursos extraordinários e os recursos especiais repetitivos (art. 1.036 e seguintes do CPC).

O Processo do Trabalho também recebeu essa evolução por meio da Lei 13.015/14, a qual introduziu a sistemática dos recursos repetitivos.

Art. 896-C, CLT. Quando houver multiplicidade de recursos de revista fundados em idêntica questão de direito, a questão poderá ser afetada à Seção Especializada em Dissídios Individuais ou ao Tribunal Pleno, por decisão da maioria simples de seus membros, mediante requerimento de um dos Ministros que compõem a Seção Especializada, considerando a relevância da matéria ou a existência de entendimentos divergentes entre os Ministros dessa Seção ou das Turmas do Tribunal.

§1º. O Presidente da Turma ou da Seção Especializada, por indicação dos relatores, afetará um ou mais recursos representativos da controvérsia para julgamento pela Seção Especializada em Dissídios Individuais ou pelo Tribunal Pleno, sob o rito dos recursos repetitivos.

Desta forma, ou a **Turma do TST** encaminha para o Presidente da Seção de Dissídios Individuais (SDI-I) a proposta de afetação de um recurso como repetitivo ou **um dos Ministros da própria SDI-I** propõe essa afetação ao Presidente da SDI-I. Lembre-se de que o Presidente da SDI-I é o Ministro Presidente do TST.

8. ESTRUTURA

Como iremos identifica que a peça será um Recurso de Revista? A proposta da prova irá narrar os fatos e você perceberá que houve a interposição de um Recurso Ordinário, que teve seu mérito julgado pelo TRT, e você será contratado para tomar a providência processual cabível para reformar o acórdão proferido pelo TRT.

O Recurso de Revista é composto por duas folhas: **folha de interposição** (rosto), dirigida ao Presidente do TRT, e pela **folha de razões**, endereçada ao TST.

FOLHA DE INTERPOSIÇÃO

A folha de interposição (rosto) é dirigida ao **Presidente do Tribunal recorrido**, que poderá **receber ou denegar** seguimento ao recurso, fundamentando a sua decisão em ambos os casos.

O Presidente do TRT (**juízo *a quo***) analisará a presença dos pressupostos de admissibilidade do recurso de revista (extrínsecos e intrínsecos).

Veja o exemplo:

EXCELENTÍSSIMO SENHOR DOUTOR DESEMBARGADOR PRESIDENTE DO EGRÉGIO TRIBUNAL REGIONAL DO TRABALHO DA ___ REGIÃO

Processo nº

RECORRENTE, devidamente qualificado nos autos do processo em epígrafe no qual litiga em face do **RECORRIDO**, também qualificado, vem por seu advogado abaixo assinado, com fulcro no **art. 896**, "__" da CLT, **INTERPOR:**

RECURSO DE REVISTA

para o Colendo Tribunal Superior do Trabalho.

O presente recurso preenche todos os pressupostos de admissibilidade, dentre os quais destacam-se:

a) a **tempestividade**: o presente recurso é tempestivo, uma vez que foi interposto no prazo de 8 dias úteis;

b) o **depósito recursal**: recolhido no valor de R$ ___, conforme guia anexa;

c) as **custas processuais**: já foram recolhidas na interposição do recuso ordinário. Destaca-se que não houve acréscimo no valor das custas e, portanto, não há valor algum a ser recolhido.

d) o **prequestionamento**: encontra-se preenchido o pressuposto específico do prequestionamento, na forma do art. 896, § 1º-A, I, da CLT e súmula nº 297 do TST.

e) a **transcendência**: a causa oferece transcendência com relação aos reflexos gerais de natureza econômica, política, social ou jurídica, nos moldes do art. 896-A, da CLT.

Pelo exposto, requer o recebimento do presente recurso, a intimação da outra parte para apresentar contrarrazões ao recurso de revista, no prazo de 8 dias, nos termos do art. 900 da CLT e posterior remessa ao Colendo Tribunal Superior do Trabalho.

Temos em que,

pede deferimento.

Local e data.

Advogado (a)

OAB nº

FOLHA DE RAZÕES

A folha de razões é o recurso propriamente dito e observa a seguinte estrutura:

→ PRELIMINARES DE MÉRITO

→ PREJUDICIAIS DE MÉRITO

→ MÉRITO

→ REQUERIMENTOS FINAIS

Veja o exemplo:

COLENDO TRIBUNAL SUPERIOR DO TRABALHO

RAZÕES DO RECURSO DE REVISTA

I – PREMIMINARES DE MÉRITO

II – PREJUDICIAIS DE MÉRITO

III – MÉRITO

Mencionar que o Egrégio Tribunal Regional do Trabalho entendeu ___, e que tal decisão caracteriza ___.

Fundamentar com o dispositivo legal aplicável ao caso:

– a decisão caracteriza violação literal e direta da **Constituição.**

– a decisão caracteriza violação literal à **lei federal**.

– a decisão caracteriza **divergência jurisprudencial.**

O dispositivo legal estabelece o seguinte: (transcreva o dispositivo).

Apesar do dispositivo legal dispor que ___, o juízo *a quo* posicionou-se de forma contrária, estabelecendo que ___.

Pelo exposto, requer a reforma da decisão a fim de ___.

IV – REQUERIMENTOS FINAIS

Por todo exposto, requer o **conhecimento** do presente recurso de revista, o **acolhimento** das preliminares para ____, sucessivamente, o **acolhimento** das prejudiciais de mérito para ___ e, sucessivamente, no mérito, o **provimento** do recurso para **reformar** o acórdão prolatado pelo Egrégio Tribunal Regional do Trabalho.

Termos em que,

pede deferimento.

Local e data.

Advogado (a)

OAB nº

9. EXERCÍCIO

EXERCÍCIO – PEÇA AUTORAL

Tânia Sardinha trabalhou como balconista na lanchonete Só Lanches Ltda., localizada na cidade de Salvador/BA, tendo prestado serviços para empresa por quase 10 anos. Em certo dia no curso do contrato de trabalho, Tânia Sardinha reparou que havia um buraco no interior da lanchonete e próximo ao balcão de atendimento, tendo informado o ocorrido ao gerente da lanchonete Sr. Bartolomeu, que nada fez para reparar o estrago. Após exatos 20 dias, Tânia Sardinha tropeçou no buraco e acabou caindo. Esse acidente causou fraturas no rosto e nos braços da empregada, que precisaram ser imobilizados por três meses, e, em razão da lesão no rosto, teve que se submeter a um procedimento cirúrgico e por diversas sessões de fisioterapia. A lanchonete emitiu Comunicado de Acidente do Trabalho (CAT) para a Previdência Social, tendo sido concedido auxílio-doença acidentário a Tânia Sardinha, que permanece afastada da execução das suas atividades laborais desde então. Durante todo o período de afastamento, Tânia Sardinha não pode utilizar o seu plano de saúde, o qual foi suspenso. Ainda no curso do contrato de trabalho de Tânia Sardinha, inobstante sua empregadora lhe pagasse gorjetas, estas jamais serviram como base para o pagamento do décimo terceiro salário, férias acrescidas de um terço e depósitos ao Fundo de Garantia por Tempo de Serviço (FGTS). Diante dos fatos narrados, Tânia Sardinha ajuizou reclamação trabalhista em face de sua empregadora, na qual postulou: o reconhecimento do direito ao reestabelecimento e manutenção do plano de saúde enquanto o contrato estiver suspenso, bem como a integração das gorjetas à sua remuneração, para que incidam como base de cálculo do 13º, férias acrescidas de 1/3 e FGTS. Em primeira instância, o juiz da vara do trabalho julgou improcedentes os pedidos formulados por Tânia Sardinha, sob o argumento de que: a suspensão do contrato de trabalho autoriza a cessação da concessão do plano de saúde; e as gorjetas, por terem sido oferecidas espontaneamente pelos clientes, não integram a remuneração do empregado, razão pela qual não incidem como base de cálculo das parcelas indicadas, tendo-lhe sido, contudo, concedidos os benefícios da justiça gratuita. Com isso, Tânia Sardinha interpôs recurso ordinário ao Tribunal Regional do Trabalho da 5ª Região, porém a turma manteve a decisão por seus próprios fundamentos.

Você foi contrato como advogado de Tânia Sardinha, elabore a peça processual em defesa dos seus interesses.

Checklist:

→ Quem é o cliente? A empregada, Tânia Sardinha.

→ Qual o último momento processual? Acórdão do TRT em RO.

→ O que o cliente deseja? A reforma do acórdão do TRT da 5ª Região.

→ Caráter urgente? Sim, uma vez que o contrato está suspenso, e sem plano de saúde.

→ Algum pressuposto específico? Sim. O prequestionamento e a transcendência.

→ Qual é a peça processual? Recurso de Revista.

→ Fundamento legal: art. 896, "a", da CLT.

Hora de resolver!

EXCELENTÍSSIMO SENHOR DOUTOR DESEMBARGADOR PRESIDENTE DO EGRÉGIO TRIBUNAL REGIONAL DO TRABALHO DA 5ª REGIÃO

Processo nº

Tânia Sardinha, devidamente qualificada nos autos do processo em epígrafe no qual litiga com **Só Lanches Ltda**, vem por seu advogado abaixo assinado, com fulcro no art. 896, "a" da CLT, **INTERPOR**:

RECURSO DE REVISTA

para o Colendo Tribunal Superior do Trabalho.

O presente recurso preenche todos os pressupostos de admissibilidade, dentre os quais destacam-se:

a) a **tempestividade**: o presente recurso é tempestivo, uma vez que foi interposto no prazo de 8 dias úteis;

b) o **prequestionamento**: encontra-se preenchido o pressuposto específico do prequestionamento, na forma do art. 896, § 1º-A, I, da CLT e súmula nº 297 do TST.

c) a **transcendência**: a causa oferece transcendência com relação aos reflexos gerais de natureza política, nos termos do art. 896-A, §1º, II, da CLT, pois houve violação, por parte do Tribunal *a quo*, de entendimento sumulado do TST.

A recorrente informa que deixa de juntar as guias comprobatórias do recolhimento das custas processuais, em razão do benefício de justiça gratuita deferido, conforme art. 790-A, *"caput"*, da CLT. Ademais, deixa de juntar as guias de depósito recursal, por se tratar de recorrente empregado e, portanto, desobrigado a tanto nos termos do art. 899 e parágrafos da CLT.

Pelo exposto, requer o recebimento do presente recurso, a intimação da outra parte para apresentar contrarrazões ao recurso de revista, no prazo de 8 dias, nos termos do art. 900 da CLT e posterior remessa ao Colendo Tribunal Superior do Trabalho.

Temos em que,

pede deferimento.

Local e data.

Advogado (a)

OAB nº

COLENDO TRIBUNAL SUPERIOR DO TRABALHO

RAZÕES DO RECURSO DE REVISTA

I – MÉRITO

1. DO PLANO DE SAÚDE

A recorrente encontra-se, atualmente com seu contrato de trabalho suspenso tendo sido concedido auxílio-doença acidentário. Entretanto, a recorrida suspendeu o plano de saúde.

O Egrégio TRT manteve a sentença que negou o direito à manutenção do plano de saúde. Observa-se pelo trecho a seguir do acórdão recorrido que a matéria está prequestionada: "___".

A decisão caracteriza divergência jurisprudencial. Observa-se:

A súmula nº 440, do TST determina:

"Súmula nº 440 do TST. Assegura-se o direito à manutenção de plano de saúde ou de assistência médica oferecido pela empresa ao empregado, não obstante suspenso o contrato de trabalho em virtude de auxílio-doença acidentário ou de aposentadoria por invalidez".

Apesar de a súmula nº 440 do TST assegurar à manutenção do plano de saúde durante a suspensão do contrato de trabalho em decorrência de auxílio-doença acidentário, o juízo *a quo* posicionou-se de forma contrária, negando à manutenção do pano de saúde.

Não se pode admitir decisão regional ao arrepio do entendimento consolidado do Colendo TST.

Pelo exposto, requer a reforma do acórdão para a concessão da manutenção do plano de saúde, conforme dispõe o verbete sumular.

2. DAS GORJETAS

O Egrégio TRT manteve a sentença que negou a integração das gorjetas percebidas pela recorrente em 13º salário, férias + 1/3 e FGTS, sob o argumento de que as gorjetas, por terem sido oferecidas espontaneamente pelos clientes, não integram a remuneração da empregada, razão pela qual não incidem como base de cálculo das parcelas mencionadas.

Observa-se pelo trecho a seguir do acórdão recorrido que a matéria está prequestionada "___".

A decisão caracteriza divergência jurisprudencial. Observa-se:

A súmula nº 354 do TST determina:

"Súmula nº 354 do TST. As gorjetas, cobradas pelo empregador na nota de serviço ou oferecidas espontaneamente pelos clientes, integram a remuneração do empregado, não servindo de base de cálculo para as parcelas de aviso-prévio, adicional noturno, horas extras e repouso semanal remunerado".

Apesar de a súmula nº 354 do TST assegurar que as gorjetas oferecidas espontaneamente pelos clientes, integram a remuneração do empregado, o juízo *a quo* posicionou-se de forma contrária, negando à integração.

Não se pode admitir decisão regional ao arrepio do entendimento consolidado do Colendo TST.

Pelo exposto, requer a reforma do acórdão para determinar a integração das gorjetas ao 13º salário, férias + 1/3 e FGTS, conforme dispõe o verbete sumular.

II – REQUERIMENTOS FINAIS

Por todo exposto, requer o conhecimento e o provimento do presente recurso de revista para reformar o acórdão prolatado pelo Egrégio Tribunal Regional do Trabalho da 5ª Região, no tocante a manutenção do plano de saúde e integração das gorjetas.

Termos em que,

pede deferimento.

Local e data.

Advogado (a)

OAB nº

20

AGRAVO DE INSTRUMENTO

1. DISPOSIÇÕES GERAIS

O Agravo de Instrumento (AI) no Processo do Trabalho tem a função de **"DESTRANCAR" RECURSOS INADMITIDOS** (não recebidos) por ausência de algum(ns) pressuposto(s) de admissibilidade.

> **Atenção**! Cuidado para não confundir! No **Processo Civil**, o Agravo de Instrumento tem a finalidade de impugnar determinadas decisões interlocutórias, previstas no rol do art. 1.015 do CPC. Aqui, no processo do trabalho, a função do AI é totalmente diferente: resume-se a destrancar recursos cujo prosseguimento for denegado, por ausência de pressuposto de admissibilidade.

O AI pode ser manejado para destrancar **Agravo de Petição, Recurso Ordinário, Recurso de Revista** e até mesmo o **Recurso Extraordinário,** que embora não seja um recurso próprio nosso é admitido no Processo do Trabalho.

2. CABIMENTO E PROCEDIMENTO

Na CLT, o cabimento do AI está disciplinado em alguns parágrafos do art. 897, abaixo citados e comentados:

Art. 897 – Cabe agravo, no prazo de 8 (oito) dias:

(...)

b) de instrumento, dos despachos que denegarem a interposição de recursos.

Como já mencionamos, o recurso de Agravo de Instrumento (AI) no Processo do Trabalho basicamente tem a função de **DESTRANCAR RECURSOS INADMITIDOS** (não recebidos) por ausência de um ou mais pressupostos de admissibilidade recursais, tanto os pressupostos genéricos (intrínsecos e extrínsecos) como os específicos, previstos para um determinado recurso (como a transcendência no recurso de revista, ou a delimitação de matérias e valores, no Agravo de Petição).

Embora a alínea "b" fale em "**despachos**" que denegarem a interposição dos recursos, tecnicamente o posicionamento que prevalece é no sentido de que a decisão judicial que denega a interposição de um recurso é, na verdade uma autêntica **DECISÃO INTERLOCUTÓRIA**, pois consiste num pronunciamento judicial que possui conteúdo decisório (art. 203, § 2º, CPC).

§2º – O agravo de instrumento interposto contra o despacho que não receber agravo de petição não suspende a execução da sentença.

Se o juiz entender que falta algum pressuposto de admissibilidade ao Agravo de Petição, ele não receberá (inadmitirá) o Agravo de Petição. Neste caso, a parte agravante poderá interpor o AI para destrancar o Agravo de Petição inadmitido (denegado). Neste caso, a execução definitiva da sentença **NÃO** será suspensa em razão da interposição do AI.

§4º – Na hipótese da alínea b deste artigo, o agravo será julgado pelo Tribunal que seria competente para conhecer o recurso cuja interposição foi denegada.

Resumindo:

√ – Se o **TRT** é o órgão competente para julgar o **RO**, o **TRT** julgará o **AI** interposto para destrancar o **RO** denegado.

√ – Se o **TST** é o órgão competente para julgar o **RR**, o **TST** julgará o **AI** interposto para destrancar o **RR** denegado.

Vamos ver um **exemplo**:

Marcelo Marmelo ajuizou Reclamação Trabalhista contra a sua ex-empregadora Sorvete Belo LTDA., postulando verbas rescisórias não recebidas quando do término do contrato de trabalho. Na sentença, o juiz julgou totalmente improcedentes os pedidos de Marcelo Marmelo, condenando-o a pagar honorários advocatícios de sucumbência ao advogado da reclamada. Inconformado, Marcelo Marmelo interpôs RO ao TRT, pedindo a substituição dos termos da sentença, excluindo-se, por consequência, a condenação ao pagamento de honorários sucumbenciais. O juiz do trabalho recorrido, entendendo que o RO interposto por Marcelo Marmelo não contém todos os pressupostos de admissibilidade, denega seguimento ao RO. Nesse contexto, Marcelo Marmelo poderá interpor AI no prazo de 8 DIAS. O AI será imediatamente remetido ao TRT, que o julgará. Se o TRT der razão a Marcelo Marmelo, dando provimento ao AI, deverá julgar, em seguida, o RO cujo prosseguimento havia sido denegado pelo juiz *a quo*.

Atenção! O juiz *a quo* **NÃO FAZ** o juízo de admissibilidade sobre o Agravo de Instrumento! O órgão judiciário recorrido deve, obrigatoriamente, remeter o AI ao órgão superior que seria competente para julgar o recurso denegado, caso ele fosse normalmente remetido.

O AI tem apenas **efeito devolutivo**. O tribunal somente pode analisar a (in)validade da decisão judicial que denegou seguimento ao recurso principal. Eventuais análises do mérito do recurso principal só poderão acontecer no julgamento do recurso principal, se o AI for provido, destrancando, por consequência, o recurso denegado.

Vamos analisar os documentos que devem ser traslados (copiados e impressos) juntamente com a peça de interposição do AI.

§5º. Sob pena de não conhecimento, as partes promoverão a formação do instrumento do agravo de modo a possibilitar, caso provido, o imediato julgamento do recurso denegado, instruindo a petição de interposição:

I – obrigatoriamente, com cópias da decisão agravada, da certidão da respectiva intimação, das procurações outorgadas aos advogados do agravante e do agravado, da petição inicial, da contestação, da decisão originária, do depósito recursal referente ao recurso que se pretende destrancar, da comprovação do recolhimento das custas e do depósito recursal a que se refere o § 7º do art. 899 desta Consolidação;

II – facultativamente, com outras peças que o agravante reputar úteis ao deslinde da matéria de mérito controvertida.

As disposições deste parágrafo tratam de documentos que devem ser traslados (copiados e impressos) juntamente com a peça de interposição do AI, na realidade para os processos físicos. Tais cópias formariam os chamados "**autos suplementares**". Para que o tribunal só tivesse acesso aos documentos indispensáveis ao julgamento do AI, remeter-se-iam somente os autos suplementares ao tribunal, e não os autos principais, com todos os seus volumes.

Atualmente, os processos judiciais eletrônicos estão dominando a rotina judiciária. Portanto, diante da realidade do processo eletrônico, a exigência das referidas cópias que deveriam obrigatoriamente acompanhar a peça de interposição do AI perdeu sua razão.

Desta forma, o **Conselho Superior da Justiça do Trabalho** (CSJT) dispôs na Resolução n. 185/2017 a seguinte regra:

Art. 26. Fica dispensada a formação de autos suplementares em casos de exceção de impedimento ou suspeição, agravos de instrumento, agravos regimentais e agravo previsto no art. 1.021 do CPC, exceto quanto:

I – ao agravo de instrumento em mandado de segurança, na forma do art. 7º, § 1º, da Lei n. 12.016/09; e

II – ao pedido de revisão do valor da causa, na forma do art. 2º, § 2º, da Lei n. 5.584/70.

O agravado deve, no mesmo prazo, apresentar:

→ **CONTRAMINUTA** ao Agravo de Instrumento;

→ **CONTRARRAZÕES** ao recurso denegado (RO, RR, AP etc.).

§7º. Provido o agravo, a Turma deliberará sobre o julgamento do recurso principal, observando-se, se for o caso, daí em diante, o procedimento relativo a esse recurso.

Como comentamos no §5º, o provimento do AI acarretará o **imediato julgamento** do recurso que havia sido trancado e que, agora, seria destrancado.

3. DEPÓSITO RECURSAL

O depósito recursal do Agravo de Instrumento é regido pelos §§ 7º e 8º do art. 899 da CLT:

§7º. No ato de interposição do agravo de instrumento, o depósito recursal corresponderá a 50% (cinquenta por cento) do valor do depósito do recurso ao qual se pretende destrancar.

Exemplo: Tapeçaria Só a Rigor LTDA., reclamada, é condenada nos autos de uma Reclamação Trabalhista a pagar R$ 50.000,00 ao seu ex-empregado Luciano. Inconformada, a empresa interpõe recurso ordinário, efetuando o depósito de R$ 13.133,46, limite máximo fixado pelo TST. O juiz do trabalho, ao realizar o primeiro juízo de admissibilidade, denega seguimento ao recurso ordinário, apontando ausência de alguns pressupostos recursais. Não concordando com a denegação do juiz, a empresa interpõe Agravo de Instrumento para destrancar o Recurso Ordinário. Nesse caso, o valor do depósito recursal do Agravo de Instrumento será a metade do valor do depósito devido para interpor Recurso Ordinário, ou seja, R$ 6.566,70.

§8º. Quando o agravo de instrumento tem a finalidade de destrancar recurso de revista que se insurge contra decisão que contraria a jurisprudência uniforme do Tribunal Superior do Trabalho, consubstanciada nas suas súmulas ou em orientação jurisprudencial, não haverá obrigatoriedade de se efetuar o depósito referido no §7º deste artigo.

Estamos diante de um privilégio que é previsto especificamente para o recurso **AIRR** (Agravo de Instrumento em Recurso de Revista). Às vezes, o recurso de revista é denegado pelo Presidente do TRT, que entende não terem sido preenchidos os pressupostos de admissibilidade.

Nesse caso, a parte pode interpor Agravo de Instrumento, para destrancar o Recurso de Revista e levá-lo ao TST. Para não precisar efetuar o depósito recursal, basta que a parte, nas razões recursais, aponte violação a alguma Súmula ou OJ do TST.

4. ESTRUTURA

Como você irá identificar que a peça processual é um agravo de instrumento? A proposta da prova inicialmente informará a existência de decisão judicial, seja ela uma sentença ou um acórdão. Posteriormente afirmará que a parte recorreu de referida decisão, mas o recurso não foi conhecido (ou lhe foi negado seguimento) pelo juízo prolator da sentença/acórdão e que o cliente contrata você como Advogado (a) para tomar a medida judicial cabível.

O AI será apresentado em duas peças.

FOLHA DE INTERPOSIÇÃO (ROSTO)

A folha de interposição (rosto) do AI é dirigida ao juízo que negou seguimento ao recurso principal.

Nesse momento não podemos esquecer de apontar os pressupostos de admissibilidade, com destaque para o depósito recursal e a formação do AI.

AO DOUTO JUÍZO DA ___ VARA DO TRABALHO DE ___

Processo nº

AGRAVANTE, já qualificado nos autos em epígrafe, em que litiga com **AGRAVADO**, também qualificado, vem à presença de Vossa Excelência, por intermédio de seu advogado abaixo assinado (procuração anexa), com indicação de endereço profissional), com fulcro no art. 897, "b", da CLT, **INTERPOR**:

AGRAVO DE INSTRUMENTO

para o Egrégio Tribunal Regional do Trabalho da ___ Região.

O **AGRAVANTE** informa que o recurso preenche todos os pressupostos de admissibilidade, dentre os quais destacam-se:

a) a **tempestividade**: o presente recurso é tempestivo, uma vez que foi interposto no prazo de 8 dias úteis;

b) o **depósito recursal**: recolhido, no valor de R$ ___, conforme guia anexa;

Atenção! Se estivermos diante de **AGRAVANTE empregado**, não há que se falar em depósito recursal.

c) **a formação do agravo de instrumento**: este agravo é instruído com cópia integral dos autos, incluindo as obrigatórias exigidas no art. 897, §5º, I, da CLT.

Atenção! No caso de **Processo Judicial Eletrônico – PJE** ou quando o recurso trancado for para o **TST** não haverá formação de autos de agravo de instrumento.

Pelo exposto, requer o **recebimento** do presente recurso, e, caso não seja efetuado o **juízo de retratação** por este Douto Juízo, o que ora se requer, a **intimação** do agravado para apresentar **contraminuta** ao agravo de instrumento e **contrarrazões** ao recurso principal. Após, requer a **remessa** do agravo de instrumento e do recurso principal ao Egrégio Tribunal Regional do Trabalho da ___ Região.

Termos em que,

pede deferimento.

Local e data.

Advogado (a)

OAB nº

FOLHA DE RAZÕES

A folha de razões é o recurso propriamente dito, no qual afirmamos a presença do pressuposto de admissibilidade do recurso que segundo o juízo *a quo* está ausente, requerendo, ao final, o provimento do agravo com o processamento do recurso trancado.

EGRÉGIO TRIBUNAL REGIONAL DO TRABALHO DA ___ REGIÃO

MINUTA DE AGRAVO DE INSTRUMENTO

I – PRESSUPOSTOS RECURSAIS

O presente recurso merece ser conhecido, por estarem presentes todos os seus pressupostos recursais.

Em sua decisão o juízo *a quo* não conheceu do recurso, sustentando que ___.

A decisão não merece prosperar, tendo em vista o que dispõe o art./ Súm./OJ ___.

Pelo exposto, requer, o provimento do presente agravo de instrumento para que seja conhecido o recurso interposto, e seja apreciado o seu mérito.

II – REQUERIMENTOS FINAIS

Por todo exposto, requer o conhecimento do presente agravo de instrumento, bem como, a reforma da decisão *a quo*, para que seja o recurso originário conhecido, e, ato contínuo, tenha seu mérito apreciado por este Egrégio Tribunal.

Termos em que,
pede deferimento.
Local e data.
Advogado (a)
OAB nº

5. EXERCÍCIO

EXERCÍCIO – PEÇA AUTORAL

Pitombo Quaresma trabalhou na empresa Biscoito Fino LTDA., de 10/05/2008 a 10/01/2019 exercendo a função de estoquista. Após sua dispensa, Pitombo ajuizou reclamação trabalhista distribuída para 3ª Vara do Trabalho de Juiz de Fora/MG, reivindicando o pagamento de horas extras trabalhadas e não pagas com reflexos em aviso prévio, 13º salário proporcional e férias, alegando, que fora contratado para cumprir jornada de trabalho das 8 horas às 18 horas, de segunda a sexta-feira; no entanto, habitualmente o horário se estendia até às 20 horas, com 1 hora de intervalo para repouso e alimentação. Ainda, pleiteia adicional de periculosidade e reflexos decorrentes de contato com inflamáveis. Em defesa, a reclamada contestou todos os pedidos formulados requerendo o reconhecimento da prescrição quinquenal. Após audiência de instrução, em 10/03/2019, foi publicada sentença deferindo o pedido de horas extras e reflexos, bem como o adicional de periculosidade, afastando a prescrição quinquenal arguida pela empresa. A reclamada interpôs recurso ordinário, o qual teve seguimento negado pelo juiz, apesar de a recorrente ter comprovado a ocorrência de feriado local em comemoração do aniversário da padroeira da cidade no ato de interposição do recurso.

Na condição de advogado(a) contratado pela empresa, proponha a medida judicial cabível para assegurar o seguimento do recurso ordinário do seu cliente.

Checklist:

→ Quem é o cliente? A empregadora, Biscoito Fino Ltda.

→ Qual o último momento processual? Recurso Ordinário que teve o seguimento negado.

→ O que o cliente deseja? Dar seguimento ao Recurso Ordinário interposto.

→ Caráter urgente? Não.

→ Algum pressuposto específico? Sim. O depósito recursal + a formação do agravo.

→ Qual é a peça processual? Agravo de Instrumento.

→ Fundamento legal: art. 897, b, da CLT.

Hora de resolver!

AO DOUTO JUÍZO DA 3ª VARA DO TRABALHO DE JUIZ DE FORA/MG

Processo nº

Biscoito Fino Ltda., já qualificado nos autos em epígrafe, em que litiga com Pitombo Quaresma, também qualificado, vem à presença de Vossa Excelência, por intermédio de seu advogado abaixo assinado (procuração anexa), com indicação de endereço profissional, com fulcro no **art. 897, "b", da CLT, INTERPOR**:

AGRAVO DE INSTRUMENTO

para o Egrégio Tribunal Regional do Trabalho da 3ª Região.

A **AGRAVANTE** informa que o recurso preenche todos os pressupostos de admissibilidade, dentre os quais destacam-se:

a) a **tempestividade**: o presente recurso é tempestivo, uma vez que foi interposto no prazo de 8 dias úteis;

b) o **depósito recursal:** recolhido, no valor de R$ ___, conforme guia anexa;

c) a **formação do agravo de instrumento:** este agravo é instruído com cópia integral dos autos, incluindo as obrigatórias exigidas no art. 897, §5º, I, da CLT.

Pelo exposto, requer o recebimento do presente recurso, e, caso não seja efetuado o juízo de retratação por este Douto Juízo, o que ora se requer, a intimação do agravado para apresentar contraminuta ao agravo de instrumento e contrarrazões ao recurso principal, no prazo de 8 dias, como estabelece o art. 897, §6º, da CLT. Após, requer a remessa do agravo de instrumento e do recurso principal ao Egrégio Tribunal Regional do Trabalho da 3ª Região.

Termos em que,

pede deferimento.

Local e data.

Advogado (a)

OAB nº

EGRÉGIO TRIBUNAL REGIONAL DO TRABALHO DA 3ª REGIÃO

MINUTA DE AGRAVO DE INSTRUMENTO

I - PRESSUPOSTOS RECURSAIS

O presente recurso merece ser conhecido, por estarem presentes todos os seus pressupostos recursais.

II - DA TEMPESTIVIDADE DO RECURSO PRINCIPAL

O juízo *a quo* denegou seguimento ao recurso ordinário interposto pela ora agravante, alegando sua intempestividade, mesmo tendo juntado comprovante de que a prolação da data da interposição deu-se em razão de existência de feriado municipal na cidade de Juiz de Fora/MG.

A decisão não merece prosperar, conforme dispõem o art. 1.003, §6º, do CPC e a súmula nº 385, I, do TST, é ônus da parte a demonstração da existência de feriado local que comprometa o prazo de interposição do recurso.

Pelo exposto, requer, o provimento do presente agravo de instrumento para que seja conhecido o recurso ordinário interposto, e seja apreciado o seu mérito por este Egrégio Tribunal.

III – REQUERIMENTOS FINAIS

Por todo exposto, requer o conhecimento do presente agravo de instrumento, bem como, a reforma da decisão *a quo*, para que seja o recurso ordinário conhecido, e, ato contínuo, tenha seu mérito apreciado por este Egrégio Tribunal.

Termos em que,

pede deferimento.

Local e data.

Advogado (a)

OAB nº

21

AGRAVO DE PETIÇÃO

O Agravo de Petição é um recurso exclusivo da fase de Execução no Processo do Trabalho.

1. CABIMENTO

O Agravo de Petição tem previsão no art. 897, "a", da CLT:

Art. 897 - Cabe agravo, no prazo de 8 (oito) dias:

a) de petição, das decisões do Juiz ou Presidente, nas execuções;

Na fase de execução, o juiz proferirá sentença sempre que o executado opuser **Embargos à Execução** e/ou quando o exequente apresentar **Impugnação**. Havendo Embargos ou Impugnação, o juiz deverá proferir sentença para resolver as questões invocadas nas respectivas peças.

O juiz resolve os Embargos e a Impugnação **NA MESMA SENTENÇA**, na fase de execução. É contra esta sentença – que julga os Embargos e a Impugnação ao mesmo tempo – que o AP aparece como o recurso cabível.

O AP deve ser interposto no prazo de **8 DIAS**, a contar da ciência da decisão em execução impugnada.

§1º. O agravo de petição só será recebido quando o agravante delimitar, justificadamente, as matérias e os valores impugnados, permitida a execução imediata da parte remanescente até o final, nos próprios autos ou por carta de sentença.

O parágrafo, apresenta um **Pressuposto de Admissibilidade ESPECÍFICO** do Agravo de Petição. O AP só pode ser recebido (admitido) se o agravante apresentar delimitação objetiva de quais são as matérias discutidas no agravo e os valores que o agravante entende incorretos.

Atenção! O AP não é um recurso admissível para que a parte demonstre inconformismo com o estado do processo. Portanto, se não houver delimitação da matéria e os valores impugnados, o AP não será recebido.

Súmula n. 416 do TST. Devendo o agravo de petição delimitar justificadamente a matéria e os valores objeto de discordância, não fere direito líquido e certo o prosseguimento da execução quanto aos tópicos e valores não especificados no agravo.

Portanto, como a lei permite essa execução definitiva, o executado **NÃO pode impetrar mandado de segurança** contra a decisão judicial que ordena a Execução Definitiva (se requerida pelo exequente, ou de ofício se o exequente não tiver advogado).

Enquanto o AP é processado no TRT, as matérias e os valores não impugnados poderão ser normalmente executados em primeira instância. Somente as matérias e os valores impugnados poderão ser reanalisados pelo TRT (devolvidos ao TRT).

A parte não impugnada pelo AP pode ser objeto de **execução definitiva** perante o juiz do trabalho.

§3º Na hipótese da alínea a deste artigo, o agravo será julgado pelo próprio tribunal, presidido pela autoridade recorrida, salvo se se tratar de decisão de Juiz do Trabalho de 1ª Instância ou de Juiz de Direito, quando o julgamento competirá a uma das Turmas do Tribunal Regional a que estiver subordinado o prolator da sentença, observado o disposto no art. 679, a quem este remeterá as peças necessárias para o exame da matéria controvertida, em autos apartados, ou nos próprios autos, se tiver sido determinada a extração de carta de sentença.

O Agravo de Petição tem cabimento contra **DUAS DECISÕES**:

→ **SENTENÇA** do juiz do trabalho que julga os Embargos à Execução e a Impugnação, na execução.

→ **ACÓRDÃO** do TRT que apreciou Embargos e Impugnação, quando a execução for de sua competência originária.

Atenção! A competência para execução é a do órgão jurisdicional que apreciou a matéria originariamente. Na grande maioria dos casos, tal órgão é o Juiz do Trabalho. Todavia, há algumas exceções especialíssimas em que o Tribunal aprecia a matéria de forma originária. Logo, nesses casos especiais, será do Tribunal – que apreciou a matéria originariamente – a competência para a **execução**.

O trâmite do AP nos tribunais é delimitado nos Regimentos Internos de cada tribunal. O órgão competente para julgar o AP interposto contra sentença de juiz do trabalho é uma das **TURMAS do TRT**.

§8º. Quando o agravo de petição versar apenas sobre as contribuições sociais, o juiz da execução determinará a extração de cópias das peças necessárias, que serão autuadas em apartado, conforme dispõe o §3º, parte final, e remetidas à instância superior para apreciação, após contraminuta.

Desta forma, quando o AP se referir somente a contribuições sociais devidas à União (que nem aumentam e nem diminuem o crédito do exequente), o juiz providenciará cópias das peças importantes do processo para que a execução dos valores devidos ao exequente seja normalmente processada, enquanto as contribuições sociais são discutidas no TRT.

2. PROCEDIMENTO

O Agravo de Petição deve ser interposto no prazo de **8 DIAS** a contar da ciência da decisão em fase de execução, com endereçamento ao órgão jurisdicional recorrido (Juiz do Trabalho, se for contra sua sentença, que é o caso mais comum).

O juiz recorrido fará o **primeiro juízo de admissibilidade** do AP, verificando se estão presentes os pressupostos de admissibilidade extrínsecos e intrínsecos e, também, o **pressuposto de admissibilidade específico** do AP (delimitação de matérias e valores).

Interposto o AP, o juiz dará à parte agravada o mesmo prazo do AP (**8 DIAS**) para que apresente **CONTRAMINUTA AO AGRAVO DE PETIÇÃO**, peça que equivale às contrarrazões do RO. Apresentada a contraminuta ou passado o seu prazo sem apresentação, o juiz, entendendo presentes os pressupostos de admissibilidade do AP (genéricos e específicos), remeterá o processo ao TRT.

Se o juiz entender que falta algum pressuposto de admissibilidade ao AP, ele não receberá o AP. Neste caso, a parte agravante terá o prazo de 8 DIAS para interpor **AGRAVO DE INSTRUMENTO**, para destrancar o AP inadmitido (denegado).

Atenção! A execução definitiva da sentença **NÃO** será suspensa em razão da interposição do Agravo de Instrumento.

Art. 897, §2º, CLT. O agravo de instrumento interposto contra o despacho que não receber agravo de petição não suspende a execução da sentença.

Atenção! Diferentemente dos recursos cabíveis na fase de conhecimento, o Agravo de Petição **NÃO** se sujeita via de regra ao **DEPÓSITO RECURSAL.**

Veja a Súmula n.128, item II, do TST:

Súmula n. 128, item II, do TST. Garantido o juízo, na fase executória, a exigência de depósito para recorrer de qualquer decisão viola os incisos II e LV do art. 5º da CF/1988. Havendo, porém, elevação do valor do débito, exige-se a complementação da garantia do juízo.

Eventual cobrança de depósito recursal para interpor AP configuraria violação aos princípios do **contraditório** (art. 5º, LV, CF) e da **legalidade** (art. 5º, II, CF).

⚠ **Dica:** Na fase da execução o processo só "caminha" se o juízo estiver garantido.

Entretanto, se no julgamento dos Embargos e da Impugnação o juiz elevar o valor devido em execução, o Agravo de Petição só será recebido se o executado **complementar a garantia do juízo** (garantia da execução), depositando o valor da diferença entre o valor já depositado e o valor que, doravante, é devido em razão da elevação do valor pelo juiz.

Além disso, não há necessidade de recolhimento de **custas processuais** para interpor o AP. Conforme o art. 789-A da CLT, as custas na fase de execução são pagas sempre **AO FINAL.**

Dica: NÃO é devido **depósito recursal** no AP.

NÃO são devidas **custas processuais** no AP.

3. ESTRUTURA

Como você irá identificar que a peça processual é um agravo de petição?
O último momento processual será uma sentença de embargos à execução, de exceção de pré-executividade ou de embargos de terceiro em fase de execução.

Em suma: você identificará uma decisão na execução.

O AP será apresentado em duas peças.

FOLHA DE INTERPOSIÇÃO (ROSTO)

A folha de interposição (rosto) do AI é dirigida ao juízo que proferiu a decisão recorrida. Devemos informar que estão presentes todos os pressupostos recursais de admissibilidade extrínsecos e intrínsecos, inclusive a indicação de matérias e valores impugnados (art. 897. §1º, da CLT) e requerer a intimação do agravado para ofertar contraminuta, nos termos do art. 900 da CLT, bem como remessa do recurso ao Tribunal Regional do Trabalho.

Atenção! Não há depósito recursal no agravo de petição, entretanto, se o juízo não estiver totalmente garantido, deve ser feito o depósito complementar visando essa garantia.

Não esqueça ainda, de ressaltar que o pagamento das custas processuais será recolhido, ao final, pelo executado, conforme disposto no art. 789-A, IV, da CLT.

AO DOUTO JUÍZO DA ___ VARA DO TRABALHO DE ___

Processo nº

AGRAVANTE, já qualificado nos autos da execução trabalhista, em que litiga com **AGRAVADO**, também qualificado, vem à presença de Vossa Excelência, por intermédio de seu advogado abaixo assinado (procuração anexa), com indicação de endereço profissional, com fulcro no art. 897, "a", da CLT, **INTERPOR**:

AGRAVO DE PETIÇÃO

para o Egrégio Tribunal Regional do Trabalho da ___ Região.

O **AGRAVANTE** informa que o recurso preenche todos os pressupostos de admissibilidade, dentre os quais destacam-se:

a) a **tempestividade**: o presente recurso é tempestivo, uma vez que foi interposto no prazo de 8 dias úteis;

b) a **garantia do juízo**: o juízo encontra-se totalmente garantido, nos termos dos arts. 880 e 884 da CLT;

c) as **custas processuais**: serão recolhidas, ao final, pelo executado, no valor de R$ 44,26, nos termos do art. 789-A, IV, da CLT;

d) a **delimitação de matérias e valores impugnados**, nos termos do art. 897, §1º, da CLT: o agravante informa que o recurso se refere a ___, com controvérsia de valores no montante de R$ ___.

Pelo exposto, requer o **recebimento** do presente recurso, a **intimação** do agravado para apresentar **contraminuta** ao agravo de petição, no prazo de 8 dias, como estabelece o art. 900 da CLT, e a posterior **remessa** ao Egrégio Tribunal Regional do Trabalho da ___ Região.

Termos em que,
pede deferimento.

Local e data.

Advogado (a)

OAB nº

FOLHA DE RAZÕES

A folha de razões é o recurso propriamente dito, seguindo a seguinte estrutura:

I – Preliminar de Mérito;

II – Prejudicial de Mérito;

III – Mérito;

IV – Requerimentos Finais.

EGRÉGIO TRIBUNAL REGIONAL DO TRABALHO DA ___ REGIÃO

MINUTA DE AGRAVO DE PETIÇÃO

I – PRELIMINAR DE MÉRITO

Apresentar (se for o caso) os **erros de procedimento** ocorridos na execução, como por exemplo, a falta de intimação para manifestação.

II – PREJUDICIAIS DE MÉRITO

Arguiremos (se for o caso) uma hipótese de prescrição:

→ arguir a **prescrição bienal** (no caso de ação de execução de título executivo extrajudicial);

→ arguir a **prescrição intercorrente** quando o recorrente for o executado (art. 11-A da CLT).

III – MÉRITO

1º parágrafo: fazer um resumo detalhado do que ocorreu na execução.

2º parágrafo: Impugnar a decisão da execução: "a sentença não merece prosperar, pois ____.

3º parágrafo: conclusão pelo provimento do agravo: "pelo exposto, requer a reforma da sentença de ____ para ____.

IV – REQUERIMENTOS FINAIS

Por todo exposto, requer o **conhecimento** do presente recuso e o **acolhimento** da preliminar de mérito para ____, sucessivamente, o **acolhimento** das prejudiciais de mérito para ___ e, sucessivamente, no mérito, o **provimento**, para extinguir/liberar o bem/ recalcular a dívida/reavaliar o bem/reforma da sentença para ___.

Termos em que,

pede deferimento.

Local e data.

Advogado (a)

OAB nº

4. EXERCÍCIOS

EXERCÍCIO 1 – PEÇA AUTORAL

A empresa Modas LTDA., foi condenada nos autos da reclamação trabalhista proposta por Renata Silva (proc. nº 12345678-65.2019.5.10.0000), postulando o pagamento de horas extras com reflexos em férias + 1/3 e FGTS.

Na fase de liquidação de sentença, Renata Silva apresentou os seus cálculos, inserindo os reflexos em 13º salário, que, provavelmente por equívoco, não foram inseridos na sentença transitada em julgado. A empresa apresentou tempestivamente sua impugnação. O juiz do trabalho da 10ª Vara do Trabalho de Fortaleza homologou os cálculos de Renata Silva. Iniciada a fase executória, não foi localizado nenhum bem da empresa. Desta forma, o juízo desconsiderou a personalidade jurídica da empresa e incluiu o ex-sócio Claudio Teixeira no polo passivo da execução, que teve o seu imóvel residencial penhorado. Claudio apresentou embargos à execução, alegando vícios de cálculo e impenhorabilidade de bem. A sentença dos embargos apresenta quanto ao excesso de cálculo, que a liquidação se presta para adequar erros ou equívocos cometidos pelo juiz sentenciante. No tocante a impenhorabilidade, o juiz ponderou que o único imóvel residencial não é oponível para saldar dívidas trabalhistas.

Na condição de advogado(a) contratado por Claudio Teixeira, elabore a medida judicial cabível na defesa dos interesses do seu cliente.

Checklist:

→ Quem é o cliente? O executado; Claudio Teixeira.

→ Qual o último momento processual? Embargos à Execução.

→ O que o cliente deseja? Reformar a sentença.

→ Caráter urgente? Não.

→ Algum pressuposto específico? Sim. A garantia integral do juízo e a delimitação de matérias e valores impugnados.

→ Qual é a peça processual? Agravo de Petição.

→ Fundamento legal: art. 897, a, da CLT.

Hora de resolver!

AO DOUTO JUÍZO DA 10ª VARA DO TRABALHO DE FORTALEZA/CE

Processo nº 12345678-65.2019.5.10.0000

Cláudio Teixeira, já qualificado nos autos da execução trabalhista, em que litiga com Renata Silva, também qualificada, vem à presença de Vossa Excelência, por intermédio de seu advogado abaixo assinado (procuração anexa), com indicação de endereço profissional, com fulcro no art. 897, "a", da CLT, **INTERPOR**:

AGRAVO DE PETIÇÃO

para o Egrégio Tribunal Regional do Trabalho da 7ª Região.

O **AGRAVANTE** informa que o recurso preenche todos os pressupostos de admissibilidade, dentre os quais destacam-se:

a) a **tempestividade**: o presente recurso é tempestivo, uma vez que foi interposto no prazo de 8 dias úteis;

b) a **garantia do juízo**: o juízo encontra-se totalmente garantido, nos termos dos arts. 880 e 884 da CLT;

c) as **custas processuais**: serão recolhidas, ao final, pelo executado, no valor de R$ 44,26, nos termos do art. 789-A, IV, da CLT;

d) a **delimitação de matérias e valores impugnados**, nos termos do art. 897, §1º, da CLT: o agravante informa que o recurso se refere à inclusão indevida de verba não apresentada na condenação e impenhorabilidade de bem.

Pelo exposto, requer o **recebimento** do presente recurso, a **intimação** da agravada para apresentar **contraminuta** ao agravo de petição, no prazo de 8 dias, como estabelece o art. 900 da CLT, e a posterior **remessa** ao Egrégio Tribunal Regional do Trabalho da 7ª Região.

Termos em que,

pede deferimento.

Local e data.

Advogado (a)

OAB nº

EGRÉGIO TRIBUNAL REGIONAL DO TRABALHO DA 7ª REGIÃO

MINUTA DE AGRAVO DE PETIÇÃO

I – MÉRITO

1. Da fase de liquidação

Ao homologar os cálculos, o juiz da execução inseriu os reflexos de horas extras em 13º salário, porém tal verba não constava na sentença liquidanda, já transitada em julgado.

A sentença não merece prosperar, pois, nos termos do art. 879, §1º, da CLT, não se pode modificar a sentença liquidanda quando da liquidação. Deveria a ora agravada ter oposto o recuso cabível, quando oportuno.

Pelo exposto, requer a reforma da sentença dos embargos para excluir os reflexos em 13º salário da condenação.

2. Da impenhorabilidade

O juízo da execução penhorou o único imóvel residencial do agravante para a satisfação da dívida, entendendo ser possível tal penhora.

A sentença não merece prosperar, pois, o art. 1º da Lei nº 8.009/1990 assegura a impenhorabilidade do bem de família. Ainda, a impenhorabilidade é oponível em qualquer processo trabalhista, como dispõe o art. 3º da referida lei.

Pelo exposto, requer, a reforma da sentença dos embargos para liberar o imóvel residencial penhorado.

II – REQUERIMENTOS FINAIS

Por todo exposto, requer o **conhecimento** do presente recuso e, no mérito, o **provimento**, para recalcular a dívida e liberar o bem residencial penhorado.

Termos em que,

pede deferimento.

Local e data.

Advogado (a)

OAB nº

EXERCÍCIO 2 – EXAME DE ORDEM XXXVIII

Josefina Pires ajuizou reclamação trabalhista contra Larissa Barreto, em março de 2022, requerendo o reconhecimento de vínculo empregatício como empregada doméstica, no período de 10/09/2010 a 15/12/2021.

Afirmou que recebia, por último, o salário de R$ 2.000,00 mensais e que jamais recebeu 13º salário ou férias (que requereu por todo o período, sendo as férias calculadas sobre a última remuneração), FGTS e horas extras (a partir de quando tais direitos passaram a ser devidos ao empregado doméstico), assim como honorários advocatícios. A petição inicial indicou estimativa dos valores pretendidos e foi distribuída ao juízo da 100ª Vara do Trabalho de Petrópolis/RJ, recebendo o número 00500-80.2022.5.01.0100. O rito adotado foi o ordinário, em razão do valor postulado.

Devidamente citada, a reclamada não apresentou contestação, daí porque o pedido foi julgado inteiramente procedente à revelia, sendo proferida sentença líquida, no valor de R$ 125.000,00.

Intimadas as partes, não houve interposição de recurso, foi certificado o trânsito em julgado e a executada foi citada por oficial de justiça, em maio de 2022, para pagamento voluntário, mas quedou-se inerte. Então, o juízo acionou o bloqueio de ativos financeiros (penhora on-line), conseguindo reter R$ 2.000,00 da executada. As novas tentativas de bloqueio foram infrutíferas, sendo então expedido mandado de penhora e avaliação de bens. Foi penhorado o imóvel em que vivia a executada, avaliado pelo oficial de justiça em R$ 123.000,00, sendo a penhora registrada no RGI.

Garantido o juízo, a executada ajuizou embargos à execução no 5º dia, no qual alegou que o imóvel penhorado era um bem de família, pois era proprietária de 2 imóveis e residia com sua família em ambos, alternadamente; suscitou prescrição parcial; afirmou que o valor retido de sua conta correspondia a parte do seu salário (10%), portanto impenhorável, juntando o extrato confirmando que o valor bloqueado era de salário depositado; requereu nova chance de defesa, porque teve pouco tempo para contestar, pois a audiência foi marcada para 14 dias após a citação; que, no cálculo das férias, o juiz não utilizou a evolução

salarial durante o longevo contrato de trabalho, como deveria ser, mas, sim, a última remuneração paga por ocasião da extinção do contrato.

Após devidamente contestados, o juiz julgou procedente os embargos à execução, com os seguintes fundamentos: que apesar de a ex-empregadora possuir outro imóvel em bairro próximo, de menor valor (R$ 70.000,00) e onde também reside com sua família porque fica mais próximo ao seu emprego, o imóvel constritado é o de maior valor e, assim, impenhorável;

acolheu a prescrição parcial para fixar os cálculos que devem considerar os 5 anos anteriores ao ajuizamento da ação, e não todo o período trabalhado; determinou a liberação dos R$ 2.000,00 porque salário jamais pode ser penhorado, ainda que parcialmente; deferiu nova chance para juntar defesa porque a executada teve prazo de apenas 2 semanas, o que o magistrado entendeu ser insuficiente para a separação dos documentos e contratação de advogado; deferiu o recálculo das férias para acompanhar o valor do salário pago ao longo do tempo, e não da última remuneração.

Publicada a decisão, e considerando que você é advogado(a) da trabalhadora, redija a peça prático-profissional para a defesa dos interesses da sua cliente em juízo, ciente de que na decisão não há vício ou falha estrutural que comprometa a sua integridade. (Valor: 5,00)

Obs.: a peça deve abranger todos os fundamentos de Direito que possam ser utilizados para dar respaldo à pretensão. A simples menção ou transcrição do dispositivo legal não confere pontuação.

Nos casos em que a lei exigir liquidação de valores, o examinando deverá representá-los somente pela expressão "R$", admitindo-se que o escritório possui setor próprio ou contratado especificamente para tal fim.

Checklist:

- → Quem é o cliente? A exequente; Josefina Pires.
- → Qual o último momento processual? Embargos à Execução.
- → O que o cliente deseja? Reformar a sentença.
- → Caráter urgente? Não.
- → Algum pressuposto específico? Sim. A garantia integral do juízo e a delimitação de matérias e valores impugnados.
- → Qual é a peça processual? Agravo de Petição.
- → Fundamento legal: art. 897, a, da CLT.

Hora de resolver!

AO DOUTO JUÍZO DA 100ª VARA DO TRABALHO DE PETRÓPOLIS/RJ

Processo nº 12345678-65.2019.5.10.0000

Josefina Pires, já qualificada nos autos da execução trabalhista, em que litiga com Larissa Barreto, também qualificada, vem à presença de Vossa Excelência, por intermédio de seu advogado abaixo assinado (procuração anexa), com indicação de endereço profissional), com fulcro no art. 897, "a", da CLT, **INTERPOR:**

AGRAVO DE PETIÇÃO

para o Egrégio Tribunal Regional do Trabalho da 1ª Região.

A **AGRAVANTE** informa que o recurso preenche todos os pressupostos de admissibilidade, dentre os quais destacam-se:

a) a **tempestividade**: o presente recurso é tempestivo, uma vez que foi interposto no prazo de 8 dias úteis;

b) a **garantia do juízo**: o juízo encontra-se totalmente garantido, nos termos dos arts. 880 e 884 da CLT;

c) as **custas processuais**: serão recolhidas, ao final, pela executada, no valor de R$ 44,26, nos termos do art. 789-A, IV, da CLT;

d) a **delimitação de matérias e valores impugnados**, nos termos do art. 897, §1º, da CLT: a agravante informa que o recurso se refere à imprenhorabilidade do bem, prescrição, impemhorabilidade de salário, nova defea e cálculo de férias. Valores impugnados: R$ 125.000,00

Pelo exposto, requer o **recebimento** do presente recurso, a **intimação** da agravada para apresentar **contraminuta** ao agravo de petição, no prazo de 8 dias úteis, como estabelece o art. 900 da CLT, e a posterior **remessa** ao Egrégio Tribunal Regional do Trabalho da 1ª Região.

Termos em que,
pede deferimento.
Local e data.
Advogado (a)
OAB nº

EGRÉGIO TRIBUNAL REGIONAL DO TRABALHO DA 1ª REGIÃO

MINUTA DE AGRAVO DE PETIÇÃO

I – MÉRITO

1. Impenhorabilidade do bem de família

A executada possui dois imóveis, em que reside com sua família alternadamente: um no valor de R$ 70.000,00 e outro no valor de R$

123.000,00. Não obstante, tenha sido inicialmente penhorado o imóvel de maior valor, avaliado pelo oficial de justiça em R$ 123.000,00, o juízo da execução julgou-o impenhorável justamente por ser de maior valor.

A sentença não merece prosperar, pois, nos termos do art. 5º, parágrafo único, da Lei nº 8.009/90, sendo o executado possuídor de vários imóveis utilizados como residência, a impenhorabilidade recairá sobre o de menor valor, salvo se outro tiver sido registrado, para esse fim, no Registro de Imóveis e na forma do art. 70 do CC. Como não há outro imóvel registrado exclusivamente para esse fim, o imóvel de maior valor é o que fica sujeito à penhora.

Dessa forma, o bem avaliado pelo oficial de justiça em R$ 123.000,00 é passível de penhora, razão pela qual requer a reforma da sentença de embargos para que seja mantida a penhora realizada sobre esse imóvel.

2. Prescrição parcial

O juízo da execução julgou procedentes os embargos à execução, acolhendo a prescrição parcial para fixar os cálculos considerando apenas os 5 anos anteriores ao ajuizamento da ação e não todo o período trabalhado.

A sentença não merece prosperar, pois, nos termos da Súmula 153, TST, e art. 884, §1º, CLT, não se conhece de prescrição não arguida na instância ordinária. Como a prescrição não foi arguída no momento certo, não poderá ser feita agora, na fase de execução.

Dessa forma, o cálculo deve considerar todo o período trabalhado, razão pela qual requer a reforma da sentença de embargos para que seja mantido o cálculo anterior, no valor de R$ 125.000,00.

3. Bloqueio de ativos financeiros

O juízo da execução julgou procedentes os embargos à execução, determinando a liberação dos R$ 2.000,00 bloqueados em penhora on-line, por se tratar de salário.

A sentença não merece prosperar, pois, nos termos do art. 833, IV e §2º, CPC, é admitida a penhora de salário, ainda mais parcialmente, para satisfazer créditos de natureza alimentar de qualquer origem, como é o caso do crédito trabalhista.

Pelo exposto, requer a reforma da sentença de embargos para manter o bloqueio dos R$ 2.000,00.

4. Nova defesa

O juízo da execução julgou procedentes os embargos à execução, deferindo nova chance para a executada juntar defesa, tendo em vista entender que o prazo de apenas 2 semanas foi insuficiente para a separação dos documentos e contratação de advogado.

A sentença não merece prosperar, pois, nos termos do art. 841, CLT, não pode prevalecer a chance de uma nova defesa, já que o prazo legal de 5 dias úteis, contados do recebimento da notificação, foi devidamente observados e a executada não apresentou sua contestação.

Pelo exposto, requer a reforma da sentença de embargos para que seja mantida a revelia.

5. Férias

O juízo da execução julgou procedentes os embargos à execução, dferindo o recálculo das férias para acompanhar o valor do salário pago ao longo do período trabalhado e não o valor da última remuneração da exequente.

A sentença não merece prosperar, pois, contraria a sentença liquidanda proferida nos termos da Súmula 7, do TST, segundo a qual a indenização pelo não deferimento das férias no tempo oportuno será calculada com base na remuneração devida ao empregado na época da reclamação.

Pelo exposto, requer a reforma da sentença de embargos para que seja mantida a condenação da executada ao pagamento das férias calculadas com base no valor da última remuneração da exequente.

II – REQUERIMENTOS FINAIS

Por todo exposto, requer o conhecimento do presente recuso e, no mérito, o provimento, para fins de reforma da sentença e restabelecimento da penhora e cálculo originais.

Termos em que,
pede deferimento.

Local e data.

Advogado (a)

OAB nº

22

EMBARGOS AO TST

Os embargos ao TST dividem-se, em: **divergentes** e **infringentes**.

Sua finalidade precípua é a uniformização da jurisprudência emanada do TST. Os embargos são apreciados pela SDI ou pela SDC.

1. EMBARGOS DIVERGENTES

Será cabível para reexame, pela SDI, da decisão proferida pelo TST, quando se tratar de matéria exclusivamente de direito.

Art. 894, CLT. No Tribunal Superior do Trabalho cabem embargos, no prazo de 8 (oito) dias:

II. das decisões das Turmas que divergirem entre si ou das decisões proferidas pela Seção de Dissídios Individuais, ou contrárias a súmula ou orientação jurisprudencial do Tribunal Superior do Trabalho ou súmula vinculante do Supremo Tribunal Federal.

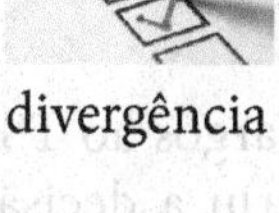

Checklist: Não esqueça! Caberão Embargos quando houver divergência entre:

TURMA X TURMA

TURMA X ACÓRDÃO DA SDI

TURMA X SÚMULA DO TST

TURMA X OJ DO TST

TURMA X SÚMULA VINCULANTE

A divergência apta a ensejar os embargos deve ser atual, não se considerando tal a ultrapassada por súmula do Tribunal Superior do Trabalho ou do Supremo Tribunal Federal, ou superada por iterativa e notória jurisprudência do Tribunal Superior do Trabalho.

O Ministro Relator denegará seguimento aos embargos:

I – se a decisão recorrida estiver em consonância com súmula da jurisprudência do Tribunal Superior do Trabalho ou do Supremo Tribunal Federal, ou com iterativa, notória e atual jurisprudência do Tribunal Superior do Trabalho, cumprindo-lhe indicá-la;

II – nas hipóteses de intempestividade, deserção, irregularidade de representação ou de ausência de qualquer outro pressuposto extrínseco de admissibilidade.

Da decisão denegatória dos embargos caberá agravo, no prazo de 8 (oito) dias.

2. EMBARGOS INFRINGENTES

Cabe, nos termos do art. 894, da CLT, no Tribunal Superior do Trabalho, no prazo de 8 dias:

Art. 894. No Tribunal Superior do Trabalho cabem embargos, no prazo de 8 (oito) dias:

I – de decisão não unânime de julgamento que:

a) conciliar, julgar ou homologar conciliação em dissídios coletivos que excedam a competência territorial dos Tribunais Regionais do Trabalho e estender ou rever as sentenças normativas do Tribunal Superior do Trabalho, nos casos previstos em lei.

3. ESTRUTURA

Como você irá identificar que a peça será os Embargos ao TST? O último momento processual será uma decisão de mérito, por uma das turmas do TST, em recurso de revista ou haverá decisão não unânime em matéria de direito coletivo no TST.

O recurso de Embargos ao TST será interposto em duas peças.

FOLHA DE INTERPOSIÇÃO (ROSTO)

Segue o modelo da folha de interposição (rosto) de Embargos ao TST por divergência, que será dirigida para **TURMA** QUE proferiu a decisão no TST.

EXCELENTÍSSIMO SENHOR DOUTOR MINISTRO PRESIDENTE DA ___ TURMA DO COLENDO TRIBUNAL SUPERIOR DO TRABALHO

Processo nº

EMBARGANTE, já qualificado nos autos do processo em epígrafe, em que litiga com **EMBARGADO**, também qualificado, vem à presença de Vossa Excelência, por intermédio de seu advogado abaixo assinado (procuração anexa), com indicação de endereço profissional, com fulcro no **art. 894, II, da CLT, INTERPOR:**

EMBARGOS DE DIVERGÊNCIA

para a Colenda Seção de Dissídios Individuais do TST.

O embargante informa que o recurso preenche todos os pressupostos de admissibilidade, dentre os quais destacam-se:

a) a **tempestividade**: o presente recurso é tempestivo, uma vez que foi interposto no prazo de 8 dias úteis;

b) o **depósito recursal**: efetuado no valor de ___, conforme guia anexa.

c) as **custas processuais**: recolhidas quando da interposição do recurso ordinário, no valor de R$ ___. Frisa-se que não houve acréscimo no valor das custas e, portanto, não há valor algum a ser recolhido.

d) o **prequestionamento**: a matéria objeto do presente recurso foi tratada no acórdão recorrido, estando, portanto, devidamente prequestionada, nos termos da súmula nº 297 do TST.

Pelo exposto, requer o **recebimento** do presente recurso, a **intimação** do embargado para apresentar **contrarrazões** aos embargos, no prazo de 8 dias, como estabelece o art. 900 da CLT, e a posterior **remessa** à Colenda Seção de Dissídios Individuais do TST.

Termos em que,

pede deferimento.

Local e data.

Advogado (a)

OAB nº

FOLHA DE RAZÕES

A folha de razões é o recurso propriamente dito, seguindo a seguinte estrutura:

I – Preliminar de Mérito;

II – Prejudicial de Mérito;

III – Mérito;

IV – Requerimentos Finais.

À COLENDA SEÇÃO DE DISSÍDIOS INDIVIDUAIS DO TRIBUNAL SUPERIOR DO TRABALHO

RAZÕES DOS EMBARGOS AO TST POR DIVERGÊNCIA

I – PRELIMINAR DE MÉRITO

II – PREJUDICIAIS DE MÉRITO

III – MÉRITO

Destacar a divergência entre o posicionamento da Turma com outra Turma; Turma x posicionamento da SDI; Turma x Súmula nº do TST; Turma x Orientação Jurisprudencial do TST; Turma x Súmula vinculante.

IV – REQUERIMENTOS FINAIS

Por todo exposto, requer o **conhecimento** do presente recuso e o **acolhimento** da preliminar de mérito para ____, sucessivamente, o **acolhimento** das prejudiciais de mérito para ___ e, sucessivamente, no mérito, o **provimento** do recurso para fins de reforma do acórdão para ___.

Termos em que,

pede deferimento.

Local e data.

Advogado (a)

OAB nº

4. EXERCÍCIO

EXERCÍCIO – 137º Exame de Ordem/SP – CESPE

Após ter sido aprovado em concurso público, Marcos foi contratado por uma companhia de saneamento básico, sociedade de economia mista, para exercer o cargo de auxiliar técnico. Quando iniciou suas atividades na empresa, Marcos passou a exercer as atribuições de cargo hierarquicamente superior ao daquele para o qual fora contratado. Frente a tal situação, ele ingressou com ação na justiça do trabalho, pleiteando o pagamento do salário correspondente ao cargo exercido bem como o seu reenquadramento na função que passou a desempenhar. O juiz julgou integralmente procedentes os pedidos formulados pelo reclamante. A reclamada recorreu ao TRT, tendo sido o recurso improvido e mantida a decisão em seus exatos termos. Novamente a empregadora recorreu, dessa vez ao TST, para ver reformado o acórdão regional, tendo a primeira turma negado provimento, oportunidade em que enfrentou todos os argumentos contidos na peça recursal.

Em face da situação hipotética apresentada, na qualidade de advogado(a) da companhia de saneamento básico, redija a peça processual cabível, argumentando acerca do direito de o empregado de sociedade de economia mista ser reenquadrado no cargo cujas atribuições exercia na hipótese de desvio de função; e da existência, ou não, de direito do reclamante ao percebimento das diferenças salariais entre a atividade exercida e aquela para a qual originalmente havia sido contratado.

Checklist:

→ Quem é o cliente? Companhia de saneamento básico.
→ Qual o último momento processual? Recurso de Revista.
→ O que o cliente deseja? Reformar o acórdão proferido pelo TST.
→ Caráter urgente? Não.
→ Algum pressuposto específico? Sim. O prequestionamento.
→ Qual é a peça processual? Embargos de Divergência.
→ Fundamento legal: art. 894, II, da CLT.

Hora de resolver!

EXCELENTÍSSIMO SENHOR DOUTOR MINISTRO PRESIDENTE DA 1ª TURMA DO COLENDO TRIBUNAL SUPERIOR DO TRABALHO

Processo nº

Companhia de Saneamento Básico, sociedade de economia mista, já qualificada nos autos do processo em epígrafe, em que litiga com **Marcos**, também qualificado, vem à presença de Vossa Excelência, por intermédio de seu advogado abaixo assinado (procuração anexa), com indicação de endereço profissional, com fulcro no **art. 894, II, da CLT**, **INTERPOR:**

EMBARGOS DE DIVERGÊNCIA

para a **Colenda Seção de Dissídios Individuais** do TST.

A embargante informa que o recurso preenche todos os pressupostos de admissibilidade, dentre os quais destacam-se:

a) a **tempestividade**: o presente recurso é tempestivo, uma vez que foi interposto no prazo de 8 dias úteis;

b) o **depósito recursal**: efetuado no valor de ___, conforme guia anexa.

c) as **custas processuais**: recolhidas quando da interposição do recurso ordinário, no valor de R$ ___. Frisa-se que não houve acréscimo no valor das custas e, portanto, não há valor algum a ser recolhido.

d) o **prequestionamento**: a matéria objeto do presente recurso foi tratada no acórdão recorrido, estando, portanto, devidamente prequestionada, nos termos da súmula nº 297 do TST.

Pelo exposto, requer o **recebimento** do presente recurso, a **intimação** do embargado para apresentar **contrarrazões** aos embargos, no prazo de 8 dias, como estabelece o art. 900 da CLT, e a posterior remessa à Colenda Seção de Dissídios Individuais do TST.

Termos em que,
pede deferimento.
Local e data.
Advogado (a)
OAB nº

À COLENDA SEÇÃO DE DISSÍDIOS INDIVIDUAIS DO TRIBUNAL SUPERIOR DO TRABALHO

RAZÕES DOS EMBARGOS AO TST POR DIVERGÊNCIA

I – MÉRITO

1 – Da divergência entre a primeira turma e a orientação jurisprudencial nº 125 da SDI-I

Após o embargado ter sido aprovado em concurso público para exercer o cargo de auxiliar técnico, iniciou suas atividades exercendo atribuições de cargo hierarquicamente superior àquele para a qual fora contratado. Diante de tal situação, o embargado ajuizou reclamação trabalhista pleiteando o pagamento do salário correspondente ao cargo exercido, bem como o reenquadramento na função que passou a desempenhar. A ação fora julgada totalmente procedente para o embargado. Não se conformando com tal decisão *"a quo"*, a embargante ingressou com um recurso ordinário perante o TRT, sendo este improvido. Ainda inconformada, recorreu de Revista para este Colendo Tribunal, que, por meio da primeira Turma, julgou improvido o apelo.

A decisão da Colenda Turma foi equivocada, uma vez que a OJ nº 125 da SDI-I não garante ao embargado o reenquadramento, mas apenas as diferenças salariais respectivas. Sendo assim, requer a reforma do acórdão prolatado pela primeira Turma, em razão da divergência existente com a respectiva Orientação Jurisprudencial da SDI-I.

II – REQUERIMENTOS FINAIS

Por todo exposto, requer o **conhecimento** do presente recuso e, no mérito, o **provimento** do recurso para fins de **reforma** do acórdão prolatado pela primeira Turma deste Colendo Tribunal Superior do Trabalho.

Termos em que,
pede deferimento.
Local e data.
Advogado (a)
OAB nº

23

AGRAVO REGIMENTAL

1. CABIMENTO

O agravo regimental é cabível contra decisões monocráticas proferidas pelos TRT´s ou TST.

Atenção! É incabível agravo interno ou regimental contra decisão proferida por órgão colegiado.

OJ nº 412, SDI, I, TST. É incabível agravo interno (art. 1.021 do CPC de 2015, art. 557, §1º, do CPC de 1973) ou agravo regimental (art. 235 do RITST) contra decisão proferida por Órgão colegiado. Tais recursos destinam-se, exclusivamente, a impugnar decisão monocrática nas hipóteses previstas. Inaplicável, no caso, o princípio da fungibilidade ante a configuração de erro grosseiro.

OJ nº 69, SDI, II, TST. Recurso ordinário interposto contra despacho monocrático indeferitório da petição inicial de ação rescisória ou de mandado de segurança pode, pelo princípio de fungibilidade recursal, ser recebido como agravo regimental. Hipótese de não conhecimento do recurso pelo TST e devolução dos autos ao TRT, para que aprecie o apelo como agravo regimental.

O prazo será de 8 dias (art. 1º, §2º, IN nº 39/2016 do TST).

O agravo regimental está previsto nos arts. 1.021 do CPC, 894, §4º, da CLT, 896, §12, da CLT e 855-A, §1º, III, da CLT.

O agravo será dirigido ao **RELATOR**, que intimará o agravado para manifestar-se sobre o recurso no prazo de 8 dias. Ao final, não havendo retratação, o relator levá-lo-á a julgamento pelo ÓRGÃO COLEGIADO.

Quando o agravo interno for declarado manifestamente inadmissível ou improcedente em votação unânime, o órgão colegiado, em decisão fundamentada, condenará o agravante a pagar ao agravado multa fixada entre um e cinco por cento do valor atualizado da causa.

A interposição de qualquer outro recurso está condicionada ao depósito prévio do valor da multa referida, à exceção da Fazenda Pública e do beneficiário de gratuidade da justiça, que farão o pagamento ao final.

2. ESTRUTURA

Como identificar que a peça é um Agravo Regimental? A proposta da prova narrará os fatos e você perceberá que houve uma decisão monocrática do Relator no TRT ou TST da qual você será notificado para tomar a providência processual cabível.

O agravo regimental será interposto em duas peças:

- **PEÇA DE INTERPOSIÇÃO** (folha de rosto)

A peça de interposição (rosto) será endereçada ao relator (Desembargador ou Ministro) que proferiu a decisão agravada.

Veja a estrutura:

EXCELENTÍSSIMO SENHOR DOUTOR DESEMBARGADOR RELATOR DO EGRÉGIO TRIBUNAL REGIONAL DO TRABALHO DA ___ REGIÃO

Processo nº

AGRAVANTE, já qualificado nos autos em epígrafe, em que litiga com **AGRAVADO**, também qualificado, vem à presença de Vossa Excelência, por intermédio de seu advogado abaixo assinado (procuração anexa), com indicação de endereço profissional, com fulcro no **arts. 1.021, do CPC e 769, da CLT, INTERPOR**:

AGRAVO REGIMENTAL

para o Egrégio Tribunal Regional do Trabalho da ___ Região.

O presente recurso preenche todos os pressupostos de admissibilidade, dentre os quais destaca-se:

a) a **tempestividade**: o presente recurso é tempestivo, uma vez que foi interposto no prazo de 8 dias úteis.

Pelo exposto, requer o **recebimento** do presente recurso, a **retratação** deste Douto Juízo. Caso o nobre relator não exerça o seu juízo de retratação, requer a intimação do agravado para apresentar **contraminuta** no prazo de 8 dias, com fulcro no art. 1.021, §2º, do CPC e a posterior remessa ao Egrégio Tribunal Regional do Trabalho da ___ Região.

Termos em que,
pede deferimento.
Local e data.
Advogado (a)
OAB nº

- **PEÇA DE RAZÕES RECURSAIS**

A peça de razões é o recurso propriamente dito, no qual iremos impugnar a decisão monocrática proferida pelo relator, requerendo a revisão do mérito.

Veja a estrutura:

AO EGRÉGIO TRIBUNAL REGIONAL DO TRABALHO DA ___ REGIÃO
MINUTA DO AGRAVO REGIMENTAL/INTERNO

I – MÉRITO

O AGRAVANTE deverá destacar os motivos ensejadores da reforma da decisão monocrática do relator.

II – REQUERIMENTOS FINAIS

Por todo exposto, requer, o conhecimento do recurso, bem como o seu provimento para reformar a decisão monocrática do relator.

Termos em que,
pede deferimento.
Local e data.
Advogado (a)
OAB nº

3. EXERCÍCIO

EXERCÍCIO – PEÇA AUTORAL

Ajuizada ação rescisória, o relator designado, considerando não haver sido juntada à petição inicial, certidão de trânsito em julgado da decisão rescindenda, indefere liminarmente o pedido.

Apresente, como advogado do autor, a medida processual adequada, com indicação da linha de argumentação a ser desenvolvida.

Checklist:

→ Quem é o cliente? Autor.
→ Qual o último momento processual? Ajuizada ação rescisória.
→ O que o cliente deseja? A reforma da decisão monocrática do Relator.
→ Caráter urgente? Sim.
→ Algum pressuposto específico? Não.
→ Qual é a peça processual? Agravo Regimental / Interno.
→ Fundamento legal: art. 1.021, CPC.

Hora de resolver!

EXCELENTÍSSIMO SENHOR DOUTOR DESEMBARGADOR RELATOR DO EGRÉGIO TRIBUNAL REGIONAL DO TRABALHO DA ___ REGIÃO

Processo nº

AGRAVANTE, já qualificado nos autos em epígrafe, em que litiga com **AGRAVADO**, também qualificado, vem à presença de Vossa Excelência, por intermédio de seu advogado abaixo assinado (procuração anexa), com indicação de endereço profissional, com fulcro no **arts. 1.021, do CPC e 769, da CLT, INTERPOR**:

AGRAVO REGIMENTAL

para o Egrégio Tribunal Regional do Trabalho da ___ Região.

O presente recurso preenche todos os pressupostos de admissibilidade, dentre os quais destaca-se:

a) a **tempestividade**: o presente recurso é tempestivo, uma vez que foi interposto no prazo de 8 dias úteis.

Pelo exposto, requer o **recebimento** do presente recurso, a **retratação** deste Douto Juízo. Caso o nobre relator não exerça o seu juízo de retratação, requer a intimação do agravado para apresentar **contraminuta** no prazo de 8 dias, com fulcro no art. 1.021, §2º, do CPC e a posterior remessa ao Egrégio Tribunal Regional do Trabalho da ___ Região.

Termos em que,

pede deferimento.

Local e data.

Advogado (a)

OAB nº

AO EGRÉGIO TRIBUNAL REGIONAL DO TRABALHO DA ___ REGIÃO

MINUTA DO AGRAVO REGIMENTAL/INTERNO

I - MÉRITO

1. DA DECISÃO AGRAVADA

O agravante ajuizou ação rescisória que foi indeferida liminarmente pelo Douto Relator em virtude de não ter sido juntada à petição inicial certidão de trânsito em julgado de decisão rescindenda.

Ocorre que o Eminente Relator adotou postura que não harmoniza com o teor da Súmula nº 299, II, do TST, que afirma que o relator, ao verificar que a parte interessada não juntou à petição inicial documento comprobatório do trânsito em julgado da decisão rescindenda, deverá abrir prazo de 15 dias para que seja sanado o vício, como também determina o art. 321 do CPC cumulado com o art. 769 da CLT.

Pelo exposto, requer a reforma da decisão supracitada.

II - REQUERIMENTOS FINAIS

Por todo exposto, requer, o conhecimento do recurso, bem como o seu provimento para reformar a decisão monocrática do relator, concedendo o prazo de 15 dias ao agravante para a juntada da certidão de trânsito em julgado.

Termos em que,

pede deferimento.

Local e data.

Advogado (a)

OAB nº

24

RECURSO EXTRAORDINÁRIO

1. CABIMENTO

As hipóteses de cabimento de recurso extraordinário estão indicadas na própria Constituição Federal, art. 102, III:

Art. 102. Compete ao Supremo Tribunal Federal, precipuamente, a guarda da Constituição, cabendo-lhe:

III – julgar, mediante recurso extraordinário, as causas decididas em única ou última instância, quando a decisão recorrida:

a) contrariar dispositivo desta Constituição;

b) declarar a inconstitucionalidade de tratado ou lei federal;

c) julgar válida lei ou ato de governo local contestado em face desta Constituição;

d) julgar válida lei local contestada em face de lei federal.

No âmbito do Processo do Trabalho, o recurso extraordinário **cabe das decisões do TST**, não sendo cabível em relação às decisões dos TRTs. Isso se explica pelo fato de que, quando a decisão do Tribunal Regional do Trabalho viola a Constituição Federal, cabe recurso de revista, conforme já vimos no art. 896, "c" e §§ 2º, 9º e 10, da CLT.

Atenção! É cabível o recurso extraordinário seja em dissídio individual, seja em dissídio coletivo.

O recurso é interposto perante o TST, sendo que compete ao **Ministro Vice-Presidente** a exercer o **juízo de admissibilidade do recurso** (art. 42 do RITST):

Regimento Interno

Art. 42. Compete ao Vice-Presidente:

IV - exercer o juízo de admissibilidade dos recursos extraordinários;

V - examinar os incidentes surgidos após a interposição de recurso extraordinário;

VI - apreciar pedido de tutela provisória incidental a recurso extraordinário;

Importante destacar que é o Ministro Vice-Presidente do TST quem seleciona os recursos extraordinários para encaminhar ao STF para fins de julgamento na sistemática dos repetitivos na Excelsa Corte:

IN 38/2015 do TST

Art. 19. Aos recursos extraordinários interpostos perante o Tribunal Superior do Trabalho será aplicado o procedimento previsto no Código de Processo Civil para o julgamento dos recursos extraordinários repetitivos, cabendo ao Presidente do Tribunal Superior do Trabalho selecionar um ou mais recursos representativos da controvérsia e encaminhá-los ao Supremo Tribunal Federal, sobrestando os demais até o pronunciamento definitivo da Corte, na forma ali prevista.

Atenção! No **Procedimento sumário ou dissídio de alçada** (art. 2º, §§3º e 4º da Lei nº 5.584/1970, utilizado para as **causas de até dois salários mínimos**, a grande peculiaridade deste rito ou procedimento é o não cabimento de recurso, salvo violação à Constituição Federal, em que é cabível o recurso extraordinário para o STF.

2. PRAZO

O prazo recursal é de quinze dias (art. 1.003, § 5º, do CPC).

3. PREPARO

Há necessidade de preparo: custas + depósito recursal.

4. REPERCUSSÃO GERAL

Quando se interpõe um recurso extraordinário, deve ser demonstrada a **repercussão geral das questões constitucionais**, conforme disposto no art. 102, § 3º, da CF:

Art. 102, §3º. No recurso extraordinário o recorrente deverá demonstrar a repercussão geral das questões constitucionais discutidas no caso, nos termos da lei, a fim de que o Tribunal examine a admissão do recurso, somente podendo recusá-lo pela manifestação de dois terços de seus membros.

5. JUÍZO *A QUO* E JUÍZO *AD QUEM*

→ Juízo *a quo*: Ministro Vice-Presidente do TST;

→ Juízo *ad quem*: Supremo Tribunal Federal (STF).

Se o Ministro Vice-Presidente do TST reconhece que os pressupostos recursais do recurso extraordinário estão presentes e que existe violação da Constituição Federal pela decisão do TST, então o recurso será remetido ao Supremo Tribunal Federal.

Por outro lado, se o Ministro Vice-Presidente do TST nega seguimento ao recurso extraordinário, pode a parte ingressar com recurso. Qual seria o recurso cabível? **Depende**:

→ Se o Ministro Vice-Presidente do TST negou seguimento ao recurso utilizando uma matéria já decidida pelo STF em sistemática de repercussão geral ou em sistemática de repetitivo ou para a qual tenha sido negada a repercussão geral, então cabe **agravo interno** que será julgado pelo Órgão Especial do TST;

→ Se o Ministro Vice-Presidente do TST negou seguimento ao recurso que **NÃO** envolva matéria já decidida pelo STF em sistemática de repercussão geral ou em sistemática de repetitivo ou para a qual **NÃO** tenha sido negada a repercussão geral, então cabe **agravo em recurso extraordinário** (art. 1.042, CPC) que será julgado pelo STF:

Art. 1.042. Cabe agravo contra decisão do presidente ou do vice-presidente do tribunal recorrido que inadmitir recurso extraordinário (...), salvo quando fundada na aplicação de entendimento firmado em regime de repercussão geral ou em julgamento de recursos repetitivos.

6. EFEITO DEVOLUTIVO

Por fim, importa recordar que o recurso extraordinário não é dotado automaticamente de efeito suspensivo, razão pela qual a decisão recorrida pode, em princípio, ser executada provisoriamente.

Veja o disposto no art. 893, § 2º, da CLT:

Art. 893, § 2º A interposição de recurso para o Supremo Tribunal Federal não prejudicará a execução do julgado.

7. ESTRUTURA

Como identificar que a peça é um Recurso Extraordinário? A proposta da prova narrará os fatos e o examinando identificará que haverá uma decisão do TST violando algum artigo da Constituição Federal ou mantendo uma decisão contrária a CF/88.

O Recurso Extraordinário será interposto em duas peças:

- **PEÇA DE INTERPOSIÇÃO** (folha de rosto)

A peça de interposição é dirigida ao juízo *a quo*, isto é, o **Ministro Vice-Presidente do TST**.

Veja a estrutura:

EXCELENTÍSSIMO SENHOR DOUTOR MINISTRO VICE-PRESIDENTE DO COLENDO TRIBUNAL SUPERIOR DO TRABALHO

Processo nº

RECORRENTE, já qualificado nos autos em epígrafe, em que litiga com **RECORRIDO**, também qualificado, vem à presença de Vossa Excelência, por intermédio de seu advogado abaixo assinado (procuração anexa), com indicação de endereço profissional), com fulcro no **art. 102, III, "a", da CF, INTERPOR**:

RECURSO EXTRAORDINÁRIO

para o Colendo Supremo Tribunal Federal.

O presente recurso preenche todos os pressupostos de admissibilidade, dentre os quais destacam-se:

a) a **tempestividade**: o presente recurso é tempestivo, uma vez que foi interposto no prazo de 15 dias úteis;

b) o **depósito recursal**: recolhido, no valor de R$ ___, conforme guia anexa;

c) as **custas processuais**: recolhidas no valor de R$ ___, correspondentes a 2% do valor da condenação, consoante guia anexa.

Atenção! A Recorrente informa que deixa de fazer o recolhimento do preparo recursal, pois integralmente garantido o juízo.

d) **prequestionamento**: a matéria está devidamente prequestionada conforme dispõe a Súmula nº 282 do STF.

e) **repercussão geral**: o presente recurso preenche os requisitos da repercussão geral elencados do art. 102, §3º, da CF/88.

Pelo exposto, requer o **recebimento** do presente recurso e seu regular processamento, a **intimação** do recorrido para, querendo, apresentar contrarrazões, conforme dispõe o art. 900 da CLT, e a posterior **remessa** ao Supremo Tribunal Federal.

Termos em que,
pede deferimento.
Local e data.
Advogado (a)
OAB nº

• **PEÇA DE RAZÕES RECURSAIS**

A peça de razões é endereçada ao juízo *ad quem*, isto é, ao **Supremo Tribunal Federal.**

Veja a estrutura:

AO COLENDO SUPREMO TRIBUNAL FEDERAL

RAZÕES DO RECURSO EXTRAORDINÁRIO

I – MÉRITO

1. AFRONTA DIRETA E LITERAL DO TEXTO CONSTITUCIONAL

Demonstrar qual ou quais artigos da Constituição Federal foram violados.

(Fato / Fundamento/ Pedido)

II – REQUERIMENTOS FINAIS

Por todo exposto, requer, o conhecimento e o provimento do recurso para reconhecer a ofensa à Constituição Federal, e reformar a decisão para...

Termos em que,
pede deferimento.
Local e data.
Advogado (a)
OAB nº

8. EXERCÍCIO

EXERCÍCIO – PEÇA AUTORAL

Maria Cocada, após ter disso dispensada por justa causa por sua ex-empregadora, a empresa Toca do Coelho LTDA., ajuizou reclamação trabalhista postulando a reversão da dispensa por justa causa, para dispensa imotivada e ainda, o pagamento do adicional de transferência.

A reclamatória foi distribuída perante a 12ª Vara do Trabalho de Natal/ RN, tramitando sob o nº. 123.456.789. Foi designada audiência una no processo para o dia 05/03/2017 às 10h. Nesta data, Maria Cocada passou muito mal momentos antes de sair de casa e se viu impossibilitada de comparecer à audiência, razão pela qual o processo foi arquivado, sendo atribuído à reclamante o pagamento das custas processuais no valor de R$ 1.000,00, correspondente a 2% atribuído ao valor da causa, R$ 50.000,00, inobstante o juiz tivesse concedido os benefícios da justiça gratuita à reclamante.

Maria da Cocada então, interpôs recurso ordinário de decisão, requerendo a isenção do pagamento de custas processuais para o ajuizamento de nova demanda, ao qual foi negado provimento sob o argumento de que cabe à empregada o pagamento das custas processuais para a propositura da 2ª ação, tendo em vista o seu não comparecimento à audiência. Maria então recorre de revista perante o Tribunal Superior do Trabalho sob o fundamento de violação direta e liberal a dispositivo constitucional, ao qual foi negado provimento, mantendo-se a decisão proferida.

Como advogado(a) contratado(a) por Maria Cocada, elabore a medida jurídica cabível para defesa dos seus interesses.

Checklist:

→ Quem é o cliente? Maria Cocada.

→ Qual o último momento processual? Recurso de Revista.

→ O que o cliente deseja? A reforma do acórdão proferido pelo TST.

→ Caráter urgente? Sim, uma vez que se trata de concessão de gratuidade.

→ Algum pressuposto específico? Sim. Repercussão geral.

→ Qual é a peça processual? Recurso Extraordinário.

→ Fundamento legal: Art. 102, III, a, da CF/88.

Hora de resolver!

EXCELENTÍSSIMO SENHOR DOUTOR MINISTRO VICE-PRESIDENTE DO COLENDO TRIBUNAL SUPERIOR DO TRABALHO

Processo nº 123.456.789

Maria Cocada, já qualificada nos autos em epígrafe, em que litiga com **Toca do Coelho Ltda.**, também qualificado, vem à presença de Vossa

Excelência, por intermédio de seu advogado abaixo assinado, (procuração anexa), com indicação de endereço profissional, com fulcro no art. 102, III, "a", da CF, INTERPOR:

RECURSO EXTRAORDINÁRIO

para o Colendo Supremo Tribunal Federal

O presente recurso preenche todos os pressupostos de admissibilidade, dentre os quais destacam-se:

a) a **tempestividade**: o presente recurso é tempestivo, uma vez que foi interposto no prazo de 15 dias úteis;

b) o **depósito recursal**: não há pagamento de depósito recursal, tendo em vista tratar-se de empregada recorrente.

d) as **custas processuais**: a recorrente deixa de recolher custas processuais, na medida em que é beneficiária da justiça gratuita, nos termos do art. 790-A, *caput*, da CLT.

d) **prequestionamento**: a matéria está devidamente prequestionada conforme dispõe a Súmula nº 282 do STF.

e) **repercussão geral**: a matéria objeto do recurso repercute na ordem econômica, política, social e jurídica, ultrapassando os interesses subjetivos da causa.

Pelo exposto, requer o **recebimento** do presente recurso e seu regular processamento, a **intimação** do recorrido para, querendo, apresentar contrarrazões, conforme dispõe o art. 900 da CLT, e a posterior **remessa** ao Supremo Tribunal Federal.

Termos em que,
pede deferimento.
Local e data.
Advogado (a)
OAB nº

AO COLENDO SUPREMO TRIBUNAL FEDERAL

RAZÕES DO RECURSO EXTRAORDINÁRIO

I – MÉRITO

1. Afronta direta e literal do texto constitucional

No dia da audiência inaugural, a recorrente passou mal e se viu impossibilitada de comparecer à audiência designada, sendo imputado a ela o pagamento de custas processuais no importe de R$ 1.000,00, correspondente a 2% do valor atribuído à causa, R$ 50.000,00, inobstante o juiz tivesse concedido os benefícios da justiça gratuita. Diante de tal fato, a recorrente interpôs recurso ordinário, requerendo a isenção do pagamento de custas para o ajuizamento de nova demanda, ao qual foi negado provimento. A recorrente interpôs então, recurso de revista, sob o fundamento de violação direta e literal a dispositivo constitucional, ao qual foi negado provimento.

A decisão recorrida que condiciona o ajuizamento de nova ação ao pagamento de custas processuais após o arquivamento em razão de ausência da reclamante à audiência inicial, em decorrência de impossibilidade de comparecimento, viola direta e literalmente a ordem constitucional vigente, que garante a inafastabilidade da jurisdição e o direto de ação, consubstanciada no art. 5º, XXXV, da CF/88.

Pelo exposto, deverá ser reformada a decisão recorrida para autorizar a dispensa de pagamento de custas processuais para distribuição de nova ação.

II – REQUERIMENTOS FINAIS

Por todo exposto, requer, o **conhecimento** e o **provimento** do recurso para **reformar** o acórdão prolatado pelo Colendo Tribunal Superior do Trabalho, no tocante à dispensa de pagamento de custas processuais para distribuição de nova ação, para reconhecer a ofensa à Constituição Federal.

Termos em que,

pede deferimento.

Local e data.

Advogado (a)

OAB nº

25

RECURSO ADESIVO

1. CABIMENTO

O recurso adesivo, a rigor, não é um recurso considerado em si mesmo. Não é uma modalidade recursal e sim uma forma de interposição dos recursos.

Quando uma parte apresenta um recurso, em alguns casos, é possível que a parte recorrida apresente, também, o seu recurso, que será "**adesivo**" no sentido de aderir ao recurso do primeiro recorrente.

Para estar caracterizada a sucumbência recíproca, o dispositivo da decisão deve ser de **parcial procedência.**

Exemplo: Samuel é vencido em primeiro grau na reclamação trabalhista que ajuizou contra a empresa XYZ LTDA., e interpõe recurso ordinário. A empresa, além de apresentar contrarrazões, interpõe Recurso Adesivo, que deverá ser julgado juntamente com o RO de Samuel.

O recurso adesivo é um recurso totalmente dependente do recurso interposto pela parte contrária, que é o recurso principal. Se o recurso principal não for recebido, ou o recorrente desistir de tal recurso, o recurso adesivo **NÃO** será apreciado.

Observe, portanto, que existe certa relação de dependência entre o recurso principal e o recurso adesivo. Tal relação de "**dependência**" não existirá se as duas partes interpuserem recursos autônomos, isto é, ambas sucumbentes em alguma parte do processo e interessadas na interposição do recurso cabível.

O recurso adesivo não tem previsão expressa na CLT. A Súmula n. 283 do TST rege sua aplicabilidade no processo do trabalho nos seguintes termos:

> Súmula n. 283 do TST. O recurso adesivo é compatível com o processo do trabalho e cabe, no prazo de 8 (oito) dias, nas hipóteses de interposição de recurso ordinário, de agravo de petição, de revista e de embargos, sendo desnecessário que a matéria nele veiculada esteja relacionada com a do recurso interposto pela parte contrária.

Veja que o recurso adesivo pode ser interposto quando a parte contrária interpõe, como recurso principal, um dos seguintes:

- Recurso Ordinário (RO)
- Agravo de Petição (AP)
- Recurso de Revista (RR)
- Embargos ao TST (ETST)

O prazo para interposição é de **8 DIAS**, correndo no mesmo tempo do prazo das contrarrazões.

A matéria alegada nas razões do recurso adesivo **NÃO** precisa ser vinculada às matérias alegáveis no recurso principal. Tal vinculação somente ocorre nas contrarrazões. No recurso adesivo, o recorrente pode, querendo, alegar a matéria que quiser.

A CLT é omissa quanto ao tema, sendo aplicável o art. 997, §2º, do CPC no Processo do Trabalho.

Checklist:

O recurso adesivo exige, basicamente, dos requisitos:

1 – sucumbência recíproca; e

2 – interposição do recurso por uma das partes.

O processamento do recurso adesivo é o mesmo do recurso principal.

O recurso adesivo fica subordinado ao recurso independente, sendo-lhe aplicáveis as mesmas regras deste quanto aos requisitos de admissibilidade e julgamento no tribunal, salvo disposição legal diversa.

2. ESTRUTURA

Como identificar que a peça será um recurso adesivo? A proposta da prova narrará os fatos e informará primeiramente que houve sucumbência recíproca, e o último momento processual será a notificação para tomar providência processual cabível, no prazo das contrarrazões.

O recurso adesivo será interposto em duas peças:

A peça de interposição é dirigida ao juízo que proferiu a decisão. Ele fará a primeira análise dos pressupostos de admissibilidade. Na folha de razões, siga a estrutura:

→ Preliminares de mérito
→ Prejudiciais de mérito
→ Mérito
→ Requerimentos finais

Veja a estrutura:

AO DOUTO JUÍZO DA ___ VARA DO TRABALHO DE ___

Processo nº

RECORRENTE, já qualificado nos autos em epígrafe, em que litiga com **RECORRIDO**, também qualificado, vem à presença de Vossa Excelência, por intermédio de seu advogado abaixo assinado, (procuração anexa), com indicação de endereço profissional, com fulcro no **art. 895, I, da CLT, na Súmula nº 283, do TST, nos arts. 997, §1º, do CPC e 769 da CLT, INTERPOR:**

RECURSO ORDINÁRIO ADESIVO

para o Egrégio Tribunal Regional do Trabalho da ____ Região.

O presente recurso preenche todos os pressupostos de admissibilidade, dentre os quais destacam-se:

a) o **depósito recursal**: recolhido, no valor de R$ ____, conforme guia anexa;

b) as **custas processuais**: recolhidas, no valor de R$ ____, correspondentes a 2% do valor da condenação, conforme guia anexa;

c) a **interposição de recurso principal** e a **sucumbência recíproca**;

d) a **tempestividade**: o recurso é tempestivo, uma vez que foi interposto no prazo das contrarrazões, nos termos do art. 997, §2º, I, do CPC.

Pelo exposto, requer o **recebimento** do presente recurso, a **intimação** da outra parte para apresentar as contrarrazões ao recurso ordinário adesivo no prazo de 8 dias úteis, nos moldes do art. 900 da CLT, e a posterior **remessa** ao Egrégio Tribunal Regional do Trabalho da ___ Região.

Termos em que,

pede deferimento.

Local e data.

Advogado (a)

OAB nº

EGRÉGIO TRIBUNAL REGIONAL DO TRABALHO DA ___ REGIÃO

RAZÕES DO RECURSO ORDINÁRIO ADESIVO

I – PRELIMINAR DE MÉRITO

1. Do cerceamento de defesa

O Juízo "*a quo*" julgou procedente o pedido de adicional de periculosidade do recorrido, sem, no entanto, produzir a prova pericial. A decisão fundamentou-se somente na falta de contestação específica dos fatos.

Nos termos do art. 195, §2º, da CLT, arguida em juízo o adicional de periculosidade, o juiz designará a produção da prova pericial. A ausência de tal prova implica o cerceamento de defesa e, portanto, a violação ao art. 5º, LV, da CF/88.

Pelo exposto, requer a nulidade da sentença e a remessa dos autos para o juízo que proferiu a decisão, a fim de que seja produzida a prova pericial.

II – PREJUDICIAL DE MÉRITO

O juízo "*a quo*" julgou....

A sentença não merece prosperar, pois....

Pelo exposto, requer a reforma da sentença, a fim de....

III – MÉRITO

1. Do adicional de periculosidade

O juízo "*a quo*" julgou procedente o adicional de periculosidade e condenou o recorrente ao pagamento do adicional no importe de 30% sobre todo conjunto remuneratório.

A sentença não merece prosperar, pois....

Pelo exposto, requer a reforma da sentença, a fim de....

IV – REQUERIMENTOS FINAIS

Pelo exposto, requer o conhecimento do presente recurso, bem como o acolhimento da preliminar de mérito para que seja determinada a nulidade da sentença e o retorno dos autos ao juízo de primeiro grau, a fim de que seja reaberta a instrução e, sucessivamente, no mérito, o seu provimento, para fins de reforma da sentença, para que seja afastada da condenação a base de cálculo do adicional de periculosidade sobre a remuneração do recorrido.

Termos em que,

pede deferimento.

Local e data.

Advogado (a)

OAB nº

3. EXERCÍCIO

EXERCÍCIO – EXAME OAB/SP 2004 – 125º

O empregador, ao comparecer pessoalmente, sem advogado, à audiência de uma ação em que é cobrado o pagamento de adicional de insalubridade, em grau máximo, sobre o salário efetivamente pago ao empregado, aduz simplesmente nada dever ao empregado. Encerrada a instrução, sem produção de outras provas, sob a alegação de falta de contestação específica dos fatos, é proferida sentença de acolhimento do pedido, com condenação do empregador no pagamento do adicional de insalubridade, em grau máximo, calculado, porém, sobre o salário mínimo. O empregador, intimado da sentença e embora com ela não concorde, não a impugna. O empregado, por sua vez, oferece recurso ordinário, postulando a incidência do adicional de insalubridade sobre o salário que efetivamente recebia.

Como advogado contratado pelo empregador, no momento em que recebida a intimação para oferecer sua resposta, tomar a providência processual cabível com vistas a afastar a sucumbência do reclamado.

Checklist:

→ Quem é o cliente? O Empregador.

→ Qual o último momento? Recurso Ordinário interposto pelo empregado.

→ O que o cliente deseja? A nulidade da sentença.

→ Caráter urgente? Sim! Vamos alegar o cerceamento de defesa.

→ Algum pressuposto específico? Sim. A sucumbência recíproca e a interposição do recurso pelo empregado (reclamante).
→ Qual é a peça processual? Recurso Ordinário Adesivo.
→ Fundamento legal: art. 895, I, da CLT, arts 997, §1º, do CPC e 769 da CLT e Súmula nº 283 do TST.

Hora de resolver!

AO DOUTO JUÍZO DA ___ VARA DO TRABALHO DE ___

Processo nº

RECORRENTE, já qualificado nos autos em epígrafe, em que litiga com **RECORRIDO**, também qualificado, vem à presença de Vossa Excelência, por intermédio de seu advogado abaixo assinado, (procuração anexa), com indicação de endereço profissional. com fulcro no **art. 895, I, da CLT, na Súmula nº 283, do TST, nos arts. 997, §1º, do CPC e 769 da CLT, INTERPOR**:

RECURSO ORDINÁRIO ADESIVO

para o Egrégio Tribunal Regional do Trabalho da ____ Região.

O presente recurso preenche todos os pressupostos de admissibilidade, dentre os quais destacam-se:

a) o **depósito recursal**: recolhido, no valor de R$ ____, conforme guia anexa;

b) as **custas processuais**: recolhidas no valor de R$ ____, correspondentes a 2% do valor da condenação, conforme guia anexa;

c) a **interposição de recurso principal** e a **sucumbência recíproca**;

d) a **tempestividade**: o recurso é tempestivo, uma vez que foi interposto no prazo das contrarrazões, nos termos do art. 997, §2º, I, do CPC.

Pelo exposto, requer o recebimento do presente recurso, a intimação do recorrido para, querendo, apresentar contrarrazões ao recurso ordinário adesivo no prazo de 8 dias úteis, conforme dispõe o art. 900 da CLT, e, a posterior remessa ao Egrégio Tribunal Regional do Trabalho da ___ Região.

Termos em que,

pede deferimento.

Local e data.

Advogado (a)

OAB nº

AO EGRÉGIO TRIBUNAL REGIONAL DO TRABALHO DA ___ REGIÃO

RAZÕES DO RECURSO ORDINÁRIO

I - PRELIMINAR

1. Do cerceamento de defesa

Preliminarmente, o juízo *a quo* julgou procedente o pedido de adicional de insalubridade, em grau máximo, calculado, sobre o valor do salário mínimo.

Nos termos do art. 195, §2º, da CLT, o Douto Juízo deveria ter designado a realização de prova pericial, resultando o cerceamento de defesa, violando o art. 5º, LV da CF/88.

Pelo exposto, requer o acolhimento da preliminar supracitada, para declarar a nulidade da sentença e o retorno dos autos para o juízo *a quo*, a fim de que seja reaberta a instrução processual e julgamento.

II - MÉRITO

1. Da prova pericial

A prova pericial é indispensável para a análise do pedido de adicional de insalubridade.

Desta forma, o juízo *a quo* se equivocou ao não designá-la, ferindo o contraditório e a ampla defesa presentes no art. 5º, LV da CF/88.

Pelo exposto, requer que a decisão do juízo *a quo* seja declarada nula por este Douto Juízo *ad quem*, em razão da falta de realização da prova pericial.

III - REQUERIMENTOS FINAIS

Pelo todo exposto, requer o conhecimento do presente recurso, bem como o acolhimento da preliminar de mérito para que seja determinada a nulidade da sentença e o retorno dos autos ao juízo de primeiro grau, a fim de que seja reaberta a instrução e julgamento, no mérito, o seu provimento, para que os autos retornem ao juízo de origem, para a realização de prova pericial, declarando nula a decisão do Magistrado.

Termos em que,

pede deferimento.

Local e data.

Advogado (a)

OAB nº

26

CONTRARRAZÕES

1. CABIMENTO

As contrarrazões ao recurso estão previstas no art. 900 da CLT e têm o propósito de impugnar as razões recursais, defendendo a decisão recorrida.

O segredo das contrarrazões é você inverter os papéis. Enquanto no recurso você quer que "a sentença não mereça ser mantida", nas contrarrazões a sentença deve ser mantida. No recurso "atacamos" a sentença, nas contrarrazões defendemos a sentença.

A estrutura da peça é muito semelhante a estrutura dos recursos.

Atenção! Para os recursos de agravo não se fala em contrarrazões, e sim em contraminuta de agravo.

2. MOMENTO DE APRESENTAÇÃO

As contrarrazões serão apresentadas no momento em que a parte é notificada da interposição de um recurso. Não há necessidade de preparo.

Atenção! Para a peça das contrarrazões, não importa se houve sucumbência total ou recíproca. A decisão poderá ter sido totalmente favorável ou parcialmente favorável, se uma parte tiver interposto um recurso, caberá à outra apresentar contrarrazões.

Nas contrarrazões não se pleiteia a reforma do julgado, apenas a parte se manifestará sobre o recurso que foi interposto e ao final requererá sua improcedência e manutenção da decisão. Contudo, se a parte desejar formular pedido, deverá se valer do recurso ordinário adesivo.

É possível haver preliminar em contrarrazões. Geralmente na prova da OAB termos as seguintes hipóteses:

- deserção;
- intempestividade; e
- irregularidade de representação.

3. ESTRUTURA

Como identificar que a peça será contrarrazões? A proposta da prova narrará os fatos e você perceberá que o último momento processual será a interposição de um recurso, havendo intimação, para apresentar a medida processual cabível.

As contrarrazões serão apresentadas em duas peças:

- **PEÇA DE INTERPOSIÇÃO (folha de rosto)**

A peça de interposição é dirigida ao juízo que proferiu a decisão recorrida.

Veja a estrutura:

AO DOUTO JUÍZO DA ___ VARA DO TRABALHO DE ___

Processo nº

RECORRIDO, já qualificado nos autos em epígrafe, em que litiga com **RECORRENTE**, também qualificado, vem à presença de Vossa Excelência, por intermédio de seu advogado abaixo assinado, (procuração anexa), com indicação de endereço profissional) com fulcro no **art. 900, da CLT, APRESENTAR:**

CONTRARRAZÕES AO RECURSO ORDINÁRIO

para o Egrégio Tribunal Regional do Trabalho da ____ Região.

Pelo exposto, requer o **recebimento** das contrarrazões apresentadas e sua **remessa** ao Egrégio Tribunal Regional do Trabalho da ___ Região.

Termos em que,

pede deferimento.

Local e data.
Advogado (a)
OAB nº

• **CONTRARRAZÕES DE RECURSO**

As contrarrazões seguirão a seguinte estrutura:

→ Preliminares de mérito
→ Prejudiciais de mérito
→ Mérito
→ Requerimentos finais

EGRÉGIO TRIBUNAL REGIONAL DO TRABALHO DA ___ REGIÃO

CONTRARRAZÕES AO RECURSO ORDINÁRIO

I – PRELIMINAR DE MÉRITO

Você deve arguir a ausência de pressupostos de admissibilidade recursal, requerendo que seja denegado seguimento ao recurso.

II – PREJUDICIAIS DE MÉRITO

O recorrente postula a reforma da sentença quanto à prescrição ___

A sentença merece prosperar, pois ___

Pelo exposto, requer que a sentença seja mantida para ___.

III – MÉRITO

O recorrente postula a reforma da sentença para ___

A sentença merece prosperar, pois ___

Pelo exposto, requer que a sentença seja mantida para ___

IV – REQUERIMENTOS FINAIS

Por todo exposto, requer o **conhecimento** das contrarrazões, o **acolhimento** da preliminar de mérito para negar seguimento ao recurso por ___. Sucessivamente, o **acolhimento** da prejudicial de mérito e, no mérito, que o recurso ordinário interposto seja julgado **improvido**, mantendo-se a sentença do juízo *a quo* pelas razões supracitadas.

Termos em que,

pede deferimento.

Local e data

Advogado (a)

OAB nº

4. EXERCÍCIO

EXERCÍCIO – XX EXAME DE ORDEM – REAPLICAÇÃO PORTO VELHO

Renato trabalhou como motorista para o Restaurante Amargo Ltda., tendo sempre recebido salário fixo no valor de R$ 1.600,00 mensais. Diariamente dirigia o veículo com as refeições solicitadas pelos clientes, as quais eram entregues por um ajudante. Foi dispensado imotivadamente após dois anos de serviço. Ajuizou ação trabalhista distribuída à 99ª Vara do Trabalho de Teresina/PI pleiteando diferenças salariais decorrentes da aplicação do piso salarial estipulado para os funcionários em bares e restaurantes, conforme a convenção coletiva firmada pelo sindicato dos bares e restaurantes com o sindicato dos garçons e ajudantes em bares e restaurantes, ambos do estado do Piauí.

Pleiteou salário *in natura* pelo uso de veículo do empregador, o qual ficava com Renato ao longo da semana útil, devendo deixá-lo na garagem do empregador durante o fim de semana de folga, bem como nas férias.

Pleiteou, ainda, a integração de diárias para viagem, recebidas no valor de R$ 400,00 por cada viagem ocorrida, relatando que ao longo do contrato viajou a serviço por três ocasiões, em três diferentes meses.

Por último pleiteou diferenças salariais decorrentes de equiparação salarial com outro motorista, o qual inicialmente trabalhava como maitre, mas por força de decisão do INSS, por limitação física, teve sua função alterada, quando percebia R$ 2.000,00 mensais.

Na audiência, após a apresentação de defesa com documentos, foram dispensados os depoimentos pessoais. A parte autora declarou não ter outras provas.

Dez dias após o encerramento normal da audiência, o juiz prolatou sentença de improcedência total dos pedidos, com custas fixadas em R$ 500,00. Inconformado, Renato, 15 dias após haver sido notificado da decisão de improcedência dos pedidos, apresentou a medida jurídica cabível para tentar revertê-la, em juntar qualquer documento.

Você foi notificado como advogado (a) da empresa para apresentar a peça prático-profissional em nome de seu cliente. Redija a mesma apresentando os argumentos pertinentes.

Checklist:

→ Quem é o cliente? Restaurante Amargo Ltda.
→ Qual o último momento processual? Recurso interposto pelo reclamante.
→ O que o cliente deseja? Que a sentença seja mantida e o recurso improvido.
→ Caráter urgente? Não.
→ Algum pressuposto específico? Não.
→ Qual é a peça processual? Contrarrazões ao recurso ordinário.
→ Fundamento legal: art. 900, CLT.

Hora de resolver!

AO DOUTO JUÍZO DA 99ª VARA DO TRABALHO DE TERESINA/PI

Processo nº

Restaurante Amargo Ltda., já qualificado nos autos em epígrafe, em que litiga com **Renato**, também qualificado, vem à presença de Vossa Excelência, por intermédio de seu advogado abaixo assinado, (procuração anexa), com indicação de endereço profissional com fulcro no **art. 900, da CLT, APRESENTAR**:

CONTRARRAZÕES AO RECURSO ORDINÁRIO

para o Egrégio Tribunal Regional do Trabalho da 22ª Região.

Pelo exposto, requer o recebimento das contrarrazões apresentadas e sua remessa ao Egrégio Tribunal Regional do Trabalho da 22ª Região.

Termos em que,
pede deferimento.
Local e data.
Advogado (a)
OAB nº

AO EGRÉGIO TRIBUNAL REGIONAL DO TRABALHO DA 22ª REGIÃO

CONTRARRAZÕES AO RECURSO ORDINÁRIO

I – PRELIMINAR

1. Intempestividade

O recorrente somente interpôs o presente recurso ordinário 15 dias após haver sido notificado da decisão de improcedência dos pedidos.

O prazo para interposição do recurso ordinário no Processo do Trabalho é de 8 dias úteis, nos termos do art. 895, I, da CLT. Uma vez que o recurso foi interposto apenas no 15º dia após a notificação da decisão, o que o torna intempestivo, razão pela qual não merece ser conhecido.

Pelo exposto, requer o não conhecimento do presente recurso em razão de sua intempestividade.

2. Deserção

O recorrente não juntou qualquer documento comprobatório do recolhimento de custas no valor de R$ 500,00, já que era a sua obrigação, haja vista a improcedência total dos pedidos.

Nos termos do art. 789, II e §1º, da CLT estabelece que, no caso de total improcedência dos pedidos, o recorrente deve recolher 2% sobre o valor da causa, o que nesse caso corresponde a R$ 500,00, no prazo recursal. O recorrente não juntou qualquer documento que comprove o recolhimento das custas processuais, sendo, portanto, o recurso deserto.

Pelo exposto, requer o não conhecimento do presente recurso em razão de sua deserção.

II – MÉRITO

1. Diferenças salariais

O recorrente postula a reforma da sentença de improcedência quanto ao pedido de diferenças salariais decorrentes da aplicação do piso salarial estipulado para os funcionários em bares e restaurantes, de acordo com a convenção coletiva de trabalho firmada pelo sindicato dos bares e restaurantes com o sindicato dos garçons e ajudantes em bares e restaurantes, ambos do estado do Piauí.

A sentença merece prosperar, pois o recorrente é motorista pertencente a categoria diferenciada, nos termos do art. 511, parágrafo 3º, da CLT. Sendo assim, não se aplica a convenção coletiva firmada pelo sindicato dos bares e restaurantes com o sindicato dos garçons e ajudantes em bares e restaurantes.

Pelo exposto, requer a manutenção da decisão *a quo* quanto ao pleito de diferenças salariais decorrentes da aplicação do piso salarial.

2. Salário *in natura*

O recorrente postula a reforma da sentença de improcedência quanto ao pedido de salário *in natura* pelo uso de veículo do empregador, o qual ficava com ele ao longo da semana útil, devendo deixá-lo na garagem do empregador durante o fim de semana de folga, bem como nas férias.

A sentença deve prosperar, pois, conforme o art. 458, parágrafo 2º, III, da CLT e súmula 367, I, TST, o recorrente não usava o veículo para fins privados, mas apenas para o trabalho, não tendo natureza salarial.

Pelo exposto, requer a manutenção da sentença quanto ao pedido de salário *in natura*.

3. Diárias para viagem

O recorrente pleiteou, a integração de diárias para viagem, recebidas ao valor de R$ 400,00 por cada viagem ocorrida, relatando que ao longo do contrato viajou a serviço por três ocasiões, em três diferentes meses.

A sentença merece prosperar, uma vez que nos moldes do art. 457, parágrafo 2º, da CLT, as diárias para viagem não possuem natureza salarial.

Pelo exposto, requer que seja mantida a decisão *a quo* no tocante ao pleito de integração das diárias.

4. Equiparação salarial

O recorrente pleiteou diferenças salariais decorrentes de equiparação salarial com outro motorista, o qual inicialmente trabalhava como *"maitre"*, mas por força de decisão do INSS, por limitação física, teve sua função alterada, quando percebia R$ 2.000,00 mensais.

A sentença merece prosperar pois, o art. 461, parágrafo 4º, da CLT dispõe que o empregado readaptado não pode servir como paradigma para fins de equiparação salarial.

Pelo exposto, requer que seja mantida a sentença em relação ao pedido de equiparação salarial.

III – REQUERIMENTOS FINAIS

Por todo exposto, requer o conhecimento das contrarrazões, o acolhimento das preliminares de mérito de intempestividade e deserção para que não seja conhecido o recurso ordinário interposto pelo recorrente e, no mérito, que o recurso ordinário interposto seja julgado improvido, mantendo-se a sentença em todos os seus termos.

Termos em que,

pede deferimento.

Local e data.

Advogado (a)

OAB nº

27

EMBARGOS À EXECUÇÃO

1. CONCEITO

É um **INCIDENTE** da execução, por meio do qual o **EMBARGANTE** (devedor) poderá alegar vícios ("defeitos") relativos a essa fase processual, com o objetivo de extinguir algum ato executivo ou mesmo a execução como um todo.

Atenção! No exame de ordem, a banca FGV, em algumas questões, já chamou os embargos à execução de "embargos do devedor" e "embargos à penhora".

Há divergência quanto à natureza jurídica dos Embargos à Execução, se a natureza é de defesa ou de ação. No exame de ordem, orientamos os examinandos, a utilizar o entendimento de que se trata de meio de **DEFESA**, da forma como já foi cobrado em provas anteriores.

2. CABIMENTO

O fundamento legal para os Embargos à Execução encontra-se presente no art. 884 da CLT:

Art. 884. Garantida a execução ou penhorados os bens, terá o executado 5 (cinco) dias para apresentar embargos, cabendo igual prazo ao exequente para impugnação.

O prazo para oposição de Embargos à Execução, pelo executado, é de **5 DIAS**. Se o executado garantir a execução – depositando o valor, nomeando bem à penhora ou apresentando seguro-garantia judicial –, o prazo de 5 dias será **contado a partir da garantia da execução**.

Todavia, se o executado não garantir a execução e tiver seus bens penhorados (ou contas bancárias bloqueadas), o prazo de 5 dias para os Embargos à Execução será **contado da penhora**.

Atenção! No caso da **Fazenda Pública**, considerando a inexistência de garantia do juízo, o prazo será de 30 dias contados da citação (art. 1º-B da Lei nº 9.494/1997).

Após o executado opor Embargos à Execução, o exequente será intimado para, em **5 DIAS**, apresentar sua impugnação aos embargos.

Na hora da prova você identificará que está diante dos Embargos à Execução quando a proposta indicar:

- que a fase de conhecimento já acabou (provavelmente o examinador destacará que há sentença com trânsito em julgado).
- a fase executória começou e que o embargante foi citado.
- ocorreu à garantia do juízo.

3. PROCEDIMENTO

No processo civil, existe a figura da "impugnação ao cumprimento de sentença", que equivale aos nossos Embargos à Execução, com uma estrutura diversa. Nessa impugnação do processo civil, a matéria alegável é muito mais ampla. Veja o que diz o art. 525, *caput* e § 1º, do CPC:

Art. 525. Transcorrido o prazo previsto no art. 523 sem o pagamento voluntário, inicia-se o prazo de 15 (quinze) dias para que o executado, independentemente de penhora ou nova intimação, apresente, nos próprios autos, sua impugnação.

§ 1º Na impugnação, o executado poderá alegar:

I – **falta ou nulidade da citação** se, na fase de conhecimento, o processo correu à revelia;

II – **ilegitimidade** de parte;

III – **inexequibilidade** do título ou **inexigibilidade** da obrigação;

IV – **penhora incorreta** ou **avaliação errônea;**

V – **excesso** de execução ou **cumulação indevida** de execuções;

VI – **incompetência** absoluta ou relativa do juízo da execução;

VII – qualquer **causa modificativa ou extintiva da obrigação**, como pagamento, novação, compensação, transação ou prescrição, desde que supervenientes à sentença.

Observe, que o rol de matérias alegáveis na impugnação ao cumprimento de sentença no processo civil é muito mais amplo que o da CLT. A aplicação isolada do § 1º do art. 884 da CLT torna-se injusta, o que nos levaria a concluir que há lacuna axiológica neste dispositivo. Portanto, a maioria dos processualistas, entende subsidiariamente aplicável ao processo do trabalho o art. 525, § 1º, do CPC.

Art. 884, §1º, CLT. A matéria de defesa será restrita às alegações de **cumprimento da decisão ou do acordo, quitação ou prescrição da dívida.**

Note que "cumprimento da decisão ou do acordo, quitação ou prescrição da dívida" são elementos absorvidos pelo inciso VII do art. 525, § 1º, do CPC, que trata de causas extintivas da obrigação.

Atenção! Mesmo que a doutrina e a jurisprudência entendam pela aplicabilidade subsidiária do art. 525, §1º, do CPC, as provas exigem a literalidade do art. 884, §1º, da CLT, que fala apenas de **cumprimento da decisão ou do acordo, quitação ou prescrição da dívida.** Portanto, recomendamos a você que considere correta eventual alternativa que se restrinja à literalidade do art. 884, § 1º, da CLT.

Importante destacar nesse ponto, que o art. 11-A, *caput* e §§ 1º e 2º, da CLT torna aplicável ao Processo do Trabalho a **prescrição intercorrente** mediante requerimento ou de ofício.

Atenção! A súmula nº 114 do TST, que determina o contrário, deverá ser cancelada.

Art. 11-A, CLT. Ocorre a prescrição intercorrente no processo do trabalho no prazo de dois anos.

§1º. A fluência do prazo prescricional intercorrente inicia-se quando o exequente deixa de cumprir determinação judicial no curso da execução.

§2º. A declaração da prescrição intercorrente pode ser requerida ou declarada de ofício em qualquer grau de jurisdição.

Observe que, só há prescrição intercorrente quando o exequente deixar de praticar ato que dependa exclusivamente dele para a continuação da execução. É comum, por exemplo, que na liquidação por procedimento comum em que a continuação do processo depende de o exequente alegar e provar fatos novos.

É muito raro ouvir testemunhas na fase de execução, mas isso não é algo impossível.

Exemplo: Marcelo, executado pagou o valor da execução em dinheiro, pessoalmente, ao exequente, e pretende provar por meio de testemunhas que efetuou tal pagamento, para extinguir a execução.

Art. 884, §2º, CLT. Se na defesa tiverem sido arroladas testemunhas, poderá o Juiz ou o Presidente do Tribunal, caso julgue necessários seus depoimentos, marcar audiência para a produção das provas, a qual deverá realizar-se dentro de 5 (cinco) dias.

Portanto, havendo testemunhas – as quais neste caso devem ser arroladas nos Embargos à Execução –, deverá ser designada audiência dentro dos **5 DIAS SEGUINTES**.

Art. 884, §3º, CLT. Somente nos embargos à penhora poderá o executado impugnar a sentença de liquidação, cabendo ao exequente igual direito e no mesmo prazo.

Atualmente, a impugnação da liquidação somente pode ocorrer antes da homologação (art. 879, § 2º, com redação dada pela Lei 13.467/2017). Ademais, a única medida de que o executado pode se valer na execução, em regra, consiste nos Embargos de Execução. Em hipóteses excepcionais, outra medida cabível será a **Exceção de Pré-executividade**.

Art. 884, §4º, CLT. Julgar-se-ão na mesma sentença os embargos e as impugnações à liquidação apresentadas pelos credores trabalhista e previdenciário.

Portanto, os embargos e a resposta (impugnação) do exequente serão apreciados pelo juiz e decididos numa única sentença.

Atente-se que o "**credor previdenciário**" referido neste parágrafo é a **União**, que tem legitimidade para cobrar as diferenças havidas nas contribuições previdenciárias.

Dessa sentença, caberá **AGRAVO DE PETIÇÃO** ao TRT, nos termos do art. 897, alínea a e § 1º, da CLT.

Art. 884, §5º, CLT. Considera-se inexigível o título judicial fundado em lei ou ato normativo declarados inconstitucionais pelo Supremo Tribunal Federal ou em aplicação ou interpretação tidas por incompatíveis com a Constituição Federal.

Imagine, por exemplo, uma sentença, que está sendo executada, tiver fundamentação contrária a um acórdão proferido pelo STF em controle concentrado de constitucionalidade, em Ação Direta de Inconstitucionalidade (ADI) ou Ação Declaratória de Constitucionalidade (ADC), que declara inconstitucional uma lei aplicada pelo juiz naquela decisão. Ou, ainda, imagine que a interpretação dada pelo juiz em sua fundamentação é reconhecida pelo STF como incompatível com a Constituição.

Checklist:

São hipóteses de inexigibilidade do cumprimento da decisão judicial:

- embasamento em dispositivo de lei declarado inconstitucional pelo STF;
- embasamento em interpretação declarada pelo STF como inconstitucional.

Nesses casos, a sentença proferida pelo juiz **não será um título exigível** judicialmente.

Art. 884, §6º, CLT. A exigência da garantia ou penhora não se aplica às entidades filantrópicas e/ou àqueles que compõem ou compuseram a diretoria dessas instituições.

Atenção! Este parágrafo foi incluído pela Reforma Trabalhista, e já foi cobrado em várias provas recentes. Muita atenção!

O §6º traz sujeitos que são **isentos** de garantir o juízo, e, consequentemente, **isentos** de penhora ou qualquer outro ato constritivo de bens, como bloqueio de contas bancárias.

Os sujeitos são:

- **Entidades filantrópicas**: estas entidades são pessoas jurídicas sem fins lucrativos, certificadas e reconhecidas como entidades beneficentes de assistência social com a finalidade de prestação de serviços nas áreas de assistência social, saúde ou educação.

- **Diretores ou ex-diretores de entidades filantrópicas**: a isenção concedida às entidades filantrópicas alcança os diretores e ex-diretores, prevenindo-os de futuras desconsiderações da personalidade jurídica. Isso porque, se comprovados os requisitos para a desconsideração da personalidade jurídica, os diretores seriam os executados.

4. ESTRUTURA

Como identificar que a peça é um Embargo à Execução? A proposta da prova mencionará que o processo já se encontra na fase de execução, bem como já houve a garantia do juízo. Finalmente, será indicada a existência de algum vício de execução.

Veja a estrutura:

AO DOUTO JUÍZO DA ___VARA DO TRABALHO DE ___

Processo nº

EMBARGANTE, já qualificado nos autos em epígrafe, em que litiga com **EMBARGADO**, também qualificado, vem à presença de Vossa Excelência, por intermédio de seu advogado abaixo assinado (procuração anexa), com indicação de endereço profissional, com fulcro no **art. 884 da CLT, APRESENTAR**:

EMBARGOS À EXECUÇÃO

pelos fatos e fundamentos a seguir expostos:

Inicialmente, destaca-se o atendimento dos seguintes requisitos específicos dos embargos à execução:

a) a **garantia do juízo**: o embargante garantiu integralmente o juízo através _____, com base no art. 880 da CLT;

b) a **tempestividade**: os embargos são apresentados no prazo de 5 dias úteis contados da garantia, observado o disposto no art. 884 da CLT;

c) as **custas processuais**: no valor de R$ 44,26, que serão recolhidas pelo executado ao final da execução, com base no art. 789-A, V, da CLT.

I – DOS FATOS

O embargado ajuizou reclamatória trabalhista em face do embargante, cujos pedidos foram julgados totalmente procedentes. Iniciada a execução, o embargante foi citado para pagar o valor devido ou garantir o juízo no prazo de 48 horas, o que foi feito, mediante _______ (destaque a forma de garantia do juízo).

O perito calculista foi intimado para elaborar a conta, a qual foi homologada pelo juiz. No prazo legal, o embargante apresenta os presentes embargos objetivando impugnar os cálculos homologados pelo Douto Juízo.

II – MÉRITO

1. Das horas extras

A sentença transitada em julgado condenou o embargante a pagar horas extras diárias, acrescidas de 50%, bem como reflexos. Ao apresentar os cálculos de liquidação, o perito judicial computou 100% de adicional de horas extras, o que foi homologado por este Douto Juízo.

Nos termos do art. 879, §1º, da CLT, não se poderá modificar ou inovar a sentença liquidanda, nem discutir matéria pertinente à causa principal. A homologação dos cálculos contrários aos limites impostos pelo título executivo judicial implica violação à coisa julgada e, portanto, ao art. 5º, XXXVI, da CF.

Pelo exposto, requer a correção dos cálculos apresentados pelo perito, para considerar o adicional de horas extras de apenas 50%.

III – REQUERIMENTOS FINAIS

Por todo exposto, requer o embargante o recebimento dos embargos, a notificação do embargado para manifestar-se no prazo de 5 dias e a procedência dos pedidos formulados.

Termos em que,

pede deferimento.

Local e data.

Advogado (a)

OAB nº

5. EXERCÍCIO

EXERCÍCIO – PEÇA AUTORAL

Felipe Tourinho laborou por vários anos para empresa Só Lógica LTDA. e após a extinção do seu contrato de trabalho, ajuizou reclamação trabalhista em face da sua ex-empregadora postulando o pagamento de adicional de periculosidade, devolução de descontos salariais indevidos e indenização por danos matérias e morais. A reclamatória foi distribuída em 01/03/2017 para a 7ª Vara do Trabalho de Vitória/ES. Após regular instrução processual, o Douto juízo do trabalho proferiu sentença parcialmente procedente, condenando a reclamada ao pagamento de devolução de descontos salariais indevidos. Inconformado, Felipe interpôs recurso ordinário, ao qual foi dado parcial provimento em julgamento realizado em 01/03/2018 para acrescer à condenação o pagamento de indenização por danos morais e materiais no valor de R$ 50.000,00, indicando que a atualização de todos os valores deveria ocorrer em atenção aos dispositivos legais. A decisão transitou em julgado e os autos retornaram a primeira instância. Após regular intimação, Felipe apresentou seus cálculos apontando como devido o importe de R$ 62.000,00, considerando o montante principal acrescido de juros, contabilizados desde 01/12/2016, data da dispensa do empregado. Sem a intimação da reclamada para se manifestar quanto aos cálculos, o juízo homologou os valores apresentados pelo reclamante, determinando, no mesmo ato, a citação da empresa para o pagamento do importe exequendo no prazo de 48 horas, sob pena de aplicação da penalidade prevista no §1º do art. 523 do CPC. Diante da inércia da reclamada, o juízo determinou a pesquisa das contas bancárias da empresa mediante a utilização do sistema BacenJud, autorizando o bloqueio de R$ 64,500,00, já considerando o valor em execução acrescido na multa de 10%. A consulta as contas bancárias foram positivas e o juízo cerificou a convolação do bloqueio em penhora em 11/03/2018.

Como advogado(a) procurado pela empresa executada, em 13/03/2018, elabore a medida processual pertinente para a defesa dos interesses do seu cliente.

Checklist:

→ Quem é o cliente? A ex-empregadora, Só Lógica LTDA.

→ Qual o último momento processual? Fase de execução.

→ O que o cliente deseja? Impugnar decisões tomadas na fase de execução.

→ Caráter urgente? A proposta não apresenta essa informação.

→ Algum pressuposto específico? Sim. A garantia do juízo.

→ Qual é a peça processual? Embargos à Execução.

→ Fundamento legal: art. 884 da CLT.

Hora de resolver!

AO DOUTO JUÍZO DA 7ª VARA DO TRABALHO DE VITÓRIA/ES

Processo nº

Só Lógica Ltda., já qualificada nos autos em epígrafe, em que litiga com **Felipe Tourinho**, também qualificado, vem à presença de Vossa Excelência, por intermédio de seu advogado abaixo assinado (procuração anexa), com indicação de endereço profissional, **com fulcro no art. 884 da CLT, APRESENTAR:**

EMBARGOS À EXECUÇÃO

pelos fatos e fundamentos a seguir expostos:

Inicialmente, destaca-se o atendimento dos seguintes requisitos específicos dos embargos à execução:

a) a **garantia do juízo**: o juízo encontra-se integralmente garantido através da penhora das contas bancárias da embargante, totalizando o valor de R$ 64.500,00;

b) a **tempestividade**: os embargos são apresentados no prazo de 5 dias úteis contados da garantia, observado o disposto no art. 884 da CLT;

c) as **custas processuais**: no valor de R$ 44,26, que serão recolhidas pelo executado ao final da execução, com base no art. 789-A, V, da CLT.

I – DOS FATOS

O reclamante ajuizou reclamatória trabalhista em face da ora embargante, com sentença de parcial procedência, condenando a reclamada ao pagamento de devolução de descontos salariais indevidos. Inconformado, o reclamante interpôs recurso ordinário, ao qual foi dado parcial provimento para acrescer à condenação o pagamento de indenização por danos morais e materiais.

A decisão transitou em julgado e o exequente apresentou cálculos de liquidação considerando o montante principal acrescido de juros contabilizados desde a data da dispensa, os quais foram homologados pelo Douto juízo sem que a reclamada fosse intimada para se manifestar. Determinou ainda o juízo, a aplicação da multa prevista no §1º do art. 523 do CPC.

II – MÉRITO

1. Dos juros

Os cálculos homologados pelo Douto juízo, independentemente de intimação do executado, contabilizaram juros desde a data da dispensa do reclamante, ocorrida em 01/12/2016.

Contudo, a reclamação trabalhista foi ajuizada somente em 01/03/2017, razão pela qual os juros devem ser calculados apenas a partir desta data, na forma do art. 883 da CLT.

Pelo exposto, requer a revisão dos cálculos de liquidação, considerando-se a incidência de juros apenas a partir de 01/03/2017.

2. Da multa do art. 523, parágrafo 1º, do CPC.

Em razão da inércia da reclamada quanto ao pagamento da execução, o juízo aplicou a penalidade da multa de 10% sobre o valor do débito.

Ocorre que, de acordo com o entendimento do TST, a multa do art. 523, parágrafo 1º, do CPC é indevida no Processo do Trabalho, tendo em vista que a CLT não é omissa neste caso, e possui regra própria, estabelecendo a penhora como consequência do inadimplemento ou ausência de garantia da execução no prazo previsto de 48 horas (art. 880 da CLT).

Pelo exposto, requer que seja afastada a multa do art. 523, parágrafo 1º, do CPC.

III – REQUERIMENTOS FINAIS

Por todo exposto, requer o embargante o recebimento dos embargos, a notificação do embargado para manifestar-se no prazo de 5 dias e a procedência dos pedidos formulados.

Termos em que,

pede deferimento.

Local e data.

Advogado (a)

OAB nº

28

IMPUGNAÇÃO À SENTENÇA DE LIQUIDAÇÃO

1. CABIMENTO

A impugnação à sentença de liquidação está prevista no art. 884, *caput*, e §3º, da CLT. Nos termos desse artigo, o exequente, a partir da garantia do juízo, poderá impugnar a sentença de liquidação no prazo de 5 dias.

Art. 884, CLT. Garantida a execução ou penhorados os bens, terá o executado 5 (cinco) dias para apresentar embargos, cabendo igual prazo ao exequente para impugnação.

§3º. Somente nos embargos à penhora poderá o executado impugnar a sentença de liquidação, cabendo ao exequente igual direito e no mesmo prazo.

2. ESTRUTURA

Como identificar que a peça é uma Impugnação à Sentença de Liquidação? A proposta da prova mencionará que o processo já se encontra na fase de execução, bem como já houve a garantia do juízo. Finalmente, será indicada a existência de algum vício na sentença de liquidação.

Veja a estrutura:

AO DOUTO JUÍZO DA ___VARA DO TRABALHO DE ___

Processo nº

IMPUGNANTE, já qualificado nos autos em epígrafe, em que litiga com **IMPUGNADO**, também qualificado, vem à presença de Vossa Excelência, por intermédio de seu advogado abaixo assinado (procuração anexa), com indicação de endereço profissional), com fulcro no **art. 884, *caput*, parágrafo 3º, da CLT, APRESENTAR**:

IMPUGNAÇÃO À SENTENÇA DE LIQUIDAÇÃO

pelos fatos e fundamentos a seguir expostos:

Inicialmente, destaca-se o atendimento dos seguintes requisitos específicos da impugnação à sentença de liquidação:

a) a **tempestividade**: a presente medida é tempestiva, visto que observou o prazo legal de 5 dias úteis, contados a partir da ciência da garantia do juízo, previsto no art. 884, *caput*, da CLT;

b) as **custas processuais**: no valor de R$ 55,35, que serão recolhidas pelo executado ao final da execução, com base no art. 789-A, VII, da CLT.

I – DOS FATOS

II – MÉRITO

1 – Das horas extras

A sentença transitada em julgado assegurou o recebimento de 2 horas extras por dia, o Perito Judicial computou apenas 1 hora extra diária e os cálculos foram homologados nestes termos.

Nos termos do art. 879, parágrafo 1º, da CLT, não se poderá modificar ou inovar a sentença liquidanda, nem discutir matéria pertinente à causa principal. A homologação dos cálculos contrários aos limites impostos pelo título executivo judicial implica violação à coisa julgada e, portanto, ao art. 5º, XXXVI, da CF.

Pelo exposto, requer a correção dos cálculos apresentados pelo Perito, a fim de que sejam computadas as 2 horas extras deferidas.

III – REQUERIMENTOS FINAIS

Por todo exposto, requer o impugnante o recebimento da impugnação à sentença de liquidação, a notificação do impugnado para manifestar-se no prazo de 5 dias e a procedência dos pedidos formulados.

Termos em que,

pede deferimento.

Local e data.

Advogado (a)

OAB nº

3. EXERCÍCIO

EXERCÍCIO – PEÇA AUTORAL

Letícia Sangalo ajuizou reclamação trabalhista em face de Renato Veículos LTDA., alegando que foi admitida em 12/04/2017 e dispensada de forma imotivada em 13/03/2019.

Postulou a condenação da empresa ao pagamento de aviso prévio proporcional.

Notificada, a empresa reclamada compareceu à audiência inaugural e apresentou contestação, impugnando todos os pedidos da reclamante.

A sentença condenou a reclamada a pagar o aviso prévio proporcional, considerando a Lei nº 12.506/2011. A sentença não se pronunciou quanto à correção monetária.

Transitada em julgado a decisão, o peito judicial apresentou cálculos de liquidação no valor de R$ 10.000,00. Sua conta foi realizada comutando 30 dias de aviso prévio, sem correção monetária, sob a justificativa de que a sentença não versou sobre ela.

Os cálculos foram homologados após a manifestação das partes.

Expedido o mandado de citação e penhora, o executado, em 48 horas, nomeou à penhora um veículo marca Ford, modelo Fiesta, ano 2008, garantindo o juízo, sendo a reclamante intimada da constrição judicial.

Como advogado(a) procurado pela reclamante, apresente a medida processual cabível.

Checklist:

→ Quem é o cliente? A ex-empregada, Letícia Sangalo.

→ Qual o último momento processual? Fase de execução.

→ O que o cliente deseja? Impugnar decisões tomadas na fase de execução.

→ Caráter urgente? A proposta não apresenta essa informação.
→ Algum pressuposto específico? Sim.
→ Qual é a peça processual? Impugnação à Sentença de Liquidação.
→ Fundamento legal: art. 884, *caput* e §3º, da CLT.

AO DOUTO JUÍZO DA ___ VARA DO TRABALHO DE ___

Processo nº

Letícia Sangalo, já qualificada nos autos em epígrafe, em que litiga com **Renato Veículos Ltda.**, também qualificado, vem à presença de Vossa Excelência, por intermédio de seu advogado abaixo assinado (procuração anexa, com indicação de endereço profissional), **com fulcro no art. 884, *caput* e parágrafo 3º, da CLT, APRESENTAR:**

IMPUGNAÇÃO À SENTENÇA DE LIQUIDAÇÃO

pelos fatos e fundamentos a seguir expostos:

Inicialmente, destaca-se o atendimento dos seguintes requisitos específicos da impugnação à sentença de liquidação:

a) a **tempestividade**: a presente medida é tempestiva, visto que observou o prazo legal de 5 dias úteis, contados a partir da ciência da garantia do juízo, previsto no art. 884, *caput*, da CLT;

b) as **custas processuais**: no valor de R$ 55,35, que serão recolhidas pelo executado ao final da execução, com base no art. 789-A, VII, da CLT.

I – DOS FATOS

A empresa executada foi condenada a pagar a exequente o aviso prévio proporcional, considerando a Lei nº 12.506/2011. A sentença não se pronunciou quanto à correção monetária.

A sentença transitou em julgado e o perito judicial apresentou cálculos de liquidação no valor de R$ 10.000,00. Sua conta foi realizada computando 30 dias apenas de aviso prévio, sem correção monetária. Os cálculos foram homologados, após a manifestação das partes.

Expedido o mandado de citação e penhora, o executado, em 48 horas, nomeou à penhora um veículo marca Ford, modelo Fiesta, ano 2008, garantindo o juízo, sendo a exequente intimada da constrição judicial.

II – MÉRITO

1. Do aviso prévio

Muito embora, na sentença transitada em julgado, tenha sido deferido a exequente o aviso prévio proporcional, considerando a Lei nº 12.506/2011, o perito judicial incluiu nos cálculos de liquidação apenas 30 dias de aviso prévio, desconsiderando o aviso prévio proporcional devido e os cálculos foram homologados pelo Douto Juízo.

Nos termos do art. 879, parágrafo 1º, da CLT, não se poderá modificar ou inovar a sentença liquidanda, nem discutir matéria pertinente à causa principal. A homologação dos cálculos é contrária aos limites impostos pelo título executivo judicial e implica violação à coisa julgada, de acordo com o art. 5º, XXXVI, da CF.

Pelo exposto, requer a correção dos cálculos apresentados pelo perito judicial, a fim de que o aviso prévio proporcional seja computado nos cálculos das verbas trabalhistas deferidas.

2. Da correção monetária

Nos cálculos homologados pelo juízo, não foram incluídos a correção monetária, uma vez que a sentença foi omissa.

Ocorre que, de acordo com o art. 322, parágrafo 1º, do CPC e da Súmula nº 211 do TST, a correção monetária inclui-se na liquidação, ainda que omisso o pedido inicial ou a condenação.

Pelo exposto, requer a correção dos cálculos homologados, a fim de que seja computada a correção monetária.

III – REQUERIMENTOS FINAIS

Por todo exposto, requer a exequente, o recebimento da impugnação apresentada, a intimação do executado para se manifestar no prazo de 5 dias e a procedência do pedido, para as reformas necessárias na conta homologada pelo Douto Juízo.

Termos em que,

pede deferimento.

Local e data.

Advogado (a)

OAB nº

29

EMBARGOS DE TERCEIRO

1. CABIMENTO

Os embargos de terceiro são um incidente cabível tanto na **fase de conhecimento** quanto na **fase de execução** da reclamação trabalhista, por força do art. 675 do CPC:

Art. 675. Os embargos podem ser opostos a qualquer tempo no processo de conhecimento enquanto não transitada em julgado a sentença e, no cumprimento de sentença ou no processo de execução, até 5 (cinco) dias depois da adjudicação, da alienação por iniciativa particular ou da arrematação, mas sempre antes da assinatura da respectiva carta.

Parágrafo único. Caso identifique a existência de terceiro titular de interesse em embargar o ato, o juiz mandará intimá-lo pessoalmente.

A CLT é omissa sobre os ET, motivo pelo qual são aplicados subsidiariamente, os **arts. 674 a 681 do CPC**.

Atenção! Como o nosso edital insere os Embargos de Terceiro (ET) dentro do sistema da Execução Trabalhista, estudaremos este incidente à luz do processo de execução.

Na execução, o **prazo para oposição dos ET é de 5 DIAS** após a ocorrência de adjudicação, alienação por iniciativa particular ou de arrematação, no processo principal, do bem envolvido. Em qualquer caso, os ET devem ser opostos **ANTES** que o juiz assine a carta de adjudicação ou da carta de arrematação. Se a carta for assinada antes desse prazo, os ET não poderão ser opostos.

O **legitimado ativo** a opor os ET é o **terceiro que sofrer constrição judicial** supostamente indevida sobre seus bens, **ou que for ameaçado de constrição**, sejam bens móveis, imóveis ou, inclusive, dinheiro (como ocorre nos casos de bloqueio da conta judicial por engano). Essa é a regra do art. 674 do CPC:

Art. 674. Quem, não sendo parte no processo, sofrer constrição ou ameaça de constrição sobre bens que possua ou sobre os quais tenha direito incompatível com o ato constritivo, poderá requerer seu desfazimento ou sua inibição por meio de embargos de terceiro.

Atenção máxima! O terceiro legitimado para os ET é aquele que **NÃO INTEGRA** o processo onde ocorreu a constrição.

É majoritário na jurisprudência, embora com algumas discordâncias, que **o sócio da empresa** é um caso de terceiro para fins de ET.

Checklist:

Se a execução atinge o patrimônio do sócio na desconsideração da personalidade jurídica, qual o remédio cabível para a desconstrição do bem?

→ se o sócio for **citado** como executado, o remédio cabível serão os **embargos à execução.**

→ se o sócio não for citado para participar da demanda, mas apenas intimado a se defender da desconsideração, o remédio serão os **embargos de terceiro.**

A mesma regra aplica-se em relação ao **ex-sócio, inclusive o retirante** da sociedade há mais de 2 anos: se citado para participar do processo, ajuizará **embargos à execução**; se apenas intimado, **embargos de terceiro.**

Outro caso comum de terceiro opositor de ET é o **cônjuge ou companheiro do executado**, pretendendo defender a sua meação, quando a execução recai sobre bens de sua quota parte.

O art. 674, §2º, do CPC esclarece quem são os terceiros, para fins de ET:

§2º Considera-se terceiro, para ajuizamento dos embargos:

I – o **cônjuge ou companheiro**, quando defende a posse de bens próprios ou de sua meação, ressalvado o disposto no art. 843;

II – o **adquirente** de bens cuja constrição decorreu de decisão que declara a ineficácia da alienação realizada em fraude à execução;

É o caso do executado que transfere o bem para a propriedade do pai, e o juiz declara essa alienação ineficaz por ser fraude à execução. Neste caso, o pai "laranja" pode opor ET.

III – **quem sofre constrição judicial** de seus bens por força de desconsideração da personalidade jurídica, de cujo incidente não fez parte;

Esta hipótese ocorre geralmente quando, no processo principal, instaura-se incidente de desconsideração da PJ para atacar os bens dos sócios da empresa, mas um determinado sócio não é citado para manifestar-se sobre o incidente. Neste caso, tal sócio não pode ser executado, pois não teve a oportunidade de se manifestar (exercer o contraditório).

IV – o **credor com garantia real** para obstar expropriação judicial do objeto de direito real de garantia, caso não tenha sido intimado, nos termos legais dos atos expropriatórios respectivos.

Enquadram-se neste inciso os bancos, quando a constrição recai sobre veículos e imóveis financiados, pois pende sobre esses bens alienação fiduciária, que é um instituto que assegura ao banco a propriedade do móvel/imóvel até que todas as parcelas do financiamento sejam pagas. Há outros casos que se enquadram neste inciso, como hipoteca, anticrese, penhor, leasing, dentre outros.

Por constrição devemos entender, qualquer ato judicial que impeça o livre uso, gozo e disposição do bem (penhora, indisponibilidade etc.). O desfazimento da constrição deverá ser postulado quando ela já tiver ocorrido, e a inibição, quando há no momento somente ameaça de constrição.

O **sujeito passivo** (embargado) é a parte que se beneficia pela constrição do bem do terceiro. Normalmente, é o exequente.

Nos termos do art. 676 do CPC, os ET serão distribuídos **por dependência** ao juízo que ordenou a constrição e **autuados em apartado**. Portanto, o juízo competente para conhecer dos ET é aquele que ordenou a constrição (penhora/bloqueio).

Todavia, é possível que a constrição seja realizada em cumprimento de **carta precatória** ou **carta de ordem**. Nesses casos, o juízo competente para julgar os ET, em regra, será o juízo deprecado, isto é, aquele que recebeu a carta.

Mesmo quando se tratar de constrição em cumprimento de carta, será competente o juízo deprecante (que expediu a Carta para o outro juízo) em duas situações (exceções à regra geral):

→ carta já foi devolvida pelo juízo deprecado ao juízo deprecante, encontrando-se a execução, agora, sob os cuidados do deprecante;

→ Juízo deprecante apontou para o bem que deveria ser constrito (bloqueado, penhorado), indicando-o para constrição, sem que o juízo deprecado precisasse fazer qualquer busca de bens.

As duas exceções acima estão no art. 676, parágrafo único, do CPC, e tratadas na Súmula nº 419 do TST:

Súmula nº 419 do TST. Na execução por carta precatória, os embargos de terceiro serão oferecidos no juízo deprecado, salvo se indicado pelo juízo deprecante o bem constrito ou se já devolvida a carta (art. 676, parágrafo único, do CPC de 2015).

Além das exigências previstas pelo art. 319 do CPC, a petição inicial dos ET deve atender aos seguintes requisitos específicos:

→ prova sumária da posse do bem em questão;

→ a qualidade ou condição de terceiro legítimo;

→ prova da constrição judicial ou da sua iminência.

Art. 677, CPC. Na petição inicial, o embargante fará a prova sumária de sua posse ou de seu domínio e da qualidade de terceiro, oferecendo documentos e rol de testemunhas.

§1º. É facultada a prova da posse em audiência preliminar designada pelo juiz.

§2º. O possuidor direto pode alegar, além da sua posse, o domínio alheio.

§3º. A citação será pessoal, se o embargado não tiver procurador constituído nos autos da ação principal.

§4º. Será legitimado passivo o sujeito a quem o ato de constrição aproveita, assim como o será seu adversário no processo principal quando for sua a indicação do bem para a constrição judicial.

De acordo com o art. 679 do CPC, os ET poderão ser **contestados** pelo exequente no **prazo de 15 DIAS**.

Atenção! É possível o acolhimento **LIMINAR** dos Embargos de Terceiro, desde que o juiz julgue suficientemente provado a posse do embargante.

Art. 678, CPC. A decisão que reconhecer suficientemente provado o domínio ou a posse determinará a suspensão das medidas constritivas sobre os bens litigiosos objeto dos embargos, bem como a manutenção ou a reintegração provisória da posse, se o embargante a houver requerido.

Parágrafo único. O juiz poderá condicionar a ordem de manutenção ou de reintegração provisória de posse à prestação de caução pelo requerente, ressalvada a impossibilidade da parte economicamente hipossuficiente.

Analisados os fundamentos do ET e a contestação do exequente do processo principal, o juiz julgará o mérito dos ET. **Se os ET forem procedentes**, o juiz cancelará o ato de constrição indevida sobre os bens do terceiro embargante, determinando que a posse do embargante seja mantida (em caso de ameaça de constrição) ou que o embargante seja reintegrado à posse do mesmo bem (em caso de já ter ocorrido efetiva constrição).

Entretanto, **se os ET forem improcedentes**, o juiz simplesmente ordenará o prosseguimento dos atos executórios, especialmente mencionando que a constrição deva ser mantida, indicando-se a próxima fase da execução (expropriação do bem mediante alienação ou adjudicação, por exemplo).

Art. 681, CPC. Acolhido o pedido inicial, o ato de constrição judicial indevida será cancelado, com o reconhecimento do domínio, da manutenção da posse ou da reintegração definitiva do bem ou do direito ao embargante.

2. ESTRUTURA

Como identificar que a peça são embargos de terceiro? A proposta da prova mencionará que houve constrição de bem de pessoa não relacionada ao processo (terceiro). Provavelmente será informado que o processo já se encontra na fase de execução.

Veja a estrutura:

AO DOUTO JUÍZO DA ___VARA DO TRABALHO DE ___

Processo nº

Distribuição por dependência

EMBARGANTE, qualificação e endereço completos, por intermédio do seu advogado abaixo assinado (procuração anexa), com indicação de endereço profissional, vem à presença de Vossa Excelência, **com fundamento no arts. 674 a 681 do CPC e 769 da CLT, APRESENTAR:**

EMBARGOS DE TERCEIRO

em face de **EXEQUENTE**, qualificação e endereço completos; e **EXECUTADO**, qualificação e endereço completos, pelas razões de fato e de direito a seguir expostas.

Destaca-se inicialmente que estão presentes os requisitos próprios dos embargos, dentre os quais se destacam:

a) **distribuição por dependência**: a distribuição deve ocorrer por dependência perante o mesmo juízo que ordenou a constrição do bem em questão, com fundamento no art. 676 do CPC.

b) **legitimidade**: nos termos do art. 674 do CPC, o embargante é parte legítima para propor o feito, pois não é parte no processo, no entanto seu bem foi apreendido e nomeado à penhora.

c) **tempestividade**: a presente ação é tempestiva, já que foi proposta antes do término do prazo legal de 5 dias úteis, contados da adjudicação, da alienação por iniciativa particular ou da arrematação, de acordo com o art. 675 do CPC.

d) **prova sumária da posse e da constrição judicial** (art. 677 do CPC): o embargante faz a prova sumária da posse e do domínio do bem e da qualidade de terceiro.

e) **custas processuais**: as custas, fixadas no valor de R$ 44,26, que serão pagas pelo executado ao final da execução, consoante determinado pelo art. 789-A, V, da CLT.

I – DOS FATOS

O embargante, em ____ foi surpreendido pela constrição de bem de sua propriedade (descrever o bem), em decorrência de execução no processo trabalhista em epígrafe, movido por ___ em face do ora embargado (resumo do processo).

II - LIMINAR

Nos termos do art. 678 do CPC, requer o deferimento liminar dos embargos, ordenando a expedição de mandado de restituição em favor do embargante, tendo em vista que foram arendidos os requisitos do art. 677 do CPC, quais sejam: a comprovação sumária da posse e a qualidade de terceiro, bem como acontrição judicial.

IV – MÉRITO

Como ressaltado, o embargante, em ___, foi surpreendido pela constrição de bem de sua propriedade (descrever o bem), em decorrência de processo trabalhista, movido por ___ em face do ora embargado.

Entretanto, o embargante desconhece as partes envolvidas no referido processo e não faz mais parte do quadro societário da empresa executada.

Pelo exposto, requer a liberação do bem indevidamente constrito.

V – REQUERIMENTOS FINAIS

Por todo exposto, requer o embargante:

a) o regular processamento dos presentes embargos, com a distribuição por dependência ao processo nº ___;

b) o deferimento liminar dos embargos, nos termos do art. 678 do CPC, expedindi o mandado de reintegração (manutenção, se for o caso) do bem em favor do embargante;

c) a desconstituição da penhora sobre os bens acima indicados, com a expedição de mandado de restituição de bem em seu favor;

d) a citação pessoal dos embargados, para, querendo, apresentar defesa;

e) a condenação dos embargados ao pagamento das custas processuais e honorários advocatícios a razão de 15%, nos moldes do art. 791-A da CLT.

Protesta comprovar o alegado por todos os meios de prova em direito admitidos.

Em direito admitido, em especial a prova documental e testemunhal.

Dá-se à causa o valor de R$ ___ .

Termos em que,

pede deferimento.

Local e data.

Advogado (a)

OAB nº

3. EXERCÍCIO

EXERCÍCIO – PEÇA AUTORAL

Clóvis Figueira foi empregado da empresa Girassol LTDA., no período de 10/02/2018 a 10/03/2021. Na data da dispensa imotivada de Clóvis Figueira, a ex-empregadora não realizou o pagamento das verbas rescisórias por encontrar-se em grave crise financeira.

Clóvis Figueira então, ajuizou reclamação trabalhista, distribuída para a 5ª Vara do Trabalho de Juiz de Fora/MG, pleiteando o pagamento das verbas rescisórias devidas e não pagas.

Após regular instrução processual, a reclamatória foi julgada totalmente procedente, condenando a reclamada ao pagamento das verbas rescisórias não quitadas. Após o trânsito em julgado da decisão, iniciou-se a fase da execução. O calculista apresentou cálculos de liquidação no valor de R$... Os cálculos foram homologados após a manifestação das partes.

O juízo então, determinou a citação da executada para, no prazo de 48 horas, cumprir a decisão condenatória ou garantir a execução, sob pena de penhora.

A executava manteve-se inerte. O juízo determinou então, a penhora dos bens da executada, todavia o ilustre oficial de justiça nada encontrou no endereço da executada, o que foi certificado nos autos.

Clóvis Figueira localizou um imóvel de propriedade do sócio da executada, Sr. Murilo Pena, casado sob o regime de comunhão parcial de bens com a Sra. Kátia Pena, e pediu ao juízo que a penhora recaísse sobre o bem indicado.

O juízo acolheu o pedido do exequente e determinou a penhora do bem. O oficial de justiça compareceu no endereço indicado e penhorou o imóvel de propriedade do casal. Constou do mandado de penhora apenas o nome do Sr. Murilo Pena.

Kátia Pena, esposa de Murilo, insurgiu-se contra o comando do Douto Juízo e, para garantir a intangibilidade de sua propriedade, procurou você como advogado (a) que, após consulta no escritório, concluiu que, não obstante o imóvel não se enquadrar no conceito de bem de família, merece defesa em face da condição de mulher do sócio e do regime de comunhão de bens.

Kátia Pena apresentou no ato da consulta ao advogado (a) a certidão de casamento que consta o regime de bens e cópia do registro de imóveis indicando o casal como legítimos proprietários do imóvel, objeto da penhora, bem como o contrato social da empresa Girassol Ltda., demonstrando que os sócios da referida empresa são: Alice Atum e Murilo Pena.

Na qualidade de advogado (a) de Kátia Pena, elabore a medida processual adequada para garantir o legítimo direito de ter assegurada à sua meação ao imóvel do qual também é proprietária.

Checklist:

→ Quem é o cliente? Kátia Pena.

→ Qual o último momento processual? Fase de execução.

→ O que o cliente deseja? Desconstituir a penhora de um imóvel.

→ Caráter urgente? A proposta não apresenta essa informação.

→ Algum pressuposto específico? Sim. A prova sumária da posse e da constrição judicial.

→ Qual é a peça processual? Embargos de Terceiro.

→ Fundamento legal: arts. 674 a 681 do CPC.

Hora de resolver!

AO DOUTO JUÍZO DA 5ª VARA DO TRABALHO DE JUIZ DE FORA/MG

Processo nº

Distribuição por dependência

KÁTIA PENA, qualificação e endereço completos, por intermédio do seu advogado abaixo assinado (procuração anexa), com indicação de endereço profissional, vem à presença de Vossa Excelência, com fundamento no **arts. 674 a 681 do CPC e 769 da CLT, APRESENTAR**:

EMBARGOS DE TERCEIRO

em face de **CLÓVIS FIGUEIRA**, qualificação e endereço completos, pelos fatos e fundamentos a seguir expostos:

Destaca-se inicialmente que estão presentes os requisitos próprios dos embargos, dentre os quais se destacam:

a) **distribuição por dependência**: a distribuição deve ocorrer por dependência perante o mesmo juízo que ordenou a constrição do bem em questão, com fundamento no art. 676 do CPC.

b) **legitimidade**: nos termos do art. 674, §2º, I, do CPC e da Súmula 134 do STJ, a embargante é parte legítima para propor o feito, pois não é parte no processo, no entanto seu bem foi penhorado.

c) **tempestividade**: a presente ação é tempestiva, já que foi proposta antes do término do prazo legal de 5 dias úteis, contados da adjudicação, da alienação por iniciativa particular ou da arrematação, de acordo com o art. 675 do CPC.

d) **prova sumária da posse e da constrição judicial** (art. 677 do CPC): a embargante faz a prova sumária da posse e do domínio do imóvel penhorado pela cópia do registro de imóveis e pelo mandado de penhora, expedido apenas em nome do Sr. Murilo Pena.

e) **custas processuais**: as custas, fixadas no valor de R$ 44,26, que serão pagas pelo executado ao final da execução, consoante determinado pelo art. 789-A, V, da CLT.

I – PRELIMINAR

1. Ausência do incidente de desconsideração da personalidade jurídica.

A constrição do bem imóvel da embargante ocorreu em virtude de desconsideração da personalidade jurídica da empresa sem o devido incidente.

Nos termos do art. 855-A da CLT, os arts. 133 e seguintes do CPC aplicam-se ao Processo do Trabalho. Tais dispositivos determinam que, para que possa ocorrer a desconsideração da personalidade jurídica da empresa, deve ser processado previamente o incidente e desconsideração.

Pelo exposto, requer a declaração da nulidade da penhora, determinando que a contrição judicial indevida seja cancelada.

Sucessivamente, caso não seja acolhida a preliminar de nulidade, requer a análise do mérito.

II – DOS FATOS

A embargante foi surpreendida pela penhora de um imóvel da sua propriedade, por determinação do Douto Juízo da 5ª Vara do Trabalho de Juiz de Fora/MG, em decorrência de execução no processo trabalhista em epígrafe, movida por Clóvis Figueira em face de Girassol Ltda.

III – MÉRITO

Como ressaltado, a embargante foi surpreendida pela penhora de um imóvel da sua propriedade, por determinação do Douto Juízo da 5ª

Vara do Trabalho de Juiz de Fora/MG. A penhora decorreu da execução no processo trabalhista em epígrafe, movido por Clóvis Figueira em face da sua ex-empregadora Girassol Ltda., que foi julgado totalmente procedente.

Em face da insolvência da executada, o exequente não teve sucesso na satisfação do seu crédito, sendo a execução direcionada para o sócio, Sr. Murilo Pena.

A embargante é casada pelo regime de comunhão parcial de bens e a sua meação não pode ser objeto de penhora em ação movida contra a empresa de que seu cônjuge é sócio. De acordo com o art. 1.666 do CC, as dívidas contraídas por qualquer dos cônjuges na administração dos seus bens particulares e em benefício destes não obrigam os bens comuns.

Destaca-se ainda, que, nos termos do art. 843 do CPC, que a penhora recaiu sobre um bem indivisível, a meação do cônjuge alheio à execução incidirá sobre o produto da alienação do bem.

Pelo exposto, requer que seja preservado à embargante a sua meação do valor que se alcance em futura alienação do bem imóvel.

IV – REQUERIMENTOS FINAIS

Por todo exposto, requer a embargante:

a) o regular processamento dos presentes embargos, com a distribuição por dependência ao processo nº;

b) a citação pessoal do embargado, para, querendo, apresentar defesa;

c) o acolhimento da preliminar suscitada para que seja declaração a nulidade da penhora, determinando que a constrição judicial indevida seja cancelada;

d) a procedência do pedido, garantindo a embargante 50% do valor que se alcance em futura alienação do bem e a condenação do embargado ao pagamento das custas processuais e honorários advocatícios a razão de 15%, nos termos do art. 791-A da CLT.

Protesta comprovar o alegado por todos os meios de prova em direito admitidos.

Atribui-se à causa o valor de R$..

Termos em que,

pede deferimento.

Local e data.

Advogado (a)

OAB nº

30

EXCEÇÃO DE PRÉ-EXECUTIVIDADE

1. CONCEITO

É um meio de **DEFESA** na fase de execução, pelo qual o executado pode arguir **questões de ordem pública e nulidades do título executivo**, com a consequente extinção da execução.

A expressão "**pré-executividade**" significa "antes da penhora", o que nos dá a ideia de que a exceção de pré-executividade pode ser apresentada antes da penhora, **independente de garantia do juízo.**

2. CABIMENTO

Não há previsão legal sobre essa medida, pois se trata de **criação jurisprudencial**. De toda forma podemos citar como fundamento legal da peça processual o **art. 5º, XXXV, da CF** e os **arts. 518 e 803, parágrafo único do CPC**, bem como a **Súmula nº 397 do TST**.

Como mencionamos anteriormente, a exceção de pré-executividade será utilizada para alegação de questões de direito ou questões de fato, desde que sejam fatos incontroversos ou que tenham uma prova documental inequívoca e pré-constituída.

Atenção! Na exceção de pré-executividade não há necessidade de garantia do juízo e, não há produção de provas.

Checklist:

Exemplos de alegações nas exceções de pré-executividade:

- ausência de citação na fase de conhecimento;
- incompetência da Justiça do Trabalho;
- litispendência, coisa julgada, perempção;
- prescrição intercorrente;
- excesso de execução, quitação, novação.

3. PROCEDIMENTO

Ante a ausência de norma positivada, a exceção de pré-executividade não possui prazo para interposição, assim poderá ser utilizada a qualquer momento da execução.

Na prática forense, normalmente, são observados os seguintes passos:

→ A exceção é apresentada por simples petição, dirigida ao juiz da execução;

→ Não há prazo para a sua apresentação;

→ Deve ocorrer a suspensão da execução, abrindo prazo para manifestação da parte contrária;

→ O legitimado é o devedor.

Por fim, se a exceção de pré-executividade for rejeitada pelo juiz, dessa **decisão**, por ser tipicamente **interlocutória, não caberá nenhum recurso**, a teor do §1º do art. 893 da CLT, sendo certo que as questões suscitadas nesse meio de defesa, poderão ser novamente renovadas nos Embargos à Execução, desde que garantido o juízo de execução.

Contudo, se a decisão judicial acolher a exceção de pré-executividade, extinguindo, total ou parcialmente, a execução, estaremos diante de uma **decisão terminativa do feito**, o que desafia a interposição do **agravo de petição**.

4. ESTRUTURA

Como identificar que a peça é uma exceção de pré-executividade? A proposta da prova mencionará que o processo se encontra na fase de execução, mas que ainda não houve garantia do juízo e o executado pretende impugnar questões de ordem pública, que não demandam dilação probatória.

Veja a estrutura:

AO DOUTO JUÍZO DA ___VARA DO TRABALHO DE ___

Processo nº

EXCIPIENTE, já qualificado nos autos da reclamação trabalhista em epígrafe, proposta em face de/que lhe move **EXCETO**, também qualificado, respeitosamente, vem à presença de Vossa Excelência, por seu advogado, **com fundamento no art. 5º, XXXV, da CF c/c arts. 518 e 803, parágrafo único, do CPC e Súmula nº 397 do TST, APRESENTAR:**

EXCEÇÃO DE PRÉ-EXECUTIVIDADE

I – DOS FATOS

O reclamante ajuizou reclamação trabalhista em face da reclamada, cujos pedidos foram julgados procedentes pelo Douto Juízo.

Iniciada a fase de execução, a executada foi citada para pagar o valor devido ou garantir o juízo no prazo de 48 horas. Entretanto, há manifesta nulidade da execução, pois......

II – MÉRITO

O reclamante ajuizou reclamação trabalhista em face da reclamada, cujos pedidos foram julgados procedentes pelo Douto Juízo. Iniciada a fase de execução, a executada foi citada para pagar o valor devido ou garantir o juízo no prazo de 48 horas. Entretanto, há manifesta nulidade da execução, pois......

No caso, verifica-se que (ocorreu a prescrição intercorrente/há nulidade no título executivo/ há nulidade na execução), razão pela qual não pode subsistir a presente execução.

Pelo exposto, requer .....

III – REQUERIMENTOS FINAIS

Pelo exposto, requer que seja admitida a presente exceção de pré-executividade e, no mérito, extinta a execução, conforme motivos expostos.

Termos em que,

pede deferimento.

Local e data.

Advogado (a)

OAB nº

5. EXERCÍCIO

EXERCÍCIO – PEÇA AUTORAL

Em ação trabalhista que tramita perante a 45º Vara do Trabalho de São Paulo, iniciada a fase executória por requerimento do credor, o juiz intimou as partes para apresentação dos cálculos de liquidação, ocasião em que o reclamante e a reclamada mantiveram-se inertes. Após 3 anos da referida intimação, o autor apresentou ao juízo seus cálculos e requereu a homologação e a citação da reclamada para o pagamento da quantia de R$ 72.000,00 ou garantia do juízo. O Douto Juízo acolheu a requisição do empregado, determinando o pagamento no prazo de até 48 horas ou a garantia do juízo pela executada, sob pena de penhora.

Na qualidade de advogado da parte reclamada, apresente a medida processual cabível, considerando que o devedor não possui condições de arcar com a condenação e tampouco possui bens para indicar.

Checklist:

→ Quem é o cliente? A reclamada.

→ Qual a fase processual? Fase de execução.

→ O que o cliente deseja? Arguir a prescrição intercorrente.

→ Caráter urgente? A proposta não apresenta essa informação.

→ Alguma informação relevante? Sim. Não houve a garantia do juízo.

→ Qual é a peça processual? **Exceção de pré-executividade.**

Hora de resolver!

AO DOUTO JUÍZO DA 45º VARA DO TRABALHO DE SÃO PAULO/SP

Processo nº

EXCIPIENTE, já qualificado nos autos da reclamação trabalhista em epígrafe, que lhe move **EXCETO**, também qualificado, respeitosamente, vem à presença de Vossa Excelência, por seu advogado, **com fundamento no art. 5º, XXXV, da CF c/c arts. 518 e 803, parágrafo único, do CPC e Súmula nº 397 do TST, APRESENTAR:**

EXCEÇÃO DE PRÉ-EXECUTIVIDADE

I – DOS FATOS

O reclamante ajuizou reclamação trabalhista em face da reclamada, que se encontra na fase executória, tendo sido homologado os cálculos de liquidação apresentados pelo credor apenas três anos após sua intimação.

II – MÉRITO

Em reclamatória trabalhista que tramita perante o Douto Juízo, iniciada a fase de execução por requerimento do credor, o juízo intimou as partes para a apresentação dos cálculos de liquidação, ocasião em que se mantiveram inertes. Após três anos da referida intimação, o autor apresentou os cálculos, requereu a homologação e a citação da reclamada para o pagamento da quantia de R$ 72.000,00 ou garantia do juízo.

Diante do lapso temporal entre a intimação do autor e a efetiva apresentação dos cálculos, ocorreu o instituto da prescrição intercorrente, nos termos do art. 11-A e parágrafo 1º da CLT.

A exceção de pré-executividade é cabível, no processo do trabalho, quando necessário o reconhecimento de matéria de ordem pública que inviabilize o seguimento de execução, independentemente de dilação probatória e garantia do juízo.

É notório, que houve prescrição intercorrente, razão pela qual não pode subsistir a pressente execução trabalhista.

III – REQUERIMENTOS FINAIS

Pelo exposto, requer que seja admitida a presente exceção de pré-executividade e, no mérito, extinta a execução, conforme motivos expostos.

Termos em que,

pede deferimento.

Local e data.

Advogado (a)

OAB nº

31

QUESTÕES DISCURSIVAS

INTRODUÇÃO

O que é uma questão discursiva? É uma questão que o examinando deve responder com suas próprias palavras, isto é, com uma ou mais frases que, em seu conjunto, satisfaçam ao que foi solicitado na pergunta pelo examinador. Mas nunca se esqueça! Além de responder você precisa fundamentar a sua resposta para obter a pontuação total. E acredite! Ganhar as quatro questões discursivas no exame de ordem não é uma tarefa difícil.

Redigir um texto é muito diferente de marcar a alternativa correta em uma questão de múltipla escolha. Na pior das hipóteses, vale um "chute", o que não é possível na redação.

Correndo o risco de utilizar um clichê, para escrever bem e corretamente é importante ter o hábito de ler. Mas isso nem sempre faz parte do dia a dia dos examinandos que, ainda assim, precisarão encontrar uma forma rápida de obter um resultado satisfatório na prova.

Uma dica importante é que você evite palavras que não conheça bem, para não errar a grafia nem o significado, comprometendo o conteúdo. Sempre é possível dizer a mesma coisa, usando outras palavras.

Uma fórmula simples é iniciar com uma declaração (afirmação ou negação de algo).

Sugerimos que o examinando primeiro resolva a peça profissional e, estabeleça o tempo máximo que poderá gastar nas questões discursivas. Caso você prefira inverter essa ordem, não tem problema algum. Contudo, não esqueça: tudo é treino. Então vamos lá!

1. (OAB/FGV – XXX EXAME) Pedro e Guilherme trabalhavam de 2ª a 6ª feira como auxiliares técnicos em uma mineradora. Em determinada tarde de um final de semana, enquanto passeava em um shopping da cidade, Pedro encontrou Guilherme. Por motivo fútil, eles discutiram por um lugar na fila para comprar ingresso para uma sessão de cinema. Irritado, Pedro agrediu Guilherme, com socos e tapas, que não reagiu e teve de ser hospitalizado para cuidar das lesões sofridas. A notícia se espalhou rapidamente, de modo que na 2ª feira seguinte todos os empregados da mineradora sabiam e comentavam o ocorrido. Aliás, diziam que Pedro era reincidente neste tipo de situação, pois no passado havia agredido fisicamente outro auxiliar técnico, também colega de trabalho, num estádio de futebol, pois torciam para times diferentes.

Diante da situação retratada e dos termos da CLT, responda às indagações a seguir.

A) Caso Pedro fosse dispensado por justa causa, em razão da ofensa física praticada contra Guilherme, que tese você, contratado por Pedro, advogaria em favor dele para tentar reverter a modalidade de dispensa? Justifique. (Valor: 0,65)

Resposta: Deve ser sustentado que a agressão contra colega de trabalho de mesmo nível somente pode caracterizar falta grave e ensejar a dispensa por justa causa se for praticada no serviço, na forma do Art. 482, alínea j, da CLT, o que não foi o caso.

B) Se a empresa tivesse rompido o contrato de Pedro e este não retornasse à sede do ex-empregador na data designada para receber seus direitos, que medida judicial você, contratado como advogado(a) da empresa, adotaria? Justifique. (Valor: 0,60)

Resposta: Ajuizar ação de consignação em pagamento para ofertar as verbas devidas, na forma do Art. 539 do CPC.

QUESITOS AVALIADOS	PONTUAÇÃO
ITEM A. Que a agressão não ocorreu no serviço e, por isso, não pode caracterizar falta grave (justa causa) (0,55). Indicação Art. 482, "j", CLT (0,10)	0,00/0,55/0,65
ITEM B. Ajuizar ação de consignação em pagamento (0,50). Indicação Art. 539 CPC (0,10)	0,00/0,50/0,60

2. (OAB/FGV – XXX EXAME) Letícia trabalhava como operadora de empilhadeira e ganhava R$ 1.500,00 (um mil e quinhentos reais) mensais, valor previsto na convenção coletiva de sua categoria. Ocorre que na unidade da Federação na qual Letícia trabalhava foi fixado piso regional estadual de R$ 1.700,00 (um mil e setecentos reais) para a função de operador de empilhadeira.

Em razão disso, após ter trabalhado o ano de 2018 e ser dispensada sem justa causa, Letícia ajuizou reclamação trabalhista postulando a diferença salarial entre aquilo que ela recebia mensalmente e o piso regional estadual.

Considerando a situação posta, os termos da CLT e o entendimento consolidado do TST, responda às indagações a seguir.

A) Em relação ao pedido de diferença salarial, como advogado(a) do ex-empregador, que tese jurídica você apresentaria? Justifique. (Valor: 0,65)

Resposta: A tese a ser apresentada é a de que o negociado prevalece sobre o legislado, conforme o Art. 611-A, inciso IX, da CLT, ou, como alternativa, que o piso fixado na norma coletiva prevalece sobre a Lei Estadual que porventura fixe piso salarial regional, conforme o Art. 1º da Lei Complementar 103/00.

B) Caso o pedido de diferença salarial fosse julgado procedente e o juiz tivesse concedido na sentença, a requerimento da autora, tutela de evidência para pagamento imediato do direito, que medida jurídica você adotaria para tentar neutralizar essa tutela provisória? Justifique. (Valor: 0,60)

Resposta: A medida adequada é a interposição de recurso ordinário com requerimento de efeito suspensivo, dirigido ao tribunal, ao relator, ao presidente ou ao vice-presidente do tribunal recorrido, na forma da Súmula 414, inciso I, do TST ou do Art. 1029, § 5º, do CPC.

QUESITOS AVALIADOS	PONTUAÇÃO
ITEM A. O negociado prevalece sobre o legislado **OU** O piso fixado na norma coletiva prevalece sobre a Lei Estadual que porventura fixe piso salarial regional (0,55). Indicação Art. 611-A, inciso IX, CLT **OU** Art. 1º da LC 103/00 (0,10)	0,00/0,55/0,65
ITEM B. Interposição de recurso ordinário com requerimento de efeito suspensivo (0,50). Indicação Súmula 414, I, TST **OU** Art. 1029, § 5º, CPC (0,10)	0,00/0,50/0,60

3. (OAB/FGV – XXX EXAME) Percival é dirigente sindical e, durante o seu mandato, a sociedade empresária alegou que ele praticou falta grave e, em razão disso, suspendeu-o e, 60 dias após, instaurou inquérito judicial contra ele. Na petição inicial, a sociedade empresária alegou que Percival participou de uma greve nas instalações da empresa e, em que pese não ter havido qualquer excesso ou anormalidade, a paralisação em si trouxe prejuízos financeiros para o empregador.

Considerando a situação apresentada, os ditames da CLT e o entendimento consolidado dos Tribunais, responda aos itens a seguir.

A) Caso você fosse contratado por Percival para defendê-lo, que instituto jurídico preliminar você apresentaria? (Valor: 0,65)

Resposta: A tese a ser apresentada é a de que ocorreu decadência, porque, entre a suspensão e a instauração do inquérito, o prazo máximo é de 30 dias, conforme prevê o Art. 853 da CLT e Súmula 403 do STF, que não foi respeitado.

B) Que tese de mérito você apresentaria, em favor de Percival, na defesa do inquérito? (Valor: 0,60)

Resposta: Na defesa dos interesses do trabalhador deverá ser sustentado que a adesão simples e pacífica à greve é um direito dos grevistas e não caracteriza falta grave, na forma da Súmula 316 do STF OU artigo 6º, I, da Lei 7.783/89.

QUESITOS AVALIADOS	PONTUAÇÃO
ITEM A. Ocorreu decadência (0,55). Indicação Art. 853, CLT **OU** a Súmula 403 STF (0,10)	0,00/0,55/0,65
ITEM B. A adesão simples e pacífica à greve não configura falta grave (0,50). Indicação Súmula 316 STF **OU** art. 6º, I, Lei 7783/89 (0,10)	0,00/0,50/0,60

4. (OAB/FGV - XXX EXAME) Em sentença prolatada por uma Vara do Trabalho, o juiz condenou a empresa ao pagamento dos adicionais de insalubridade e periculosidade ao reclamante, já que a perícia realizada nos autos comprovou que havia agente agressor à saúde do trabalhador e que as condições de trabalho geravam acentuado risco de morte. Na sentença, o juiz ainda condenou o ex-empregador a devolver ao autor o valor dos honorários do assistente técnico contratado pelo trabalhador. Inconformada, a empresa contrata você, como advogado(a), para recorrer.

Considerando a situação posta, os termos da CLT e o entendimento consolidado do TST, responda às indagações a seguir.

A) Que tese jurídica você apresentaria em relação ao deferimento dos adicionais de periculosidade e insalubridade? Justifique. (Valor: 0,65)

Resposta: Deverá ser apresentada a tese de que não cabe o pagamento simultâneo de ambos os adicionais, conforme o Art. 193, § 2º, da CLT OU NR 16 item 16.2.1.

B) Que tese jurídica você apresentaria em relação à condenação de devolução dos honorários do assistente técnico? Justifique. (Valor: 0,60)

Resposta: Deverá ser apresentada a tese de que a indicação de assistente técnico é facultativa e, por isso, a parte arcará com os honorários desse profissional, não cabendo, portanto, esse ressarcimento, na forma do Art. 826 da CLT OU Art. 3º, parágrafo único, da Lei nº 5.584/70 OU Súmula 341 do TST.

QUESITOS AVALIADOS	PONTUAÇÃO
ITEM A. Que não cabe o pagamento simultâneo de ambos os adicionais (0,55). Indicação Art. 193, § 2º, CLT **OU** NR 16 item 16.2.1 **OU** Tese vinculante definida em IRR pelo TST (0,10)	0,00/0,55/0,65
ITEM B. Que a indicação de assistente técnico é facultativa e, por isso, o autor arcará com os honorários deste profissional (0,50). Indicação Art. 826, CLT **OU** do Art. 3º, parágrafo único, da Lei nº 5.584/70 **OU** Súmula 341 TST (0,10)	0,00/0,50/0,60

5. (OAB/FGV – XXIX EXAME) Gleicimar e Rosane trabalham em uma indústria farmacêutica, sendo Gleicimar contratada como estagiária e Rosane, como aprendiz. Ambas assinaram contrato de 1 ano, tendo sido observadas todas as exigências legais. No 10º mês do contrato, ambas informaram aos respectivos superiores imediatos que engravidaram. Gleicimar e Rosane, ao serem desligadas ao final do contrato, foram orientadas por parentes e amigos que teriam estabilidade e, por isso, deveriam tomar alguma providência. Em razão disso, Gleicimar ajuizou reclamação trabalhista, na qual postulou a reintegração em virtude da gravidez, e teve a tutela de urgência deferida. Diante do caso narrado, das disposições legais e do entendimento consolidado do TST, responda às indagações a seguir.

A) Que tese jurídica você defenderia, como advogado(a) da sociedade empresária, em relação à estabilidade pleiteada por Gleicimar? (Valor: 0,65)

Resposta: Gleicimar não tem garantia no emprego porque é estagiária; portanto, ela não tem vínculo empregatício, na forma do Art. 3º da Lei nº 11.788/08 OU do Art. 10, inciso II, alínea b, ADCT OU da Súmula 244, inciso III, do TST. Ela não faz jus à estabilidade, pois essa pressupõe que a pessoa seja empregada.

B) Que medida judicial você, como advogado(a) da sociedade empresária, adotaria para tentar reverter a tutela de urgência deferida em favor de Gleicimar? (Valor: 0,60)

Resposta: Impetrar mandado de segurança, pois se trata de decisão interlocutória contra a qual não cabe recurso imediato, na forma da Súmula 414, inciso II, do TST e Súmula 214 do TST.

QUESITOS AVALIADOS	PONTUAÇÃO
ITEM A. Gleicimar não faz jus à estabilidade porque, enquanto estagiária, não tem vínculo empregatício (0,55). Indicação Art. 3º Lei nº 11.788/08 **OU** Art. 10, II, "b", ADCT **OU** Súmula 244, III, TST (0,10)	0,00/0,55/0,65
ITEM B. Impetrar mandado de segurança (0,50). Indicação Súmula 414, II **OU** 214, TST (0,10)	0,00/0,50/0,60

6. (OAB/FGV – XXIX EXAME) Cláudio é motorista de ônibus da Viação Ponto a Ponto Ltda. desde 20/03/2018. Nos últimos 3 meses, Cláudio, descumprindo deliberadamente cláusula específica do seu contrato de trabalho, passou a dirigir em alta velocidade, bem como a não respeitar sinais vermelhos, o que acarretou numerosas multas por infrações de trânsito. Cláudio foi notificado pela autoridade competente de que perdera a habilitação para dirigir veículos.

A empresa consultou você, como advogado(a), sobre a medida que deveria adotar em relação ao contrato de Cláudio, considerando que não tem interesse em mantê-lo como empregado.

A) Qual a orientação jurídica que você daria? Fundamente. (Valor: 0,60)

Resposta: Deverá ser recomendada a dispensa por justa causa, na forma do Art. 482, letra m ou h da CLT.

B) Na hipótese de Cláudio ser dirigente sindical, que medida jurídica processual você deverá adotar para implementar a dispensa do empregado? (Valor: 0,65)

Resposta: Ajuizar inquérito judicial para apuração de falta grave, na forma do Art. 494, OU do Art. 543, § 3º, OU do Art. 853, todos da CLT OU Súmula 379 TST OU Súmula 197 STF.

QUESITOS AVALIADOS	PONTUAÇÃO
ITEM A. Recomendar a dispensa por justa causa (0,50). Indicação Art. 482, ´m´ **ou** ´h´, CLT (0,10).	0,00/0,50/0,60
ITEM B. Ajuizar inquérito judicial **OU** inquérito para apuração de falta grave (0,55). Indicação Art. 494 OU 543, § 3º, OU 853, CLT **OU** Súmula 379 TST **OU** Súmula 197 STF (0,10).	0,00/0,55/0,65

7. (OAB/FGV – XXIX EXAME) Você foi contratado(a) como advogado(a) por um trabalhador que requereu, em reclamação trabalhista, o pagamento de horas extras e de adicional noturno.

Em audiência, após ter acesso à defesa, você verificou que a tese defendida pela reclamada foi a seguinte: em relação ao adicional noturno, negou o direito, porque a convenção coletiva da categoria prevê, em uma das cláusulas, expressamente, que a remuneração do trabalho noturno seria igual ao diurno, sem direito a adicional; em relação ao pedido de horas extras, negou a sua existência, apresentando os controles de ponto assinados pelo trabalhador, que contêm horários invariáveis de entrada e saída. O juiz concedeu prazo para manifestação acerca da defesa e documentos.

Considerando a situação posta, os termos da CLT e o entendimento consolidado do TST, responda às indagações a seguir.

A) À luz da defesa e dos documentos, que tese jurídica você apresentaria em relação ao pedido de adicional noturno? Justifique. (Valor: 0,65)

Resposta: O examinando deverá explorar o fato de que a norma coletiva da categoria não pode suprimir o pagamento do adicional noturno por vedação constitucional OU vedação legal OU porque constitui objeto ilícito, nos termos do Art. 7º, IX, CRFB/88 OU Art. 611-B, VI, CLT.

B) À luz da defesa e dos documentos, que tese jurídica você apresentaria em relação ao pedido de horas extras? Justifique. (Valor: 0,60)

Resposta: O examinando deve afirmar que controles contendo horários invariáveis são inválidos como meio de prova, invertendo-se assim o ônus da prova, que passa a ser da sociedade empresária, na forma da Súmula 338, inciso III, do TST.

QUESITOS AVALIADOS	PONTUAÇÃO
ITEM A. A norma coletiva da categoria não pode suprimir o pagamento do adicional noturno por vedação constitucional **OU** vedação legal **OU** porque constitui objeto ilícito (0,55). Indicação Art. 7º, IX, CRFB/88 OU Art. 611-B, VI, CLT (0,10)	0,00/0,55/0,65
ITEM B. Os controles contendo horários invariáveis são inválidos, com inversão do ônus da prova (0,50). Indicação Súmula 338, III, TST (0,10)	0,00/0,50/0,60

8. (OAB/FGV – XXIX EXAME) A massa falida de Biscoitos da Serra Ltda. teve de romper os contratos de trabalho de todos os seus empregados quando da quebra judicial, porque o juízo estadual determinou o fechamento e lacre do estabelecimento principal e das filiais.

Logo após, um dos empregados ajuizou reclamação trabalhista postulando as verbas da extinção contratual, e, na sentença, o juiz condenou a massa falida ao pagamento de aviso prévio, do 13º salário proporcional, das férias proporcionais acrescidas de 1/3, da entrega das guias para saque do FGTS, dos formulários do seguro desemprego e das multas do Art. 467 e do Art. 477, ambos da CLT.

Considerando a situação posta, os termos da CLT e o entendimento consolidado do TST, responda às indagações a seguir.

A) Há parcela(s) objeto da condenação que possa(m) ser questionada(s) em razão da condição de massa falida da ex-empregadora? (Valor: 0,65)

Resposta: As multas do Art. 467 e do Art. 477, ambos da CLT, não são devidas, em razão da extinção do contrato pela falência, na forma da Súmula 388 do TST.

B) Você é contratado(a) pela massa falida para interpor recurso contra a sentença, e este teve o seguimento negado, sob a alegação de deserção.

Que medida jurídica você adotaria para tentar reverter essa decisão? (Valor: 0,60)

Resposta: No caso, o advogado deve interpor o recurso de agravo de instrumento, na forma do Art. 897, alínea b, da CLT.

QUESITOS AVALIADOS	PONTUAÇÃO
ITEM A. Sim. As multas do Art. 467 e do Art. 477, ambos da CLT, são indevidas (0,55).Indicação da Súmula 388 do TST (0,10)	0,00/0,55/0,65
ITEM B. Interpor agravo de instrumento (0,50). Indicação do Art. 897, ´b´, da CLT (0,10)	0,00/0,50/0,60

9. (OAB/FGV – XXVIII EXAME) Ferdinando era estoquista em uma empresa multinacional havia 22 anos. O empregador, desejoso de reduzir seu quadro de funcionários, lançou, em outubro de 2018, um programa de demissão voluntária, com regras claras e objetivas, fixadas em acordo coletivo assinado com o sindicato de classe dos empregados.

Diante do longo tempo trabalhado, a indenização adicional devida a Ferdinando era generosa. Assim, após refletir e conversar com sua família, ele aderiu ao PDV em questão, sem lançar ressalvas.

Diante da situação apresentada, responda aos itens a seguir.

A) Caso Ferdinando ajuizasse ação pleiteando horas extras após aderir ao PDV e receber a indenização correspondente, que tese jurídica você, contratado pela empresa para defendê-la em juízo, advogaria na contestação? (Valor: 0,65)

Resposta: Que a adesão ao PDV sem que exista ressalva confere quitação plena e irrevogável em relação a todos os direitos decorrentes da relação empregatícia, na forma do Art. 477-B da CLT.

B) Se, em vez de aderir ao PDV, o contrato fosse extinto por acordo entre empregado e empregador, Ferdinando teria direito a receber o seguro-desemprego? Justifique. (Valor: 0,60)

Resposta: Não haveria direito ao seguro desemprego em virtude de vedação legal, conforme previsto no Art. 484-A, § 2º, da CLT.

QUESITOS AVALIADOS	PONTUAÇÃO
ITEM A. Que a adesão ao PDV sem ressalva confere quitação plena e irrevogável em relação a todos os direitos decorrentes da relação empregatícia (0,55). Indicação Art. 477-B, CLT (0,10)	0,00/0,55/0,65

QUESITOS AVALIADOS	PONTUAÇÃO
ITEM B. Não, porque há vedação legal (0,50). Indicação Art. 484-A, § 2º, CLT (0,10) **OU** B. Não, porque essa modalidade de ruptura não está prevista como ensejadora do seguro desemprego (0,50). Indicação Art. 3º da Lei 7.998/90 (0,10)	0,00/0,50/0,60

10. (OAB/FGV – XXVIII EXAME) Carlos, como dirigente sindical, vinha representando ativamente os empregados de uma sociedade empresária na unidade situada em Porto Alegre/RS.

No entanto, para sua surpresa, recebeu um comunicado da empresa determinando sua transferência para a unidade de Porto Velho/Rondônia. No comunicado constava que a empresa pagaria apenas o transporte de ida e volta, bem como a moradia em hotel local. O trabalho em Rondônia duraria cerca de 6 meses e seriam mantidos o mesmo salário e a mesma composição remuneratória que ele recebia em Porto Alegre. A mudança deveria ocorrer em 15 dias.

Carlos procura você, como advogado(a), para uma consulta. Observando o texto da CLT, responda aos itens a seguir.

A) Que medida judicial prevista expressamente na CLT deverá ser adotada a fim de, imediatamente, evitar a transferência de Carlos? Fundamente. (Valor: 0,65)

Resposta: Deverá ser ajuizada ação trabalhista com pedido de liminar a fim de sustar a transferência, na forma do Art. 659, inciso IX, da CLT.

B) Caso ocorra a transferência, Carlos terá algum direito trabalhista a reivindicar? Fundamente. (Valor: 0,60)

Resposta: Deverá ser requerido adicional de transferência, sendo ainda admitida resposta de pagamento suplementar não inferior a 25%, na forma do Art. 469, § 3º, da CLT.

QUESITOS AVALIADOS	PONTUAÇÃO
ITEM A. Ação trabalhista com pedido de liminar a fim de sustar a transferência (0,55). Indicação Art. 659, IX, CLT (0,10).	0,00/0,55/0,65
ITEM B. Deverá ser requerido o adicional de transferência **OU** pagamento suplementar não inferior a 25% (0,50). Indicação Art. 469, § 3º, CLT (0,10).	0,00/0,50/0,60

11. (OAB/FGV – XXVIII EXAME) Gustavo era empregado de uma empresa, quando adoeceu gravemente. Afastado e em gozo de benefício previdenciário, o INSS o aposentou por invalidez. Contudo, dois anos após sua aposentadoria por invalidez, foi constatado, em perícia do respectivo órgão, que Gustavo havia recuperado sua capacidade de trabalho, estando curado, razão pela qual houve o retorno à função que ocupava antes do afastamento.

Ocorre que, nesse ínterim, com cláusula expressa em contrato de trabalho dispondo que a contratação se dava em função da aposentadoria por invalidez de Gustavo, a qual poderia ser temporária, a empresa contratou Aroldo para as funções exercidas por Gustavo, tendo esclarecido acerca da interinidade do contrato.

Com o retorno de Gustavo, Aroldo foi dispensado sem que lhe fosse paga qualquer indenização. Em razão disso, Aroldo ajuizou ação trabalhista em face da empresa, pleiteando indenização.

A) Você foi contratado(a) para contestar o pedido de Aroldo. O que deverá alegar? Fundamente. (Valor: 0,65)

Resposta: Deverá ser alegado que não cabe o pagamento de indenização no caso de contratação provisória, interina ou para substituição de empregado aposentado por invalidez, na forma do Art. 475, § 2º, da CLT.

B) Admitindo que o juiz tenha julgado procedente o pedido de Aroldo e que a decisão foi confirmada pelo Tribunal Regional do Trabalho após recurso, mantida inalterada após a oposição de embargos de declaração, que medida jurídica você poderá adotar para defender a empresa? Fundamente. (Valor: 0,60)

Resposta: Deverá ser interposto recurso de revista, pois a decisão viola texto de lei federal (CLT), conforme o Art. 896, "c", da CLT.

QUESITOS AVALIADOS	PONTUAÇÃO
ITEM A. No caso de contratação provisória, interina ou para substituição de aposentado por invalidez não cabe pagamento de indenização (0,55). Indicação Art. 475, § 2º, CLT (0,10).	0,00/0,55/0,65
ITEM B. Interpor recurso de revista (0,50). Indicação Art. 896, "c", CLT (0,10).	0,00/0,50/0,60

12. (OAB/FGV – XXVIII EXAME) O gerente de uma rede de restaurantes ajuizou reclamação trabalhista postulando o pagamento de horas extras pelo excesso de jornada e por não ter pausa alimentar regular. Disse o ex-empregado na petição inicial que se ativava na extensa jornada de segunda-feira a sábado, das 8h às 22h, com intervalo de apenas 30 minutos para refeição; que ganhava salário mensal de R$ 8.000,00 (oito mil reais) e comandava a loja, tendo por atribuições fiscalizar o funcionamento da empresa e os funcionários, fazer a escala de férias dos empregados e negociar com fornecedores, além de abrir e fechar a loja (pois tinha a chave da porta e a senha do alarme). O maior salário entre os seus subordinados era de R$ 3.200,00 (três mil e duzentos reais).

Diante da situação retratada e dos ditames da CLT, responda aos itens a seguir.

A) Caso você fosse contratado(a) pela empresa, que tese advogaria em juízo, em favor dela, contra o pedido de horas extras? Justifique. (Valor: 0,65)

Resposta: A tese é a de que o empregado ocupa cargo de confiança ou cargo de gestão, sem direito a horas extras, conforme o Art. 62, inciso II, da CLT.

B) Se, no dia e na hora designados para a audiência una, nenhuma das partes comparecer ou justificar sua ausência, de acordo com a CLT, o que ocorrerá com a reclamação trabalhista? Justifique. (Valor: 0,60)

Resposta: A reclamação trabalhista será arquivada, o que equivale a uma extinção do processo sem resolução do mérito, na forma do Art. 844 da CLT.

QUESITOS AVALIADOS	PONTUAÇÃO
ITEM A. Que o empregado ocupa cargo de confiança **OU** cargo de gestão, sem direito a horas extras/limite de jornada (0,55). Indicação Art. 62, II, CLT (0,10).	0,00/0,55/0,65
ITEM B. A reclamação trabalhista será arquivada **OU** será extinta sem resolução do mérito (0,50). Indicação Art. 844, CLT (0,10).	0,00/0,50/0,60

13. (OAB/FGV – XXVII EXAME) Vitor e Vitória trabalham como vigilantes na mesma agência do Banco Cifrão S.A. Ele é vigilante terceirizado e ela é vigilante contratada diretamente pelo banco. Ambos trabalham em escala de 12 x 36 horas, conforme acertado na convenção coletiva da categoria.

De acordo com a situação apresentada e com os termos da CLT, responda aos itens a seguir.

A) Os empregados citados integram a categoria dos bancários? Justifique. (Valor: 0,65)

Resposta: Nenhum deles é bancário, porque o vigilante integra categoria profissional diferenciada, conforme o Art. 511, §3º, da CLT e a Súmula 257 do TST.

B) Em eventual reclamação trabalhista, com pedido de adicional de periculosidade não pago a ambos os empregados durante o contrato, deveria ser realizada prova pericial? Justifique. (Valor: 0,60)

Resposta: Desnecessária a realização de perícia, porque o vigilante tem direito ao adicional de periculosidade em razão de preceito legal, conforme o Art. 193, inciso II, da CLT e Anexo III da NR 16, incluído pela Portaria 1.855/2013.

QUESITOS AVALIADOS	PONTUAÇÃO
ITEM A. Nenhum deles é bancário, porque o vigilante integra categoria profissional diferenciada (0,55). Indicação Art. 511, §3º, CLT **OU** Súmula 257 TST (0,10).	0,00/0,55/0,65
ITEM B. Desnecessária a realização de perícia, porque o vigilante tem direito ao adicional de periculosidade por força de Lei (0,50). Indicação Art. 193, II, CLT **OU** Anexo III da NR 16 **OU** Portaria 1.855/2013 (Ministério do Trabalho) (0,10).	0,00/0,50/0,60

14. (OAB/FGV – XXVII EXAME) Patrícia foi empregada em uma sociedade empresária de gerenciamento de franquias por 8 anos. Inicialmente trabalhou em Maceió/AL e, pelo bom trabalho realizado ao longo do tempo, foi promovida a um cargo de confiança e transferida para São Paulo/SP, com todas as despesas custeadas pela sociedade empresária.

Patrícia mudou-se com a família, comprou um imóvel, matriculou seus filhos numa boa escola paulista e permaneceu em São Paulo por 5 anos. Ao final desse período, a sociedade empresária, afetada pela crise econômica, encerrou suas atividades em 10/10/2018, o que acarretou a dispensa da funcionária. Após a dispensa, Patrícia mudou-se para o Rio de Janeiro, local onde ingressou com ação trabalhista requerendo o pagamento do adicional de transferência pelo período em que trabalhou em São Paulo.

Considerando o caso narrado, como advogado(a) da sociedade empresária, responda aos itens a seguir.

A) Sabendo que a sociedade empresária não possui qualquer unidade no Rio de Janeiro e que nunca manteve atividade nesse local, qual a medida processual que você deverá adotar em relação ao ajuizamento da ação trabalhista nessa unidade da Federação? Justifique. (Valor: 0,65)

Resposta: Deverá ser apresentada exceção de incompetência territorial, na forma do Art. 800 da CLT.

B) Com relação ao pedido da ação, o que você deverá sustentar em defesa? Justifique. (Valor: 0,60)

Resposta: Deverá ser alegado o não cabimento do adicional de transferência, por esta ser definitiva, conforme o Art. 469, §3º, da CLT e SDI-I, TST.

QUESITOS AVALIADOS	PONTUAÇÃO
ITEM A. Deverá ser apresentada exceção de incompetência territorial **OU** em razão do lugar (0,55). Indicação Art. 800, CLT (0,10).	0,00/0,55/0,65
ITEM B. Deverá ser alegado o não cabimento do adicional de transferência, por esta ser definitiva (0,50). Indicação Art. 469, §3º, CLT **OU** OJ 113 TST (0,10).	0,00/0,50/0,60

15. (OAB/FGV – XXVII EXAME) Ronaldo foi acusado de ato de indisciplina no ambiente da empresa em que trabalha. Em razão dessa acusação, foi suspenso por 60 dias. Ronaldo procurou você como advogado(a) para uma consulta, enquanto ainda estava suspenso, aduzindo que não pretendia continuar trabalhando na empresa.

A partir dos dados apresentados, responda aos itens a seguir.

A) Qual a consequência jurídica contratual prevista em lei para a punição imposta a Ronaldo? Justifique. (Valor: 0,65)

Resposta: A punição de suspensão por mais de 30 dias importa na rescisão injusta do contrato de trabalho, com base no Art. 474 da CLT.

B) Em caso de indeferimento dos pedidos formulados por Ronaldo em reclamação trabalhista, qual a medida jurídica a ser adotada? Fundamente. (Valor: 0,60)

Resposta: Deverá ser interposto recurso ordinário, com base no Art. 895, inciso I, da CLT.

QUESITOS AVALIADOS	PONTUAÇÃO
ITEM A. A rescisão injusta **OU** sem justa causa do contrato (0,55). Indicação Art. 474, CLT (0,10).	0,00/0,55/0,65
ITEM B. Deverá ser interposto recurso ordinário (0,50). Indicação Art. 895, I, CLT (0,10).	0,00/0,50/0,60

16. (OAB/FGV – XXVII EXAME) Em determinada reclamação trabalhista, o autor, um ex-empregado, questionou o desconto mensal, a título de contribuição social, previsto na convenção coletiva de sua categoria, que vigorou no ano de 2018 e que foi juntada com a petição inicial.

O reclamante manifestou seu entendimento de que essa cláusula normativa é abusiva e ilegal, devendo ser anulada e, consequentemente, devolvido o valor que lhe foi descontado. Ele requereu, no rol de pedidos, a nulidade da cláusula em comento e a devolução da subtração efetivada sob a rubrica "contribuição social".

Diante da situação retratada e dos ditames da CLT, responda aos itens a seguir.

A) Qual o prazo máximo de vigência de uma convenção coletiva de trabalho? (Valor: 0,65)

Resposta: Uma convenção coletiva de trabalho tem vigência máxima de dois anos, conforme o Art. 614, § 3º, da CLT.

B) Se a ação em questão fosse proposta exclusivamente contra a empresa, que tese processual você, contratado(a) pela empresa, deveria apresentar? Justifique. (Valor: 0,60)

Resposta: A tese a ser apresentada é a de que a participação dos sindicatos de classe na demanda se faz obrigatória, como litisconsortes necessários, na forma do Art. 611-A, § 5º, da CLT.

QUESITOS AVALIADOS	PONTUAÇÃO
ITEM A. Vigência máxima de dois anos (0,55). Indicação Art. 614, §3º, CLT (0,10).	0,00/0,55/0,65
ITEM B. Que se faz obrigatória a participação dos sindicatos de classe como litisconsortes necessários (0,50). Indicação Art. 611-A, §5º, CLT (0,10).	0,00/0,50/0,60

17. (OAB/FGV – XXVI EXAME) Frederico, piloto da aviação civil, após três anos de trabalho para a Empresa de Transportes Aéreos Voa Alto S/A., foi dispensado sem receber parte das verbas rescisórias, as horas extras e a compensação orgânica. Além disso, foi dispensado dentro do último ano que antecede sua aposentadoria, o que é vedado por norma coletiva.

Em razão disso, ajuizou ação em face do ex-empregador, tendo procurado e constituído você como advogado(a) para todos esses atos. No dia designado para a audiência, para a qual havia requerido antecipação, Frederico não poderá comparecer, pois estará voando para a China, onde conseguiu um novo e rentável trabalho.

Com base na hipótese apresentada, responda aos itens a seguir.

A) Considerando a necessidade de realização da audiência na data designada pelo juiz e sua condição na qualidade de advogado(a) do autor, qual a medida a ser adotada para evitar o adiamento/arquivamento da audiência? (Valor: 0,60)

Resposta: Nos termos do Art. 843, §2º, da CLT, o autor poderá fazer-se representar, devidamente comprovada a impossibilidade de seu comparecimento, por outro empregado que pertença a mesma profissão ou pelo seu sindicato, devendo formular tal requerimento.

B) Considerando tratar-se de piloto da aviação civil, qual o instituto justrabalhista que corresponde aos períodos em que Frederico fica no aeroporto

aguardando para, eventualmente, render outra tripulação? Justifique. (Valor: 0,65)

Resposta: Segundo o Art. 44 da Lei nº 13.475/17 (antigo artigo 26 da Lei 7.183/84), trata-se do instituto da reserva, OU prontidão, nos termos do Art. 244, § 3º, da CLT.

QUESITOS AVALIADOS	PONTUAÇÃO
ITEM A. Representação **OU** Substituição por colega de profissão ou pelo sindicato de classe (0,50). Indicação Art. 843, § 2º, CLT (0,10).	0,00/0,50/0,60
ITEM B. Reserva (0,55). Indicação Art. 44, Lei 13.475/17 (antigo Art. 26, Lei 7.183/84) (0,10) **OU** Prontidão (0,55). Indicação Art. 244, § 3º, CLT (0,10)	0,00/0,55/0,65

18. (OAB/FGV – XXVI EXAME) Lucas trabalhou em uma rede de restaurantes localizada em determinado Estado da Federação. A sociedade empresária possui 60 empregados, divididos em dez lojas localizadas em municípios diferentes, sendo que cada unidade possui seis empregados.

Após ser dispensado sem justa causa, Lucas ajuizou reclamação trabalhista postulando o pagamento de horas extras, afirmando que cumpria extensa jornada de segunda-feira a sábado, das 7h às 21h, com intervalo de 20 minutos para refeição.

Em contestação, a ex-empregadora negou a jornada dita na petição inicial, afirmando que a labuta respeitava o módulo constitucional. Em audiência, após verificar que os controles de ponto não foram juntados, o advogado do autor requereu a aplicação da confissão em desfavor da reclamada.

Diante da situação retratada, da Lei e do entendimento consolidado pelo TST, responda aos questionamentos a seguir.

A) Como advogado(a) da sociedade empresária, que tese você sustentaria em relação aos cartões de ponto? Justifique. (Valor: 0,65)

Resposta: Uma vez que em cada estabelecimento há menos de 10 empregados, seria desnecessário manter controles escrito dos horários de entrada e saída dos empregados, conforme previsto no Art. 74, §2º, da CLT e na Súmula 338, I, do TST.

B) Caso você fosse contratado pelo trabalhador e a sociedade empresária juntasse controles de ponto com marcação de jornada de segunda-feira a sábado, das 8h às 16h, e intervalo de uma hora para refeição em todos os dias, que tese você advogaria em prol do seu cliente? Justifique. (Valor: 0,60)

Resposta: Que exibindo os controles de ponto com horários invariáveis, o ônus da prova é transferido para o ex-empregador, na forma prevista na Súmula 338, inciso III, do TST.

QUESITOS AVALIADOS	PONTUAÇÃO
ITEM A. Que a juntada dos controles era desnecessária, porque o estabelecimento tem menos de 10 empregados (0,55). Indicação Art. 74, § 2º, CLT OU Súmula 338, I, TST (0,10).	0,00/0,55/0,65
ITEM B. Que exibindo os controles de ponto com horários invariáveis, o ônus da prova é transferido para o ex-empregador (0,50). Indicação Súmula 338, III, TST (0,10).	0,00/0,50/0,60

! Fique Atento O gabarito do item "a" precisa ser atualizado.

As empresas com mais de 20 empregados têm a obrigação de manter a anotação de entrada e saída de seus empregados, em registro manual, mecânico ou eletrônico conforme previsão do art. 74, §2º, da CLT.

A redação anterior realmente previa esta obrigação para as empresas que possuíssem mais de 10 empregados. A Lei nº 13.874/2019, portanto, restringiu ainda mais a hipótese de controle de jornada pelas empresas.

19. (OAB/FGV – XXVI EXAME) Paulo trabalhou na construtora Casa Feliz S.A. como pedreiro por três anos, findos os quais foi dispensado por justa causa sob a alegação de que estava desviando sacos de cimento da obra e vendendo esse material a terceiros. Inconformado, ajuizou reclamação trabalhista postulando horas extras e a anulação da justa causa, com o consequente pagamento das verbas como se a dispensa tivesse sido feita sem justa causa.

Distribuída a demanda em 30/01/2018, foi designada audiência para o dia 10/04/2018. Na hora designada as partes foram apregoadas e sentaram-se à mesa de audiências.

O juiz indagou do preposto qual era a sua relação com a construtora, tendo ele dito que era um terceirizado da empresa que cuidava da parte de limpeza e conservação. O juiz pediu a CTPS do preposto, constatando que ela fora assinada pela Limpa Tudo Serviços Terceirizados Ltda.

Com essa informação, o advogado de Paulo requereu a aplicação da revelia, porque a empresa era uma sociedade anônima e não estaria regularmente representada por um empregado.

Diante da situação retratada e do comando legal vigente, responda às indagações a seguir.

A) Na qualidade de advogado(a) da construtora, que argumentação jurídica você apresentaria em relação ao requerimento do autor? Justifique. (Valor: 0,65)

Resposta: A tese a ser defendida é a de que o preposto não precisa ser empregado, independentemente do porte da empresa, conforme o Art. 843, §3º, da CLT.

B) De que modo, na legislação trabalhista, a alegação de desvio dos sacos de cimento para venda a terceiros deve ser juridicamente qualificada? Justifique. (Valor: 0,60)

Resposta: Deve ser qualificada como ato de improbidade, na forma do Art. 482, alínea a, da CLT OU mau procedimento, na forma do Art. 482, b, CLT (0,10).

QUESITOS AVALIADOS	PONTUAÇÃO
ITEM A. Que o preposto não precisa ser empregado (0,55). Indicação Art. 843, § 3º, CLT (0,10).	0,00/0,55/0,65
ITEM B. Ato de improbidade (0,50). Indicação Art. 482, "a", CLT (0,10) **OU** Mau procedimento (0,50). Indicação Art. 482, "b", CLT (0,10).	0,00/0,50/0,60

20. (OAB/FGV – XXVI EXAME) Uma sociedade empresária do ramo de confecções publicou um anúncio em jornal de grande circulação informando que admitiria vários profissionais para o seu quadro de funcionários, a título de contrato de experiência, desde que comprovada a seguinte exigência profissional: para costureiras, experiência comprovada de cinco meses na função; para estoquistas, experiência comprovada de um ano na função; para auxiliar de serviços gerais, experiência comprovada de dois meses na função; e para administradores, experiência mínima de dois anos na função.

Diante da situação apresentada e dos termos da CLT, responda aos itens a seguir.

A) A exigência em relação aos estoquistas é válida? Justifique. (Valor: 0,65)

Resposta: A exigência em relação aos estoquistas de um ano de experiência é inválida porque o Art. 442-A da CLT determina que, para fins de contratação, o empregador não exigirá comprovação de experiência prévia do candidato a emprego por tempo superior a seis meses no mesmo tipo de atividade.

B) Informe o prazo máximo admissível no contrato de experiência. (Valor: 0,60)

Resposta: O prazo máximo é de 90 dias, conforme o Art. 445, parágrafo único, da CLT.

QUESITOS AVALIADOS	PONTUAÇÃO
ITEM A. É inválida porque o empregador não poderá exigir experiência superior a seis meses (0,55). Indicação Art. 442-A, CLT (0,10).	0,00/0,55/0,65
ITEM B. 90 dias (0,50). Indicação Art. 445, parágrafo único, CLT **OU** Súmula 188, TST (0,10).	0,00/0,50/0,60

21. (OAB/FGV – XXV EXAME) Um auditor fiscal do trabalho verificou que uma empresa de grande porte não cumpria os percentuais mínimos de empregados com deficiência e de aprendizes, razão pela qual aplicou-lhe penalidade administrativa.

A empresa não se conformou com a aplicação da multa, afirmando que buscou pessoas com deficiência para que viessem integrar o seu quadro de empregados, mas não encontrou pessoas minimamente qualificadas para tal fim; em relação aos aprendizes, sustentou que possui poucas funções que demandem formação profissional.

De acordo com as regras constitucionais e legais vigentes, como advogado(a) da empresa responda aos itens a seguir.

A) Para tentar anular o auto de infração lavrado, em qual justiça proporia a ação? Justifique. (Valor: 0,65)

Resposta: Na Justiça do Trabalho, porque a multa foi aplicada por órgão da fiscalização da relação de trabalho, conforme o Art. 114, inciso VII, da CRFB/88.

B) Caso a empresa contratasse um aprendiz com deficiência, seria possível computar este aprendiz na cota de deficientes? Justifique. (Valor: 0,60)

Resposta: Não seria possível o cômputo, pois a Lei veda tal prática, conforme o Art. 93, §3º, da Lei nº 8.213/91.

QUESITOS AVALIADOS	PONTUAÇÃO
ITEM A. Na Justiça do Trabalho, porque a multa foi aplicada por órgão da fiscalização da relação de trabalho (0,55). Indicação do Art. 114, inciso VII, CRFB/88 (0,10).	0,00/0,55/0,65
ITEM B. Não, pois a Lei proíbe tal prática (0,50). Indicação do Art. 93, § 3º, Lei nº 8.213/91 (0,10).	0,00/0,50/0,60

22. (OAB/FGV – XXV EXAME) Em reclamação trabalhista, o ex-empregado de uma grande empresa com 25 mil empregados postula equiparação salarial com base no Art. 461 da CLT, indicando como paradigma o empregado João, sendo que, na unidade em que o reclamante trabalhou, havia 12 pessoas cujo prenome era João.

Em audiência, o ex-empregado conduz como testemunha a Srta. Camila, que havia sido indicada desde a petição inicial, e que a empresa, em pesquisa junto às redes sociais, verificou ser pessoa que mantinha estreito contato com o autor, já que em postagens estavam frequentemente juntos, em clima de confraternização.

De acordo com a legislação em vigor, responda aos itens a seguir.

A) Como advogado da empresa, informe que preliminar suscitaria na defesa. Justifique. (Valor: 0,65)

Resposta: Deveria ser suscitada preliminar de inépcia, na forma do Art. 330, §1º, do CPC, pois a falta de indicação do nome completo prejudica a ampla defesa.

B) Ainda na condição de advogado da empresa, indique a sustentação que deveria ser apresentada em relação à pessoa indicada como testemunha. Justifique. (Valor: 0,60)

Resposta: Seria necessário contraditar a testemunha em razão de amizade, conforme o Art. 829 da CLT OU o Art. 457, §1º, do CPC OU o Art. 447, §3º, inciso I, do CPC.

QUESITOS AVALIADOS	PONTUAÇÃO
ITEM A. Inépcia, pois o nome incompleto prejudica a ampla defesa OU prejudica o contraditório (0,55). Indicação Art. 330, § 1º, do CPC (0,10).	0,00/0,55/0,65
ITEM B. Seria necessário contraditar a testemunha em razão de amizade íntima (0,50). Indicação do Art. 829 CLT OU do Art. 457, § 1º, CPC OU do Art. 447, § 3º, inciso I, CPC (0,10).	0,00/0,50/0,60

23. (OAB/FGV – XXV EXAME) Na CIPA existente em uma sociedade empresária, o empregado João da Silva foi indicado pelo empregador, e o empregado Antônio Mota, eleito pelos empregados da empresa. Ambos tomaram posse e logo em seguida foram dispensados pelo empregador. Em razão disso, ajuizaram reclamação trabalhista plúrima com pedido comum de reintegração.

Diante do caso apresentado, como advogado(a) da sociedade empresária, de acordo com a Lei e o entendimento consolidado do TST, responda aos itens a seguir.

A) Que tese poderia ser articulada em relação à situação retratada para a defesa do seu constituinte? (Valor: 0,65)

Resposta: A tese a ser advogada em relação ao empregado João da Silva é que ele não é portador de garantia no emprego porque não foi eleito pelos empregados, mas sim indicado pelo empregador. Somente os membros eleitos possuem garantia, na forma do ADCT, Art. 10, inciso II, alínea a, OU do Art. 165 da CLT.

B) Analise a viabilidade do litisconsórcio ativo entre João da Silva e Antônio Mota, declinando os requisitos legais para que isso aconteça na Justiça do Trabalho. (Valor: 0,60)

Resposta: Seria possível a reclamação plúrima (litisconsórcio ativo) porque há identidade de matéria e se trata do mesmo empregador/ sociedade empresária, cumprindo assim as exigências do Art. 842 da CLT.

QUESITOS AVALIADOS	PONTUAÇÃO
ITEM A. Que somente os eleitos pelos empregados são portadores de garantia no emprego (0,55). Indicação do ADCT, Art. 10, inciso II, alínea a, OU Art. 165, CLT (0,10)	0,00/0,55/0,65
ITEM B. Seria possível a reclamação plúrima (litisconsórcio ativo), porque há identidade de matéria e se trata do mesmo empregador/sociedade empresária (0,50). Indicação do Art. 842, CLT (0,10)	0,00/0,50/0,60

24. (OAB/FGV – XXV EXAME) Ricardo, funcionário da sociedade empresária Carnes Nobres Ltda., pediu demissão do emprego, informando que cumpriria o aviso prévio com trabalho, o que de fato ocorreu.

Findo o contrato, Ricardo ajuizou reclamação trabalhista afirmando que durante o aviso prévio não teve a redução da sua jornada em duas horas diárias nem faltou a sete dias corridos, razão pela qual requereu o pagamento de novo aviso prévio e sua integração para todos os fins.

Considerando essa situação, você, como advogado(a) contratado(a) pela sociedade empresária, deve responder aos itens a seguir.

A) Qual a tese de mérito que você sustentaria na defesa? (Valor: 0,65)

Resposta: A tese a ser sustentada é a de que a redução da jornada no decorrer do aviso prévio só é cabível quando o empregado é dispensado, e não quando pede demissão, na forma do Art. 488 da CLT.

B) Quais são os requisitos legais para que o aviso prévio possa ser reconsiderado? (Valor: 0,60)

Resposta: Pode haver retratação desde que a manifestação ocorra no período do aviso prévio e que a parte contrária concorde, na forma do Art. 489 da CLT.

QUESITOS AVALIADOS	PONTUAÇÃO
ITEM A. Quando o empregado pede demissão, a redução da jornada durante o aviso prévio é incabível (0,55). Indicação do Art. 488, CLT (0,10).	0,00/0,55/0,65
ITEM B. A retratação OU reconsideração deve ocorrer no período do aviso prévio (0,30) e a parte contrária deve concordar (0,20). Indicação do Art. 489, CLT (0,10).	0,00/0,20/0,30/0,40/0,50/0,60

25. (OAB/FGV – XXIV EXAME) Um supermercado contratou, por escrito, uma empresa de reformas e construções para ampliar o refeitório no qual os seus funcionários se alimentam, para, assim, dar-lhes maior conforto e segurança. A obra demorou dois meses.

Tempos depois, em agosto de 2017, o supermercado recebeu a citação para uma demanda, pois um dos pedreiros que trabalhou na obra em questão postulou o pagamento de horas extras da empresa de reformas, com responsabilidade subsidiária do supermercado.

Diante dessa situação e considerando que você foi contratado(a) para zelar pelos interesses do supermercado em juízo, responda às indagações a seguir.

A) Informe que tese jurídica você defenderia em favor do seu cliente para tentar evitar a condenação. (Valor: 0,65)

Resposta: A tese a ser defendida é que o supermercado é dono da obra, daí não ter responsabilidade, na forma da SDI, I, TST.

B) Se, na ação, houvesse também pedido de recolhimento do INSS do período trabalhado na obra, que preliminar você, por cautela, suscitaria? (Valor: 0,60)

Resposta: A preliminar de incompetência absoluta da Justiça do Trabalho em razão da matéria, conforme a Súmula Vinculante 53 do STF, da Súmula 368, inciso I, do TST e Art. 114, VIII, CRFB/88.

QUESITOS AVALIADOS	PONTUAÇÃO
ITEM A. Que o supermercado é dono da obra, não tendo responsabilidade (0,55). Indicação OJ 191 TST (0,10)	0,00/0,55/0,65
ITEM B. Incompetência absoluta (0,50). Indicação da Súmula Vinculante 53 STF **OU** Súmula 368, I, TST **OU** do Art. 114, VIII, CRFB/88 (0,10).	0,00/0,50/0,60

! Fique Atento

A Lei nº 13.467/2017 (Reforma Trabalhista) alterou o parágrafo único do art. 876 da CLT, reproduzindo o art. 114, VIII, da CF/88 e ratificando o entendimento da Súmula Vinculante nº 53 e Súmula nº 368, I, do TST.

Desta forma, a Justiça do Trabalho tem competência para executar apenas as contribuições sociais decorrentes da sentença condenatória em pecúnia que proferir ou objeto de acordo judicial homologado, o que não inclui as decisões meramente declaratórias.

26. (OAB/FGV – XXIV EXAME) Lino foi empregado da sociedade empresária Calçados de Borracha Ltda. por quatro anos, atuando internamente como empacotador e, depois, como auxiliar de máquinas. Trabalhava de segunda-feira a sábado, das 6h às 12h, com pausa de 15 minutos.

Após ter sido dispensado por alegação de justa causa, Lino ajuizou reclamação trabalhista requerendo o pagamento de adicional de periculosidade, pois se deslocava para a empresa e dela retornava de motocicleta, conforme fotografias que juntou aos autos, tendo comprovado, documentalmente, ser proprietário de uma motocicleta e ter autorização escrita da empresa para estacioná-la no pátio da ré. Lino ainda informou que a empresa custeava 40% da mensalidade do curso supletivo que ele frequentava, conforme recibos que juntou, requerendo, então, a integração desse valor ao seu salário como utilidade, com pagamento dos reflexos devidos.

Diante da situação retratada, como advogado(a) contratado(a) para defender a sociedade empresária, responda às indagações a seguir.

A) Em relação ao pedido de adicional de periculosidade, que tese você advogaria? Justifique. (Valor: 0,65)

Resposta: No caso apresentado, o reclamante não atuava como motociclista, mas sim para deslocamento particular, sem risco de morte, pelo que descaracterizada atividade de risco, daí porque não há previsão legal para o pagamento do adicional de periculosidade, conforme previsto no Art. 193, § 4º, da CLT.

B) Em relação ao pedido de integração dos 40% da mensalidade do curso supletivo, que tese você advogaria? Justifique. (Valor: 0,60)

Resposta: A educação, em estabelecimento de ensino próprio ou de terceiros, compreendendo os valores relativos à matrícula, mensalidade, anuidade, aos livros e ao material didático, não é considerada salário in natura por expressa disposição legal, conforme o Art. 458, §2º, inciso II, da CLT.

QUESITOS AVALIADOS	PONTUAÇÃO
ITEM A. Que o autor não exercia a atividade utilizando motocicleta **OU** atividade de risco (0,55). Indicação Art. 193, §4º, CLT (0,10).	0,00/0,55/0,65
ITEM B. Que o fornecimento de educação não é considerado salário in natura (0,50). Indicação Art. 458, § 2º, II, CLT (0,10).	0,00/0,50/0,60

27. (OAB/FGV – XXIV EXAME) Sebastiana foi empregada da Escola Preparando para a Vida Ltda. por três anos, findos os quais pediu demissão. Seis meses após a ruptura, Sebastiana ajuizou reclamação trabalhista postulando o pagamento de horas extras, a devolução dos descontos salariais que reputava ilegais e o pagamento de adicional noturno.

Em audiência, os litigantes conciliaram e foi feito o termo respectivo, homologado pelo juiz, pelo qual a escola pagaria R$ 5.000,00 em duas parcelas, e Sebastiana conferiria quitação geral pelo extinto contrato de trabalho. Oito meses depois, Sebastiana ajuizou nova reclamação trabalhista, agora requerendo o pagamento de 13º salário e férias acrescidas de 1/3, sendo designada audiência.

Diante da situação apresentada, responda às indagações a seguir.

A) Na condição de advogado(a) da escola, na defesa a ser apresentada na 2ª demanda, que preliminar você suscitaria? Justifique. (Valor: 0,65)

Resposta: Em defesa dos interesses da empresa deveria ser suscitada preliminar de coisa julgada, porque o acordo feito anteriormente, no qual se conferiu quitação geral, abrange inclusive pedidos não formulados, conforme Art. 337, VII, do CPC, OJ 132, da SDI-2, do TST, e Art. 5º, XXXVI CRFB/88.

B) Caso a preliminar fosse acolhida, qual seria a consequência jurídica no 2º processo movido por Sebastiana? Justifique. (Valor: 0,60)

Resposta: A consequência jurídica do acolhimento da preliminar de coisa julgada é a extinção do feito sem resolução do mérito, na forma do Art. 485, inciso V, do CPC/15.

QUESITOS AVALIADOS	PONTUAÇÃO
ITEM A. Preliminar de coisa julgada (0,55). Indicação Art. 337, VII, CPC/15 OU OJ 132, SDI-2, TST OU Art. 5º, XXXVI CRFB/88 (0,10)	0,00/0,55/0,65
ITEM B. A extinção do processo sem resolução do mérito (0,50). Indicação Art. 485, V, CPC/15 (0,10)	0,00/0,50/0,60

28. (OAB/FGV – XXIV EXAME) Saulo ajuizou reclamação trabalhista contra seu ex-empregador. Na audiência, após intensa negociação entre as partes e com a colaboração do juiz, foi realizado um acordo de R$ 3.000,00, homologado pelo magistrado.

Dias depois, Saulo encontrou um colega de trabalho, que lhe confidenciou que os demais ex-empregados tinham realizado acordos com a empresa na ordem de R$ 5.000,00. Indignado por ter feito acordo com valor menor, Saulo procurou seu advogado, dizendo que não mais aceitaria o acordo e que ele recorresse ao Tribunal.

Diante da situação apresentada e nos termos da CLT, responda aos itens a seguir.

A) Seria possível ao advogado de Saulo interpor recurso ordinário da sentença homologatória do acordo? Justifique. (Valor: 0,65)

Resposta: Não seria possível interpor recurso ordinário porque a homologação do acordo tem a força de decisão irrecorrível, fazendo coisa julgada, conforme preconiza o Art. 831, parágrafo único, da CLT.

B) Caso Saulo ajuizasse uma nova ação idêntica, indique a preliminar que você, contratado pela empresa, suscitaria em contestação. Justifique. (Valor: 0,60)

Resposta: A preliminar a ser suscitada é a de coisa julgada, conforme o Art. 337, inciso VII, do CPC e Art. 5º, XXXVI CRFB/88.

QUESITOS AVALIADOS	PONTUAÇÃO
ITEM A. Não, pois a homologação do acordo tem a força de decisão irrecorrível **OU** coisa julgada (0,55). Indicação Art. 831, parágrafo único, CLT (0,10)	0,00/0,55/0,65
ITEM B. Coisa julgada (0,50). Indicação Art.337, VII, CPC OU Art. 5º, XXXVI CRFB/88 (0,10)	0,00/0,50/0,60

29. (OAB/FGV – XXIII EXAME) Rosa chegava sistematicamente atrasada ao emprego e, no horário de serviço, era flagrada usando redes sociais por meio do telefone celular.

Em razão desses fatos, Rosa recebeu uma advertência e uma suspensão, ambas por escrito e devidamente assinadas pela trabalhadora. Ela teve a promessa de que sua CTPS seria assinada, o que nunca aconteceu, pois a empresa alegava que ela estava em período de treinamento.

Diante da situação retratada, responda às indagações a seguir.

A) A empresa poderá lançar a advertência e a punição aplicadas à empregada na parte de anotações gerais? Justifique. (Valor: 0,65)

Resposta: Não, pois é proibido anotar qualquer fato desabonador à conduta do empregado na sua carteira profissional, na forma do Art. 29, §4º, da CLT e Art. 8º da Portaria 41 do Ministério do Trabalho.

B) Informe em quanto tempo a carteira de trabalho de Rosa deveria ser assinada, justificando sua resposta. (Valor: 0,60)

Resposta: A CTPS deve ser assinada em 48 horas, conforme preconiza o Art. 29 da CLT e o Art. 5º da Portaria 41 do Ministério do Trabalho.

QUESITOS AVALIADOS	PONTUAÇÃO
ITEM A. Não, pois é proibido anotar qualquer fato desabonador à conduta do empregado na sua CTPS (0,55). Indicação do Art. 29, §4º, da CLT **OU** Art. 8º da Portaria 41 do MT (0,10).	0,00/0,55/0,65
ITEM B. A CTPS deve ser assinada em 48 horas (0,50), conforme o Art. 29 da CLT **OU** Art. 5º da Portaria 41 do MT (0,10).	0,00/0,50/0,60

! Fique Atento Questão desatualizada! A Lei nº 13.874/2019 alterou a redação do "*caput*" do art. 29 da CLT para prever que o empregador tem o prazo de 5 dias úteis para proceder à anotação da CTPS do trabalhador.

A nova redação prevê, ainda, a possibilidade de adoção de sistema manual, mecânico ou eletrônico conforme instruções a serem expedidas pelo Ministério da Economia.

30. (OAB/FGV – XXIII EXAME) Uma sociedade empresária possui 80 empregados, e, considerando que na data-base da categoria não houve acordo sobre o índice de reajuste que seria concedido, 20 desses trabalhadores iniciaram uma greve, permanecendo em frente à sede da ré de braços cruzados, permitindo a entrada dos fornecedores, a saída dos caminhões e o ingresso daqueles que resolveram não participar do movimento paredista.

Como a paralisação já durava 15 dias e continuava em curso, gerando considerável prejuízo financeiro, a sociedade empresária resolveu dispensar os grevistas por justa causa, além de não pagar a eles o adiantamento salarial de 40% que normalmente concedia aos empregados no dia 10 de cada mês.

Diante da situação retratada, da lei e do entendimento jurisprudencial dominante, responda às indagações a seguir.

A) Como advogado dos empregados demitidos, indique a tese que você sustentaria contra a dispensa por justa causa realizada pela sociedade empresária. Justifique. (Valor: 0,65)

Resposta: A simples adesão pacífica à greve, como foi a hipótese retratada, não constitui falta grave e não pode dar ensejo à dispensa por justa causa, conforme previsto na Súmula 316 do STF e no Art. 6º, inciso I, da Lei nº 7.783/89; durante o estado de greve é vedada a rescisão de contrato de trabalho, conforme previsto no Art. 7º, parágrafo único, da Lei nº 7.783/89.

B) Como advogado da sociedade empresária, indique a tese que você apresentaria para enfrentar uma reclamação trabalhista na qual os empregados

grevistas postulassem o valor do adiantamento salarial não pago. Justifique. (Valor: 0,60)

Resposta: A greve tem por efeito imediato a suspensão do contrato de trabalho, daí porque o empregador não é obrigado a pagar os dias não trabalhados - ao menos até que isso seja negociado posteriormente -, conforme o Art. 7º da Lei nº 7.783/89; sendo irregular a greve porque não seguiu o modelo de regência, não são devidos os salários, conforme Arts. 4º e 14 da Lei nº 7.783/89.

QUESITOS AVALIADOS	PONTUAÇÃO
ITEM A. A simples adesão pacífica à greve não caracteriza falta grave e não pode dar ensejo à dispensa por justa causa (0,55). Indicação da Súmula 316 do STF **OU** Art. 6º, inciso I, da Lei nº 7.783/89 (0,10). **OU** É vedada a rescisão de contrato de trabalho durante a greve (0,55). Indicação do Art. 7º, parágrafo único, da Lei nº 7.783/89 (0,10).	0,00/0,55/0,65
ITEM B. A greve suspende, de imediato, os contratos de trabalho, não sendo em princípio devido o pagamento dos dias de paralisação (0,50). Indicação do Art. 7º da Lei nº 7.783/89 (0,10). **OU** Face a irregularidade da greve, não são devidos os salários (0,50). Indicação do Art. 4º ou 14 da Lei nº 7.783/89 (0,10).	0,00/0,50/0,60

31. (OAB/FGV – XXIII EXAME) João Henrique foi contratado como caseiro para cuidar do sítio de lazer da empresária Maria Fernanda. Ele deveria, para tomar conta do local, limpar a piscina, fazer pequenos reparos no muro divisório e cuidar dos jardins, de segunda a quinta-feira. Maria Fernanda, que, no comando de suas empresas, vivia sob forte estresse, sempre que precisava descansar, ia para seu sítio.

Ocorre que, após dois anos e meio de contrato, João Henrique veio a falecer. Logo após o óbito, Maria Fernanda foi procurada por três mulheres que se intitulavam credoras da indenização devida ao finado: uma delas apresentou uma certidão de casamento mostrando que era viúva de João Henrique; outra afirmou que vivia em união estável com ele, exibindo fotos no Facebook; a terceira disse que não era esposa nem companheira, mas que teve dois filhos com o falecido, sendo que um deles fora reconhecido pelo finado na certidão de nascimento, mas o outro, não, o que motivou o ajuizamento de uma ação de investigação de paternidade.

Diante da situação concreta e da Lei, responda às indagações a seguir.

A) Como advogado(a) de Maria Fernanda, que medida judicial você adotaria para equacionar o problema? Justifique. (Valor: 0,65)

Resposta: Diante da dúvida sobre quem legitimamente deva receber o objeto, com receio de que o pagamento seja feito a quem não tem direito, a opção mais adequada é ajuizar ação de consignação em pagamento com citação de todos os interessados, visando obter quitação judicial, na forma do Art. 335, inciso IV, do CCB e do Art. 539 do CPC.

B) Qual a natureza jurídica do trabalho prestado por João Henrique em favor de Maria Fernanda? Justifique. (Valor: até 0,60)

Resposta: A natureza jurídica de trabalho doméstico, pois a atividade não tinha finalidade lucrativa, conforme o Art. 1º da Lei Complementar nº 150/15 e Art. 7º, "a", da CLT.

QUESITOS AVALIADOS	PONTUAÇÃO
ITEM A. A opção mais adequada é ajuizar ação de consignação em pagamento (0,55), na forma do Art. 335, inciso IV, do CC **OU** do Art. 539 do CPC/15 **OU** do Art. 547 do CPC/15 (0,10).	0,00/0,55/0,65
ITEM B. Natureza jurídica de trabalho doméstico (0,30), pois a atividade não tinha finalidade lucrativa (0,20). Indicação do Art. 1º da Lei Complementar nº 150/15 e do Art. 7º, "a", da CLT (0,10).	0,00/0,20/0,30/0,40/0,50/0,60

32. (OAB/FGV – XXIII EXAME) Em uma reclamação trabalhista que se encontra na fase de execução, o exequente apresentou seus cálculos de liquidação, que foram analisados pelo magistrado e homologados, no importe de R$ 10.000,00. Em seguida, o executado foi citado para pagar o valor, mas quedou-se inerte.

O juiz, em razão disso, acionou o sistema Bacen-Jud e conseguiu reter R$ 8.000,00. Dez dias após essa retenção, o executado ajuizou embargos de devedor, afirmando que as contas apresentadas estariam incorretas e que o valor da dívida seria bastante inferior àquele homologado.

Diante da situação apresentada e dos dispositivos da CLT, responda às indagações a seguir.

A) Na condição de advogado(a) do exequente, se você fosse instado(a) a se manifestar sobre os embargos, que matéria preliminar sustentaria? Justifique. (Valor: 0,65)

Resposta: Deverá ser sustentado que os embargos não podem ser conhecidos porque o juízo não está integralmente garantido, sendo esse um dos requisitos legais para a apreciação dos embargos, conforme Art. 884 da CLT.

B) Caso os embargos de devedor fossem julgados procedentes, que medida judicial poderia ser adotada pelo embargado para reverter a situação? Justifique. (Valor: 0,60)

Resposta: O embargado deverá interpor agravo de petição, na forma do Art. 897, alínea "a", da CLT.

QUESITOS AVALIADOS	PONTUAÇÃO
ITEM A. Deverá ser sustentado que os embargos não podem ser conhecidos, porque o juízo não está integralmente garantido (0,55). Indicação do Art. 884 da CLT (0,10).	0,00/0,55/0,65
ITEM B. O embargado deverá interpor agravo de petição (0,50). Indicação do Art. 897, alínea "a", da CLT (0,10).	0,00/0,50/0,60

Fique Atento

Cabe destacar que o art. 884, §6º da CLT, inserido pela Lei nº 13.467/2017 (Reforma Trabalhista), declina que a "exigência da garantia ou penhora não se aplica às entidades filantrópicas e/ou aqueles que compõem ou compuseram a diretoria dessas instituições". Criou, portanto, uma exceção à necessidade de garantia da execução para que sejam cabíveis os embargos.

33. (OAB/FGV – XXII EXAME) Paulo e João foram eleitos dirigentes sindicais. Ambos se candidataram na mesma data, sendo que João estava em gozo de aviso prévio. Um mês após a eleição, ambos foram dispensados.

Com base na hipótese apresentada, responda aos itens a seguir.

A) Paulo e João poderiam ser dispensados? Fundamente. (Valor: 0,60)

Resposta: Paulo goza de estabilidade porque a adquiriu em condições regulares, conforme Art. 8º, inciso VIII, da CF/88 OU do Art. 543, § 3º, ao passo que João, não, porque a candidatura sucedeu no decorrer do aviso prévio, fato que não lhe assegura garantia no emprego, conforme Súmula 369, inciso V, do TST.

B) Na hipótese de reconhecimento da estabilidade, na qualidade de advogado do empregado, sendo insustentável o convívio entre empregado e empregador, o que você poderá requerer na defesa dos interesses do seu cliente? (Valor: 0,65)

Resposta: Nos termos do Art. 496 da CLT, poderá ser requerida a convolação da estabilidade em indenização.

QUESITOS AVALIADOS	PONTUAÇÃO
ITEM A 1. Paulo não pode ser dispensado porque adquiriu estabilidade em condições regulares (0,20). Indicação Art. 8º, VIII, CF/88 **OU** Art. 543, § 3º, CLT (0,10).	0,00/0,20/0,30
ITEM A 2. João pode ser dispensado porque se candidatou durante o aviso prévio, não adquirindo estabilidade (0,20). Indicação Súmula 369, V, TST (0,10).	0,00/0,20/0,30
ITEM B. A convolação da estabilidade em indenização (0,55). Indicação Art. 496 CLT (0,10).	0,00/0,55/0,65

34. (OAB/FGV – XXII EXAME) Um estudante de Direito, irresignado pelo fato de sua mãe haver perdido uma causa trabalhista, estuda com afinco todos os contornos da lide, a doutrina e a jurisprudência correlatas durante um ano, findo o qual prepara uma ação rescisória, colhe a assinatura de sua mãe na peça e distribui a ação no prazo legal.

Considerando a situação retratada e o entendimento consolidado do TST, responda aos itens a seguir.

A) Analise a viabilidade da demanda proposta, justificando em qualquer hipótese. (Valor: 0,65)

Resposta: A demanda nos termos propostos na questão é inviável porque a ação rescisória não pode ser proposta com uso do *jus postulandi*, conforme prevê a Súmula 425 do TST.

B) Se a mãe do estudante contratasse um(a) advogado(a) para ajuizar a ação rescisória, como se daria a concessão dos honorários advocatícios sucumbenciais? (Valor: 0,60)

Resposta: Seria devida a concessão de honorários advocatícios sucumbenciais, na forma da Súmula 219, inciso II ou IV do TST, Art. 5º da Instrução Normativa 27/05 do TST ou Art. 85 do CPC.

QUESITOS AVALIADOS	PONTUAÇÃO
ITEM A. Inviável porque a ação rescisória não admite o *jus postulandi* (0,55). Indicação Súmula 425 TST (0,10)	0,00/0,55/0,65
ITEM B. Seria devida a concessão de honorários advocatícios sucumbenciais **OU** os honorários seriam devidos na forma do processo comum (0,50). Indicação Súmula 219, II **OU** IV, TST **OU** Art. 5º IN 27/05 TST **OU** Art. 85 CPC (0,10)	0,00/0,50/0,60

! Fique Atento

A Lei nº 13.467/2017 (Reforma Trabalhista) inseriu o art. 791-A da CLT, promovendo verdadeira revolução no tocante à condenação em honorários advocatícios, o que viabilizará a aplicação das Súmulas nº 219 e 329 do TST apenas para as ações ajuizadas antes de 11/11/2017, data de vigência da Lei nº 13.467/2017.

Em suma: agora temos como regra a condenação em honorários advocatícios em razão da mera sucumbência.

35. (OAB/FGV – XXII EXAME) Um Tribunal Regional do Trabalho, por maioria de votos, manteve a condenação de uma empresa ao pagamento dos adicionais de insalubridade e periculosidade ao reclamante, tal qual requerido e deferido em 1º grau.

Diante dessa situação e considerando que você foi contratado para zelar, em juízo, pelos interesses dessa empresa, responda aos itens a seguir.

A) Informe que medida judicial deveria ser interposta na hipótese. (Valor: 0,60)

Resposta: O recurso cabível é o de revista, previsto no Art. 896 da CLT, *caput* ou alínea "c", pois ele alveja uma decisão do TRT.

B) Informe que tese jurídica você, como advogado(a) da empresa, sustentaria em defesa do seu cliente. (Valor: 0,65)

Resposta: A tese em defesa da empresa é a da impossibilidade de acúmulo dos adicionais de insalubridade e periculosidade, ou ainda que o trabalhador precisa optar por um deles, conforme preconiza o Art. 193, §2º, da CLT.

QUESITOS AVALIADOS	PONTUAÇÃO
ITEM A. Recurso de revista (0,55). Indicação Art. 896 **OU** 896, "c", CLT (0,10)	0,00/0,55/0,65
ITEM B. Impossibilidade de acúmulo dos adicionais OU obrigatoriedade de opção por um deles (0,50). Indicação Art. 193, §2º, CLT (0,10)	0,00/0,50/0,60

36. (OAB/FGV – XXII EXAME) Em determinada empresa que explora atividade não essencial para a sociedade, houve deflagração de greve, porque os trabalhadores reivindicavam melhores condições de trabalho, além de reajuste salarial.

Em relação a essa situação, responda aos itens a seguir.

A) Informe o que acontecerá de imediato com o pagamento dos salários dos empregados que aderiram à greve. (Valor: 0,65)

Resposta: Considerando a ocorrência de greve, os salários serão suspensos, na forma do Art. 7º da Lei nº 7.783/89.

B) Se a paralisação fosse oriunda de um *lockout*, informe o que aconteceria com o salário dos empregados. (Valor: 0,60)

Resposta: Os salários continuariam sendo pagos normalmente, na forma do Art. 722, § 3º, da CLT OU Art. 17, § único, Lei 7783/89.

QUESITOS AVALIADOS	PONTUAÇÃO
ITEM A. O pagamento dos salários será suspenso (0,55). Indicação Art. 7º Lei 7783/89 (0,10)	0,00/0,55/0,65
ITEM B. Os salários seriam pagos normalmente (0,50). Indicação Art. 722, §3º, CLT **OU** Art. 17, §único, Lei 7783/89 (0,10)	0,00/0,50/0,60

37. (OAB/FGV – XXI EXAME) Marcília e Jonas foram contratados como aprendizes de marceneiro na sociedade empresária Madeira de Ouro S.A., pelo período de 2 anos, sendo cumpridas todas as formalidades legais. Ambos revelaram bom desempenho nas tarefas e aprenderam a técnica necessária para serem futuros marceneiros. Porém, por diversas vezes e de forma injustificada, Jonas não compareceu à escola e, em função disso, acabou reprovado. Já Marcília, nos 30 dias anteriores ao término do seu contrato de aprendizagem, engravidou e deu ciência disso ao empregador.

Com base na situação retratada, na previsão legal e no entendimento do TST, responda aos itens a seguir.

A) Ao término do contrato de aprendizagem, Marcília poderá ser afastada? (Valor: 0,65)

Resposta: Marcília não poderá ser afastada pois, mesmo se tratando de contrato a termo, a gravidez impede a ruptura do pacto, conforme a Súmula 244, inciso III, do TST.

B) Como repercute, no contrato de Jonas, a perda do ano letivo na escola em razão das faltas injustificadas? (Valor: 0,60)

Resposta: Jonas teria o contrato extinto antecipadamente, conforme Art. 433, inciso III, da CLT.

QUESITOS AVALIADOS	PONTUAÇÃO
ITEM A. Não, pois ela terá garantia no emprego (0,55). Indicação Súmula 244, III, TST **OU** art. 10, II, "b" ADCT (0,10).	0,00/0,55/0,65
ITEM B. Teria o contrato extinto (antecipadamente) (0,50). Indicação Art. 433, III, CLT **OU** Art. 28, III, do Decreto 5.598/2005 (0,10).	0,00/0,50/0,60

! Fique Atento

Em outubro de 2014, o TST decidiu que a aprendiz gestante também tem assegurado o direito à estabilidade provisória:

Recurso de revista. Estabilidade provisória. Gestante. Contrato por prazo determinado. Aprendiz. De acordo com o entendimento atual do TST, a estabilidade é garantida à gestante, mesmo quando sua admissão ocorreu por meio de contrato de experiência. Exegese da Súmula nº 244, III, desta Corte. Considerando que o contrato de aprendizagem é modalidade de contrato por prazo determinado, a ele também se aplica a estabilidade da gestante, nos termos do referido verbete sumular. Recurso de revista conhecido e provido. (RR – 911-64.2013.5.23.0107 – Relatora: Ministra Dora Maria da Costa – 8ª Turma – Data de Publicação: 31/10/2014)

38. (OAB/FGV – XXI EXAME) Em sede de ação trabalhista de Sérgio em face da empresa Nova Coleção Ltda., o juiz julgou o rol de pedidos parcialmente procedente, tendo deferido apenas duas das quatro horas extras pretendidas pelo autor da ação.

Diante disso, responda aos itens a seguir.

A) Na qualidade de advogado(a) de Sérgio, que medida você poderia adotar? Fundamente. (Valor: 0,60)

Resposta: Deverá ser apresentado Recurso Ordinário, nos termos do Art. 895, inciso I, da CLT.

B) Caso você, como advogado(a) de Sérgio, inicialmente não se insurja contra a decisão, mas a empresa sim, ainda haverá alguma medida recursal a ser adotada? Qual? Fundamente. (Valor: 0,65)

Resposta: Deverá ser apresentado Recurso Adesivo, nos termos da Súmula 283 do TST OU do Art. 997, § 1º, do CPC/15.

QUESITOS AVALIADOS	PONTUAÇÃO
ITEM A. Recurso Ordinário (0,50). Citação Art. 895, I, CLT (0,10).	0,00/0,50/0,60
ITEM B. Recurso Adesivo ou Recurso Ordinário Adesivo (0,55). Citação Súmula 283 TST **OU** Art. 997, § 1º, CPC (0,10).	0,00/0,55/0,65

39. (OAB/FGV – XXI EXAME) Lucas é dirigente sindical e empregado da sociedade empresária que o contrata como advogado. Na consulta, resta esclarecido que Lucas praticou falta grave e a sociedade empresária quer dispensá-lo.

Com base no caso narrado, responda aos itens a seguir.

A) Na qualidade de advogado(a) da sociedade empresária, qual a medida a ser adotada a fim de implementar a dispensa de Lucas? Fundamente. (Valor: 0,60)

Resposta: Será necessário ajuizar um inquérito para apuração de falta grave, nos termos do Art. 853 da CLT OU da Súmula 379 do TST.

B) Necessitando de prova testemunhal para as suas alegações, com quantas testemunhas você poderá contar na implementação da medida acima? Fundamente. (Valor: 0,65)

Resposta: Cada parte poderá se valer de até seis testemunhas, conforme o Art. 821 da CLT.

QUESITOS AVALIADOS	PONTUAÇÃO
ITEM A. Inquérito (judicial) para apuração de falta grave (0,50). Citação Art. 853 CLT OU Súmula 379 TST OU Súmula 197 STF. (0,10).	0,00/0,50/0,60
ITEM B. Poderá contar com (até) 6 testemunhas (0,55). Citação Art. 821 CLT (0,10).	0,00/0,55/0,65

40. (OAB/FGV – XXI EXAME) Lima, empregado do banco Alto Investimento S/A, iniciou a carreira como contínuo. Em razão da brilhante carreira que realizou, foi, recentemente, eleito diretor-presidente da instituição.

Diante do exposto, responda aos itens a seguir.

A) Qual o efeito jurídico da eleição no contrato de trabalho de Lima? Fundamente. (Valor: 0,60)

Resposta: Ocorrerá a suspensão do contrato de trabalho, nos termos da Súmula 269 do TST.

B) Analise os efeitos da eleição na jornada de trabalho intensa que Lima passará a cumprir. Fundamente. (Valor: 0,65)

Resposta: Lima não fará jus a horas extras, porque ficará excluído do regime da CLT em razão de ter se tornado órgão estatutário.

QUESITOS AVALIADOS	PONTUAÇÃO
ITEM A. Suspensão do contrato de trabalho (0,50). Citação Súmula 269 TST (0,10).	0,00/0,50/0,60
ITEM B. Não terá direito a horas extras **OU** não terá a jornada de trabalho limitada (0,35), porque se tornou órgão estatutário **OU** porque ausente a subordinação jurídica (do Art. 3º da CLT) (0,30).	0,00/0,35/0,65

41. (OAB/FGV – XX EXAME) Jéssica é empregada em um salão de cabeleireiro localizado na capital do Estado em que reside e cumpre jornada de 2ª feira a sábado, das 8h00min às 19h00min, com pausa alimentar de uma hora. Não existe previsão em Lei, acordo coletivo ou convenção coletiva de jornada diferenciada para a sua categoria.

Diante da hipótese apresentada, responda aos itens a seguir.

A) Analise se a trabalhadora, em eventual reclamação trabalhista, teria sucesso em pedido de horas extras pela inobservância do intervalo interjornada. (Valor: 0,65)

Resposta: O pedido de horas extras pelo intervalo interjornada supostamente desrespeitado seria julgado improcedente, já que o período de 11 horas entre duas jornadas de trabalho, previsto no Art. 66 da CLT, foi respeitado.

B) Caso você fosse contratado como advogado de Jéssica, analise se seria possível formular, além do pedido de horas extras pelo excesso de jornada, algum pleito de sobrejornada por outro fundamento jurídico e legal, identificando-o em caso positivo. (Valor: 0,60)

Resposta: Seria possível postular horas extras em razão da inobservância dos 15 minutos de pausa anteriores à realização de horas extras para a mulher, previsto no Art. 384 da CLT.

QUESITOS AVALIADOS	PONTUAÇÃO
ITEM A. O pedido é improcedente, já que o intervalo de período de onze horas foi observado (0,55). Indicação Art. 66/CLT **OU** Art. 382/CLT (0,10)	0,00/0,55/0,65
ITEM B. Pedido de horas extras em razão da inobservância dos 15 minutos de pausa anteriores à realização de horas extras para a mulher (0,50). Indicação Art. 384 CLT (0,10)	0,00/0,50/0,60

! Fique Atento

Atenção! Questão desatualizada! O art. 384 da CLT, que foi revogado pela Lei nº 13.467/2017 (Reforma Trabalhista), previa intervalo especial para as mulheres, que deveriam gozar de descanso de 15 minutos, no mínimo, antes do início da jornada extraordinária de trabalho.

42. (OAB/FGV – XX EXAME) Em sede de ação trabalhista movida por Célio em face da Madeireira Ltda, transitada em julgado a decisão de conhecimento, após a apresentação de cálculos pelas partes e homologado determinado valor, o juiz abriu prazo para a manifestação específica das partes em relação à sua decisão. Ambas se quedaram inertes. Posteriormente, em sede de embargos à execução, a parte ré quis impugnar os valores do débito. Na qualidade de advogado do autor, tendo você concordado com os cálculos homologados pelo juiz, responda:

A) O que você deverá alegar em sede de resposta aos embargos à execução? Fundamente. (Valor: 0,65)

Resposta: Nos termos do Art. 879, §2º, da CLT, é facultado ao juiz abrir prazo para as partes se manifestarem sobre a conta de liquidação, sob pena de preclusão. Tal, cotejado com o Art. 884, §3º, deixa evidente que, se o juiz abrir prazo e a parte nada fizer, ocorrerá a preclusão e a matéria não poderá ser arguida em sede de embargos à execução. Portanto, a parte autora deverá alegar a preclusão para impugnar a conta de liquidação em sede de embargos à execução conforme Art. 879, §2º, da CLT.

B) Qual o recurso cabível da decisão dos embargos à execução? Fundamente. (Valor: 0,60)

Resposta: Caberá Agravo de Petição, conforme Art. 897, a, da CLT.

QUESITOS AVALIADOS	PONTUAÇÃO
ITEM A. Alegação de preclusão (0,55). Indicação Art. 879, §2º, CLT (0,10)	0,00/0,55/0,65
ITEM B. Caberá Agravo de Petição (0,50). Indicação Art. 897, "a", CLT (0,10)	0,00/0,50/0,60

Fique Atento

Atenção! Questão desatualizada! A Lei nº 13.467/2017 (Reforma trabalhista) alterou o §2º do art. 879 da CLT, passando a dispor que, após elaborada a conta e tornada líquida, o juízo **deverá** abrir às partes o prazo **comum** de **8 dias** para impugnação fundamentada, com a indicação dos itens e valores objeto da discordância, sob pena de preclusão.

43. (OAB/FGV – XX EXAME) Rafael trabalha há 5 anos na empresa Come Come Gêneros Alimentícios S/A no Município de Niterói/RJ, como auxiliar administrativo. Entretanto, sem qualquer razão aparente, seu empregador decidiu transferi-lo para Taubaté/SP, onde se localiza uma das filiais da empresa. Apesar das ponderações de Rafael ao empregador, esse se manteve irredutível.

Diante disso responda aos itens a seguir.

A) Analise se é possível a transferência de Rafael sob o aspecto da legalidade. Fundamente. (Valor: 0,60)

Resposta: A transferência é ilícita, pois não houve concordância do empregado, não foi demonstrada real necessidade de serviço, nem extinção de estabelecimento, nos termos do Art. 469 da CLT.

B) Considerando o risco iminente da transferência, na qualidade de advogado de Rafael, qual a medida a ser adotada por você? Fundamente. (Valor: 0,65)

Resposta: Deverá ser ajuizada uma reclamação trabalhista com pedido de antecipação de tutela (tutela de urgência, ou pedido liminar) a fim de suspender a transferência até a decisão do processo, nos termos do Art. 659, inciso IX, da CLT.

QUESITOS AVALIADOS	PONTUAÇÃO
ITEM A. Não é possível, pois não houve concordância do empregado (0,50). Indicação Art. 468 **OU** Art. 469 CLT. (0,10)	0,00/0,50/0,60
ITEM B. Ajuizar reclamação trabalhista com pedido liminar para suspender a transferência (0,55). Indicação Art. 659, IX, CLT (0,10) **OU** Tutela de urgência (0,55). Indicação Art. 300 CPC (0,10) **OU** Tutela antecipada (0,55). Indicação Art. 303 CPC (0,10)	0,00/0,55/0,65

44. (OAB/FGV – XX EXAME) Um determinado empregado sofreu um acidente fora do local de trabalho, recebeu auxílio doença comum (B-31), e permaneceu afastado da empresa por 6 meses. Três meses após o seu retorno, o empregado foi dispensado e, em razão disso, ajuizou reclamação trabalhista com pedido de reintegração, afirmando que a sua garantia no emprego foi violada.

De acordo com os dados apresentados e com a legislação em vigor, responda aos itens a seguir.

A) Informe que tese você, contratado como advogado da empresa, sustentaria contrariamente ao pedido de reintegração. (Valor: 0,65)

Resposta: A tese a ser sustentada é que não houve acidente de trabalho, daí porque não há a garantia acidentária prevista no Art. 118 da Lei nº 8.213/91, posto que o benefício recebido foi o de auxílio doença comum.

B) Caso o empregado tivesse alguma deficiência por conta do acidente sofrido, analise se ele poderia usar o FGTS para compra de uma prótese que permitisse maior acessibilidade. (Valor: 0,60)

Resposta: Seria possível o saque porque há previsão legal expressa, conforme Art. 20, inciso XVIII, da Lei nº 8.036/90.

QUESITOS AVALIADOS	PONTUAÇÃO
ITEM A. Inexistência de garantia no emprego porque não houve acidente do trabalho **OU** porque não recebeu auxílio doença acidentário (0,55). Indicação Art. 118 Lei 8.213/91 **OU** Súmula 378, II, TST (0,10)	0,00/0,55/0,65
ITEM B. Sim, por haver disposição legal expressa (0,50). Indicação do Art. 20, XVIII, Lei 8.036/90 **OU** Art. 99, Lei 13.146/15 (0,10)	0,00/0,50/0,60

45. (OAB/FGV – XX EXAME – Reaplicação Porto Velho/RO) Plínio trabalhou durante todo o ano de 2014 e até o mês de abril de 2015 na sociedade empresária Bom Lucro Ltda., a qual tinha acordo coletivo prevendo o pagamento de participação nos lucros ao final de cada ano, no mês de dezembro, em valor fixo, desde que o empregado trabalhasse ao longo de todo o ano. Plínio, que não recebeu nenhuma participação nos lucros durante todo o contrato de trabalho, foi dispensado imotivadamente.

Sobre o caso apresentado, responda aos itens a seguir.

A) Esclareça a que parcelas relativas à participação nos lucros Plínio faz jus. (Valor: 0,60)

Resposta: Nos termos da Súmula 451 do TST, Plínio faz jus à parcela integral da participação nos lucros em 2014 e proporcional em 2015.

B) Esclareça se os valores relativos à participação nos lucros devem integrar a remuneração de Plínio. (Valor: 0,65)

Resposta: Não deverá haver qualquer integração. A participação dos trabalhadores nos lucros ou resultados da empresa não possui natureza salarial, nos termos do Art. 3º da Lei nº 10.101/00 OU do Art. 7º, XI, da CRFB/88.

QUESITOS AVALIADOS	PONTUAÇÃO
ITEM A. Nos termos da Súmula 451 do TST, Plínio faz jus à parcela integral da participação nos lucros em 2014 e proporcional em 2015.	0,00/0,50/0,60
ITEM B. Não deverá haver qualquer integração. A participação dos trabalhadores nos lucros ou resultados da empresa não possui natureza salarial, nos termos do Art. 3º da Lei nº 10.101/00 **OU** do Art. 7º, XI, da CRFB/88.	0,00/0,55/0,65

46. (OAB/FGV – XX EXAME – Reaplicação Porto Velho/RO) Maura foi empregada doméstica durante cinco anos na residência da família Pedrosa. Ao ser dispensada, ela ajuizou reclamação trabalhista, a qual foi julgada procedente, tendo o pedido transitado em julgado. Iniciada a execução, não foi encontrado qualquer bem que pudesse satisfazer o débito total ou parcialmente, exceto o imóvel de residência da família Pedrosa. Requerida a penhora do mesmo, o pedido foi deferido pelo juiz ao julgar improcedentes os embargos à execução opostos por você, advogado(a) da família Pedrosa.

Na qualidade de advogado da família Pedrosa, responda aos itens a seguir.

A) Qual o recurso cabível contra a decisão do juiz? (Valor: 0,60)

Resposta: Caberá Agravo de Petição, nos termos do Art. 897, a, da CLT.

B) Para fundamentar a reforma da decisão impugnada, o que você deverá alegar no recurso? (Valor: 0,65)

Resposta: Deverá requerer a reforma da decisão, uma vez que, após o advento da Lei Complementar 150/2015, (Art. 46), também se admite como bem de família o imóvel único, mesmo em caso de trabalho doméstico, dada a revogação expressa da legislação.

QUESITOS AVALIADOS	PONTUAÇÃO
ITEM A. Caberá Agravo de Petição, nos termos do Art. 897, a, da CLT.	0,00/0,50/0,60
ITEM B. Deverá requerer a reforma da decisão, uma vez que, após o advento da Lei Complementar 150/2015, (Art. 46), também se admite como bem de família o imóvel único, mesmo em caso de trabalho doméstico, dada a revogação expressa da legislação.	0,00/0,55/0,65

47. (OAB/FGV – XX EXAME – Reaplicação Porto Velho/RO) Gabriela trabalha na sociedade empresária "K" com a seguinte jornada: de 2ª a 6ª feira das 8h00min às 17h48min, com intervalo de uma hora para refeição, com folga aos sábados e domingos. Não há qualquer previsão de jornada diferenciada na convenção coletiva da categoria, tampouco em acordo coletivo, mas na admissão Gabriela assinou documento pelo qual concordava em exceder em 48 minutos a jornada de 2ª a 6ª feira para não trabalhar aos sábados.

De acordo com o entendimento consolidado do TST, responda aos itens a seguir.

A) A jornada exigida pelo empregador é válida? Gabriela teria direito ao pagamento de horas extras pelo excesso da jornada diária? (Valor: 0,60)

Resposta: A jornada exigida pelo empregador é válida e não dá ensejo ao pagamento de horas extras, uma vez que o TST pacificou que a compensação de horas pode ser feita por acordo individual e a que foi levada a efeito na questão não gera excesso em relação à jornada semanal. Neste sentido, a Súmula 85, I e II, do TST, OU Art. 59, § 2º, da CLT.

B) Se na mesma situação retratada não houvesse documento assinado por Gabriela, qual seria a solução jurídica para eventual pedido de horas extras? (Valor: 0,65)

Resposta: Nessa hipótese há a chamada compensação de jornada tácita, que gera direito apenas ao adicional sobre as horas excedentes à 8ª diária, conforme Súmula 85, III, do TST.

QUESITOS AVALIADOS	PONTUAÇÃO
ITEM A. A jornada exigida pelo empregador é válida e não dá ensejo ao pagamento de horas extras, uma vez que o TST pacificou que a compensação de horas pode ser feita por acordo individual e a que foi levada a efeito na questão não gera excesso em relação à jornada semanal. Neste sentido, a Súmula 85, I e II, do TST, **OU** Art. 59, §2º, da CLT.	0,00/0,50/0,60
ITEM B. Nessa hipótese há a chamada compensação de jornada tácita, que gera direito apenas ao adicional sobre as horas excedentes à 8ª diária, conforme Súmula 85, III, do TST.	0,00/0,55/0,65

! Fique Atento

No regime de compensação de jornada, o empregado trabalha além da jornada legal em alguns dias, para descansar em outros (art. 59, §2º, da CLT). Na compensação, há verdadeira redistribuição de horas, não sendo devido o adicional de 50%, pois o trabalho prestado além da jornada normal será compensado com descanso.

Para a validade do regime de compensação, o legislador reformista estabeleceu os seguintes requisitos:

√ **acordo individual tácito ou escrito** – antes da Reforma Trabalhista, já se admitia, além da negociação coletiva, o acordo individual **escrito**, firmado diretamente entre empregado e empregador pela Súmula nº 85, I, do TST.

Ocorre que a Reforma Trabalhista, acrescentou o §6º ao art. 59 da CLT para prever a possibilidade de o regime de compensação ser estabelecido por **acordo individual tático** ou escrito entre empregado e empregador.

√ **observância do limite máximo de 10 horas diárias.**

√ **compensação das horas trabalhadas no período de, no máximo, um mês.**

Atenção! Se ausente alguma das solenidades exigidas, como a inexistência de acordo entre as partes ou que a compensação ultrapasse o período de um mês, haverá consequências ao empregador. A primeira é que será autuado pela fiscalização do trabalho, por descumprir norma expressa prevista em lei. A segunda está prevista no art. 59-B da CLT, que tem o mesmo conteúdo previsto na Súmula nº 85, III, do TST.

48. (OAB/FGV – XX EXAME – Reaplicação Porto Velho/R) Em sede de reclamação trabalhista o empregado pleiteou o recolhimento das contribuições previdenciárias não realizadas pelo empregador no curso do contrato de trabalho. Diante disso, responda:

A) Na qualidade de advogado(a) da empresa, o que você deverá alegar inicialmente, partindo do pressuposto que seu cliente realmente não fez os recolhimentos pretendidos? Fundamente. (Valor: 0,65)

Resposta: Deverá ser arguida preliminar de incompetência absoluta em razão da matéria, já que nos termos da súmula 368 do TST e do parágrafo único do Art. 876 da CLT, tal foge à competência da Justiça do Trabalho.

B) Caso o juiz rejeite seu requerimento e julgue procedente o pedido, que medida você deverá adotar? (Valor: 0,60)

Resposta: Recurso Ordinário, nos termos do Art. 895, inciso I, da CLT.

QUESITOS AVALIADOS	PONTUAÇÃO
ITEM A. Deverá ser arguida preliminar de incompetência absoluta em razão da matéria, já que nos termos da súmula 368 do TST e do parágrafo único do Art. 876 da CLT, tal foge à competência da Justiça do Trabalho.	0,00/0,55/0,65
ITEM B. Recurso Ordinário, nos termos do Art. 895, inciso I, da CLT.	0,00/0,50/0,60

Fique Atento

A Lei nº 13.467/2017 (Reforma Trabalhista) alterou o parágrafo único do art. 876 da CLT, reproduzindo o art. 114, VIII, da CF/88 e retificando o entendimento da Súmula Vinculante nº 53 do STF e na Súmula nº 368, I, do TST.

Portanto, a Justiça do Trabalho tem competência para executar apenas as contribuições sociais decorrentes de sentença condenatória em pecúnia que proferir ou objeto de acordo judicial homologado, o que não inclui o caso das decisões meramente declaratórias.

49. (OAB/FGV – XIX EXAME) Arnaldo foi dispensado em 10/03/2012, já computada a projeção do aviso prévio devido. Em 09/03/2014, ajuizou ação trabalhista em face do ex-empregador, pleiteando horas extras e reflexos. No dia da audiência, em 21/01/2015, Arnaldo não compareceu, sendo a ação arquivada. Três semanas depois, foi proposta uma nova ação, idêntica à primeira. Antes da citação, o advogado de Arnaldo, percebendo que a inicial estava incompleta, requereu prazo para aditar a mesma, tendo sido concedidos 10 dias. Nesse prazo, apresentou aditamento à inicial, incluindo os pedidos de indenização por dano moral e adicional de periculosidade.

Com base no caso narrado, de acordo com a CLT e o entendimento consolidado do TST, responda aos itens a seguir.

A) Esclareça se há algum pedido alcançado pela prescrição. Caso positivo, indique qual(is).(Valor: 0,65)

Resposta: Os pedidos de adicional de periculosidade e de indenização por dano moral estão prescritos, pois o aditamento equivale a nova ação para cada pedido, tendo sido proposta depois do decurso de dois anos, sem que a interrupção da prescrição tivesse alcançado tais pleitos, nos termos da Súmula 268 do TST.

B) Caso a segunda demanda tivesse sido distribuída a juízo diferente daquele no qual o primeiro caso foi arquivado, o que você, como advogado(a) da empresa, suscitaria em preliminar? (Valor: 0,60)

Resposta: O advogado deverá suscitar a prevenção do juízo que conheceu da primeira demanda, na forma do Art. 253, inciso II, do CPC.

QUESITOS AVALIADOS	PONTUAÇÃO
ITEM A. Os pedidos de adicional de periculosidade e de indenização por dano moral estão prescritos, pois o aditamento equivale a nova ação para cada pedido, tendo sido proposta depois do decurso de dois anos, sem que a interrupção da prescrição tivesse alcançado tais pleitos, nos termos da Súmula 268 do TST.	0,00/0,55/0,65
ITEM B. O advogado deverá suscitar a prevenção do juízo que conheceu da primeira demanda, na forma do Art. 253, inciso II, do CPC.	0,00/0,50/0,60

! Fique Atento

A causa interruptiva ocorre quando o prazo reinicia a contagem por inteiro. De acordo com o §3º do art. 10 da CLT, a interrupção da prescrição somente ocorrerá pelo ajuizamento de reclamação trabalhista, mesmo se for realizada em juízo incompetente. Nesse caso, ainda que a reclamação venha a ser extinta sem resolução do mérito, haverá interrupção da prescrição, produzindo efeitos apenas em relação aos pedidos idênticos.

O dispositivo supra guarda relação a Súmula nº 268 do TST, que traz a hipótese de que o empregado, ao ingressar com a reclamação trabalhista, interrompe o prazo prescricional.

50. (OAB/FGV – XIX EXAME) Gustavo é gerente geral de uma agência bancária e Paula é chefe de tesouraria na mesma agência. Gustavo chefia todos os gerentes da agência e Paula comanda uma equipe de oito pessoas que lhe dá apoio nas atividades diárias. Ambos recebem gratificação de função correspondente a 100% do salário auferido, cumprem jornada de 2ª a 6ª feira das 9h00min às 20h00min e, genuinamente, exercem funções de relevância na agência bancária. Ao serem dispensados, ambos ajuízam reclamação plúrima, postulando o pagamento de horas extras. Em defesa, o banco se insurge em preliminar contra o litisconsórcio ativo e, no mérito, nega o direito às horas extras. Na instrução, os autores conduzem três testemunhas que comprovam a jornada dita na inicial, e o banco não conduz testemunhas nem junta controle de ponto.

Diante da situação retratada, considerando a CLT e o entendimento consolidado do TST, responda aos itens a seguir.

A) Analise os requisitos para a reclamação plúrima e se ela poderia acontecer no caso apresentado. (Valor: 0,65)

Resposta: Os requisitos para a reclamação plúrima estão previstos no Art. 842 da CLT, quais sejam: mesmo empregador e identidade de matérias. Estando presentes os requisitos no caso apresentado, o litisconsórcio é viável.

B) Analise se Gustavo, diante do panorama processual, pode receber horas extras, justificando em qualquer hipótese. (Valor: 0,60)

Resposta: Gustavo não tem direito às horas extras por ser gerente geral e, assim, estar enquadrado na hipótese do Art.62, II, da CLT, conforme Súmula 287 do TST.

QUESITOS AVALIADOS	PONTUAÇÃO
ITEM A. Os requisitos para a reclamação plúrima estão previstos no Art. 842 da CLT, quais sejam: mesmo empregador e identidade de matérias. Estando presentes os requisitos no caso apresentado, o litisconsórcio é viável.	0,00/0,55/0,65
ITEM B. Gustavo não tem direito às horas extras por ser gerente geral e, assim, estar enquadrado na hipótese do Art.62, II, da CLT, conforme Súmula 287 do TST.	0,00/0,50/0,60

51. (OAB/FGV – XIX EXAME) Júnior, no período de 2011 a 2014, foi empregado de um condomínio comercial como bombeiro civil. Após ser dispensado, ajuizou reclamação trabalhista postulando adicional de periculosidade, que não lhe era pago. Em contestação, o ex-empregador sustentou que não havia risco de morte na atividade e que Júnior teria o dever de fazer essa prova por meio de perícia.

Diante da situação retratada e das normas legais, responda às indagações a seguir.

A) Analise se a prova pericial é necessária na hipótese, justificando. (Valor: 0,65)

Resposta: A prova pericial não é necessária porque o profissional bombeiro civil tem direito ao adicional de periculosidade fixado em Lei (Art. 6º, III, da Lei nº 11.901/09).

B) Caso o pedido formulado por Júnior fosse deferido, qual deveria ser o percentual e a base de cálculo da parcela reivindicada? (Valor: 0,60)

Resposta: O adicional de periculosidade será pago na razão de 30% sobre o salário-base, conforme o Art. 6º, III, da Lei nº 11.901/09 e o Art. 193, §1º, da CLT.

QUESITOS AVALIADOS	PONTUAÇÃO
ITEM A. A prova pericial não é necessária porque o profissional bombeiro civil tem direito ao adicional de periculosidade fixado em Lei (Art. 6º, III, da Lei nº 11.901/09).	0,00/0,55/0,65
ITEM B. O adicional de periculosidade será pago na razão de 30% sobre o salário-base, conforme o Art. 6º, III, da Lei nº 11.901/09 e o Art. 193, §1º, da CLT.	0,00/0,50/0,60

52. (OAB/FGV – XIX EXAME) Antônio é um dos 20 vendedores da loja de calçados Ribeirinha. Em seu contracheque, há desconto mensal de 1,5% do salário para a festa de confraternização que ocorre todo final de ano na empresa, além de subtração semestral por "pé faltante" – valor dos pares de sapatos dos quais, no inventário semestral realizado na loja, somente um dos calçados é localizado, ficando, então, descartada a utilidade comercial pela ausência do outro "pé", sem a comprovação de culpa do empregado. Gilberto assinou na admissão autorização de desconto de "pé faltante".

Após ser dispensado, ajuizou reclamação pedindo a devolução de ambos os descontos. A empresa pugna pela validade do desconto para a festa, pois alega que Gilberto sempre participou dela, e, em relação ao "pé faltante", porque assinou documento autorizando o desconto. Na audiência, o autor confirmou a presença na festa da empresa em todos os anos e afirmou que havia comida e bebida fartas. Não se produziram outras provas.

Diante da situação retratada e do entendimento consolidado do TST, responda aos itens a seguir.

A) O desconto para a festa de confraternização é válido? (Valor: 0,65)

Resposta: O desconto para a confraternização é inválido, na medida em que não foi autorizado pelo trabalhador, violando a Súmula 342 do TST e o Art. 462 da CLT, que tratam do tema.

B) O desconto a título de "pé faltante" é válido? (Valor: 0,60)

Resposta: O desconto a título de "pé faltante" é inválido, na medida em que, apesar de autorizado por escrito, exigiria a prova de culpa do empregado, como previsto no Art. 462, §1º, da CLT, o que não ocorreu.

QUESITOS AVALIADOS	PONTUAÇÃO
ITEM A. O desconto para a confraternização é inválido, na medida em que não foi autorizado pelo trabalhador, violando a Súmula 342 do TST e o Art. 462 da CLT, que tratam do tema.	0,00/0,55/0,65
ITEM B. O desconto a título de "pé faltante" é inválido, na medida em que, apesar de autorizado por escrito, exigiria a prova de culpa do empregado, como previsto no Art. 462, §1º, da CLT, o que não ocorreu.	0,00/0,50/0,60

53. (OAB/FGV – XVIII EXAME) Bruno é casado com Amanda, e ambos são empregados da empresa Pequenas Reformas Ltda., como engenheiros – os únicos que a empresa possui para gerenciar as 12 obras de reforma em andamento, sendo que o cronograma de metade delas está em atraso. O casal possui um filho, Rogério, estudante, de 16 anos.

Bruno e Amanda foram admitidos na mesma data (10/01/2013), e comunicados por escrito, em 1º de março de 2014, que terão as férias do período 2013/2014 concedidas nos meses de maio (para Bruno) e junho (para Amanda). Cientificados, ambos procuram, no mesmo dia, o setor de Recursos Humanos da empresa alegando que, pela Lei, têm direito ao aproveitamento das férias em conjunto e que desejam transformar 1/3 das férias em dinheiro. O gerente do setor diz que, se saírem juntos, as obras ficarão prejudicadas.

Diante do caso apresentado, responda aos itens a seguir.

A) Analise se, no caso concreto, é direito de Bruno e Amanda aproveitar as férias em conjunto, uma vez que têm filho estudante menor de 18 anos. Justifique. (Valor: 0,65)

Resposta: Não há esse direito, pois a obrigatoriedade de coincidência das férias no trabalho com as férias escolares aplica-se apenas ao menor de 18 anos que seja estudante e empregado da empresa, na forma do Art. 136, §2º, da CLT OU Não há direito potestativo porque o aproveitamento das férias em conjunto traria transtorno ao serviço, na forma do Art. 136, §1º, da CLT.

B) Analise, no caso apresentado, se haveria um direito potestativo do casal em impor ao empregador a transformação de 1/3 das férias em dinheiro. Justifique. (Valor: 0,60)

Resposta: Não há como impor a conversão das férias em pecúnia porque o requerimento não foi feito no prazo previsto em Lei – 15 dias antes do término do período aquisitivo, conforme Art. 143, §1º, da CLT.

QUESITOS AVALIADOS	PONTUAÇÃO
ITEM A. Não, porque o aproveitamento conjunto das férias traria transtorno ao serviço (0,55). Indicação do Art. 136, §1º, CLT (0,10). **OU** Não, porque a obrigatoriedade aplica-se apenas ao menor de 18 anos que seja estudante e empregado da empresa (0,55). Indicação do Art. 136, §2º, CLT (0,10).	0,00/0,55/0,65
ITEM B. Não, pois o requerimento não foi feito no prazo previsto em Lei (0,50). Indicação do Art. 143, §1º, da CLT (0,10).	0,00/0,50/0,60

54. (OAB/FGV – XVIII EXAME) Robson foi contratado para trabalhar na sociedade empresária BCD Ltda. em janeiro de 2005, cumprindo jornada de segunda-feira a sábado, das 7:00h às 18:00h, com pausa alimentar de 30 minutos. Em julho de 2007, Robson foi aposentado por invalidez; em dezembro de 2014, ele ajuizou reclamação trabalhista postulando o pagamento de horas extras de 2005 a 2007. Em defesa, a ré arguiu prescrição parcial, enquanto o autor, que teve vista da defesa, alegou que a prescrição estaria suspensa em razão da concessão do benefício previdenciário.

Considerando a situação retratada, e de acordo com a Lei e a jurisprudência consolidada do TST, responda aos itens a seguir.

A) Qual das teses prevalecerá em relação à questão da prescrição? Justifique. (Valor: 0,65)

Resposta: A tese da empresa deve prevalecer, pois a suspensão do contrato de trabalho não importa em suspensão do prazo prescricional, na forma da SDI-I, TST.

B) Indique a consequência jurídica da aposentadoria por invalidez no contrato de trabalho do autor. Justifique. (Valor: 0,60)

Resposta: A aposentadoria por invalidez é causa de suspensão do contrato de trabalho, na forma do Art. 475 da CLT.

QUESITOS AVALIADOS	PONTUAÇÃO
ITEM A. A tese empresarial, pois a suspensão contratual não gera a suspensão do prazo prescricional (0,55). Indicação da OJ 375 TST (0,10).	0,00/0,55/0,65
ITEM B. É causa de suspensão do contrato de trabalho (0,50). Indicação do Art. 475, CLT (0,10).	0,00/0,50/0,60

55. (OAB/FGV – XVIII EXAME) Plínio foi empregado da sociedade empresária Marca Alimentos S/A. Ele prestou serviços nos estados do Rio de Janeiro, São Paulo e Minas Gerais, residindo hoje neste último. Ao ser dispensado, ajuizou reclamação trabalhista em face da sociedade empresária, a qual foi distribuída a 99ª Vara do Trabalho de Belo Horizonte / MG. Na audiência, a sociedade empresária apresentou exceção de incompetência, alegando que a ação deveria ter sido ajuizada em São Paulo, local da contratação e sede da ré.

Diante disso, responda aos itens a seguir.

A) Observadas as regras de competência territorial, onde Plínio deveria ajuizar a ação? (Valor: 0,60)

Resposta: Plínio poderá ajuizar a ação em qualquer dos três estados, nos termos do Art. 651, *caput*, da CLT.

B) No caso de acolhida a exceção pelo juiz, como advogado de Plínio, que medida você adotaria? (Valor: 0,65)

Resposta: Poderá interpor recurso ordinário, pois o processo será remetido para TRT diverso, nos termos da Súmula 214, c, do TST.

QUESITOS AVALIADOS	PONTUAÇÃO
ITEM A. Poderá ajuizar a ação em qualquer dos três Estados (MG, SP ou RJ) onde prestou serviços (0,50). Citação do Art. 651, *caput* **OU** §3º, CLT (0,10).	0,00/0,50/0,60
ITEM B. Recurso Ordinário (0,55). Citação do art. 895, I, CLT OU da Súmula 214, c, TST (0,10).	0,00/0,55/0,65

Fique Atento

A questão menciona que na audiência a sociedade empresária apresentou exceção de incompetência.

Porém, fique atento! O art. 800, *caput*, da CLT alterado pela Lei nº 13.467/2017 (Reforma Trabalhista) exige que a exceção seja apresentada no prazo de 5 dias a contar da notificação, **antes da audiência**.

Não observado o prazo ocorrerá a chamada preclusão temporal, fixando-se a competência no juízo onde foi ajuizada a reclamação trabalhista, isto é, ocorrerá a prorrogação de competência.

Atente-se, examinando! O legislador impôs que a exceção deve ser oferecida antes da audiência, para que esta não seja realizada.

56. (OAB/FGV – XVIII EXAME) Em reclamação trabalhista movida por empregado contra o ex-empregador, o pedido foi julgado procedente em parte e a sociedade empresária pretende recorrer. Nesse sentido, apresentou a petição com o recurso no 5º dia da publicação da sentença e o comprovante das custas e do depósito recursal 15 dias após, mas explicou na peça que havia recolhido o preparo no prazo de oito dias, conforme chancela bancária, e que a demora na juntada do preparo se deveu a um problema interno do escritório.

Na hipótese retratada, de acordo com a CLT e a jurisprudência consolidada do TST, responda aos itens a seguir.

A) Como advogado do autor da demanda, informe o que você sustentaria em contrarrazões sobre o aspecto processual apresentado na questão. (Valor: 0,65)

Resposta: A deserção, já que o preparo foi feito, mas não foi comprovado no prazo legal, conforme a Súmula 245 do TST, o Art. 789, §1º, da CLT e o Art. 7º da Lei nº 5.584/70.

B) Caso o recurso interposto pela sociedade empresária tivesse seu seguimento negado, por qualquer razão, pelo juiz de 1º grau, que recurso poderia ser interposto? Justifique. (Valor: 0,60)

Resposta: O recurso de agravo de instrumento, conforme previsto no Art. 897, b, da CLT.

QUESITOS AVALIADOS	PONTUAÇÃO
ITEM A. Deserção, já que o preparo não foi comprovado no prazo legal (0,55). Indicação da Súmula 245 do TST **OU** do Art. 789, §1º, CLT **OU** do Art. 7º da Lei nº 5.584/70 (0,10).	0,00/0,55/0,65
ITEM B. Agravo de instrumento (0,50). Indicação do Art. 897, b, CLT (0,10).	0,00/0,50/0,60

57. (OAB/FGV – XVII EXAME) Uma empregada trabalha em uma empresa cumprindo a seguinte jornada de trabalho: nos 10 primeiros dias do mês, de segunda-feira a sábado, de 08:00 às 16:00h; nos 10 dias seguintes, de segunda-feira a sábado, de 16:00 às 24:00h; nos últimos 10 dias do mês, de segunda-feira a sábado, de 24:00 às 8:00h – e assim sucessivamente em cada mês -, sempre com intervalo de 1 hora para refeição. Não existe acordo coletivo nem convenção coletiva regrando a matéria para sua categoria profissional.

Com base no caso apresentado, responda aos itens a seguir.

A) Analise se há sobrejornada, justificando em qualquer hipótese. (Valor: 0,65)

Resposta: Na hipótese trazida na questão, há turno ininterrupto de revezamento, cuja jornada deveria ser de 6 horas diárias, pois não há instrumento normativo da categoria autorizando jornada superior. Como a empregada cumpriu 8 horas diárias, terá direito às horas extras, conforme o Art. 7º, XIV, da CF/88 e SDI-I, TST.

B) Informe sobre que horário a empregada receberá adicional noturno na jornada cumprida de segunda-feira a sábado, das 16:00 às 24:00h. (Valor: 0,60)

Resposta: Tratando-se de horário misto, haverá direito ao adicional noturno sobre a jornada compreendida entre 22:00 e 00:00h, conforme o Art. 73, §4º, da CLT.

QUESITOS AVALIADOS	PONTUAÇÃO
ITEM A. Sim, pois há turno ininterrupto de revezamento **OU** Sim, porque a jornada deveria ser de 6 horas diárias (0,55). Indicação do Art. 7º, XIV, CF/88 OU OJ 275 TST (0,10)	0,00/0,55/0,65
ITEM B. Sobre a jornada compreendida entre 22:00 e 24:00 h (0,50). Indicação do Art. 73, §2º ou §4º, CLT (0,10)	0,00/0,50/0,60

58. (OAB/FGV – XVII EXAME) Em determinada ação trabalhista em face de ente público, a sentença entendeu por julgar o pedido procedente e fixar a condenação em valor correspondente a 80 salários mínimos. A matéria em discussão é controvertida nos Tribunais, ainda não estando pacificada por qualquer jurisprudência. Entretanto, o réu, ente de direito público, não recorreu.

A partir do caso apresentado, responda aos itens a seguir.

A) Ocorrerá o trânsito em julgado imediato da decisão? Fundamente. (Valor: 0,65)

Resposta: Deverá haver a remessa necessária para o TRT (submissão ao duplo grau de jurisdição obrigatório) em virtude do valor da condenação ser superior a 60 salários-mínimos e por não ser matéria pacificada nos Tribunais, razão pela qual não ocorrerá o trânsito em julgado imediato, já que a parte sucumbente foi o ente de direito público, conforme Súmula 303, I, do TST, Art. 475, I, do CPC e Art. 1º, V, do DL 779/69.

B) Caberá recurso de revista na hipótese? Fundamente. (Valor: 0,60)

Resposta: Não será possível a interposição do recurso de revista na hipótese trazida na questão porque o ente público não interpôs recurso ordinário voluntário da decisão de 1ª instância, conforme OJ 334 da SDI I do TST.

QUESITOS AVALIADOS	PONTUAÇÃO
ITEM A. Não, pois a hipótese exige remessa necessária **OU** submissão ao duplo grau de jurisdição obrigatório **OU** recurso de ofício (0,55). Indicação da Súmula 303, I, TST, **OU** do Art. 475, I, do CPC, **OU** do Art. 1º, V, DL 779/69 (0,10).	0,00/0,55/0,65
ITEM B. Não caberá recurso de revista porque não houve interposição de recurso ordinário voluntário (0,50). Indicação da OJ 334 SDI I TST (0,10).	0,00/0,50/0,60

! Fique Atento A redação do art. 475, I, do CPC/1973, passa a ser tratada no art. 496, I, do CPC/2015.

59. (OAB/FGV - XVII EXAME) Lucas ajuizou reclamação trabalhista contra sua ex-empregadora, uma empresa de terceirização, e contra o ente público tomador dos serviços. No rol de pedidos, o autor deseja o pagamento de verbas da extinção contratual e indenização por dano moral, pois era humilhado pelo seu supervisor, além da condenação subsidiária do ente público por culpa in vigilando (Súmula 331, V, do TST). Em sua contestação, o ente público sustenta que, caso venha a ser condenado, devem ser observados os juros menores previstos na Lei nº 9.494/97, além de não poder ser responsabilizado pela eventual condenação por dano moral, sequer de forma subsidiária, pois não feriu qualquer direito de personalidade do autor.

Considerando a situação retratada, e de acordo com a jurisprudência consolidada do TST, responda aos itens a seguir.

A) A tese do ente público, quanto à condenação em juros menores, deve ser acolhida? Justifique. (Valor: 0,65)

Resposta: A tese do Poder Público não deve prevalecer, pois quando ele é condenado subsidiariamente não se beneficia dos juros menores, conforme SDI-I, TST.

B) A tese do ente público de isenção quanto à responsabilidade pelo eventual deferimento de indenização por dano moral deve ser acolhida? Justifique. (Valor: 0,60)

Resposta: A tese do Poder Público não deve prevalecer, pois a responsabilidade subsidiária abrange todas as verbas decorrentes da condenação no período da prestação laboral, conforme a Súmula 331, VI, do TST.

QUESITOS AVALIADOS	PONTUAÇÃO
ITEM A. Não, pois quando o ente público é condenado subsidiariamente não se beneficia dos juros menores (0,55). Indicação da OJ 382 TST (0,10).	0,00/0,55/0,65
ITEM B. Não, pois a responsabilidade subsidiária abrange todas as verbas objeto da condenação, sem exceção (0,50). Indicação da Súmula 331, VI, TST (0,10).	0,00/0,50/0,60

60. (OAB/FGV - XVII EXAME) Rodolfo é gerente em um supermercado e recebe salário de R$ 5.000,00 mensais, mas precisou se afastar do emprego por 90 dias em razão de doença. Nesse período de afastamento, o subgerente Vitor, que ganha

R$ 4.000,00 por mês, assumiu a função interinamente. Infelizmente a doença de Rodolfo evoluiu e ele veio a falecer 91 dias após o afastamento. Uma semana após o trágico evento, o supermercado contratou José como o novo gerente, acertando salário de R$ 4.800,00 mensais.

Diante da situação apresentada e do entendimento consolidado do TST, responda de forma fundamentada aos itens a seguir.

A) Analise se Vitor tem direito a receber o mesmo salário que Rodolfo no período em que assumiu a função interinamente. (Valor: 0,65)

Resposta: Vitor tem direito a receber o mesmo salário que Rodolfo porque, na hipótese, a substituição não foi eventual, razão pela qual é assegurado o pagamento do mesmo salário que o substituído, na forma da Súmula 159, I, do TST.

B) Caso José viesse a ajuizar reclamação trabalhista postulando a diferença salarial entre aquilo que ele recebe de salário e o valor pago ao finado Rodolfo, sob alegação de discriminação, que tese você, contratado pelo Supermercado, advogaria? (Valor: 0,60)

Resposta: A tese a ser advogada pela empresa é a de que se trata de cargo vago que, assim, não garante ao novo empregado o direito de receber o mesmo salário do antecessor, na forma da Súmula 159, II, do TST.

QUESITOS AVALIADOS	PONTUAÇÃO
ITEM A. Há direito ao mesmo salário porque a substituição não é eventual OU porque a ocupação do cargo foi interina (0,55). Indicação da Súmula 159, I, do TST (0,10).	0,00/0,55/0,65
ITEM B. Que se trata de cargo vago, não ensejando o mesmo salário do antecessor (0,50). Indicação da Súmula 159, II, do TST (0,10).	0,00/0,50/0,60

61. (OAB/FGV – XVI EXAME) Jorge é frentista do posto de gasolina Trevo Ltda. Na admissão, foi informado e assinou contrato de emprego no qual consta cláusula em que autoriza descontos quando gerar prejuízos financeiros ao empregador, decorrentes de ato culposo seu. Em norma interna do posto, de conhecimento de todos os empregados, consta que pagamentos em cheque só seriam aceitos após ser anotada a placa do veículo, além de identidade, endereço e telefone do condutor. Em determinado dia, o cunhado de Jorge, após abastecer o veículo com este, pagou em cheque. Tratando-se do cunhado, Jorge nada anotou no cheque. Dias depois foi constatado que o cheque era de terceiro, estando sustado em decorrência de furto. A sociedade empresária descontou seu prejuízo do salário de Jorge.

Sobre o caso apresentado, responda aos itens a seguir.

A) Analise a validade do desconto efetuado pela empresa. (Valor: 0,65)

Resposta: A empresa poderá descontar o valor, na forma do Art. 462, §1º, da CLT, pois o ato foi culposo e estava acertado em contrato.

B) Caso Jorge tivesse agido em conluio com o cunhado, obtendo benefício próprio, e por conta disso a empresa quisesse dispensá-lo por justa causa, em que hipótese deveria tipificar a conduta do empregado? (Valor: 0,60)

Resposta: Nesse caso a conduta de Jorge pode ser tipificada como ato de improbidade, nos termos do Art. 482, "a", da CLT.

QUESITOS AVALIADOS	PONTUAÇÃO
ITEM A. O desconto é lícito porque há previsão contratual e culpa do empregado. (0,55). Citação do Art. 462, § 1º, da CLT (0,10).	0,00/0,55/0,65
ITEM B. Ato de improbidade (0,50). Citação do Art. 482, "a", da CLT. (0,10).	0,00/0,50/0,60

62. (OAB/FGV – XVI EXAME) Um vigilante trabalha numa empresa do seguinte modo: das 7:00 às 19:00 h, folgando o restante daquele dia e o dia seguinte, voltando à escala 2 dias após, para nova jornada das 7:00 às 19:00 h – ou seja, 12 horas de trabalho seguidas por 36 horas de descanso. Esse acerto está previsto na convenção coletiva da categoria do empregado.

Diante disso, responda aos itens a seguir.

A) Caso o dia de trabalho desse vigilante coincida com um feriado, como será feito o pagamento dessas horas ao empregado? (Valor: 0,65)

Resposta: O examinando deve indicar que, nesse caso, o empregado terá direito à remuneração em dobro (adicional de 100%), conforme preconiza a Súmula 444, do TST.

B) Caso um plantão de trabalho desse vigilante coincida com o dia de domingo, como será feito o pagamento dessas horas ao empregado? (Valor: 0,60)

Resposta: O examinando deve indicar que, nesse caso, o pagamento será feito normalmente, sem qualquer adicional, uma vez que o domingo é considerado dia normal de trabalho, tendo em vista a escala 12x36 h realizada, conforme a Súmula 444 do TST.

QUESITOS AVALIADOS	PONTUAÇÃO
ITEM A. Terá direito à remuneração em dobro **OU** terá direito ao adicional de 100% (0,55). Indicação da Súmula 444 do TST (0,10).	0,00/0,55/0,65

QUESITOS AVALIADOS	PONTUAÇÃO
ITEM B. Será feito normalmente, sem adicional, pois o domingo será considerado dia normal de trabalho, haja vista a escala cumprida (0,50). Indicação da Súmula 444 do TST **OU** Art. 7º, XV, da CF **OU** Art. 67, da CLT **OU** Art. 1º, da Lei nº 605/49 **OU** Art. 1º ou Art. 6º, §2º, do Dec. 27.048/49 (0,10).	0,00/0,50/0,60

! Fique Atento Antes da Reforma Trabalhista não havia regulamentação na CLT sobre a modalidade de compensação de jornada 12 x 36. Para suprir esta lacuna do legislador, o TST regulamentou o tema. O regime 12 x 36 era admitido apenas excepcionalmente, por exemplo, nas atividades de vigilância e na área de saúde. Na verdade, para que fosse válido, era necessária a previsão em lei ou em norma coletiva (Súmula nº 444, TST).

A Reforma Trabalhista trouxe a regulamentação legal da jornada 12 x 36 no artigo 59-A, da CLT.

Diferentemente do preconizado pelo TST, esse sistema pode ser estabelecido por:

→ acordo individual escrito; e

→ instrumentos coletivos de trabalho (convenção coletiva ou acordo coletivo de trabalho).

Portanto, a Reforma Trabalhista ampliou a possibilidade de ajuste individual entre empregado e empregador, podendo-se negociar livremente essa jornada especial de 12 horas.

Se o trabalhador em regime de jornada 12 x 36 trabalhar no descanso semanal remunerado e também no feriado, não terá direito à folga compensatória, e a remuneração recebida já engloba o trabalho nesses dias.

63. (OAB/FGV – XXXI EXAME) Carlos trabalha abastecendo veículos em um posto de gasolina. A norma coletiva de sua categoria, assim como o regulamento interno da empresa empregadora, preveem que o pagamento realizado por clientes por meio de cheques não é recomendável, mas, se isso for inevitável, o funcionário deverá anotar a placa do veículo, o número de telefone e a identidade do cliente. Ocorre que, em determinado dia, com o posto lotado, Carlos não procedeu dessa forma e abasteceu dois veículos de uma mesma família. Entretanto, o cheque utilizado para pagamento não tinha suficiência de fundos, razão pela qual o empregador descontou os valores, de forma parcelada, do salário de Carlos. Carlos ajuizou ação trabalhista pelo rito ordinário, cobrando os valores descontados. A ação foi julgada improcedente em primeira instância, mas, em grau de recurso, a decisão foi reformada e o pedido julgado procedente.

Admitindo-se que a última decisão não tenha qualquer vício formal, responda aos itens a seguir.

A) Na tentativa de restabelecer a decisão originária e manter a validade dos descontos, que medida jurídica você deverá adotar? (Valor: 0,65)

Resposta: Deverá ser interposto recurso de revista, nos termos do Art. 896 da CLT.

B) Na hipótese, que tese jurídica você, como advogado(a) da empresa, deve sustentar acerca dos descontos salariais? (Valor: 0,60)

Resposta: Deverá ser sustentado que o desconto é lícito, nos termos da OJ 251 da SDI I, do TST, e/ou do Art. 7º, inciso XXVI da CRFB, uma vez que houve culpa do empregado ao não observar os comandos da norma coletiva.

QUESITOS AVALIADOS	PONTUAÇÃO
ITEM A. Deverá ser interposto recurso de revista (0,55). Indicação do Art. 896 da CLT (0,10).	0,00/0,55/0,65
ITEM B. Deverá ser sustentado que o desconto é lícito, uma vez que houve culpa do empregado ao não observar os comandos da norma coletiva (0,50). Indicação da OJ 251 da SDI I, do TST, **OU** do Art. 7º, inciso XXVI da CRFB (0,10).	0,00/0,50/0,60

64. (OAB/FGV – XXXI EXAME) Érica é empregada da sociedade empresária Laticínios Leite Bom Ltda., na qual exerce a função de auxiliar de estoque e recebe a importância correspondente a 1,5 salário-mínimo por mês. Desejando tornar-se microempreendedora individual para realizar venda de bolos e tortas por conta própria, Érica pediu demissão e começou a fazer cursos de confeitaria. Ocorre que, 30 dias após, Érica descobriu que estava grávida e, pelo laudo de ultrassonografia, verificou que já estava grávida antes mesmo de seu desligamento. Então, Érica ajuizou, de imediato, reclamação trabalhista pleiteando sua reintegração ao emprego, em razão da estabilidade, inclusive com pedido de tutela provisória.

Considerando a situação de fato e o que dispõe a CLT, responda às indagações a seguir.

A) Caso você fosse contratado pela sociedade empresária, que tese jurídica apresentaria na defesa contra o pedido de reintegração? (Valor: 0,65)

Resposta: A tese a ser apresentada é a de que não houve dispensa sem justa causa, que é o ato do empregador vedado no caso da gravidez, mas, sim, pedido de demissão, que não encontra óbice no Art. 10, inciso II, alínea b, do ADCT.

B) Caso Érica viesse a ser vencedora na causa e abandonasse o processo na fase de execução por 25 meses, mesmo tendo sido intimada pelo juízo a manifestar-se nos autos, que tese você, como advogado(a) da sociedade empresária, apresentaria em favor do seu cliente? (Valor: 0,60)

Resposta: Na defesa dos interesses da empresa deverá ser suscitada a prescrição intercorrente, pois o processo ficou paralisado por mais de 2 anos, na forma do Art. 11-A da CLT.

QUESITOS AVALIADOS	PONTUAÇÃO
ITEM A. A tese a ser apresentada é a de que não houve dispensa sem justa causa, que é o ato do empregador vedado no caso da gravidez, mas, sim, pedido de demissão (0,55). Indicação do Art. 10, inciso II, alínea b, do ADCT (0,10).	0,00/0,55/0,65
ITEM B. Na defesa dos interesses da empresa deverá ser suscitada a prescrição intercorrente, pois o processo ficou paralisado por mais de 2 anos (0,50). Indicação do Art. 11-A da CLT (0,10).	0,00/0,50/0,60

65. (OAB/FGV – XXXI EXAME) Reginaldo trabalha como operador de telemarketing atendendo no número de telefone do Serviço de Atendimento ao Cliente (SAC) de seu empregador, tendo sido admitido em 22/03/2018. Uma vez que Reginaldo trabalha apenas com recepção de ligação telefônica, o empregador determinou, desde o início do contrato, que Reginaldo trabalhasse em seu próprio domicílio, local onde o empregador instalou uma pequena central para a recepção dos telefonemas, bem como um computador para que Reginaldo pudesse registrar, no sistema da empresa, as reclamações e sugestões dos clientes. Em janeiro de 2020, Reginaldo pediu demissão.

Diante da narrativa apresentada e dos termos da CLT, responda às indagações a seguir.

A) Se Reginaldo ajuizasse reclamação trabalhista logo após a ruptura contratual, postulando horas extras, alegando que trabalhava 10 horas diárias sem intervalo, que tese jurídica de mérito você, como advogado(a) da empresa, apresentaria em favor da reclamada? Justifique. (Valor: 0,65)

Resposta: A tese a ser apresentada é a de que o teletrabalhador está excluído do limite de jornada e, consequentemente, não tem direito ao pagamento de horas extras, conforme previsão contida no Art. 62, inciso III - os empregados em regime de teletrabalho que prestam serviço por produção ou tarefa.

B) Caso você fosse contratado como advogado(a) por Reginaldo e o pedido de horas extras tivesse sido julgado totalmente improcedente, com imposição de

custas e honorários advocatícios, sem que o juiz tivesse apreciado o pedido de gratuidade de justiça formulado na inicial, que medida você adotaria para sanar a omissão? Justifique. (Valor: 0,60)

Resposta: Diante da omissão do juiz na apreciação do pedido de gratuidade de justiça, a medida a ser adotada seria a oposição de embargos de declaração para supri-la, na forma do Art. 897-A da CLT.

QUESITOS AVALIADOS	PONTUAÇÃO
ITEM A. A tese a ser apresentada é a de que o teletrabalhador está excluído do limite de jornada e, consequentemente, não tem direito ao pagamento de horas extras (0,55). Indicação do Art. 62, inciso III, da CLT.	0,00/0,55/0,65
ITEM B. Diante da omissão do juiz na apreciação do pedido de gratuidade de justiça, a medida a ser adotada seria a oposição de embargos de declaração para supri-la (0,50). Indicação do Art. 897-A da CLT (0,10).	0,00/0,50/0,60

! Fique Atento

Atenção! Questão desatualizada no item "a", A Lei nº 14.442/2022 alterou a redação do art. 62, III da CLT e passa a incluir como excluídos do capítulo destinado a duração do trabalho apenas os empregados em regime de teletrabalho que prestam serviço por produção ou tarefa.

66. (OAB/FGV – XXXI EXAME) Roberto trabalhava em uma indústria de cigarros. Além do salário mensal, recebia cerca de 50 pacotes de cigarros variados por mês. Ao ser dispensado, Roberto ajuizou reclamação trabalhista pleiteando a integração do valor dos cigarros à sua remuneração, para todos os efeitos. No dia e na hora designados para a audiência, o reclamante estava presente e assistido; já o preposto não compareceu, e apenas o advogado da ré estava presente. É certo que a procuração, a defesa e os documentos já estavam nos autos. O advogado do autor requereu a revelia e a exclusão da contestação e dos documentos do processo.

Diante do enunciado, na qualidade de advogado da ré, responda aos itens a seguir.

A) O que você deverá alegar acerca do requerimento formulado por seu ex adverso sobre a defesa e os documentos? Fundamente. (Valor: 0,65)

Resposta: Deverá ser alegado que a contestação e os documentos deverão ser aceitos mesmo na ausência do preposto, nos termos do Art. 844, § 5º, da CLT.

B) O que você deverá alegar na defesa da sua cliente quanto ao pedido de integração do valor da utilidade fornecida? Fundamente. (Valor: 0,60)

Resposta: Deverá alegar que dada a nocividade à saúde, o cigarro não constitui salário utilidade, nos termos da Súmula 367, inciso II, do TST.

QUESITOS AVALIADOS	PONTUAÇÃO
ITEM A. Deverá ser alegado que a contestação e os documentos deverão ser aceitos mesmo na ausência do preposto (0,55). Indicação do Art. 844, § 5º, da CLT (0,10).	0,00/0,55/0,65
ITEM B. Deverá alegar que dada a nocividade à saúde, o cigarro não constitui salário utilidade (0,50). Indicação da Súmula 367, inciso II, do TST (0,10).	0,00/0,50/0,60

67. (OAB/FGV – XXXII EXAME) Jéssica trabalha como operadora de telemarketing em uma sociedade empresária, oferecendo vários produtos, por telefone (seguro de vida, seguro saúde e plano de capitalização, entre outros). A empregadora de Jéssica propôs que ela trabalhasse de sua residência, a partir de fevereiro de 2018, o que foi aceito. Então, a sociedade empresária montou a estrutura de um home office na casa de Jéssica, e o trabalho passou a ser feito do próprio domicílio da empregada. Passados 7 (sete) meses, a sociedade empresária convocou Jéssica para voltar a trabalhar na sede, a partir do mês seguinte, concedendo prazo de 30 (trinta) dias para as adaptações necessárias. A empregada não concordou, argumentando que já havia se acostumado ao conforto e à segurança de trabalhar em casa, além de, nessa situação, poder dar mais atenção aos dois filhos menores. Ela ponderou que, para que a situação voltasse a ser como antes, seria necessário haver consenso, mas que, no seu caso, não concordava com esse retrocesso.

Diante da situação retratada e dos ditames da CLT, responda aos itens a seguir.

A) Analise se a empregada tem razão em negar-se a voltar a trabalhar fisicamente nas dependências da sociedade empresária. Justifique. (Valor: 0,65)

Resposta: A empregada não tem razão, pois é direito do empregador retornar do trabalho realizado em domicílio para o presencial, sendo desnecessária a concordância do empregado para mudança do regime de teletrabalho para o presencial, conforme o Art. 75-C § 2º, da CLT.

B) Se Jéssica ajuizasse ação postulando horas extras no período em que atuou em seu domicílio, que tese você, contratado (a) pela sociedade empresária, sustentaria? Justifique. (Valor: 0,60)

Resposta: A tese a ser apresentada é a de que o teletrabalho não enseja pagamento de horas extras, estando excluído do regime de duração horária, na forma do Artigo 62, inciso III, da CLT.

QUESITOS AVALIADOS	PONTUAÇÃO
ITEM A. A empregada não tem razão, porque é direito do empregador retornar do trabalho em domicílio para presencial ou é desnecessária a concordância para mudança do regime de teletrabalho para o presencial (0,55). Indicação Art. 75-C, § 2º, CLT (0,10)	0,00/0,55/0,65

QUESITOS AVALIADOS	PONTUAÇÃO
ITEM B. O teletrabalho não gera horas extras ou está excluído do regime de duração horária (0,50). Indicação Art. 62, III, CLT (0,10)	0,00/0,50/0,60

! Fique Atento

Atenção! Questão desatualizada no item "b", A Lei nº 14.442/2022 alterou a redação do art. 62, III da CLT e passa a incluir como excluídos do capítulo destinado a duração do trabalho apenas os empregados em regime de teletrabalho que prestam serviço por produção ou tarefa.

68. (OAB/FGV – XXXII EXAME) A sociedade empresária Madeiras de Lei Ltda. contratou você, como advogado (a), para defendê-la em uma reclamação trabalhista proposta pelo ex-empregado Roberto. Após devidamente contestada e instruída a demanda, a sentença foi prolatada, julgando o pedido procedente em parte. A sociedade empresária pretende recorrer da sentença porque acha que nada deve ao ex-empregado e questiona o valor dos custos desse recurso. Cientificada por você do valor das custas e do depósito recursal, a sociedade empresária diz que está acumulando capital para abrir novas filiais e ampliar sua rede, de modo que, no momento, em razão de suas prioridades internas, só tem valor disponível para as custas. Considerando a narrativa dos fatos e os termos da CLT, responda às indagações a seguir.

A) indique a alternativa jurídica que viabilizaria a interposição do recurso ordinário sem a necessidade de a sociedade empresária desembolsar o numerário do depósito recursal, considerando que, pela narrativa, ela não é beneficiária de gratuidade de justiça. Justifique. (Valor: 0,65)

Resposta: A substituição ou apresentação do depósito recursal em dinheiro por fiança bancária ou seguro garantia judicial, na forma do Art. 899, § 11, da CLT.

B) Se a sociedade empresária tivesse a recuperação judicial deferida pela Justiça Comum antes da sentença, como ficaria a questão do depósito recursal para fins de interposição do recurso ordinário por ela desejado? Justifique. (Valor: 0,60)

Resposta: Nesse caso, a sociedade empresária ficaria isenta do depósito recursal, na forma do Art. 899, § 10, da CLT.

QUESITOS AVALIADOS	PONTUAÇÃO
ITEM A. A substituição do depósito recursal por fiança bancária OU seguro garantia judicial (0,55). Indicação Art. 899, § 11, CLT (0,10)	0,00/0,55/0,65
ITEM B. A sociedade empresária seria isenta do depósito recursal (0,50). Indicação do Art. 899, § 10, da CLT (0,10)	0,00/0,50/0,60

69. (OAB/FGV – XXXII EXAME) Rezende, contratado em 05/04/2019 como cozinheiro no restaurante Paladar Supremo Ltda., trabalhava de segunda à sexta-feira, das 16h às 00h, sem intervalo. Em 04/09/2019, Rezende foi dispensado sem justa causa e ajuizou reclamação trabalhista postulando o pagamento de 1 hora diária com adicional de 50%, em razão do intervalo para refeição não concedido, além da integração dessa hora com adicional de 50% ao 13º salário, às férias, ao FGTS e ao repouso semanal remunerado. Considerando a situação apresentada e os termos da CLT, responda aos itens a seguir.

A) Caso você fosse contratado pela empresa, que reconhece não ter concedido o intervalo para refeição, que tese jurídica você poderia advogar em defesa dos interesses da reclamada para reduzir eventual condenação? (Valor: 0,65)

Resposta: A tese a ser apresentada é a de que o intervalo para refeição devido, após o advento da Lei nº 13.467/17, tem natureza indenizatória e, assim, não gera reflexo em outros direitos, conforme prevê o Art. 71, § 4º, da CLT.

B) Caso a reclamação trabalhista proposta por Rezende não identificasse nenhum valor, mas apenas a indicação dos direitos que ele postulava, que preliminar você advogaria em favor da empresa? (Valor: 0,60)

Resposta: Na defesa dos interesses da empresa, deverá ser suscitada preliminar de inépcia para extinção do processo sem resolução do mérito porque não houve indicação do valor na petição inicial, em desacordo com o que determina o Art. 840, §§ 1º ou 3º, da CLT, Art. 852-B, I ou § 1º, da CLT, Art. 330, I ou § 1º, I ou II, do CPC ou Art. 337, IV, do CPC.

QUESITOS AVALIADOS	PONTUAÇÃO
ITEM A. O intervalo para refeição tem natureza indenizatória (0,55). Indicação Art. 71, § 4º, CLT (0,10).	0,00/0,55/0,65
ITEM B. Inépcia da petição inicial (0,50). Indicação Art. 840, §§ 1º ou 3º, CLT, Art. 852-B, I ou § 1º, CLT ou Art. 330, I ou § 1º, I ou II, CPC ou Art. 337, IV, CPC (0,10)	0,00/0,50/0,60

70. (OAB/FGV – XXXII EXAME) Clotilde foi contratada, em 10/12/2019, pela sociedade empresária Viação Pontual Ltda., a título de experiência, por 45 dias, recebendo o valor correspondente a 1,5 salário mínimo por mês. Passado o prazo de 45 dias e não tendo Clotilde mostrado um bom desempenho no serviço, a empregadora resolveu não dar prosseguimento ao contrato, que foi extinto no seu termo final. Ocorre que o ex-empregador não pagou à Clotilde as verbas relativas ao rompimento contratual, o que a levou a ajuizar reclamação trabalhista pedindo justamente essas verbas, que foram liquidadas na inicial e alcançaram o valor de R$ 4.000,00 (quatro mil reais). Na sentença, e seguindo os pedidos formulados, considerando, ainda, que a sociedade empresária reconheceu que não pagou qualquer verba por estar em dificuldades financeiras, o juiz julgou procedente o pedido e condenou a sociedade empresária ao pagamento de aviso prévio, 13º salário proporcional, férias proporcionais acrescidas de 1/3, saldo salarial de 15 dias e honorários advocatícios de 10% sobre o valor da execução, conforme rol de pedidos formulados na demanda. Diante da narrativa apresentada e dos termos da CLT, responda às indagações a seguir.

A) Caso você fosse contratado (a) pela sociedade empresária, que tese de mérito apresentaria no recurso ordinário em relação ao objeto da condenação para tentar reduzi-lo? Justifique. (Valor: 0,65)

Resposta: A tese defensiva é a de que na extinção de contrato a termo, como é o caso do contrato de experiência, não é devido o pagamento do aviso prévio, conforme Art. 487 da CLT, pois o contrato foi encerrado no termo final previsto.

B) Caso fosse necessário, quantas testemunhas, no máximo, a sociedade empresária poderia conduzir à audiência na reclamação trabalhista de Clotilde? Justifique. (Valor: 0,60)

Resposta: Uma vez que o valor dos pedidos submete a causa ao procedimento sumaríssimo, a sociedade empresária poderia conduzir, no máximo, duas testemunhas, conforme o Art. 852-H, § 2º, da CLT.

QUESITOS AVALIADOS	PONTUAÇÃO
ITEM A. No contrato de experiência não é devido o aviso prévio OU indevido o aviso prévio porque o contrato encerrado no termo final previsto (0,55). Indicação Art. 487, CLT (0,10)	0,00/0,55/0,65
ITEM B. No máximo, duas testemunhas (0,50). Indicação Art. 852-H, § 2º, CLT (0,10)	0,00/0,50/0,60

71. (OAB/FGV – XXXIII EXAME) Flávio era auxiliar de limpeza em uma empresa terceirizada, trabalhando no aeroporto internacional da cidade. Ele era encarregado da limpeza de 5 banheiros, sendo que cada um deles deveria ser limpo pelo menos 4 vezes no turno de cada empregado, em razão do intenso uso pela grande circulação de passageiros. Logo após ter sido dispensado, Flávio ajuizou reclamação trabalhista postulando adicional de insalubridade. Em defesa, a empresa reconheceu que o número de banheiros sob a responsabilidade de Flávio e a quantidade de vezes que eles deveriam ser limpos estava corretamente informado na petição inicial, mas negou o direito ao adicional desejado por não haver agente agressor à saúde do empregado. Em audiência, as partes declararam expressamente que não teriam outras provas a produzir, o que foi acatado pelo juiz, que encerrou a instrução processual e concedeu, a pedido dos advogados, prazo para razões finais escritas (memoriais). Nesse interregno, o(a) advogado(a) de Flávio faleceu e você, como advogado(a), foi procurado(a) para assumir a causa.

Diante da situação retratada, dos ditames da CLT e do entendimento consolidado pelo TST, responda aos itens a seguir.

A) Para o deferimento do adicional postulado por Flávio, e já nas razões finais escritas, que argumento jurídico você apresentaria? (Valor: 0,65)

Resposta: O argumento adequado é o de que a higienização de instalações sanitárias de uso público ou coletivo de grande circulação enseja o pagamento de adicional de insalubridade, na forma da Súmula 448, inciso II, do TST.

B) Alguma entidade privada poderia ajuizar ação como substituto processual, com efetiva chance de sucesso, para postular o adicional de insalubridade em favor de todos os auxiliares de limpeza que trabalham no aeroporto? Indique-a, se for o caso. (Valor: 0,60)

Resposta: Sim. A ação poderia ser ajuizada pelo sindicato de classe dos empregados como substituto processual, na forma da SDI-I, TST, ou do Art. 8º, inciso III, da CRFB/88, ou Art. 513, alínea "a", da CLT ou Art. 18 do CPC.

QUESITOS AVALIADOS	PONTUAÇÃO
ITEM A. Que a higienização de instalações sanitárias de uso público ou coletivo de grande circulação gera pagamento de insalubridade (0,55). Indicação Súmula 448, II, TST (0,10)	0,00/0,55/0,65
ITEM B. Sim, o sindicato de classe dos empregados (0,50). Indicação OJ 121, TST, ou Art. 8º, III, CRFB/88, ou Art. 513, "a", CLT ou Art. 18 CPC (0,10)	0,00/0,50/0,60

72. (OAB/FGV – XXXIII EXAME) Kleber é motorista rodoviário da Viação Canela Ltda. e atua na área urbana do Município do Recife. Quando da sua admissão, em outubro de 2021, Kleber não assinou qualquer documento, mas teve a CTPS regularmente assinada. Após realizar duas semanas de ambientação na empresa e se submeter a exame toxicológico, Kleber iniciou suas atividades profissionais. Em determinado dia, por desatenção, Kleber avançou um sinal luminoso de trânsito vermelho e, dias depois, seu empregador recebeu uma multa por essa razão. Apurado de forma criteriosa que Kleber era o condutor do veículo no momento do fato, o empregador descontou o valor integral da multa no mês seguinte, o que correspondia a 10% do salário do empregado. Irresignado, Kleber procurou você, como advogado(a), para ajuizamento de reclamação trabalhista envolvendo os fatos narrados. Considerando a situação retratada e os ditames da CLT, responda às indagações a seguir.

A) Como advogado(a) de Kleber, que tese jurídica você adotaria contra o desconto efetuado, para assim justificar a sua devolução? Justifique. (Valor: 0,65)

Resposta: Apesar de haver culpa do empregado, a possibilidade de desconto no seu salário por dano causado pelo empregado não foi acordada no contrato, daí não poderia ser efetuada, conforme o Art. 462, § 1º, da CLT.

B) Caso Kleber quisesse postular indenização por dano moral por ter sido obrigado a se submeter a exame toxicológico, o que no entender dele violaria a intimidade e a privacidade, o que você, advogado(a) de Kleber, recomendaria? Justifique. (Valor: 0,60)

Resposta: Nada deve ser feito a respeito, porque a realização do exame toxicológico para motoristas profissionais é prevista em Lei, sendo portanto legítimo que a empresa o exija, não caracterizando assim ato ilícito, conforme o Art. 168, § 6º, e o Art. 235-B, inciso VII, ambos da CLT.

QUESITOS AVALIADOS	PONTUAÇÃO
ITEM A. Que a possibilidade de desconto não foi acordada (0,55). Indicação Art. 462, § 1º, CLT (0,10)	0,00/0,55/0,65
ITEM B. Nenhuma medida a ser adotada porque esse exame é previsto em Lei ou é legítima a sua exigência pela empresa (0,50). Indicação Art. 168, § 6º ou Art. 235-B, VII, ambos da CLT (0,10)	0,00/0,50/0,60

73. (OAB/FGV – XXXIII EXAME) Rosalina era empregada da sociedade empresária Entregas Rápidas Ltda. há 2 anos, e, no mês de agosto de 2021, apresentou ao empregador um atestado médico falso para abono de 3 dias de faltas, e logo após um segundo atestado adulterado para abono de outros 2 dias de ausência. A sociedade empresária, após desconfiar de ambos os atestados, oficiou ao diretor do hospital público onde supostamente teriam ocorrido os atendimentos médicos, e obteve a resposta oficial de que ambos os atestados não traduziam a realidade. Considerando os fatos narrados e a previsão legal, responda aos itens a seguir.

A) Se você fosse consultado(a) como advogado(a) da sociedade empresária, cujo desejo é dispensar Rosalina por justa causa, como enquadraria a conduta da empregada na CLT? (Valor: 0,65)

Resposta: O enquadramento deve ser de improbidade, ato de desonestidade, conforme o Art. 482, alínea "a", da CLT, ou ainda mau procedimento, conforme o Art. 482, alínea "b", da CLT.

B) Se Rosalina fosse dispensada por justa causa e não comparecesse à empresa, no prazo legal, para receber o saldo salarial devido, que medida judicial você adotaria na defesa dos interesses do ex-empregador? (Valor:0,60)

Resposta: Ajuizar ação de consignação em pagamento, conforme o Art. 539 do CPC ou o Art. 335, inciso I, do CCB.

QUESITOS AVALIADOS	PONTUAÇÃO
ITEM A. Ato de improbidade (0,55). Indicação Art. 482, "a", CLT (0,10) OU Mau procedimento (0,55). Indicação Art. 482, "b", CLT (0,10)	0,00/0,55/0,65
ITEM B. Ação de consignação em pagamento (0,50). Indicação Art. 539, CPC ou Art. 335, I, CCB (0,10)	0,00/0,50/0,60

74. (OAB/FGV – XXXIII EXAME) Você é advogado(a) de Rodrigo, que ajuizou reclamação trabalhista contra o ex-empregador. Depois de regularmente contestado e instruído o feito, a sentença foi publicada, julgando improcedentes os pedidos formulados, fixando as custas em R$ 200,00 e indeferindo a gratuidade de justiça requerida, porque Rodrigo está trabalhando em outra empresa e recebe alto salário. Diante da improcedência, você interpôs recurso ordinário no prazo legal, mas por descuido no preenchimento da guia própria, recolheu apenas R$ 20,00 de custas (em vez dos R$ 200,00 fixados na sentença). Em contrarrazões, a sociedade empresária requereu ao juiz de 1º grau que fosse negado seguimento ao recurso porque deserto, haja vista a insuficiência do preparo. Considerando os fatos narrados, a previsão legal e o entendimento consolidado do TST, responda aos itens a seguir.

A) Que requerimento você apresentaria para tentar viabilizar o recurso? (Valor: 0,65)

Resposta: O pedido seria de complementação das custas no prazo de 5 dias, conforme SDI-I, TST e o Art. 1.007, § 2º, do CPC.

B) Caso o requerimento fosse indeferido e o juiz de 1º grau negasse seguimento ao recurso por deserto, acatando a tese da sociedade empresária, que medida judicial você utilizaria? (Valor: 0,60)

Resposta: Interpor recurso de agravo de instrumento, previsto no Art. 897, alínea b, da CLT.

QUESITOS AVALIADOS	PONTUAÇÃO
ITEM A. Complementação das custas (0,55). Indicação OJ 140 TST ou Art. 1.007, § 2º, CPC (0,10)	0,00/0,55/0,65
ITEM B. Agravo de instrumento (0,50). Indicação Art. 897, "b", CLT (0,10)	0,00/0,50/0,60

75. (OAB/FGV – XXXIV EXAME) Cícero é piloto da aviação comercial. Após deixar de trabalhar para uma determinada companhia aérea brasileira, porque seus salários estavam atrasados e já contava com cinco anos sem desfrutar férias, foi contratado por uma companhia aérea chinesa, que faz apenas voos locais. Cícero ajuizou reclamação trabalhista em face da ex-empregadora, mas, no dia e na hora designados para a audiência, ele não poderia estar presente, pois estava a trabalho na China, em voo de longa duração, sem a possibilidade de acesso à Internet. Ocorre que Cícero tem pressa na solução do processo. Com base na hipótese apresentada, com fundamento na CLT, responda, como advogado(a) de Cícero, aos itens a seguir.

A) Considerando que a Vara do Trabalho para qual o processo foi distribuído utiliza o sistema de audiência fracionada, que medida você deverá adotar para evitar o adiamento da audiência ou o arquivamento do processo? Fundamente. (Valor: 0,65)

Resposta: Deve ser requerida a representação do autor por outro empregado de mesma profissão ou pelo sindicato de classe, na forma do Art. 843, § 2º, da CLT.

B) Acerca da ruptura do contrato de trabalho, que tese jurídica você sustentaria na reclamação trabalhista? Fundamente. (Valor: 0,60)

Resposta: Deve ser sustentada a rescisão indireta por mora salarial e descumprimento contratual, na forma do Art. 483, alínea d, da CLT.

QUESITOS AVALIADOS	PONTUAÇÃO
ITEM A. Requerer a representação do autor por outro empregado de mesma profissão OU pelo sindicato de classe (0,55). Indicação Art. 843, § 2º, CLT (0,10)	0,00/0,55/0,65
ITEM B. A rescisão indireta (0,50). Indicação Art. 483, "d", CLT (0,10)	0,00/0,50/0,60

76. (OAB/FGV – XXXIV EXAME) Jorge Souza atua como auxiliar de produção em uma indústria alimentícia, recebendo dois salários-mínimos mensais. Ainda com o contrato em vigor, Jorge ajuizou, no ano de 2020, reclamação trabalhista contra o empregador, requerendo o pagamento de insalubridade em grau mínimo, pois afirmou existir, no seu local de trabalho, um agente agressor à sua saúde. Designada audiência, as partes compareceram, e o juiz verificou que não era possível a conciliação. Então, o magistrado determinou de ofício a realização de prova pericial e que a sociedade empresária antecipasse os honorários do perito, afirmando que não reconsideraria tal comando. Considerando a situação retratada, os ditames da CLT e o entendimento consolidado do TST, responda às indagações a seguir.

A) Como advogado da sociedade empresária, que medida imediata você adotaria para evitar a antecipação dos honorários periciais? Justifique. (Valor: 0,65)

Resposta: A sociedade empresária deve impetrar mandado de segurança porque a CLT prevê, expressamente, que não haverá antecipação de honorários periciais, conforme o Art. 790-B, § 3º, da CLT, OJ 98 da SDI-2 do TST ou Art. 5º, inciso LXIX, CF/88 ou Art. 1º da Lei 12.016/09.

B) Se a perícia confirmasse a insalubridade e, na sentença, o juiz condenasse a reclamada ao pagamento do adicional desejado, na razão de 10% sobre o salário contratual do reclamante, que tese jurídica você adotaria no recurso, em defesa da empresa, para diminuir a condenação? Justifique. (Valor: 0,60)

Resposta: A tese a ser defendida é a de que o adicional de insalubridade deve ter como base de cálculo o salário-mínimo, e não o salário-base do empregado, na forma do Art. 192 da CLT ou Súmula Vinculante nº 4 do STF.

QUESITOS AVALIADOS	PONTUAÇÃO
ITEM A. Impetrar mandado de segurança (0,55). Indicação Art. 790-B, § 3º, CLT, ou OJ 98 SDI-2 TST ou Art. 5º, LXIX, CF/88 ou Art. 1º Lei 12.016/09 (0,10).	0,00/0,55/0,65
ITEM B. Que o adicional de insalubridade deve ser calculado sobre o salário-mínimo (0,50). Indicação Art. 192, CLT ou Súmula Vinculante 4 STF (0,10)	0,00/0,50/0,60

77. (OAB/FGV – XXXIV EXAME) Você foi procurado, como advogado(a), por Hernani Gomes, que afirmou, em resumo, ter adquirido um imóvel da sociedade empresária X, em 2000, onde reside com sua família, e que, em setembro de 2021, recebeu a visita de um oficial de justiça informando a penhora do imóvel, avaliado no ato em R$ 200.000,00, para pagamento de uma dívida trabalhista de R$ 12.000,00. Hernani, que nunca foi proprietário ou sócio de empresa, e sequer sabia da existência de qualquer processo, procurou, pela Internet, informação pelo número do processo que estava no mandado e constatou que a penhora foi feita no bojo da execução trabalhista de uma empregada que se ativou na sociedade empresária X de 2019 a 2020. Pelo fato de o imóvel ter sido anteriormente da sociedade empresária X, o juiz deferiu a penhora sobre ele. Sobre a hipótese apresentada, e considerando que Hernani jamais integrou o quadro societário da executada, responda aos itens a seguir.

A) Que medida judicial você, agora contratado(a) por Hernani, adotaria para tentar levantar a penhora sobre o bem imóvel? (Valor: 0,65)

Resposta: A medida a ser adotada são os embargos de terceiro, conforme previsto no Art. 674 do CPC, utilizado, subsidiariamente, na seara trabalhista, por força do Art. 769 da CLT.

B) Caso a medida judicial por você adotada fosse indeferida, que recurso você interporia para tentar reverter a situação? (Valor: 0,60)

Resposta: Interpor recurso de agravo de petição, previsto no Art. 897, alínea a, da CLT.

QUESITOS AVALIADOS	PONTUAÇÃO
ITEM A. Embargos de terceiro (0,55). Indicação Art. 674, CPC (0,10)	0,00/0,55/0,65
ITEM B. Agravo de petição (0,50). Indicação Art. 897, "a", CLT (0,10)	0,00/0,50/0,60

78. (OAB/FGV – XXXIV EXAME) Ribamar trabalhou como atendente de loja na sociedade empresária Rei do Super Açaí Ltda., de 06/02/2019 a 03/11/2021, quando foi desligado da sociedade. Ribamar não recebeu qualquer indenização e, em razão disso, ele procurou você, como advogado(a), para requerer judicialmente o pagamento das verbas da saída e horas extras. Ajuizada a reclamação trabalhista, a sociedade empresária apresentou contestação, afirmando que o motivo da extinção do contrato foi força maior, pois ela sofreu muito com a pandemia de Covid-19, de modo que a indenização, se cabível, deveria ser paga pela metade. Para ilustrar a situação, a ré informou que, dos 12 empregados que a sociedade empresária possuía à época dos fatos, atualmente, só restavam 5 funcionários. Para provar a alegação, exibiu as fichas de registro de seus empregados, que confirmam o alegado, mas não juntou controles de ponto do reclamante. Considerando os fatos narrados, a previsão legal e o entendimento consolidado do TST, responda aos itens a seguir.

A) Que argumento você apresentaria, em réplica, para tentar descaracterizar a tese de força maior? Justifique. (Valor: 0,65)

Resposta: Na defesa dos interesses do reclamante, o candidato deverá sustentar que não se aplica a tese de força maior porque não houve extinção do estabelecimento ou da empresa, como exige o Art. 502 da CLT.

B) De quem seria o ônus da prova de comprovar a jornada de trabalho e por qual razão? Justifique. (Valor: 0,60)

Resposta: O ônus da prova será do empregado porque a reclamada contava com menos de 20 empregados, sendo, então, desnecessário que ela mantivesse controle escrito dos horários de entrada e saída deles, conforme o Art. 74, § 2º, da CLT. Considerando que a questão envolve direito intertemporal, se a resposta especificar que se refere ao período compreendido entre a admissão e a vigência da Lei 13.874/19 (19/09/2019), será aceito que o ônus da prova pertencerá ao empregador porque o estabelecimento tinha mais de 10 empregados, e à época esse quantitativo exigia a manutenção de controle de horário, conforme Art. 74, § 2º, CLT e Súmula 338, I, TST.

QUESITOS AVALIADOS	PONTUAÇÃO
ITEM A. Que não houve extinção do(a) estabelecimento/empresa (0,55). Indicação Art. 502, CLT (0,10)	0,00/0,55/0,65
ITEM B. Do empregado, porque o estabelecimento tinha menos de 20 empregados (0,50). Indicação Art. 74, § 2º ou Art. 818, I, ambos da CLT (0,10) OU Do empregador, até a vigência da Lei 13.874/19 (19/9/2019), porque o estabelecimento tinha mais de 10 empregados e, desta data em diante, do empregado porque o estabelecimento tinha menos de 20 empregados (0,50). Indicação Art. 74, § 2º, CLT ou Art. 818 da CLT ou Súmula 338, I, TST (0,10)	0,00/0,50/0,60

79. (OAB/FGV – XXXV EXAME) Cleuza, que trabalha na Ótica Vista Longa Ltda. há 3 anos, engravidou e teve seu bebê em 5 de janeiro de 2020. Ela aproveitou regularmente a licença-maternidade, retornou à sociedade empresária e foi dispensada, sem justa causa, pelo empregador, em 12 de junho de 2021. Inconformada com a dispensa, porque entende ter garantia no emprego, Cleuza ajuizou reclamação trabalhista em 18 de junho de 2021, com pedido de reintegração, inclusive requerendo tutela provisória para retorno imediato. Considerando os fatos narrados, a previsão legal e o entendimento consolidado do TST, responda aos itens a seguir.

A) Que tese de mérito você, contratado(a) como advogado(a) da sociedade empresária, sustentaria na defesa? Justifique. (Valor: 0,65)

Resposta: Que o período de garantia no emprego, que vigora por toda a gravidez e até 5 meses após o parto, já terminou, não havendo empecilho jurídico à dispensa sem justa causa, conforme Art. 10, inciso II, alínea b, do ADCT ou Art. 391-A da CLT.

B) Caso a tutela provisória determinando a reintegração imediata de Cleuza fosse deferida antes da sentença, que medida jurídica você, como advogado(a) da sociedade empresária, adotaria para tentar reverter a situação? Justifique. (Valor: 0,60)

Resposta: Impetraria mandado de segurança, conforme previsto na Súmula 414, inciso II, do TST.

QUESITOS AVALIADOS	PONTUAÇÃO
ITEM A. O período de garantia no emprego, até 5 meses após o parto, já terminou (0,55). Indicação do Art. 10, inciso II, alínea b, do ADCT ou Art. 391-A da CLT (0,10)	0,00/0,55/0,65
ITEM B. Impetrar mandado de segurança (0,50). Indicação da Súmula 414, inciso II, do TST (0,10)	0,00/0,50/0,60

80. (OAB/FGV – XXXV EXAME) Uma grande empresa multinacional, pretendendo reduzir em 15% (quinze por cento) o seu quadro de funcionários, lançou unilateralmente um programa de desligamento incentivado em outubro de 2021. Por meio dele, o empregado que aderisse ao plano receberia, além da indenização normal prevista na Lei, mais 1,5 salários por cada ano trabalhado na empresa. Nelson, empregado da multinacional há 14 anos, se interessou pela oferta e aderiu ao programa em novembro de 2021, tendo seu contrato rompido. Após receber corretamente a indenização prometida, ajuizou reclamação trabalhista, em dezembro de 2021, alegando que teve redução salarial unilateral em março de 2012, pois até fevereiro de 2012 ganhava R$ 5.200,00 (cinco mil e duzentos reais) e, no mês seguinte, o salário foi reduzido para R$ 4.800,00 (quatro mil e oitocentos reais), sem nenhuma justificativa. Requereu, então, a diferença salarial de abril de 2012 até o término do seu contrato. Considerando os fatos narrados, a previsão da CLT e o entendimento consolidado do TST, responda aos itens a seguir.

A) Como advogado(a) de Nelson, caso a empresa trouxesse na contestação a preliminar de quitação pela adesão ao programa de desligamento, que alegação você sustentaria em réplica sobre essa preliminar? Justifique. (Valor: 0,65)

Resposta: Para a defesa do reclamante em relação à preliminar de quitação, o examinando deverá sustentar que o plano não foi previsto em norma coletiva, motivo pelo qual não terá o efeito de liberação total do ex-empregador, na forma do Art. 477-B da CLT.

B) Em relação à redução salarial, se a empresa apresentasse a tese de prescrição total (ato único do empregador), que alegação você sustentaria em réplica para viabilizar o pedido? Justifique. (Valor: 0,60)Resposta: Contra a tese de prescrição por ato único do empregador, o candidato deverá sustentar que a irredutibilidade salarial está assegurada por preceito de Lei, não cabendo, por isso, a tese de prescrição total, conforme o Art. 11, §2º, da CLT e a Súmula 294 do TST.

QUESITOS AVALIADOS	PONTUAÇÃO
ITEM A. O plano não foi previsto em norma coletiva (0,55). Indicação do Art. 477-B da CLT (0,10)	0,00/0,55/0,65
ITEM B. A parcela está assegurada por preceito de Lei (0,50). Indicação do Art. 11, § 2º, da CLT ou Súmula 294 do TST (0,10)l	0,00/0,50/0,60

81. (OAB/FGV – XXXV EXAME) Diego era sócio minoritário da sociedade empresária Bicicletas Aro Dourado Ltda., na qual permaneceu de 2005 a 2010, quando vendeu sua participação societária e registrou a alteração contratual perante a Junta Comercial. Em julho de 2021, Diego foi surpreendido com uma citação para se manifestar acerca de uma dívida trabalhista da ex-empregada Josefina, que trabalhou na empresa de 2008 a 2018, venceu a causa que ajuizou em 2019, mas não conseguiu receber seu crédito da empresa nem dos sócios atuais, daí requereu ao juiz o direcionamento da execução em desfavor de Diego como ex-sócio. Considerando os fatos narrados, a previsão da CLT e o entendimento consolidado do TST, responda aos itens a seguir.

A) Como advogado(a) de Diego, que tese você apresentaria para evitar que a execução recaísse sobre ele? Justifique. (Valor: 0,65)

Resposta: Na defesa dos interesses de Diego, o examinando deverá sustentar que entre a saída do ex-sócio e o ajuizamento da ação transcorreram mais de 2 anos, liberando-o de qualquer passivo, na forma do Art. 10-A da CLT e Art. 1003, parágrafo único, do CCB.

B) Caso a tese não tivesse sucesso perante o juiz de 1º grau, que medida judicial você adotaria para tentar reverter a decisão contrária aos interesses de Diego? Justifique. (Valor: 0,60)

Resposta: Diante da decisão tomada já em sede de execução, o recurso cabível será o agravo de petição, na forma do Art. 897, alínea a, da CLT.

QUESITOS AVALIADOS	PONTUAÇÃO
ITEM A. Que entre a saída do ex-sócio e o ajuizamento da ação transcorreram mais de 2 anos (0,55). Indicação do Art. 10-A, da CLT ou do Art. 1003, parágrafo único, do CCB (0,10)	0,00/0,55/0,65
ITEM B. Interpor agravo de petição (0,50). Indicação do Art. 897, alínea a, da CLT (0,10)	0,00/0,50/0,60

82. (OAB/FGV – XXXV EXAME) Ênio, metalúrgico na sociedade empresária Metal Pesado Ltda., candidatou-se e foi eleito diretor do sindicato dos metalúrgicos de sua categoria em 2021. Ênio foi empossado no mesmo ano para cumprir mandato de 2 anos e participava de reuniões no sindicato quando chamado. Por descuido, o sindicato não avisou ao empregador de Ênio acerca da sua eleição como dirigente sindical, somente vindo a fazê-lo 1 ano após, em 2022. Na semana seguinte a essa comunicação do sindicato, o contrato de Ênio foi rompido sem maiores explicações. Ênio, então, ajuizou reclamação trabalhista postulando sua reintegração. Em defesa, a sociedade empresária sustentou ser indevido o retorno porque a comunicação acerca da eleição acontecera fora do prazo legal (Art. 543, § 5º, da CLT) e pelo fato de a sociedade empresária ignorar o fato da eleição até então. Ademais, sustentou que a dispensa se deu por justa causa, porque o empregado utilizava grande parte do seu tempo na empresa para vender roupas, perfumes e outros acessórios, sem autorização do empregador, incidindo nos termos do Art. 482, alínea c, da CLT. Considerando os fatos narrados, a previsão legal e o entendimento consolidado do TST, como advogado(a) de Ênio, responda aos itens a seguir.

A) Que argumento jurídico você apresentaria em réplica acerca da alegação da empresa de comunicação intempestiva da eleição? Justifique. (Valor: 0,65)

Resposta: Na defesa de Ênio, a alegação será a de que, mesmo fora do prazo, a ciência ao empregador ocorreu na vigência do contrato de trabalho, garantindo, assim, a estabilidade do dirigente, na forma da Súmula 369, inciso I, do TST.

B) Acerca da alegada dispensa por justa causa, que argumento jurídico de natureza processual você apresentaria em réplica? Justifique. (Valor: 0,60)

Resposta: Na defesa de Ênio, a alegação é que seria necessário instaurar inquérito (judicial ou para apuração de falta grave) prévio para ensejar, em caso de sucesso, a dispensa por justa causa do dirigente sindical, na forma do Art. 8º, inciso VIII, da CRFB/88, ou da Súmula 379 do TST, ou do Art. 543, § 3º, da CLT, ou do Art. 853 ou Art. 494, também da CLT ou ainda da Súmula 197 do STF.

QUESITOS AVALIADOS	PONTUAÇÃO
ITEM A. Que a ciência do empregador ocorreu na vigência do contrato de trabalho (0,55). Indicação da Súmula 369, inciso I, do TST (0,10)	0,00/0,55/0,65
ITEM B. Que seria necessário inquérito (judicial ou para apuração de falta grave) (0,50). Indicação do Art. 8º, inciso VIII, da CRFB/88 ou Súmula 379 do TST ou Art. 543, § 3º, da CLT ou Art. 853 da CLT ou Art. 494 da CLT ou Súmula 197 do STF (0,10)	0,00/0,50/0,60

83. (OAB/FGV – XXXVI EXAME) Napoleão é bancário e estava desempregado. Recentemente, foi contratado como caixa pelo Banco Nosso Dinheiro, com salário de R$ 4.000,00, mais uma gratificação fixa de R$ 1.000,00 para remunerar duas horas extras diárias de trabalho. Napoleão, no curso do contrato de trabalho, em

21/02/2020, ajuizou uma ação trabalhista em face do banco. Na audiência, o banco foi representado por preposto não empregado, tendo sido requerido pela parte autora a confissão da parte ré. Sobre o fato narrado, considerando a legislação trabalhista em vigor e o entendimento jurisprudencial consolidado, responda aos itens a seguir.

A) Que implicações jurídicas de caráter de direito material do trabalho decorrem do contrato de trabalho entre o Banco e Napoleão, no que concerne ao pagamento das horas extras? Justifique. (Valor: 0,65)

Resposta: Estará caracterizada a pré-contratação de horas extras, logo, será nula. Indicação da Súmula 199, inciso I, do TST.

B) Na audiência da ação trabalhista, como advogado(a) da parte ré, qual tese jurídica você sustentaria para rechaçar o requerimento da parte autora de confissão em razão do preposto do Banco não ser empregado? Justifique. (Valor: 0,60)Resposta: Deverá sustentar que não há mais a exigência de o preposto ser empregado da ré, nos termos do Art. 843, § 3º, da CLT.

QUESITOS AVALIADOS	PONTUAÇÃO
ITEM A. A pré-contratação de horas extras é nula (0,55). Indicação Súmula 199, inciso I, TST (0,10).	0,00/0,55/0,65
ITEM B. O preposto não precisa ser empregado (0,50). Indicação Art. 843, § 3º, CLT (0,10).	0,00/0,50/0,60

84. (OAB/FGV – XXXVI EXAME) Marcelo Pereira, residente e domiciliado em Vitória/ES, trabalhou na sociedade empresária Caminhos Futuros Ltda., situada em Vitória/ES, como auxiliar do departamento de pessoal, composto inicialmente por 3 pessoas: João, colega que fazia o mesmo serviço, Lúcio, o gerente, e ele, Marcelo. Durante o contrato de trabalho, Lúcio foi dispensado e, somente seis meses depois, outro gerente foi contratado. Neste período de ausência de gerente específico, as funções do cargo ficaram sendo desempenhadas por Marcelo. Após a dispensa de Marcelo, outro gerente foi contratado. Após ser dispensado, Marcelo contratou advogado de São Paulo, o qual ajuizou reclamação trabalhista distribuída a 200ª Vara do Trabalho de São Paulo/SP, requerendo que lhe fossem pagas as diferenças salariais entre o seu salário e o de gerente de RH (departamento de pessoal) no período de seis meses, por haver permanecido no lugar do gerente Lúcio. Diante disso, considerando a legislação trabalhista em vigor e o entendimento jurisprudencial consolidado, na qualidade de advogado(a) da sociedade empresária, responda aos itens a seguir.

A) A fim de rebater o pedido de Marcelo, qual a tese jurídica a ser desenvolvida? Justifique. (Valor: 0,65)

Resposta: Deverá ser sustentada a improcedência do pedido porque não houve substituição efetiva, mas sim vacância do cargo, não tendo ocorrido substituição interina, eventual ou temporária, na forma do Art. 450 da CLT ou da Súmula 159, inciso II, do TST.

B) Considerando os interesses do seu cliente, sendo que a sociedade empresária foi citada na data de hoje e a audiência ocorrerá daqui a 60 dias, qual a medida jurídica deverá ser apresentada de imediato, a fim de evitar o deslocamento para São Paulo? Justifique. (Valor: 0,60)

Resposta: Deverá ser apresentada exceção de incompetência territorial, em até 05 dias, nos termos do Art. 800 da CLT.

QUESITOS AVALIADOS	PONTUAÇÃO
ITEM A. Não há diferença salarial por se tratar de cargo vago (0,55). Indicação Art. 450, CLT ou Súmula 159, II, TST (0,10).	0,00/0,55/0,65
ITEM B. Apresentar exceção de incompetência territorial (0,50). Indicação Art. 800, CLT (0,10).	0,00/0,50/0,60

85. (OAB/FGV – XXXVI EXAME) Em sede de reclamação trabalhista, na qual você defende os interesses da sociedade empresária, sua cliente foi condenada em primeira instância a indenizar o autor da ação por danos morais, em decorrência de exploração de imagem, pois o uniforme estampava logomarcas de fornecedores da empregadora. A ação fora ajuizada em 31/04/2022, sendo certo que o contrato de trabalho durou de 07/07/2018 a 20/12/2021. Você apresentou o recurso pertinente no 9º dia útil após a publicação da sentença, porém este teve o seguimento negado sob a alegação de intempestividade. Ocorre que o recurso era tempestivo, pois o último dia do prazo foi feriado nacional, o que não foi observado pelo juízo de origem. Diante disso, à luz do que dispõe a CLT, responda aos itens a seguir.

A) Qual a tese jurídica a ser sustentada acerca da improcedência do pedido de indenização por dano moral? Justifique. (Valor: 0,65)

Resposta: Deverá ser sustentado que é lícita a inclusão de logomarcas no uniforme, ou não há violação do direito de imagem, dado que cabe ao empregador definir a vestimenta no trabalho, nos termos do Art. 456-A da CLT.

B) Qual a medida processual a ser adotada de modo a fazer com que o recurso pertinente seja conhecido e julgado? Justifique. (Valor: 0,60)

Resposta: Deverá ser interposto agravo de instrumento, na forma do Art. 897, alínea b, da CLT ou embargos de declaração, na forma do Art. 897-A da CLT, por manifesto equívoco no exame dos pressupostos extrínsecos do recurso.

QUESITOS AVALIADOS	PONTUAÇÃO
ITEM A. O uso de logomarcas no uniforme é lícito ou não há violação do direito de imagem ou cabe ao empregador definir a vestimenta (0,55). Indicação Art. 456-A, CLT (0,10).	0,00/0,55/0,65
ITEM B. Deverá ser interposto agravo de instrumento (0,50). Indicação Art. 897, "b", CLT (0,10). ou embargos de declaração (0,50). Indicação Art. 897-A, CLT (0,10).	0,00/0,50/0,60

86. (OAB/FGV – XXXVI EXAME) Em sede de convenção coletiva, as categorias profissional e econômica fixaram cláusula que previa direito à garantia de emprego quando o empregado completasse 20 anos na empresa e estivesse a um ano de se aposentar pelo INSS. A vigência desta norma coletiva foi fixada em dois anos, tendo durado de 2019 a 2021. Decorrido este prazo e sem que outra convenção coletiva tenha sobrevindo, um empregado foi dispensado na referida condição. Sendo assim, foi ajuizada ação trabalhista pleiteando os benefícios da cláusula, aduzindo que esta permaneceria íntegra com seus efeitos até que outra convenção coletiva substituísse ou revogasse. Diante disso, com base na legislação trabalhista em vigor, na qualidade de advogado da sociedade empresária, responda aos itens a seguir.

A) Qual tese jurídica você deverá desenvolver a fim de afastar o pedido do autor? Justifique. (Valor: 0,65)

Resposta: Deverá ser aduzido que não é admitida a ultratividade da norma coletiva, na forma **do Art. 614, § 3º, da CLT.**

B) Admitindo que a ação teve o pedido julgado improcedente em primeiro grau, mas em sede de acórdão no Tribunal Regional a decisão que lhe era favorável foi revertida, considerando que a publicação da decisão deu-se na data de hoje e não contém vícios processuais, qual a medida processual a ser adotada? Justifique. (Valor: 0,60)Resposta: Deverá ser interposto Recurso de Revista, com fulcro no Art. 896, alínea c, da CLT.

QUESITOS AVALIADOS	PONTUAÇÃO
ITEM A. Não há ultratividade da norma coletiva (0,55). Indicação Art. 614, § 3º, CLT (0,10).	0,00/0,55/0,65
ITEM B. Interpor Recurso de Revista (0,50). Indicação Art. 896, alínea c, da CLT (0,10).	0,00/0,50/0,60

87. (OAB/FGV – XXXVII EXAME) Nelson era técnico de produção na sociedade empresária Horta Saudável Ltda., ganhando o valor correspondente a 3 salários-mínimos mensais. Nelson, ao completar 1 ano de trabalho, acertou com o empregador o aproveitamento das suas férias 2018/2019 em 3 períodos de 10 dias cada, ficando acordado que a fruição desses períodos deveria ocorrer dentro do período concessivo. O acerto foi observado, tendo Nelson recebido integralmente o terço constitucional das férias, dois dias antes de aproveitar o primeiro período de 10 dias de férias. Em janeiro de 2020, ao retorno do terceiro e último período de férias, Nelson foi dispensado, sem justa causa, mas não recebeu suas verbas rescisórias. Por essa razão, ajuizou reclamação trabalhista pelo rito ordinário, requerendo o pagamento das verbas rescisórias devidas, mas não apresentou os valores respectivos pretendidos. Diante da narrativa apresentada e dos termos da CLT, responda às indagações a seguir.

A) O fracionamento das férias, no caso apresentado, é válido? Justifique. (Valor: 0,65)

Resposta: O fracionamento realizado é inválido porque a CLT determina que no caso de as férias serem aproveitadas em 3 períodos, 1 deles não pode ser inferior a 14 dias, conforme o Art. 134, § 1º, da CLT.

B) Na qualidade de advogado(a) da sociedade empresária, indique a preliminar que você suscitaria pelo fato de não haver liquidação nem indicação de valores. Justifique. (Valor: 0,60)

Resposta: Em defesa dos interesses da sociedade empresária, deverá ser suscitada a inépcia do pedido, já que não foi indicado o valor, não atendendo ao que prevê o Art. 840, §§ 1º ou 3º, da CLT, ou ainda do Art. 330, § 1º, II, do CPC.

QUESITOS AVALIADOS	PONTUAÇÃO
ITEM A. É inválido porque um dos períodos não pode ser inferior a 14 dias (0,55). Indicação Art. 134, § 1º, CLT (0,10).	0,00/0,55/0,65
ITEM B. Inépcia (0,50). Indicação Art. 840, § 1º ou § 3º, CLT OU Art. 330, § 1º, II, do CPC (0,10).	0,00/0,50/0,60

88. (OAB/FGV – XXXVII EXAME) O sindicato dos empregados na indústria têxtil e o sindicato dos empregadores não chegaram a um acordo em sede de negociação coletiva, e estão de comum acordo em judicializar a questão. Assim, encontra-se ainda em vigor a convenção coletiva anterior, cujo termo final se aproxima. O sindicato dos empregados, desejando ver mantidas as conquistas da categoria sem solução de continuidade e com previsão em eventual nova norma coletiva, consulta você, como advogado(a), sobre os itens a seguir.

A) A fim de atender ao interesse da categoria dos empregados, admitindo a hipótese de total inviabilidade de consenso na negociação coletiva, nos termos do enunciado, afastada a possibilidade de Protesto Judicial, qual a medida judicial a ser adotada, esclarecendo o prazo para tanto? Justifique. (Valor: 0,65)

Resposta: Deverá ser instaurado dissídio coletivo dentro dos 60 dias que antecedem o termo final da norma em vigor, conforme os artigos 616, § 3º, da CLT e 114, § 2º, da CRFB/88.

B) Caso o sindicato dos empregadores desejasse incluir cláusula na convenção coletiva por meio da qual haveria redução do número de dias de férias em casos de licença não remunerada, observados os termos da CLT em vigor, que tese jurídica você desenvolveria para defesa da classe trabalhadora? Justifique. (Valor: 0,60)

Resposta: Nos termos dos artigos 611-B, inciso XI, da CLT e 7º, XVII da CRFB/898, deverá ser alegado que é vedado à norma coletiva dispor acerca da redução do número de dias de férias, tratando-se de direito indisponível.

QUESITOS AVALIADOS	PONTUAÇÃO
ITEM A. Instaurar dissídio coletivo (0,35) nos 60 dias anteriores ao término da vigência da norma/convenção coletiva (0,20). Indicação Art. 616, § 3º, CLT ou Art. 114, § 2º, CRFB/88 (0,10).	0,00/0,55/0,65
ITEM B. Que é vedado à norma/convenção coletiva reduzir a quantidade de férias ou ilegal porque se trata de direito indisponível (0,50). Indicação Art. 611-B, XI, CLT ou Art. 7º, XVII, CRFB/88 (0,10).	0,00/0,50/0,60

89. (OAB/FGV – XXXVII EXAME) Em determinada reclamação trabalhista, o juiz julgou procedente, em parte, o pedido e, atendendo a requerimento do autor, formulado na petição inicial, concedeu, na sentença, o bloqueio imediato de patrimônio da sociedade empresária até o limite de R$ 50.000,00 para garantir o resultado útil do processo. Dessa sentença ambas as partes interpuseram recurso. Considerando a situação retratada, as normas da CLT e o entendimento consolidado do TST, responda aos itens a seguir.

A) Que medida você, como advogado(a) da sociedade empresária, utilizaria para tentar evitar o bloqueio imediato do numerário determinado na sentença? Justifique. (Valor: 0.65)

Resposta: A sociedade empresária deverá dirigir requerimento de efeito suspensivo ao recurso ordinário, na forma da Súmula 414, inciso I, do TST.

B) Considerando que ambas as partes recorreram da sentença, que prazo a sociedade empresária teria para apresentar contrarrazões ao recurso do reclamante? Justifique. (Valor: 0,60)

Resposta: O prazo de contrarrazões é de 8 dias, na forma dos artigos 900 da CLT e 6º da Lei 5.584/70.

QUESITOS AVALIADOS	PONTUAÇÃO
ITEM A. Requerimento de efeito suspensivo ao recurso ordinário (0,55). Indicação da Súmula 414, inciso I, do TST (0,10).	0,00/0,55/0,65
ITEM B. O prazo de contrarrazões é de 8 dias (0,50). Indicação do Art. 900 da CLT ou Art. 6º da Lei 5.584/70 (0,10).	0,00/0,50/0,60

90. (OAB/FGV – XXXVII EXAME) O magistrado, em determinada execução trabalhista, ativou todas as ferramentas eletrônicas requeridas pelo exequente, mas não teve sucesso no bloqueio de patrimônio. Assim, o magistrado intimou o credor a dar andamento ao feito, mas este quedou-se inerte, e, por isso, o juiz determinou a remessa dos autos ao arquivo provisório (arquivo sem baixa). Um ano depois, o magistrado declarou de ofício a prescrição intercorrente, declarando extinta a execução pela inércia do credor. Considerando a situação retratada e os termos da CLT, como advogado(a) do exequente responda aos itens a seguir.

A) Que medida judicial você utilizaria para tentar reverter a decisão? Justifique. (Valor: 0,65)

Resposta: O recurso a ser interposto pelo exequente é o agravo de petição, porque a decisão foi tomada no bojo de uma execução, na forma do Art. 897, alínea a, da CLT.

B) Na medida judicial a ser utilizada, que tese você apresentaria para tentar afastar a prescrição intercorrente? Justifique. (Valor: 0,60)

Resposta: A tese a ser advogada é de que a prescrição intercorrente só fica caracterizada quando há paralisação do processo por 2 anos, conforme o Art. 11-A da CLT e o Art. 2º da Instrução Normativa 41/18 do TST, o que não foi o caso porque o feito permaneceu paralisado por 1 ano.

QUESITOS AVALIADOS	PONTUAÇÃO
ITEM A. Agravo de petição (0,55). Indicação Art. 897, "a", CLT (0,10).	0,00/0,55/0,65
ITEM B. Que a prescrição intercorrente exige que a execução fique paralisada por 2 anos (0,50). Indicação Art. 11-A, CLT ou Art. 2º, IN 41/18 TST (0,10).	0,00/0,50/0,60

91. (OAB/FGV – XXXVIII EXAME) Douglas ajuizou, em 2022, ação contra seu ex-empregador, a sociedade empresária Serralheria Milenar Ltda., postulando FGTS não depositado, adicional noturno, indenização por dano moral e horas extras. Designada audiência, as partes conciliaram no valor de R$ 60.000,00, a ser pago em 10 parcelas de R$ 6.000,00, com a 1ª parcela para 30 dias após. O acordo foi homologado em ata pela juíza que presidiu os trabalhos. A pedido da sociedade empresária, foi estipulado que todo valor pago seria a título de indenização por dano moral. Cinco dias após, o autor peticionou nos autos dizendo que se arrependeu do acordo, manifestando desistência da conciliação, porque um colega em situação semelhante havia recebido valor muito superior. Como ainda não havia recebido nenhuma parcela, requereu a remarcação da audiência para instrução ou, caso o juízo se negasse, que recebesse a petição como recurso ordinário. Diante da situação retratada e dos termos da CLT, responda aos itens a seguir.

A) Caso a magistrada concedesse vista da petição à reclamada, que tese jurídica processual você, na condição de advogado(a), sustentaria em defesa da sociedade empresária? Justifique. (Valor: 0,65)

Resposta: Deverá ser sustentado que o acordo homologado em juízo vale como decisão irrecorrível, fazendo coisa julgada material para as partes, na forma do Art. 831, parágrafo único, da CLT ou Súmula 259 ou Súmula 100, V, ambas do TST.

B) No caso apresentado, alguma entidade pública precisa ser intimada do acordo homologado judicialmente? Justifique. (Valor: 0,60)

Resposta: Sim, por haver verba de natureza indenizatória indicada no acordo, a União deverá ser intimada, na forma do Art. 832, § 4º, da CLT.

QUESITOS AVALIADOS	PONTUAÇÃO
ITEM A. Que o acordo homologado em juízo vale como decisão irrecorrível ou que faz coisa julgada material para as partes (0,55). Indicação do Art. 831, parágrafo único, da CLT, ou da Súmula 259, ou da Súmula 100, inciso V, ambas do TST (0,10).	0,00/0,55/0,65
ITEM B. A União (INSS) (0,30), por haver verba de natureza indenizatória (0,20). Indicação do Art. 832, § 4º, da CLT (0,10).	0,00/0,50/0,60

92. (OAB/FGV – XXXVIII EXAME) Uma determinada categoria profissional acertou, em convenção coletiva com a categoria econômica, que a jornada de trabalho dos empregados passaria a ser, a partir de fevereiro de 2023, de 4 horas diárias durante os 7 dias da semana. Em contrapartida, os trabalhadores não teriam repouso semanal remunerado, pois mesmo sem o repouso, a jornada seria de 28 horas semanais, inferior ao módulo constitucional. Considerando esses fatos e o que dispõe a CLT, responda às indagações a seguir

A) Quanto à supressão do repouso semanal remunerado, a norma coletiva é válida? Justifique. (Valor: 0,65)

Resposta: Não, por se tratar de objeto ilícito, constituindo direito indisponível para efeito de negociação. Indicação Art. 611-B, IX, CLT ou Tema 1046, STF.

B) Se seu cliente, empregado dessa sociedade empresária, considerasse injusta a cláusula e quisesse anulá-la judicialmente, contra quem deveria ajuizar a ação? Justifique. (Valor: 0,60)

Resposta: A ação deve ser movida contra a sociedade empresária e os sindicatos de classe dos empregados e do empregador em litisconsórcio passivo necessário, conforme prevê o Art. 611-A, § 5º, da CLT.

QUESITOS AVALIADOS	PONTUAÇÃO
ITEM A. Não, por se tratar de objeto ilícito ou de direito indisponível / inegociável OU por vedação legal (0,55). Indicação do Art. 611-B, IX, da CLT ou Tema 1046, STF (0,10).	0,00/0,55/0,65
ITEM B. Contra a sociedade empresária e os sindicatos de classe dos empregados e do empregador/sindicatos subscritores (0,50). Indicação Art. 611-A, § 5º, CLT (0,10).	0,00/0,50/0,60

93. (OAB/FGV – XXXVIII EXAME) Você advoga para um médico que ajuizou reclamação trabalhista em face de uma organização social da saúde, empregadora, Hospital Brasileiro de Bons Cuidados, o qual prestou serviços para a União, também ré nesta reclamação trabalhista, sendo que, além de contestar sua legitimidade no polo passivo, aduz serem indevidos honorários advocatícios em caso de sucumbência por se tratar de ente de direito público. Seu cliente foi dispensado enquanto o contrato entre os réus ainda estava ativo. Ao longo de todo o contrato, a União jamais efetuou qualquer tipo de fiscalização do cumprimento de direitos trabalhistas, o que foi admitido em sede de defesa como fato incontroverso, portanto. Com base na hipótese apresentada, responda aos itens a seguir.

A) Que tese jurídica você deverá sustentar na ação para obter a condenação da União? Justifique. (Valor: 0,65)

Resposta: Deverá ser sustentado que a União responde subsidiariamente, porque demonstrada a culpa in vigilando pela falta de fiscalização, conforme a Súmula 331, inciso V, do TST e Tema 246 da tabela de repercussão geral do STF.

B) Que tese jurídica você deverá sustentar para o seu pleito de honorários de advogado em relação à segunda ré? Justifique. (Valor: 0,60)

Resposta: Deverá ser sustentado que, nas ações contra a Fazenda Pública, são devidos honorários advocatícios, na forma do Art. 791-A, § 1º, da CLT.

QUESITOS AVALIADOS	PONTUAÇÃO
ITEM A. A União responde subsidiariamente (0,35), porque demonstrada a culpa *in vigilando*/por falta de fiscalização (0,20). Indicação da Súmula 331, inciso V, do TST ou Tema 246 do STF (0,10).	0,00/0,55/0,65

ITEM B. São devidos honorários advocatícios nas ações contra a Fazenda Pública (União) (0,50). Indicação do Art. 791-A, § 1º, da CLT (0,10).	0,00/0,50/0,60

94. (OAB/FGV – XXXVIII EXAME) Um decreto municipal determinou que a rua em que funcionava uma oficina mecânica deveria ser fechada para a circulação de veículos, considerando-a como área de lazer. Essa medida tornou impossível a continuidade dos negócios da oficina e acarretou o encerramento das suas atividades. O empregador quitou as rescisões dos contratos de trabalho dos empregados, sem, contudo, pagar a multa rescisória. Em razão disso, houve o ajuizamento de reclamação trabalhista de um ex-empregado requerendo o pagamento da multa rescisória e da multa do Art. 477 da CLT. A sentença julgou procedente o pedido da multa rescisória e improcedente o pedido da multa do Art. 477 da CLT. Inicialmente a parte ré se conformou com a decisão. Porém, a parte autora recorreu e o processo encontra-se no prazo de resposta deste recurso da parte autora. Diante destes fatos, na qualidade de advogado da oficina mecânica ré, responda aos itens a seguir.

A) Qual a tese jurídica a ser defendida para o não pagamento da indenização rescisória dos contratos? Justifique. (Valor: 0,65)

Resposta: Deverá ser alegado fato do príncipe (ato de Autoridade / ato de Governo), na forma do Art. 486 da CLT.

B) Qual a medida processual a ser adotada para viabilizar o reexame da sentença de procedência quanto ao deferimento do pedido de pagamento da multa rescisória? Justifique. (Valor: 0,60)

Resposta: Deverá ser interposto Recurso Adesivo ou Recurso Ordinário Adesivo, conforme o Art. 997, § 1º do CPC ou a Súmula 283 do TST.

QUESITOS AVALIADOS	PONTUAÇÃO
ITEM A. Fato do príncipe / Ato de Autoridade / Governo (0,55). Indicação do Art. 486 da CLT (0,10).	0,00/0,55/0,65
ITEM B. Recurso Adesivo ou Recurso Ordinário Adesivo (0,50). Indicação do Art. 997, § 1º, do CPC ou da Súmula 283 do TST (0,10).	0,00/0,50/0,60

95. (OAB/FGV – XXXIX EXAME) Celso Pereira trabalha na Empresa Pública Estadual Águas Limpas, desde 2001. Em janeiro de 2019, por força de Lei Estadual, os empregados públicos passaram a ser regidos pelo regime estatutário. em março de 2022, Celso aposentou-se e ajuizou reclamação trabalhista pretendendo horas extras e adicional noturno do período em que era regido pelo regime celetista. Houve sentença de primeiro grau julgando o rol de pedidos procedente em parte, sentença contra a qual a parte ré pretende recorrer, principalmente porque, depois de o processo seguir concluso para sentença, foi obtido documento, antes desconhecido (ainda não incorporado aos autos), no qual o autor assinou recibo de quitação por haver recebido pagamento integral das horas extras, que foi objeto de condenação. Diante disso, responda aos itens a seguir:

A) Como advogado da ré, qual tese jurídica você desenvolveria desde a contestação a fim de rechaçar, de plano, a pretensão de Celso? Justifique. (valor: 0,65)

Resposta: Deverá ser suscitada a tese de prescrição bienal, em razão da mudança de regime celetista para estatutário, pois isto implica na extinção do contrato de trabalho, nos termos da súmula 382 do TST, ou do art. 11 da CLT, ou do art. 7º, inciso XXIX, da CRFB/88.

B) Como advogado da ré, qual a tese processual a ser defendida para ser usada a prova obtida após a conclusão do processo para sentença? justifique. (valor: 0,60)

Resposta: Deverá ser aduzido que foi obtido documento novo, a ser juntado com o recurso ordinário, na forma da súmula 8 do TST ou art. 435 do CPC.

QUESITOS AVALIADOS	PONTUAÇÃO
ITEM A. Prescrição bienal (0,30) porque o contrato de trabalho foi extinto pela mudança de regime jurídico (0,25), nos termos da Súmula 382 do TST, OU do Art. 11 da CLT, OU do Art. 7º, inciso XXIX, da CRFB/88 (0,10).	0,00/0,30/0,40/0,55/0,65
ITEM B. Trata-se de documento novo (0,30) que pode ser juntado no recurso (0,20), nos termos da Súmula 8 do TST OU Art. 435 do CPC (0,10).	0,00/0,30/0,40/0,50/0,60

96. (OAB/FGV – XXXIX EXAME) Cleonice é empregada da sociedade empresária Café Quentinho LTDA., tendo sido contratada em janeiro de 2022 na condição de vendedora. em fevereiro de 2023, Cleonice sofreu um grave acidente, no qual Café Quentinho LTDA. não teve culpa nem responsabilidade. No acidente, Cleonice sofreu politraumatismo e foi atendida pelo plano de saúde fornecido pela sociedade empresária. Cleonice foi submetida à avaliação de uma junta médica e foi declarada sua total incapacidade para o trabalho, por tempo indeterminado. Assim, Cleonice foi encaminhada ao INSS no prazo legal, que lhe concedeu aposentadoria por incapacidade permanente (antiga aposentadoria por invalidez). Diante disso, a sociedade empresária determinou o cancelamento do plano de saúde de Cleonice. Considerando esses fatos e o que dispõe a CLT e a legislação processual civil em vigor, responda aos itens a seguir.

A) qual é o efeito jurídico da aposentadoria por incapacidade permanente no contrato de trabalho de Cleonice? Justifique. (valor: 0,65)

Resposta: O contrato de trabalho de Cleonice será suspenso em razão da concessão do benefício previdenciário, conforme o art. 475/475, caput, da CLT ou a súmula 440 TST.

B) qual medida deverá ser adotada a fim de buscar imediatamente o restabelecimento do plano de saúde de Cleonice? justifique. (valor: 0,60)

Resposta: Deverá ser ajuizada reclamação trabalhista com pedido de tutela provisória ou de urgência ou de evidência ou cautelar ou liminar, na forma do art. 300 do CPC.

QUESITOS AVALIADOS	PONTUAÇÃO
ITEM A. O contrato será suspenso (0,55), conforme o Art. 475/475, caput, da CLT OU a Súmula 440 TST (0,10).	0,00/0,55/0,65
ITEM B. Reclamação trabalhista com pedido de tutela provisória OU de urgência OU de evidência OU cautelar OU liminar (0,50), na forma do Art. 300 do CPC (0,10).	0,00/0,50/0,60

97. (OAB/FGV – XXXIX EXAME) Você advoga para uma rede de supermercados e deverá defender os interesses de seu cliente em duas situações: – na primeira, a sociedade empresária pretende dispensar um dirigente sindical, faltando 1 (um) mês para o término do mandato, por entender que ele praticou falta grave. A sociedade empresária possui documentos, inclusive com provas de áudio, vídeo e testemunhas; – na segunda, o empregado já foi dispensado, teve seu aviso prévio indenizado, mas registrou sua candidatura a dirigente sindical no mesmo período e foi eleito. Agora ajuizou ação trabalhista requerendo reintegração. Diante disso, à luz da CLT e do entendimento consolidado do TST, responda aos itens a seguir.

A) Em relação ao dirigente sindical da primeira situação, que medida jurídico-processual você deverá adotar para implementar sua dispensa? Justifique. (valor: 0,65)

Resposta: Uma vez que o empregado em questão possui estabilidade ou garantia no emprego, deverá ser ajuizado um inquérito para apuração de falta grave, conforme a súmula 379 do TST ou o art. 853 da CLT.

B) Na segunda situação, que tese jurídica você deverá sustentar em contestação para rechaçar o pedido de reintegração? Justifique. (valor: 0,60)

Resposta: Na hipótese não há estabilidade, porque o registro da candidatura ocorreu após a dispensa, pois já concedido o aviso prévio, conforme a súmula 369, inciso V, do TST.

QUESITOS AVALIADOS	PONTUAÇÃO
ITEM A. Ajuizar inquérito OU inquérito judicial OU inquérito para apuração de falta grave (0,30) porque ele tem estabilidade/garantia no emprego (0,25), conforme a Súmula 379 do TST OU Art. 853 da CLT (0,10).	0,00/0,30/0,40/0,55/0,65
ITEM B. Não há estabilidade (0,30) porque o registro da candidatura foi realizado após adispensa OU durante o aviso prévio (0,20), conforme Súmula 369, V, do TST (0,10).	0,00/0,30/0.40/0,50/0,60

98. (OAB/FGV - XXXIX EXAME) Laura Pedroso é membro do conselho fiscal do sindicato de sua categoria profissional e foi dispensada, imotivadamente, tendo ingressado com reclamação trabalhista, com pedido de tutela de urgência, requerendo a reintegração. O pedido de tutela de urgência foi deferido, e aguarda-se o cumprimento do mandado de reintegração. O processo encontra-se aguardando audiência. Você, na condição de advogado(a) da sociedade empresária ré, observada a legislação pertinente e o entendimento jurisprudencial consolidado do TST, responda às indagações a seguir.

A) Que tese jurídica específica deverá ser sustentada para defender a inexistência da estabilidade na hipótese? Justifique. (valor: 0,65)

Resposta: Deve ser aduzido que membro de conselho fiscal não goza da estabilidade de dirigente sindical, pois não atua diretamente na defesa dos interesses da categoria, tendo competência limitada à fiscalização da gestão financeira do sindicato, conforme entendimento da OJ 365 da SDI I do TST.

B) Visando sustar imediatamente a decisão que deferiu a tutela de urgência, qual a medida processual passível de ser adotada? Justifique. (valor: 0,60)

Resposta: Deverá ser impetrado mandado de segurança porque desta decisão não cabe recurso imediato ou próprio, na forma da súmula 414, inciso II, do TST.

QUESITOS AVALIADOS	PONTUAÇÃO
ITEM A. Membro de conselho fiscal não tem estabilidade (0,25) porque não atua na defesa dos interesses diretos da categoria OU porque tem competência limitada para a fiscalização da gestão financeira do sindicato (0,30), conforme entendimento da OJ 365 da SDI I do TST (0,10).	0,00/0,25/0,30/0,35/0,40/0 ,55/0,65
ITEM B. Impetrar mandado de segurança (0,30) porque desta decisão não cabe recurso imediato OU próprio (0,20), na forma da Súmula 414, inciso II, do TST (0,10).	0,00/0,30/0,40/0,50/0,60

REFERÊNCIAS BIBLIOGRÁFICAS

CASSAR, Vólia Bomfim. **Direito do trabalho**. 16. ed. São Paulo: Método, 2018.

DIDIER JR, Fredie. **Curso de direito processual civil**. 22. ed. São Paulo: Juspodivm, 2020.

RENZETTI, Rogério. **Manual De Direito do Trabalho**. 6 ed. São Paulo: Método

SANDES, Fagner; RENZETTI, Rogério. **Direito do trabalho e processo do trabalho**. 2. ed. São Paulo: Somos Educação, 2020.

SARAIVA, Renato; RENZETTI, Rogério. **Curso de Direito Processual do Trabalho**. 17. ed. São Paulo: Juspodivm, 2022.

SCHIAVI, Mauro. **Manual de direito processual do trabalho**. 13. ed. São Paulo: LTr, 2019.

EDITORA
JusPODIVM
www.editorajuspodivm.com.br

Impresso por:

Docuprint
CNPJ 01.036.332/0001-99

JUS4246